نگاهی با چشم جان

گره بر باد

گزیده‌ی مقالات

ایرج مصداقی

شرکت کتاب

نگاهی با چشمِ جان

گره بر باد

گزیده‌ی مقالات

ایرج مصداقی

چاپ نخست: بهار ۱۳۸۹ خورشیدی ــ ۲۰۱۰ میلادی ــ ۲۵۶۹ خورشیدی ایرانی

ناشر: شرکت کتاب

Through the Eyes of the Soul
*Collected Papers of: **Iraj Mesdaghi***

First Edition- 2010
Published by: Ketab Corp. USA

I S B N: 978 -1-59584-261-9
© Copyright Ketab Corp. 2010

Ketab Corp.
1419 Westwood Blvd.
Los Angeles, CA 90024 U.S.A.
Tel: (310) 477-7477
Fax: (310) 444-7176

Website: www.Ketab.com
e-mail: Ketab1@Ketab.com

...
چگونه در سرخ‌ترین آتش مردادی
می‌توان سردابه‌های مرده‌ی تاریخ را تاراند
چگونه می‌شود رقص خواهر تمام تنهایی خلق را
بر دار دید و فریاد زنان
چون کولیان باد در بیابان‌ها ندوید
ومشت را به سینه‌ی کوه نزد

زندگی آرام بگیر
آرام بمیر
بیرون از رحم مادران دیگر کودکی نیست
آن شاخسار نیلوفری که بر پنجره می‌بینی
نقش بی‌رنگی است
وآن پنجره تصویری‌ست
بر دیوار شب.

به شاخسار نقش
به پنجره‌ی تصویر
و به خاکی که بی‌دانه شد
ای یار دل مبند

برگرفته از:
«بر ساقه‌ی تابیده‌ی کنف»
(سروده‌های زندان)

همی در هر چه خواهی، هر چه خواهی
به چشم جان توانی بی گمان دید
فریدالدین عطار

پیش‌گفتار

نزدیک به شـــانزده سال است که از خاک وطنم دورم، از تیرماه ۱۳۷۳ که همراه با همســـر و فرزند نوزادم ایران را پشت سر نهادم، تاکنون دمی بی‌دغدغه‌ی آن نزیستم. من ایران را با دستانی خالی ترک نکردم، توشه‌ای گران با خود داشتم از آن‌چه در آخرین ده ســـاله‌ی اقامت در نیاخاکم گرد آورده بودم، کوله‌باری از یاد و خاطره‌ی صدها و هزارها یار، که سرهای پرشورشان بر دارها رفت و قلب‌های عاشق‌شان آماج تیرهای ستم و بی‌داد متولیان دین و داد شد.
آن‌چه در این ســـال‌ها توان زیســـتن به من داد، زنده نگاه داشتن این یادها بود و آن‌چه سنگینی این بار را کاهش می‌داد، بازتاب فریاد درگلومانده‌ی بی گناهانی که سرهاشان «بریده دیدم بی‌جرم و بی‌جنایت».

این توشه‌ی گران، تعهدی گران‌تر بر جان من نهاد، تا در حد توانم اجازه ندهم این فریادها خاموش شـــود و آن خون پرشور، از جوشش باز ماند. هم از این‌روست که از نخســـتین روزهای اقامتم در خارج ازکشور، با همه‌ی نیرویم در بازتاباندن این واقعیت کوشیدم. از تمام تریبون‌هایی که توانستم در اختیارگیرم، این فریاد را به‌گوش‌ها رساندم؛ تاگسترده‌گی دایره‌ی امکانم، شخصیت‌های جهانی و ایرانی آگاه به حقوق بشـــر را در جریان آن‌چه در زندان‌های جمهوری‌اسلامی گذشته

بود، قرار دادم؛ با همه‌ی کسانی که می‌توانستند در انعکاس این دهشت بزرگ یاری‌ام دهند، گفتگو و همکاری کردم؛ خاطرات زندانم ـ نه زیستن نه مرگ ـ را در چهار جلد و متجاوز از یک هزار و هشتصد صفحه در دسترس همه قرار دادم؛ تصویر هولناک و غیرقابل باور قبرها و قیامت‌های قزل‌حصار را به قلم آوردم؛ و سروده‌های یارانم را که در زندان به‌حافظه سپرده بودم، به چاپ رساندم. در کنار همه‌ی این فعالیت‌ها، در رابطه با رویدادها و جریان‌های روز در ایران و محروم ماندن هم‌میهنانم از ابتدایی‌ترین حقوق یک انسان آزاد، آن‌چه را که اندیشیدم و دریافتم، نوشتم.

کتاب حاضر، دومین جلد ازگزیده‌ی نوشتارهای پراکنده‌ی من در ارتباط با وقایع ایران در طول این سال‌هاست که به‌همت شرکت کتاب انتشار می‌یابد. در این مجموعه، نوشته‌های من در ارتباط با چهره‌هایی گردآوری شده است که در مطبوعات داخل و خارج ازکشور قلم می‌زنند و تنی چند از آنان در سال‌های اخیر به مدد رسانه‌های فارسی‌زبانِ وابسته به‌کشورهای اروپایی و آمریکا به چهره‌های مشهور رادیو تلویزیونی هم تبدیل شده‌اند.
در این نوشته‌ها کوشیده‌ام با استناد به واقعیت رویدادها و با ارائه‌ی دلیل و برهان در مورد ادعاهای این گونه افراد توضیح دهم و در مورد نقش پاره‌ای از آنان در تئوریزه کردن بحث «تهاجم فرهنگی» و پاپوش‌دوزی برای روشنفکران کشورمان و نیز دروغ‌پردازی آنان پیرامون رخ‌دادهای کشور و... ، پرده‌ها را کنار زنم.
چرا که این پرونده‌سازی‌ها و دروغ‌پردازی‌ها در مجموع، علاوه بر ایجاد بی‌اعتمادی و پریشانی اندیشه، به‌ویژه در آن دسته از افراد جامعه که به‌درستی از تحولات سیاسی درکشورمان آگاهی ندارند، به تداوم حاکمیت جمهوری اسلامی نیز یاری رسانده است.

از آقای بیژن خلیلی که امکانات شرکت کتاب را برای چاپ و نشر این مقالات در اختیارم قرار داد، صمیمانه سپاسگزارم.

ایرج مصداقی

می ۲۰۱۰ میلادی

گره به باد مزن گرچه بر مراد وزد

حافظ

فهرست مقالات

چه‌کسانی تیغ زنگیان مست را تیز کردند؟
هوشنگ اسدی و طرح «تهاجم فرهنگی»

مقدمه:

«تهاجم فرهنگی» بهانه و دستاویزی‌ست برای سرکوب روشنفکران ایرانی. اما شاید بسیاری از روشنفکران و فعالان سیاسی ندانند که مبحث «تهاجم فرهنگی» به چه شکل و در کجا و توسط چه‌کسانی برای اولین بار طراحی و تئوریزه شد تا مبنایی باشد برای فشردن گلوی روشنفکران ایرانی.

برای روشن شدن موضوع، بایستی به این مسئله پرداخت که حسین شریعتمداری و حسن شایان‌فرکه در دو دهه‌ی گذشته سردمدار مبارزه با «تهاجم فرهنگی» در رژیم بوده‌اند، درکجا و در اثر معاشرت با چه‌کسانی، چنین تئوری «توطئه»‌ای را فرموله‌کردند و سپس در دوران فلاحیان و سعید امامی با اتکای به آن، به جان روشـــنفکران ایرانی افتادند و تا می‌توانستند از آن‌ها قربانی گرفتند؛ و می‌دانیم تا رژیم هست، دست‌آویزِ «تهاجم فرهنگی» و توطئه‌ی دشمن، هم‌چنان مبنای فشار بر روشنفکران خواهد بود؛ چنان‌چه امروز هم چنگال خونین رژیم هم‌چنان گلوی نویسندگان و روشنفکران ایرانی را می‌فشارد. به لیست طویل نویسندگان، روشنفکران و وبلاگ‌نویسانی که‌گاه و بی‌گاه تحت عنوان پیش قراولان فرهنگ غرب و «تهاجم فرهنگی» دستگیر می‌شوند، نگاه‌کنید. در این میان، به جز آمران

و عاملان قتل‌ها و فشــارها که برای همگان شناخته شده‌اند، چه‌کسان دیگری مسئول هستند؟ چه‌کسانی تیغ زنگیان مست را تیز کردند؟ چه‌کسانی در پشت پرده به آن‌ها راه نمودند و خط و ربط نشان دادند و...؟
من با بضاعت اندک خود، از منظر یک زندانی سیاسی سابق، بدون هیچ ادعایی، از روی احســاس وظیفــه و ادای دین به آزادی‌خواهان وطنم که بر ســر دار، یا میدان‌های تیر، جاودانه شدند، تلاش می‌کنم به این پرسش‌ها پاسخ دهم و سهم توابــان «ویژه» و آن‌هایی را که به خدمت رژیــم درآمده‌اند و کم‌تر از آن‌ها یاد می‌شود، در این جنایت بزرگ روشن‌کنم. امیدوارم در این نوشته قلمم از انصاف روی برنتابد.

هرچند «غرب‌ســتیزی» از موضع ارتجاعــی و عقب‌مانده، ویژگی حاکمان به قدرت رســیده درکشورمان بود و آن‌ها همواره سابقه‌ای طولانی در مخالفت با «هنر» و پیشرفت‌های فرهنگی و هنری داشتند، اما تئوری «تهاجم فرهنگی»، در زندان‌های رژیم با مساعدت «روشنفکران» به خدمت درآمده، ساخته و پرداخته، و از طریق بخش فرهنگی زندان، تحت اداره‌ی حســین شــریعتمداری و حسن شایان‌فر، به‌کارگرفته شد.
این بحث پس از دســتگیری رهبران حزب توده و کادرهای فعال آن و همکاری گسترده‌ی بخشی از آنان با دستگاه ســرکوب رژیم، قوام و دوام یافت. عبدالله شهبازی یکی از این افراد است. او پس از دستگیری بلافاصله تبدیل به مسلمان دوآتشه‌ای شد و به خاطر همکاری‌های گسترده با رژیم و دستخط پدرش[1] خطاب به خمینی در سال ۴۲، به سرعت مورد عفو قرارگرفت، آزاد شد و پس از آزادی بلافاصله به وزارت اطلاعات رژیم که به تازگی تشــکیل شده بود پیوست. وی با توانایی‌هایی که داشــت، به یکی از خــط دهندگان جریان «فرهنگی» رژیم تبدیل شد و با پیش کشیدن تئوری «توطئه» و «تهاجم فرهنگی» آن‌چه را که در آموزش‌های «حزبی» آموخته بود، در طبق «اخلاص» به رژیم جمهوری‌اسلامی تقدیم‌کرد.

۱-حبیب‌الله خان شــهبازی پدر وی، در سال ۴۳ و به دنبال شورش خوانین فارس، دستگیر و اعدام شد. وی در نوشته‌ای خطاب به خمینی خود را سرباز و فدایی او معرفی کرده بود و اعلام داشته بود که برای برقراری احکام اسلام و قرآن آماده‌ی جان‌بازی است.

بر اساس تئوری «توطئه»، شخصیت‌های سیاسی، روشنفکران و... عوامل صهیونیسم بین‌الملل، عضو سازمان فراماسونری، نماینده و کارگزار کمپانی‌های غربی، مأمور سیا و اینتلیجنت سرویس، وابسته به فرقه‌ی بهاییت و... معرفی می‌شوند که بر پایه‌ی «تهاجم فرهنگی» مأموریت خود را در کشور به مرحله‌ی اجرا در می‌آورند.

شهبازی «در تأسیس مؤسسه‌ی مطالعات و پژوهش‌های سیاسی [وابسته به وزارت اطلاعات] ایفای نقش نمود و به‌مدت یک دهه، اداره‌ی امور پژوهشی این مؤسسه را به عهده گرفت. در سال ۱۳۷۴، در تجدید سازمان مرکز اسناد بنیاد مستضعفان و جانبازان[۱] به‌عنوان مؤسسه‌ی تخصصی مطالعات تاریخ معاصر ایران نقش فعال ایفا نمود، معاونت پژوهشی آن مؤسسه را به دست گرفت» و به «فرهنگ سازی» مشغول شد.

اگر به شماره‌های مختلف کیهان هوایی در سال‌های ۶۴-۶۶ که تحت نظارت وزارت اطلاعات و دستگاه امنیتی رژیم منتشر می‌شد، مراجعه کنید با مقالات بسیاری در مورد «غرب و غرب‌زدگی»، «تهاجم فرهنگی»، تحلیل گروه‌های سیاسی و... مواجه می‌شوید. غالب این نوشته‌ها به‌قلم «روشنفکران» و فعالان سیاسی به خدمت درآمده، تهیه شدند. حتا بعدها در «نیمه‌ی پنهان» کیهان نیز حضور پر رنگ «قلم» این دسته افراد دیده می‌شود.

هوشنگ اسدی، از اعضای مؤثر حزب توده و روزنامه‌نگار با سابقه‌ی کیهان، یکی دیگر از کسانی بود که به خدمت رژیم درآمد و در بخش فرهنگی زندان به کار مشغول شد. همکاری با سیستم امنیتی از دیرباز برای او حل شده بود. اندکی پس از انقلاب و بعد از برملا شدن رابطه‌اش با ساواک، حزب توده مجبور به موضع گیری و رفع و رجوع این همکاری شد:

۱- منوچهر صانعی از کارمندان سابق دربار که به عنوان کارمند در مرکز مزبور بر روی اسناد و مدارک کار می‌کرد به همراه همسرش فیروزه کلانتری، در ۲۸ بهمن ۷۵ مفقود شدند و جسدشان پنج روز بعد در ۳ اسفند در حالی که با سیزده ضربه‌ی چاقو کشته شده بودند، کشف شد. فهمیه دری گورانی همسر سعید امامی نیز در همین مرکز مشغول به کار بود.

«دبیرخانه‌ی کمیته‌ی مرکزی حزب توده ایران بدین وسیله اعلام می‌دارد که هوشنگ اسدی عضو حزب توده ایران است و به دستور حزب و در انجام مأموریت محوله، از طریق شبکه‌ی مخفی حزب توده ایران در داخل ساواک رخنه کرده و در این رابطه موفق به خدمات مؤثری شده است»[۱]

«خدمات مؤثر» هوشنگ اسدی از «داخل ساواک» به حزب توده چه می‌توانست باشد، خدا می‌داند و «شبکه‌ی مخفی حزب توده».

هوشنگ اسدی در بخش فرهنگی زندان قزل‌حصار به همکاری با حسین شریعتمداری و حسن شایان‌فر پرداخت و با نوشتن مقالاتی در روزنامه‌ی کیهان هوایی در جهت تئوریزه کردن توطئه‌ی «تهاجم فرهنگی» قدم برداشت. از آن‌جایی که امکان دست‌یابی به اسناد درونی رژیم نیست، مجبورم تنها به اسناد انتشار یافته بسنده کنم که می‌تواند بخشی از واقعیت و نوک «کوه یخ» مربوطه را نشان دهد.[۲]

هوشنگ اسدی که خطبه‌های نماز جمعه‌ی خامنه‌ای در اول شهریور ۶۵ در رابطه با فساد و بی‌بند و باری دوران پهلوی را شنیده بود، با تیزبینی که داشت موقعیت را مغتنم شمرده و به سهم خود به منظور تئوریزه کردن بحث «تهاجم فرهنگی»، مقالاتی را در زندان قزل‌حصار نوشت و در سه شماره‌ی کیهان هوایی به تاریخ ۳۰ مهر، ۷ آبان و ۱۴ آبان ۱۳۶۵ انتشار داد. توضیح این نکته ضروری است که در سال ۶۵، زندان قزل‌حصار دارای بهترین شرایط در طول دوران خمینی بود و بنا به دلایل مختلف تقریباً فشار خاصی روی زندانیان نبود. شرح کامل آن را در جلد دوم کتاب «نه‌زیستن نه مرگ» آورده‌ام.

نشریه‌ی کیهان هوایی در صفحه‌ی بیست و شش ۳۰ مهر ۱۳۶۵ در معرفی نوشته‌ی

۱-نامه‌ی مردم شماره‌ی ۱۹ به تاریخ ۷ خرداد ۱۳۵۸. نکته‌ی جالب این که هوشنگ اسدی وجود چنین اطلاعیه‌ای را نیز تکذیب می‌کند! بر روی اینترنت و سایت‌های وابسته به‌حزب توده اکثریت قریب به‌اتفاق شماره‌های نشریه «نامه مردم» هست. اما این شماره ناپدید شده است. در آرشیو مراکز فرهنگی و پژوهشی وکتابخانه‌هایی که پی گیری کردم نیز این شماره موجود نیست!

۲- هوشنگ اسدی در سال ۶۷ از زندان آزاد و فعالیت مطبوعاتی خود را در نشریه‌ی گزارش فیلم پی گرفت و مدتی نیز سردبیر این نشریه بود. وی در سال ۸۱ همراه همسرش نوشابه‌ی امیری از کشور خارج و مقیم فرانسه شد. وی تاکنون صحبتی در مورد مقالاتی که در زندان بر علیه روشنفکران ایرانی نوشته و در روزنامه‌های رژیم انتشار یافته، به‌میان نیاورده است!

هوشنگ اسدی و محلی که از آن‌جا مقاله نوشته شده است، می‌نویسد:

«اشاره:

ارزیابی همه‌جانبه‌ی عملکرد روشنفکران ایرانی در چند دهه‌ی اخیر امری است بسیار ضروری. این ضرورت وقتی مشهودتر خواهد شد که زمینه‌ی تاریخی پیدایش روشنفکر به معنی امروزی‌اش مورد توجه قرار می گیرد. آقای «هوشنگ ـ الف» در زندان قزل‌حصار درباره‌ی زمینه‌ی تاریخی پیدایش این جریان و نیز عملکرد آن تا پیروزی انقلاب اسلامی در ایران و سرانجام روند غرب‌زدگی و ابتذال هنر روشنفکری و روشنفکرانه از آغاز تاکنون، مقاله‌ای نگاشته‌اند که بخش اول آن در این شماره و قسمت آخر، در شماره‌ی آینده درج خواهد شد.»[1]

مقاله‌ی معرفی شده از سوی کیهان هوایی به قلم هوشنگ اسدی که بر اساس آن تئوری «تهاجم فرهنگی» جان گرفت و بعدها در روزنامه‌ی کیهان توسط تیم شریعتمداری، شایان‌فر، «نیمه‌ی پنهان» شد و در دوران سعید امامی و فلاحیان سر از برنامه‌ی تلویزیونی «هویت» درآورد و به کشتار اعضای کانون نویسندگان و سرکوب جمعی مشورتی کانون نویسندگان و توطئه‌ی قتل نویسندگان در سفر ارمنستان و... انجامید، چنین آغاز می‌شود:

«درآمدی بر علل غرب‌زدگی و ابتذال هنر معاصر
پیش‌تازان «تجدد ادبی» ـ مبلغان «فرهنگ غرب»

این حضرات روشنفکران، میراث دم و دستگاه طاغوت را مبادا دست کم بگیرید. هرکدام برای خودشان غولی هستند! چنان برای امپریالیسم شاخ و شانه می کشند که دنیای سرمایه‌داری را دچار تب و لرز کرده‌اند. آخر، ترک عادت موجب مرض است. این آقایان و بعضاً خانم‌ها یک عمر است با امپریالیسم می جنگند.

این که حالا هم در ینگه‌دنیا کنگر خورده‌اند و لنگر انداخته‌اند و یا در ولایت خودمان شب زنده‌داری‌های پاریس را خمیازه می کشند، گول‌تان نزند که در اصالت وطنی آن‌ها شک کنید.

۱- همه‌ی زیرنویس‌های داخل نقل قول‌ها، به‌اصل نوشته‌ی هوشنگ اسدی مربوط است.

از پاکـــی و عفاف هم که نگـــو! [اگر] این لاکردار امپریالیســـم! می گذاشت همین حالا سر همه‌ی چهارراه‌های دنیا، مجسمه‌هایی از این «قدیســـین» علم کرده بودند. بی‌خود نیســـت که برون گود نشسته‌اند و «هل من مبارز» می‌طلبند. آیا فکر می کنید الکی است که نامزد جایزه‌ی اسکار [شاملو] می‌شوند و در جریان معتبر فرنگستان یک شب در میان حکومت ایران را سرنگون می کنند؟ تازه تا شما این خانم‌ها و آقایان را نشناسید و با دنیای «هنر» آشنا نباشید، نباید به‌خـــود جرأت اظهار نظر بدهید. جانم برای‌تان بگویید، این دنیای «روشنفکری» عجب دنیایی است. تکان خورده‌ای پشه را روی هوا نعل می‌زنند و جای قناری به‌مشتری قالب می کنند. به‌همین خاطر است آن یکی که دست فرح را می‌بوسید، حالا هر بامداد، امپریالیسم را زهره‌ترک می کند! و آن یکی که «آزرم» [نعمت میرزازاده] را در زندان مشهد کنار گذاشت و به‌زندانیان شلاق زد، حالا ملک‌الشعرای دربار سلطان مسعود غزنوی (ببخشید رجوی) شده است. یا سومی که صبح به صبح جنازه‌اش را از میکده می‌بردند، [اسماعیل خویی] حالا درکرســـی دانشکده‌ی ضدامپریالیستی رادیو بی‌بی‌سی درس مبارزه با ارتجاع می‌دهد. چهارمی که در تلویزیون شـــاه خودش را «خراب» کرد، [غلامحسین ساعدی] حالا جنازه‌اش را حلواحلوا می کنند. و پنجمی که هر وقت لازم بود ســـوپاپ اطمینان انتقاد را در «سیمای» شاهنشاهی باز می کرد، حالا برای فرنگی جماعت مزقون می‌زند که کمک مالی جمع کند و ... خلاصه این حضرات دنیایی دارند. از دور که نگاه کنی انگار واقعاً قضیه مبارزه است و علی‌آباد هم برای خودش شهری است. هرکدام از این حضرات را هم در طول سال‌ها، چنان در زرورق تبلیغات پیچیده‌اند و آن‌چنان افتخارات‌شـــان را در بـــوق کرده‌اند که به نظرت می‌رســـد، بله! با تحفه‌های نطنز روبرویی. اصلاً انگار که حضور امروزشان در غرب اتفاقی اســـت و یا اجباری و یا از سر ضرورت مبارزه در این دنیای شلم‌شوربا، هم‌چنان سوابق مبارزاتی به‌ناف این جماعت بسته‌اندکه

«چه گوارا» باید پیش تک تک‌شان لنگ بیاندازد.
هرچند، به‌قول معروف «مورچه چیه که کله و پاچه‌اش». اما هر چه باشد این جماعت به اسم هم که شده، مال این آب و خاکند. اسم و رسم هم دارند، بالاخره یک روز هم که شده باید کلاه‌مان را قاضی کنیم و ببینیم که این جنابان آقایان و خانم‌ها چه گلی به سر مردم زده‌اند؟ راستی چه کرده‌اند؟ و در طول سال‌ها اسب هنرشان را به کدام آخور بسته بودند؟ ازکجا ریشه گرفته‌اند؟ آردکه را بیخته‌اند و الک‌شان راکجا آویخته‌اند؟ و این موضوع خیلی شیرین است. خیلی‌خیلی شیرین و برمی گردد به‌موضوعی بنام «هنر معاصر» که خود البته بخشی از سرنوشتی است که در دورانی هفتاد و چند ساله بر ملت ما رفته است.»

آن‌چه در بالا آمد مقدمه‌ای‌ست که هوشنگ اسدی به‌نمایندگی از سوی تاریک‌اندیشان جمهوری جهل و جنایت برای حمله به روشنفکران و چهره‌های ادبی ماندگار ایران به‌رشته‌ی تحریر درآورده است تا در سطرهای بعدی، ضمن آن‌که به‌حساب «هنر معاصر» می‌رسد، تیغ جنایتکاران را برای فروکردن درگردن روشنفکران ایرانی تیز کند.
او در ادامه می‌نویسد:
«هنر معاصر:
...با پیروزی انقلاب‌اسلامی و فروپاشی نظام جبار شاهنشاهی، ساختارهای سیاسی و اقتصادی رژیم منفور پیشین که ریشه در مناسبات ظالمانه و غیرانسانی داشت، برچیده شد. اما در عرصه‌ی فرهنگ، میراث شومی باقی ماند که حاصل تلاش طولانی و همه‌جانبه‌ی دستگاه‌های تبلیغی و فرهنگی رژیم گذشته برای به‌فساد کشیدن جامعه است. علیرغم موفقیت معجزه‌آسای انقلاب‌اسلامی در محدودکردن این فرهنگ منحط، جان‌سختی آن، چنان است که امروز پس از هشت سال که از پیروزی انقلاب‌اسلامی می گذرد، برخی جنبه‌های انحطاط فرهنگی و از جمله بی‌بند و باری جنسی در

قشرهایی از جامعه، از مسائل مورد ابتلاست. رئیس جمهور اسلامی ایران از تریبون مقدس نماز جمعه در مورد این مساله می گوید:
«این بحث امروز برای جامعه‌ی ما یک بحث لازم اســت و یک مساله‌ی مورد ابتلاست که از جنبه‌های گوناگون مورد توجه مسئولین امر قرارگرفته است.»[1]
حجت‌الاسلام هاشمی‌رفسنجانی ریاست مجلس شورای اسلامی، از همین تریبون اعلام می‌دارد که این مســأله تنها مبتلابه جامعه‌ی ما نیســت، بلکه این معضل جزو «مسائل مهم روز ما و دنیاست و مخصوصاً این مســئله برای دنیای اسلام اهمیت زیادی دارد و در سرنوشت جوامع اسلامی تأثیر زیادی دارد.[2]

جستجو در وسایل گوناگونی که در سال‌های گذشته سبب اشاعه‌ی فســاد فرهنگی و از جمله بارزترین شــکل آن یعنی بی‌بندوباری جنسی بوده‌اند، پژوهشگر را به این نتیجه می‌رساندکه: «بسیاری از روشنفکران، شعرا، نویسندگان، روزنامه‌نگاران، کسانی که مجلات را منتشــر می کردند، افرادی که قصه و داستان می‌نوشتند، کسانی که این ســینماها را اداره می کردند و از روشنفکران جامعه محسوب می‌شدند، نه همه‌شان، بسیاری از آن‌ها در خدمت سیاست‌های غربی و دستگاه پهلوی درآمدند و بی‌حجابی و بی‌بندباری و برداشتن مرز بین زن و مرد و آزادی جنسی را با زبان‌های گوناگون ترویج کردند.[3] و به این ترتیب نقش مســتقیم هنر – به عنــوان یک ابزار نیرومند فرهنگی در اشاعه‌ی فساد فرهنگی آشکار می‌شود... این ریشه‌یابی یعنی یافتن علل «غرب زدگی» هنر معاصر و نشان دادن نقش آن در بی‌بند و باری جنسی که تاکنون از آن غفلت شده، ... استفاده‌ی دشــمن از این وســیله هنوز هم ادامه دارد و استکبار با استفاده از بذری که نزدیک به یک قرن در خاک میهن ما پاشیده می کوشد تا

۱- حجت‌الاسلام خامنه‌ای، خطبه‌های نماز جمعه، جمهوری‌اسلامی، ۱ شهریور۱۳۶۵.
۲- حجت‌الاسلام رفسنجانی، خطبه‌های نماز جمعه، جمهوری‌اسلامی، ۲۶ مرداد۱۳۶۵.
۳- حجت‌الاسلام خامنه‌ای، خطبه‌های نماز جمعه، جمهوری اسلامی،۱ شهریور۱۳۶۵.

توطئه جدیدی را علیه انقلاب اسلامی تدارک ببیند و در این رهگذر از چهره‌های سرشناسی که محصول نظام فرهنگی پیشین هستند و با ترفندهای گوناگون «اعتبار» کاذبی برای خود کسب کرده‌اند نیز بهترین استفاده را می کند.»

نوشته‌ی بالا آنقدر گویا هست که نیاز به توضیحی در این رابطه نباشد. هوشنگ اسدی بعد از این مقدمه‌چینی‌ها به ریشه‌های تاریخی «غرب‌زدگی» در بین روشنفکران ایرانی پرداخته و در زیر تیتر «زمینه و علل غرب زدگی هنر معاصر» چنین می نویسد:

«... به‌این ترتیب هنرمند غرب‌زده، برای بیان مقصود خود، ابزارهای هنری لازم، یعنی هنرهای مختلف را وارد فرهنگ بومی کرد. اگر این شکل‌های هنری، مادیت فرهنگ ایرانی ـ اسلامی را اخذ می کرد و به‌وسیله‌ی بیان آن مبدل می‌شد، نه تنها جای کم‌ترین بحثی باقی نمی‌ماند، بلکه هنرمندان با افزودن وسایل بیانی جدید به فرهنگ بومی، خدمتی شایسته در حق فرهنگ اسلامی ایران کرده بود، چنان‌چه امروز هم از همه‌ی این هنرها به بهترین نحو برای رساندن پیام انقلاب‌اسلامی استفاده می‌شود. اما مسأله‌ی مهم این‌جاست که هنرمند غرب‌زده می کوشید تا با استفاده از ابزار هنر، فرهنگ مورد علاقه‌ی خود، یعنی فرهنگ شرق و غرب را در جامع ما تبلیغ کند. بدین دلیل خیلی بیش‌تر از آن که آثار و نقطه‌نظرات سیاسی و اجتماعی غرب وارد ایران شود، این کتاب‌های ادبی غربی بود که به میهن ما راه یافت. البته بیش از همه نقاشی طبیعت گرایی اروپایی به ایران رسیدکه در جای خود به آن خواهیم پرداخت. در زمینه‌ی ادبی که ادامه‌ی آن به انتشارگسترده‌ی روزنامه‌ها در سال‌های مشروطیت کشید، سهم اول متعلق به کتاب‌هایی بود که ضمن انتقاد از جامعه‌ی آن‌روز ایران، راه حل معضلات را به شکلی از اشکال گرایش به تمدن فرنگی پیشنهاد می کردند. مثل «سیاحت‌نامه ابراهیم‌بیگ» که ـ برخی آن را اولین نوول فارسی دانسته‌اند ـ مستقیماً از حاجی‌بابای

اصفهانی نوشـــته‌ی جیمز موریه وکمدی الهدی دانته اقتباس شده اســـت و ضمن انتقاد تند از دوران ناصری، اولین زمینه‌های فکری را برای پذیرش تمدن غرب آماده می‌ســـازد. و این کتابی است که تقریباً همه‌ی مورخان مشروطه، نقش آن را در تحول فکری جامعه‌ی ایران بسیار مهم ارزیابی کردند. آخوندزاده هم، قبل از آن که نظرات سیاسی خود را منتشرکند، ابتدا دست به‌انتشار نمایشنامه‌های خود زد که در آن‌ها شدیداً به اسلام حمله شده است و جالب این‌جاست که شارحان این آثار در دوران بعدی، کسانی امثال باقر مؤمنی و فریدون آدمیت هستند که یکی ریشه در حزب توده و دیگری از اخلاف یکی از بنیانگذاران فراماسونری در ایران است.»[۱]

هوشنگ اسدی بعد ازکلی آســـمان و ریسمان به هم بافتن در ارتباط با مذمت روشنفکران ایرانی، به‌بحث اصلی پرداخته و زیر عنوان «بی‌بند و باری جنسی و استعمار» که بحث مورد علاقه‌ی دوران حاج داوود رحمانی در زندان قزل‌حصار بود پرداخته و چنین می‌نویسد:

«چرا مســـأله‌ی زنان و تبع آن عشق جنســـی چنین به سرعت وارد هنر معاصر شـــد، توســـط آن تبلیغ گردید و برهنگی و شهوت‌رانی بـــه صورت یکی از موضوعات رایج هنری درآمد؟ از دیدگاه تفکر مادی این ســـؤال بی‌مورد اســـت. چرا که مسئله‌ی لباس و عریانی که از بارزترین جلوه‌های بی‌بندوباری جنسی است، از این دیدگاه مسأله‌ای شـــخصی بوده که به‌ظاهر و پوشش افراد مربوط می‌شود و بنابراین، تصمیم گیری درباره‌ی آن- بربنیاد لیبرالیســـم غربی- و هم‌چنین مسئولیت ناشـــی از آن به‌عهده‌ی فرد است و به‌اصطلاح در شـــمار آزادی‌های فردی قـــرار دارد. توجه به‌زمینه‌های فکری و ریشه‌های تاریخی رواج بی‌بندوباری جنسی اهدافی که امپریالیسم از این رهگذر به آن‌ها دســـت یافته است، نشان می‌دهد که «مسأله فقط به‌همین ظواهری که گاهی در گوشه وکنار شهرها دیده می‌شود،

۱-دکتر عبدالحسین زرین کوب.

به بدحجابی و لباس نامناسب، به‌این اندازه مسأله محدود نمی‌شود و مسأله ابعاد بسیارگسترده‌تر از این دارد».[1]
جان مسأله این‌جاست که به‌فرموده‌ی امام خمینی: «بزرگ‌ترین وابستگی ملت‌های مستضعف به ابرقدرت‌ها، وابستگی فکری و درونی است که سایر وابستگی‌ها از آن سرچشمه می گیرد»[2] و «تردیدی نیست که جهان‌خواران، برای به‌دست آوردن مقاصد شوم خود و تحت ستم کشیدن مستضعفین جهان، راهی بهتر از هجوم به فرهنگ و ادب کشورهای ضعیف ندارند»[3]
بر بنیاد این تفکر بود که استکبار در ایران هم، بهترین راه یعنی هجوم به فرهنگ و ادب کشور را پیش گرفت. استعمار جهانی که در هر یک ازکشورهای جهان به فراخور وضعیت تاریخی- فرهنگی آن‌ها از شیوه‌ای استفاده می کرد، در اولین حضور جدی خود در ایران و به دنبال شکست در نبرد تنباکو، پی‌برد که در قلب مرکز اسلام، با دشمنی چنان قدرتمند روبرو است که فتوای یکی از مراجع آن قادر است حتا چپق‌ها را در حرمسرای شاه قاجار بشکند و فرو ریزد.
دشمن متوجه شد که فرهنگ و اخلاق اسلامی در سراسر جهان اسلام و به‌ویژه ایران، سنگری است که مردم با پناه گرفتن در آن رویین تن شده‌اند بنابراین لازم بود با گرفتن این سپر از مردم، آن‌ها را خلع سلاح و زمینه را برای غارت همه‌جانبه‌ی کشور آماده کند.
از این پس بود که استعمار جهانی و عمال آگاه و ناآگاه داخلی آن، همه‌ی حیل ممکن را به کار گرفتند تا زمینه‌ی روحانی جامعه را که ناشی از تفوق همه‌جانبه‌ی دین مبین اسلام بود، از بین برده و مادیت اخلاقی و فلسفی را جانشین کنند. چرا که با گرایش جامعه به مادی گری و دور شدن آن از نفحه‌ی الهی به‌آسانی می‌توان هر حکومت غاصب شرقی یا غربی را به آن مسلط و راه غارت را برای همیشه هموار ساخت. غارت‌گران جهانی به‌درستی می دانستند

۱-حجت‌الاسلام خامنه‌ای، خطبه‌های نماز جمعه تهران، ۱ شهریور۱۳۶۵.
۲- نقل از صحیفه[سخنان خمینی] شهریور۱۳۶۵.
۳- نقل از صحیفه[سخنان خمینی] شهریور۱۳۶۵.

که به گفته‌ی استاد شهید مطهری: «اگر انسان در عمل، شهوت‌ران و ماده‌پرست و اسیر شهوات گردد، تدریجاً افکار و اندیشه‌هایش هم به‌حکم اصل انطباق با محیط، خود را با محیط روحی و اخلاقی او سازگار می کنند، یعنی اندیشه‌های متعالی خداشناسی و خداپرستی و خدادوستی جای خود را به‌افکار پست مادی گری می دهند.[1]
و به‌عبارت دیگر: «شهوترانی‌ها و افسارگسیختی‌ها و غرق شدن در منجلاب شهوت‌پرستی یکی از موجبات گرایش‌های فکر مادی است.»[2]
و زمانی که زمینه‌ی گرایش‌های مادی، حتا در بخش‌هایی از جامعه فراهم شد، شرایط برای سلطه‌ی رژیم ستم‌شاهی و امثال آن فراهم شده است. چنان‌که استاد شهید مطهری می‌نوشت: «حقیقت این است که این وضع بی‌حجابی رسوا که در میان ماست و از اروپا و آمریکا هم داریم جلو می‌افتیم، از مختصات جامعه‌های پلید سرمایه‌داری غربی است و یکی از نتایج سوء پول‌پرستی‌ها و شهوت‌رانی‌های سرمایه‌داران غرب است. بلکه یکی از طرق و وسایلی است که آن‌ها برای تخدیر و بی‌حس کردن اجتماعات انسانی و درآوردن آن‌ها به‌صورت مصرف کننده‌ی اجباری کالاهای خودشان به‌کار می‌برند.»[3]
بر مبنای این سیاست موذیانه‌ی استعماری بود که: «بی‌بندوباری جنسی که از سوغات‌های غرب و یکی از آثار مخرب و خبیث سرمایه‌داری غربی است»[4] به‌طرق مختلف و از جمله به‌وسیله‌ی هنر معاصر وارد کشور ما شد. پرداختن به مسائل شهوانی و رواج آن نه تنها مستقیماً با سنن اسلامی جامعه‌ی ما در تضاد بود، بلکه در هنر ایران قبل از مشروطیت هم جایی نداشت.
هنر ایران که در دامان اسلام متولد شد، بالید و به‌یکی از شاخه‌های

۱-استاد شهید مطهری، علل گرایش به مادی گری، صفحه‌ی ۱۰۹.
۲- استاد شهید مطهری، علل گرایش به مادی گری، صفحه‌ی ۱۱۰.
۳-استاد شهید مطهری، مسئله‌ی حجاب صفحه‌ی ۷۸.
۴- حجت‌الاسلام خامنه‌ای، خطبه‌های نماز جمعه تهران۱ شهریور۱۳۶۵.

تناور ادبیات جهان مبدل گردید و در کلیت خود، بنا به‌تفکر اسلامی، هنری پوشیده و عفیف بود. شعر کلاسیک ایران که برخی از بزرگ‌ترین شاهکارهای ادبی جهان را آفریده است، هرگز به مرزهای ممنوع که همانا نمایش شهوات، برهنگی‌ها و هرزگی‌ها باشد، وارد نمی‌شود. حتا جایی که شاعر به‌ضرورت موضوع ناگزیر می گردد که مثلاً مانند نظامی به شرح آب‌تنی شیرین در چشمه بپردازد، چنان از استعارات و الفاظ سمبلیک استفاده می کند که راه هرگونه سواستفاده‌ی شهوانی بسته می‌شود. علت امر، این است که هنرمند اسلامی، از دیدگاه اسلامی به زن می‌نگرد و آن‌چه برایش اهمیت دارد، جنبه‌های انسانی زن است. مثلاً از نظرگاه فردوسی یکی از بزرگ‌ترین شاعران جهان: «زن موجودی خردمند، هوشمند، دلیر و پاک‌اندیشه است. پارسایی و شرم و آهنگ نرم داشتن و آهسته سخن گفتن و پوشیده‌رویی در هرجای شاهنامه از صفات ضروری زنان خوب به‌شمار می‌آید که در کنار زیبایی، تکمیل کننده‌ی صفات انسانی زن است»[1]

این یکی از مباحث دلکش هنر پارسی است که در این مجال تنگ، فرصت پرداختن به‌آن نیست. اما این اشاره هم لازم است که در نقاشی ایرانی مینیاتور- هم- عیناً همان عفاف و پوشیدگی حاکم است: «حجب و حیا و وقار و آرامش، خصیصه‌ی همیشگی آثار نقاشی است. در صحنه‌هایی که به‌علت موضوع، هنرمند ناگزیر از نمودن برهنگی می‌شود، نظیر صحنه‌ی استحمام شیرین در چشمه، تمامی اندام چنان در فوطه و لنگ و گیسوان بلند پوشیده می‌شود که برای تماشای چشمان حریص، تقریباً هیچ باقی نمی‌ماند.»[2] و درست برخلاف چنین سنت مبارکی است که، برهنگی و تبلیغ بی‌بندوباری جنسی وارد هنر معاصر شده و هم‌چنین از این‌رو ارزیابی کلی نقش هر یک از این هنرها در بی‌بندوباری جنسی ضروری می‌باشد.»

۱- کیهان ۳۰ مرداد ۶۵.
۱- سروش ۲۲ اردیبهشت ۱۳۶۳.

هوشـــنگ اســـدی در بخش دوم مقاله‌ی خود زیر تیتر بـــزرگ «اثرات یورش فرهنگی غرب بر هنر ایرانی» پس از قلم‌فرســـایی در مورد «فرهنگ و اخلاق اسلامی»، «هنر و هنرمند اسلامی» و... کمال‌الملک را باعث و بانی از بین رفتن «دفتر نقاشی هزار ساله‌ی ایرانی» معرفی می کند و مدعی می‌شود که پس از او «برهنگی و شهوت‌رانی» وارد هنر نقاشی ایران می‌شود:

> «رسوخ غرب به‌حدی رسیده بود که زمینه‌ی اجتماعی برای زندگی نقاشان غرب‌زده و تبلیغ آثار آن‌ها فراهم بود و همین زمینه آماده بود که اولین تحفه‌ی غرب برای هنر ایرانی – یعنی برهنگی ـ جای خود را در آثار نقاشان باز کرد و کار به‌جایی رسید که یک خانم مارکسیست بدن خویش را رنگ کرد و ســـپس بر بوم نقاشی غلطید و نتیجه را به‌عنوان اثر هنری در یک نمایشـــگاه جنجالی به‌مردم عرضه کرد و یک مارکسیســـت دیگر که عهده‌دار امور فرهنگی دفتر فرح پهلوی شده بود، از زن خود به‌عنوان مدل استفاده کرد و ...»

هوشـــنگ اسدی سپس در ارتباط با شعر و شاعرانی چون شاملو، اخوان‌ثالث، فروغ فرخزاد، یدالله رویایی و ... چنین اظهار نظر می کند:

«شعر:

> دامان عفیف شعرکهن‌ســـال پارسی هم از تعرض مصون نماند. و هـــم در آغاز تجدد ادبی بـــود که ایرج‌میرزا شـــاهزاده‌ی قاجاری، رکیک‌ترین کلمات را به شـــعر وارد کرد و به توصیف زشـــت‌ترین صحنه‌های جنســـی در اشعار خود پرداخت و وقیح‌ترین شعری که در ادبیات معاصر بر صفحه‌ی کاغذ نقش بسته، از زبان همین شاعر و نام آن «حجاب» اســـت. عفت قلم از شـــرح موضوع این شعر شـــرم دارد، اما نام عفیفی که بر آن شعرکثیف گذاشته شده، ماهیت این شـــعر و امثال آن را افشا می کند و نشـــان می‌دهدکه دشمن از زبان هنر، کدام ســـپر محافظ جامعه را نشانه گرفته بود. تمایل شعر معاصر به مسائل شهوانی به‌ویژه پس از شکست ۲۸ مرداد و رواج رمانتیسم در ادبیات معاصر شدت گرفت. در این دوران که مصادف

بود با اوج تبلیغات ضد مذهبی در جامعه و رواج انواع پلشتی‌های شهوانی، معروف‌ترین شاعرانی که تا قبل ازکودتای ۲۸ مرداد در سنگر حزب «معروف» داعیه‌ی ضدامپریالیستی داشتند، به تبلیغ شکست و زمستان[اخوان ثالث] پرداختند و به اندام معشوقه پناه بردند تا خاطره‌ی شکست را از یاد ببرند.

در ادامه‌ی همین «روند مبارزاتی» بود که شاعره‌هایی هم به‌میدان آمدند و از زبان زنان به‌شرح مسائل شهوانی پرداختند. فروغ فرخزاد که قبلاً عضو سازمان جوانان حزب توده بود و زمانی در صحنه‌ی اشعار شهوانی تاخت و تاز می کرد، خود در توصیف اشعار آن روز می گوید: «عشق در شعر امروز یک عشق سطحی است؛ این عشق در رابطه جنسی بین زن و مرد خلاصه می‌شود.»[1] جالب این جاست فروغ، که اشـــعار آن‌چنانی او شهره‌ی عالم است. چند سال بعد به عضویت گروه مارکسیستی درآمد که خود را برای مبارزه‌ی مسلحانه آماده می کرد. اما قبل از شروع فعالیت «فروغ» گروهک لو رفت و با سکوت مسئول عضوگیری فروغ، مسأله‌ی عضویت او در این گروه مسکوت ماند.

خود این ماجرا، بیش تر از هر چیز نشان می دهد که مارکسیسم باهمه‌ی ادعاهای مبارزاتی خود، در رواج بی‌بندوباری جنســـی به‌همان راه می‌رود که امپریالیســـم. و در ادامه‌ی همین راه بود که انواع و اقسام مجلات هنری افتتاح شـــد و تعداد زیادی از «دختران شـــاعر» از آن‌ها ســـر در آوردند. معروف بود که کارگزاران این مجلات، مثلاً سرشـــناس‌ترین آن‌ها احمد شاملو و عباس پهلوان، در ازای اطفای شـــهوات حیوانی خود به نام این دختران شـــعر می گفتند و چاپ می کردند. و بالاخره هم کار به جایی رسیدکه یک شاعر معروف که مبلغ او رادیو تلویزیون بود[2] [یدالله رویایی] شعری بی‌پرده درباره‌ی مناسبات جنسی گفت و آن‌را در شب شعری قرائت کرد. حتا رسوایی از آن حد هم گذشت و در میان محافل شاعران، اعتراف به انحرافات

---

۱ - فروغ فرخزاد، آژنگ جمعه، ص ۱۳۳۹.
۲ - یدالله رویایی.

جنسی در اشــعار جزو افتخارات در آمد و از عوامل نبوغ شمرده شد. و معلوم نیست اگر انقلاب اسلامی طومار این بساط را در هم نمی‌پیچید، کار به کجاها می کشید.»

هوشــنگ اســدی پس از رسـیدن به‌خدمت شـاعران ایرانی، به هنر سینما و دست‌اندرکاران آن می‌پردازد:

«سینما:

سینما به‌دلیل وســعت ارتباط آن با توده‌های مردم و زبان هنری آن یعنی تصویر زنده، بهترین وسیله برای تبلیغ است. و از آن‌جاکه با این هنر، بهتر از وسایل دیگر می‌توان عریانی را تبلیغ کرد و بی‌بندوباری جنســی را رواج داد، اســتعمارگران توجه خاصی به این هنر نشان داده‌اند. در ایران نیز بیش‌ترین تبلیغ عریانی به وسیله‌ی سینما انجام شده است...

در پی این سیاست بود که سینمای ایران در هر دو بخش فیلم‌های بازاری و روشنفکری (صرف‌نظر از برخی فیلم‌ها مثل گاو) در واقع نمایشــگاهی از زنان برهنه و مروج منحط‌ترین روابط جنسی بود. کار سینمای ایران به‌جایی رسیدکه در سال‌های متأخر سلطنت شاه ملعون، کارگزاران فرهنگی رژیم منفور پهلوی جسارت پیدا کردند تا به‌مقدس ترین حریم‌ها دست‌درازی کنند. ...»

اســدی سپس به‌موضوع فیلم «قیامت عشق» پرداخته و در مورد نویسنده‌ی آن می‌نویسد:

«جالب این‌جاست که همســر این نویسنده که کارمند عالی‌رتبه‌ی وزارت خارجه بود، بعد از پیروزی انقلاب اسلامی جاسوس انگلیس از کار در آمد و زن و شــوهر از ایران فرار کردند. آن‌سوی دیگر این سکه، یک توده‌ای سابق [نصرت کریمی] بود، که در ادامه‌ی روند مبارزاتی خود، فیلم محلل را ساخت. خوشبختانه ماهیت سینمای قبل از انقلاب روشن‌تر از آن است که نیازی به‌توضیح داشته باشد،

تنها لازم بود برخی نکات پنهان مانده گفته شود، تا دست پنهان استعمار جهانی در مقابله با مذهب و رواج بی‌بندوباری جنسی، بیش‌تر آشکار گردد.»

هوشنگ اسدی سپس به داستان‌نویسی پرداخته و از جمله پس از توضیح کوتاهی در مورد صادق هدایت، ابراهیم گلستان، به‌آذین و هوشنگ گلشیری می‌نویسد:

«داستان‌نویسی:

...دقت در اسامی بالا که از جناح‌های مختلف فکری انتخاب شده‌اند، بیان‌گر این مسئله است که منبع تغذیه‌ی داستان‌نویسی معاصر به‌هرحال خارج از مرزهای این کشور بوده است. و درست به‌دلیل همین تربیت اروپایی ـ غربی یا شرقی ـ بوده که اغلب نویسندگان معاصر از دریچه‌ی فرهنگ بیگانه به‌جامعه ما می‌نگریسته‌اند و در نتیجه خواسته و ناخواسته، مبلغان آن فرهنگ در کشور بوده‌اند. از همین روست که مسائل مربوط به‌زنان جزو اولین مضامینی است که وارد داستان‌نویسی معاصر شده است. به‌آثار ادبی دوران بیست‌ساله که نگاهی بیاندازید، از انبوهی زنان بدکاره‌ای که داستان‌ها به زندگانی آن‌ها پرداخته‌اند، سرسام می‌گیرید. تقریباً همه‌ی داستان‌های معروف آن زمان که اکنون فقط از نظر تاریخ ادبیات اهمیت دارند در پیرامون زندگی زنان بدکاره نوشته شده است. اغلب نویسندگان این آثار هم پیرو غرب هستند و به‌تمامی شیفته‌ی جامعه‌ی غربی که در آن: «جوانان و دختران دلبر و زیبایش که هرکدام کیسه‌ی کوچکی که محتوای خوراک و مشروب است را به‌پشت بسته‌اند، چهره‌های آن‌ها گلگون است و لب‌های آنان خندان.»[1] سوژه‌ی مرکزی این داستان‌ها، یعنی زنان بدکار مرتباً تکرار می‌شود و به‌تدریج صحنه‌های شهوت‌انگیز به‌آن‌ها اضافه می‌گردد. از سال ۱۳۲۰ به‌بعد، بینش مارکسیستی در باره‌ی زن به‌این جریان افزوده می‌شود که در اصل تفاوتی با نگرش غربی ندارد. پس از ۲۸ مرداد ۱۳۳۲، به‌دنبال پیوستن چند چهره‌ی سرشناس داستان‌نویسی (از جمله صادق

---

۱ - محمد مسعود ـ بهار عمر.

چوبک) چپ به راست این جریان نیروی تازه‌ای می گیرد. به‌دنبال رسیدن جریان «رمان نو» از فرانسه به ایران و در پی آن مطرح شدن داستان‌نویسان امریکایی، یک جریان نیرومند «زشت‌نگاری» در داستان‌نویسی معاصر جای باز می کند. یکی از سوژه‌های دلخواه این داستان‌نویسان «زن شوهردار و فساد او» یعنی زشت‌ترین و تباه‌ترین جنبه‌های فساد جنسی است. در این سال‌ها مهشید امیرشاهی که در مورد او خیلی هم تبلیغ می‌شد، در یک داستان مرتباً این موضوع را تکرار می کند که چگونه اندام بی حافظ خود را به‌مردان محل نشان داده است. آن نویسنده دیگر که خیلی هم ادعا داشت[1] [هوشنگ گلشیری] چنان تصویری از یک زن زحمت کش جنوب شهری –که کلفت شخصیت اصلی داستان اوست– ارائه داد که گویا زن تنها وسیله‌ی اطفاء پست‌ترین امیال جنسی مرد است. در همین حال دو تن از نویسندگان طبقات مرفه جامعه که یکی از آن‌ها سناتور[2] [علی دشتی] معروفی است، چندکتاب داستان نوشتندکه همگی نام زنان آن‌چنانی را بر خود داشته‌اند و موضوع آن‌ها شهوترانی زنان اعیان و اشراف بود. این کتاب‌ها آن‌قدر مفتضح بود که مجله‌ی رسوای فردوسی نقدی بر آن‌ها نوشت و برای نشان دادن ماهیت‌شان در یک کاریکاتور، سر سناتور معروف را در میان پاهای برهنه یک زن قرار داد. این مختصری از کارنامه‌ی نویسندگان جناح «راست» است که قلم از شرح بیش‌تر شاهکارهای‌شان شرم دارد.

اما در جناح دیگر –یعنی چپ– با همه ادعاها و شعارها وضع‌شان از جناح راست بهتر نیست. فلان نویسنده و مترجم چپ[3] [به‌آذین] که در رهبری یکی از جریانات چپ هم بود، به‌داستان زن جوانی می‌پردازد که در زمان بزرگ‌ترین اضطراب و رنج و وحشت، احکام مذهبی را در یک غروب رمضان زیر پا می گذارد. آن دیگری که

۱ - هوشنگ گلشیری در داستان بره گمشده‌ی راعی
۲- علی دشتی درکتاب‌های فتنه، آشوب و ...
۳ - به آذین در داستان غروب رمضان

خود از افسـران سـازمان نظامی حزب توده بود[1] [احمد محمود]
داستانی در بـارهی جریانات ملی شدن نفت می‌نویسد و رمان را با
یک صحنه تحریک‌کننده‌ی جنسی آغاز می‌کند و جابه‌جا در رمان
خود این صحنه را مکرر می‌کند و زنی که، عیناً از فلان کتاب مشهور
شولوخف به داستان این نویسنده‌ی ایرانی نزول اجلال کرده است.
سومی[2] درباره‌ی یک زندانی سیاسی رژیم پهلوی می‌نویسد که بعد
از آزادی بریده و فاحشـه‌ای منجی او می‌شود و بازش می‌گرداند.
این رشته سر دراز دارد. اگر نویسنده‌ی دست راستی از صحنه‌های
شهوی «اشتاین بک» تقلید می‌کند، نویسنده‌ی چپی عین این کار را
به تقلید از «شولوخف» انجام می‌دهد.
... حالا، این رویدادهای هنری معاصر را مقایسه کنید با دوره‌بندی
تاریخی که حجت‌الاسلام خامنه‌ای از رواج بی‌بندوباری جنسی در
ایران ارائه کرده است.»

او سپس به تکرار صحبت‌های سخیف علی خامنه‌ای پرداخته و سـرانجام
نتیجه‌گیری هولناکی را به خواننده القا می‌کند:
«...در شـرایط کنونی جامعـه، در حالی کـه تـلاش پی‌گیر
جمهوری اسلامی برای زودودن پلشتی‌ها از دامان جامعه ادامه دارد
روشـن است که «همان سیاست‌ها، همان سیاست‌گراها که آن روز
در جامعه‌ی ایرانی آن فساد را راه انداخته بودند، نمی‌توانند بنشینند
و تماشاگر بی‌تفاوتی باشند که حالا انقلاب بیاید سرمایه‌گذاری
پنجاه سـاله، شصت سـاله‌ی آن‌ها را ناگهان دود هوا کند و از بین
ببرد.»[3]
... هـدف این «شبکه‌ی خطرناک فساد» که بنابـر اظهارات
حجت‌الاسلام سـیدعلی خامنه‌ای «از سوی تمام سیاست‌گزاران

۱- احمد محمود در داستان بلندهمسایه‌ها.
۲- جمال میرصادقی داستان شبچراغ.
۳- حجت‌الاسلام خامنه‌ای، خطبه‌های نماز جمعه، جمهوری اسلامی، اول شهریور ۱۳۶۵.

غربی ضداسلامی حمایت و تقویت می‌شود»[1] این است که: «مردم را به‌فساد بکشانند و آن حرکت قاطع انقلاب در جلوگیری از فساد را خنثی کنند»[2] هدف این شبکه‌ی فساد که در آن سلطنت‌طلب‌ها، گروهک‌های ضد انقلاب و حتا گروهک‌های به‌اصطلاح چپ هم متحد عمل می کنند، «یک چیز» است: «آن‌ها می خواهند سلامت جامعه‌ی ما را سـلب کنند. نسل جوان را از انقلاب بگیرند. بینش سیاسی رایج کشور ما راکه در مرد و زن و جوان و پیر رسوخ و نفوذ دارد، سلب کنند، مثل حیوانات سرگرم کنند و مثل همان مردمی که در همان کشورهایی هستندکه به‌مسائل سیاسی، اخلاقی و ارزش‌ها و تحرکات و تحولات انسـانی، غایت و توجه ندارند، سرگرم کنند به‌همان آخورهای قبلی که در دوران شاه و رژیم سلطنتی وجود داشته است.[3]

در واقع امپریالیسم جهانی، به‌دنبال شکست توطئه‌های رنگارنگ خود، بار دیگر به‌همان سلاح قدیمی استفاده از بی‌بندوباری جنسی در مقابله با انقلاب اسلامی توسل جسته است. یکی از سلاح‌ها نیز «هنر» است و چهره‌های قدیمی هم در میدان هستند که انشاءالله در فرصتی دیگر به‌آن خواهیم پرداخت.»

آیا جنایتکاران حاکم برکشور و دستگاه امنیتی آنان با القای چنین تحلیل‌هایی به «صاحبان فتوا» حکم قتل نویسندگان و روشنفکران میهن‌مان را نگرفتند؟ آیا با اتکا به‌چنین نوشته و «کیفرخواستی» روشنفکران ایرانی «مفسد فی‌الارض» نیسـتند؟ آیا می‌توان سهم چنین «کیفرخواست»نویسـان را در جریان کشتار روشنفکران و نویسندگان ایرانی نادیده گرفت؟

کیهان هوایی ۱۴ آبان‌ماه ۱۳۶۵ در معرفی آخرین قسـمت از نوشته‌ی هوشنگ اسـدی زمینه‌ساز راه‌اندازی بخش «نیمه‌ی پنهان» روزنامه‌ی کیهان که در آن به پرونده‌سازی برای روشنفکران ایرانی می‌پردازد و برنامه‌ی تلویزیونی «هویت»،

۱ - پیشین.
۲ - پیشین.
۳ - پیشین.

چنین می‌نویسد:

«در آخرین قسمت از مقالات «درآمدی بر علل غرب‌زدگی و ابتذال هنر معاصر» که به وسیله‌ی آقای هوشنگ – الف در زندان قزل‌حصار به‌رشته‌ی تحریر درآمده است، چهره‌ی دو تن از چهره‌های فرهنگی کشــور– که به‌اعتقاد نویسنده به صورت واقعی معرفی نشده‌اند– ترســیم شده است. نویسنده در پایان این مقاله وعده کرده است که در آینــده به‌بحث در باره‌ی چهره‌هایی این‌چنین ادامه خواهد داد و تنها به‌این دو تن بسنده نخواهدکرد. ضمن آرزوی توفیق برای ایشان، یادآور می‌شویم که در صورت دریافت ادامه‌ی این مقالات، مستقلاً به‌درج آن اقدام خواهیم کرد.»

هوشنگ اسدی پس از این معرفی، در مورد دو چهره‌ی ماندگار داستان‌نویسی ایران یعنی غلامحسین ســاعدی و صادق چوبک در زیر تیتر بزرگ «نگاهی دوباره به چهره‌ها از آینه‌ی انقلاب» چنین می‌نویسد:

«هنر معاصر – از مشروطیت تا انقلاب اسلامی و به‌ناچار «هنرمند» معاصــر در اکثریت خود، محصول هجــوم فرهنگی جهان مادی کنونی – شرق و غرب– به ایران اسلامی است. از آن‌جا که یکی از شیوه‌های رایج دستگاه‌های فرهنگی امپریالیست‌های شرق و غرب «بت‌ســازی» است، هنر و هنرمند نیز از این رهگذر مصون نمانده است. دستگاه‌های فرهنگی طاغوت به تبعیت از اربابان خود ضمن پیاده کردن زمینه‌های فرهنگی غرب در ایران به منظور اسلام‌زدایی (که شــرح مختصری از آن در قســمت‌های قبلی این مطلب آمد) انواع و اقسام بت‌های فرهنگی را برای مردم ما تراشیده‌اندکه برخی هنرمندان نیز در شمار آنانند. در طول سالیان دراز سلطه‌ی ستم‌شاهی، چنان با انواع و اقسام وسایل تبلیغی از برخی چهره‌ها بت تراشیده شــده و به‌آن‌ها القاب دهــان پرکنی چون «نامی» «برجســته»، «بزرگ» و ... داده شــده است که از نظر روانی هنوز هم که هنوز اســت بخش‌هایی از جامعه باور دارند که فلانی بزرگ‌ترین شاعر

معاصر است و دیگری مهم‌ترین داستان نویس و ...

نگاهی کوتاه به‌رویدادهای سیاسی پس از پیروزی انقلاب اسلامی نشان می‌دهدکه این سرمایه گذاری تبلیغی بر روی برخی روشنفکران بی‌دلیل نبوده است. از این روست که در ادامه‌ی مطالب گذشته به‌طرح سیمای واقعی برخی از این روشنفکران می‌پردازیم و بقیه را انشاءالله به‌فرصتی دیگر می گذاریم.

هنوز هم اگرکتاب‌های مربوط به ادبیات معاصر راکه غالباً پس از انقلاب نوشته شده و چاپ شده بازکنید می‌بینیدکه در اغلب آن‌ها از صادق چوبک با عناوینی چون پیش گام، نویسنده‌ی بسیار مهم و ... نام برده شـده است. حتا در برخی ازکتاب‌های چاپ شده در سـال‌های اخیر هم چوبک را یکی از واقع‌بین‌ترین داستان‌نویسان معاصر ایران معرفی کرده و نوشـته‌اندکه آثار او «با الهام از محیط ایران و زندگی واقعی ایرانی نوشته شده» و در این آثار « به‌زندگی مردم محـروم و طبقه‌ی عوام و نمونه‌هایـی از اکثریت افرادی که جامعه‌ی ایرانی را تشکیل می‌دهند» پرداخته شده است.

ضمن قبول این واقعیت که چوبک از آغازگران داستان‌نویسی نوین به‌سبک غربی در ایران است، اما تبلیغ او در شرایط فرهنگی کنونی سبب این خواهد شد که خواننده کم‌اطلاع به‌دنبال این تبلیغات رفته و به‌جای آب خود را با سراب روبرو ببیند. چرا که آثار صادق چوبک در قسمت عمده‌ی خود به‌مسائل جنسی اختصاص دارد و دیدگاه او از نظـر فکری فرویدی، از نظـر سـبک متعلق به‌دوران انحطاط ناتورالیسم و افتادن آن به‌دامان جنسی نویسی است. صادق چوبک که از نظر فن و تسـلط به داستان‌نویسی از بهترین داستان‌نویسان ایرانی اسـت سه دوره‌ی مشخص در زندگی داشته است. در دروه‌ی اول او هم مانند برخی دیگر از روشنفکران آن‌چنانی به حزب توده روی آورد. پس از کودتای ۲۸ مرداد از آن‌جا که به دکان و دسـتگاه بالای شرکت نفت وصل شـد و به آلاف و علوف [الوف] رسید ترجیح داد در پس بی‌اعتنایی اشراف‌منشـانه‌ی خود سنگر گیرد.

در دوران سـوم، صادق چوبک ایران را رها کرد و به انگلسـتان رفت و هنوز هم که هنوز اسـت در آن‌جاست. آثار صادق چوبک هم به‌ناچار از سـیر زندگی او جدا نیست. در دوران اول، برخی از داستان‌های کوتاه و رمان بلند «تنگسیر» کارنامه‌ی صادق چوبک را تشکیل می‌دهد. داسـتان‌های کوتاه از نظر فنی ارزش دارند. و «تنگسیر» به‌مقاومت «زار محمد» در برابر انگلیسی‌ها می‌پردازد که منصفانه باید گفت رمان نیرومندی است. اما توجه به‌برخی مسائل، بحث مهم‌تری را در باره‌ی این رمان پیش می کشـد. از سال‌های ۱۳۳۲ به‌بعد، به دنبال کودتای شاه– آمریکا که نتیجه‌ی آن جانشینی آمریکا به‌جای انگلستان در ایران بود محافل آشکار و پنهان آمریکا قدرت را در ایران در دسـت گرفتند. سپس برای تطهیر آمریکا و در چارچوب رقابت قدرت‌های استکباری، افشاگری‌های محدودی از طرف محافل آمریکایی علیه انگلیسی‌ها انجام شد. مثلاً اسماعیل رائین در کتابی سه جلدی، لژهای فراماسیونی انگلستان در ایران را معرفی کرد و لیسـت مفصلی از اسامی اعضاء این لژها، همراه با عکس‌های متعددی ارائه داد. روشن بود که انتشار چنین کتابی بدون اجازه و اشاره‌ی رژیم منفور گذشته ممکن نبود. در همین چارچوب ابتدا رسول پرویزی در داستان کوتاهی به‌نام «شیرمحمد» به شرح مقاومت مردم تنگستان در برابر انگلیسی‌ها پرداخت. سپس همین داستان توسـط صادق چوبک به صورت داستان بلند «تنگسیر» درآمد. پس از چندی بر مبنای داستان این کتاب فیلمی هم ساخته شـد و در سینماهای تهران به‌نمایش درآمد به‌اضافه‌ی این که یک سریال تلویزیونی هم درباره‌ی همین موضوع بنام «دلیران تنگستان» تهیه و پخش شد. روشـن بود که این چوب زدن به استعمارگر پیر انگلستان نمی‌توانست خارج از دایره‌ی رقابت‌های ابرقدرت‌ها و حداقل بدون موافقت و تمایل آمریکایی رژیم باشد.

این سخنان به‌این معنی نیست که صادق چوبک مستقیماً عامل چنین سیاستی بوده، اما وابستگی او به‌محافل بالای شرکت نفت و هم‌چنین

ارتباط رسول پرویزی با دربار جای چون و چرا را باز می گذارد. آثار دور دوم زندگی صادق چوبک به غیر از چند داستان کوتاه از دیدگاه فرویدی در باره‌ی مناسبات جنسی مایه گرفته است، ناتورالیسم که در مسیر خود به‌انحطاط کشیده و به زشت‌نگاری تبدیل شد سبک مورد علاقه‌ی چوبک اســت و از این رهگذر مسائل بیمارگونه‌ی جنسی بر فضای داستان‌های او حکومت دارد. پیگیری چوبک در این روش به‌آن‌جا می‌رسدکه کم‌تر شخصیتی در آثار دوره‌ی دوم او پیدا می‌شود که بیمار جنسی نباشــد و یا به‌انگیزه‌ی جنسی اقدام به این یا آن عمل نکند. تردیدی نیســت که مردم واقعی ایران، این شــخصیت‌های مریض و وازده‌ی جنسی نیستند که در آثار چوبک معرفی شــده‌اند. و معرفی او به‌شکل رایج و آن‌هم در شرایطی که مردم واقعی ایران مسلسل به‌دست با شرق و غرب می جنگند، خالی از انصاف است. دوران سوم زندگی هنری و شخصی چوبک یک کلمه بیش‌تر نیست: سکوت. سکوتی که تا به امروز نیز ادامه یافته است.»

هوشــنگ اسدی سپس تیغ از نیام کشــیده و به‌جان خاطره‌ی روشنفکر بزرگ ایرانی، زنده‌یاد غلامحسین ساعدی که در تبعید دق کرد، می‌افتد:

«هر چند سکوت نویسندگانی مانند چوبک به‌معنای صحه گذاشتن بر ستم‌شاهی بود و البته از زندگی اشرافی چوبک جز این هم انتظار نمی‌رفت. اما نویسندگان دیگری بودند که نه تنها رسماً رژیم جنایتکار گذشــته را تأییدکردند، حتا پس از پیروزی انقلاب‌اسلامی خود را کاملاً در اختیار ضدانقلاب گذاشتند. این قبیل نویسندگان تا آن‌جا پیش رفتند که حتا به مقام شــامخی چون عضویت در شورای ملی مقاومت رسیدند. دکتر غلامحسین ساعدی (گوهرمراد) از این دست نویســندگان است. البته نباید به‌قول معروف به‌مرده چوب زد اما از آن‌جا که ضدانقلاب خارج‌نشین و به‌ویژه گروهک‌های سرسپرده‌ی آمریکا مانند جبهه‌ی دمکراتیک ملی متعلــق به آقای هدایت‌الله

متین‌دفتری و منافقین می کوشند از او چهره‌ای مبارز و بزرگ بسازند، و از قبلش برای فریفتن این و آن نورسیده سود بجویند، لازم است در مسیر بررسی برخی چهره‌های معروف «هنر معاصر» و چند و چون زندگی و آثارشان، واقعیات موجود در باره‌ی ساعدی را مطرح کنیم. منافقین که سعی می کنند مرده‌ی ساعدی را علم کنند، در جلسه‌ای که از هواداران شورای مقاومت ملی تشکیل داده‌اند، از زبان منوچهر هزارخانی درباره‌ی او می گویند: «همه‌تان می دانیدکه دکتر ساعدی یکی از بزرگ‌ترین نویسندگان و هنرمندان ما بود»[1] منافقین و دیگر ضدانقلابیون برای این که از مرده ساعدی نان بخورند، می کوشند تا برای بی‌خبران و غافلان او را مبارزی ضد رژیم شـــاه خائن جا بزنند. ضدانقلاب می‌نویســـد: «ساعدی طعم زندان و شکنجه را در زمان رژیم پهلوی چشـــیده بـــود»[2] و زندگی‌نامه‌ی او را به این شـــکل رقم می‌زند؛ «ساعدی پیه هرگونه فشار و تعدی مقامات و ارگان‌های سانسور و ســـرکوب رژیم شاه را به خود مالید»[3] ضمن اشـــاره به ماجرای دستگیری ســـاعدی اضافه می کند: «در اوایل تابســـتان سال ۱۳۵۳ نیز بازداشت شد و برای مدتی در زندان اوین تحت شـــکنجه بود»[4] و گویا ساعدی: «زندان و شکنجه را تحمل کرد ولی بـــه آرمان‌های انقلابی وفادار ماند»[5] و ظاهراً: «به دنبال اعتراضات وســـیع در ســـطح بین‌المللی از زندان آزاد شد»[6] و البته این خط «قهرمان‌سازی» از ساعدی که توضیح خواهیم داد دلیلش چیســـت، از خود او شروع شده بود. ســـاعدی در فروردین ۱۳۵۸ ضمن مقاله‌ای در رد افشا گری انقلابیون مسلمان نوشت: «منظورتان از روشنفکر کیست و چیست؟ آیا منظورتان مشتی درس‌خوانده یا هنر آموخته بودند یا همه‌ی آن‌هایی که جان برکف با شجاعت کامل

۱- سخن‌رانی هزارخانی در مجالس یادبود ساعدی- ۱۴ دی ۱۳۶۴.
۲- هدایت‌الله متین‌دفتری، دفترهای آزادی، ویژه‌ی ساعدی، بهمن ۱۳۶۴.
۳- سروش آزادی، دفترهای آزادی، ویژه‌ی ساعدی، بهمن ۱۳۶۴، صفحه‌ی ۱۲۶.
۴-دفترهای آزادی صفحه‌ی ۱۲۹.
۵- پیشین.
۶ - پیشین.

در مقابل هیچ نوع تهدیدی مرعوب نمی‌شدند و تیره‌ترین سیاه‌چال را به سر خم کردن و پوزه بر خاک مالیدن در مقابل قدرت ترجیح می‌دادند و هر خطری را به‌جان می‌خریدند و هدفی جز درهم‌شکستن رژیم دست‌نشانده‌ی امپریالیسم آمریکا نداشتند»[1] که البته آقای ساعدی خودش را جزو جان برکفان با شجاعت می‌داند که در مقابل هیچ نوع تهدیدی مرعوب نمی‌شدند. حساسیت ساعدی در باره‌ی این مسأله بی‌علت نبود، از قدیم گفته‌اند چوب را که برداری گربه دزده...، آقای ساعدی هم از وقتی انقلاب چوب سینه‌زنی روشنفکران آن‌چنانی را برداشت، کوشید با این جنجال‌ها گذشته‌ی مبارزاتی خود را لاپوشانی کند. واقعیت این بود که در اواخر سال ۱۳۵۳ رژیم جنایتکار پهلوی در اوج ددمنشی خود به‌پیر و جوان چنگ و دندان نشان می‌داد و به‌صغیر و کبیر رحم نمی کرد. در همین سال، برخی ازگروهک‌های مقیم خارج، برخی از آثار ساعدی را که در ایران حتا از تلویزیون شاه هم پخش می‌شد در بوق کردند و کوشیدند از اشارات مبهم مندرج در آن‌ها برداشت انقلابی کنند. رژیم شاه هم که خود بهتر از همه از حال و روز آقای ساعدی خبر داشت، او را دستگیرکرد و هنوز دو سه ماهی از دستگیری و مقاومت آقای ساعدی – ضدانقلاب حالا تبلیغش را می کند- نگذشته بود که معلوم شد بله آقای ساعدی تیره‌ترین سیاه‌چال‌ها را به سرخم کردن و پوزه بر خاک مالیدن در برابر قدرت ترجیح داده است!

روز ۲۹ فروردین ۱۳۵۴ به‌دنبال مصاحبه‌ی تلویزیونی ساعدی با مقام امنیتی معروف یعنی ثابتی- متن این مصاحبه در روزنامه‌ی کیهان چاپ شد. در مقدمه‌ی مصاحبه آمده بود: «دکتر غلامحسین ساعدی نویسنده و نمایشنامه‌نویس معروف در طی یک مصاحبه‌ی

۱ - آزادی، ارگان جبهه‌ی دمکراتیک ملی، شماره‌ی ۱۴، ۲۹ فروردین ۱۳۵۸.

نقطه نظرها و عقاید خود را در زمینه‌ی هنر و سیاست و جامعه تشریح کرد. در این مصاحبه نویسنده از دیدگاهی انتقادی به آثار خود نگاه دوباره‌ای می اندازد» در ابتدای مصاحبه از آقای ساعدی سؤال شده بود...»

هوشنگ اسدی که در زندان جمهوری اسلامی به‌اسناد جبهه‌ی دمکراتیک ملی، سخنان دکتر منوچهر هزارخانی، آرشیو کیهان و... دسترسی دارد! برگ دیگری از همکاری خود با جنایت‌کاران جمهوری اسلامی و دستگاه امنیتی آن را رو کرده و در نوشته‌ی خود بخش‌هایی از پاسخ‌های زنده‌یاد دکتر غلامحسین ساعدی [که تحت فشار و شکنجه‌های طاقت‌فرسای ساواک اخذ شده بود] به پرسش‌های تنظیم شده از سوی ساواک را که در روزنامه‌ی کیهان ۱۱ سال قبل درج شده بود، می‌آورد و سپس به‌کنایه می‌نویسد:

و به این ترتیب آقای ساعدی «زندان و شکنجه» را تحمل می کند و «به آرمان‌های انقلابی وفادار» می‌ماند! البته ایشان بیش‌تر از یک بار این وفاداری را نشان داده است. مثلاً در سال ۱۳۴۸ که فرح پهلوی در حال سازمان دادن جناح «کبوترها» در دربار شاه خائن بود اجله [اجل] روشنفکر کشور را دعوت کرد که به‌دیدار او بروند از جمله کسانی که به این دعوت جواب مساعد دادند آقای ساعدی بود. که همراه دوست مبارزشان احمد شاملو به دست‌بوسی «علیاحضرت هنرپرور و فرهنگ‌دوست» رفتند. برای جا انداختن همین زمینه‌ی «مبارزاتی»، ضدانقلاب می کوشد چهره‌ای از ساعدی بسازد که گویا انتشار آثار او در دوران گذشته ممنوع بوده است. اما از آن‌جا که هنوز مردم به‌یاد دارندکه این آثار آزادانه در دسترس همگان بوده است، به شکل دوپهلو مسئله را مطرح می کند تا ناآگاهان را بفریبد: «با وجود سانسور شدید توسط رژیم پهلوی چندین نمایشنامه‌اش نیز هر یک در لحظاتی به‌مدت کوتاه بر روی صحنه آمد؛ از جمله «دیکته و زاویه» در تأتر سنگلج که پس از چند اجرای محدود، ساواک از نمایش آن جلوگیری کرد و «چوب به‌دستان

ورزیل» و «عزاداران بیل»[۱] و یا «داستان آشغال‌دونی که تحت عنوان «دایره‌ی مینا» روی پرده آمد و در دوران رژیم پهلوی در ایران اجازه‌ی نمایش نیافت».[۲] این ادعاها البته همگی خلاف واقع است. واقعیت این است که همه‌ی آثار ساعدی بدون استثناء در زمان شاه خائن در ایران منتشر شده است. نمایش «دیکته و زاویه» که به‌ادعای نویسنده ضدانقلابی، گویا ساواک از نمایش آن جلوگیری کرده در سال ۱۳۵۴ از تلویزیون سراسری رژیم گذشته پخش شده است. در همین سال که دستگاه سانسور رژیم منفور گذشته مو را از ماست می کشید، کتاب «ما نمی‌شنویم» نوشته‌ی ساعدی چاپ شد و نسخه‌های آن به‌اصطلاح «زیر میزی» به فروش رسید. ساواک هم زیر سبیلی از این مسئله گذشت و البته همه می‌دانید که ساواک از روش «زیر میزی» برای جا انداختن کتاب‌های مورد علاقه‌اش استفاده می کرد و بدین وسیله به‌آن‌ها رنگ و روغن انقلابی می‌زد که خوب به مغز و دل خواننده بنشیند. فیلم «دایره مینا» هم ابتدا در جشن هنر شیراز در حضور فرح نمایش داده شد و سپس به‌اکران عمومی درآمد. این قضیه تا بدان حد آفتابی است که سلطنت‌طلبان فراری هم که طبیعتاً از اوضاع و احوال آن روزگار بهتر اطلاع دارند در جریان هیاهویی که پس از مرگ ساعدی به‌راه افتاد و هواداران «شورای ملی مقاومت» کوشیدند به‌او رنگ و لعابی انقلابی بزنند، دادشان درآمد و در اعتراض نوشتند:

«آثار ساعدی در زمان رژیم سابق نوشته شد و بعضی از نمایشنامه‌هایش هم اجرا شد و چندان ممانعت یا مخالفتی با ادامه‌ی کارش نمی‌شد و یا اگر می‌شد، رفع هم می‌شد.»[۳]

هوشنگ اسدی سپس با اشاره به مصاحبه‌ی تلویزیونی ساعدی که در کیهان ۲۹ فروردین ۵۴ چاپ شده بود می‌نویسد:

۱- دفترهای آزادی، صفحه‌ی ۱۳۰.
۲ -دفترهای آزادی، صفحه‌ی ۱۳۰.
۳ دفترهای آزادی ـ ص ۱۰ — به‌نقل از محافل سلطنت‌طلب.

«به‌هر حال آقای ساعدی پس از آن «مقاومت» جانانه از زندان بیرون آمد و درست برای لوث کردن این مسئله است که نویسنده‌ی ضد انقلابی، آزادی او را در سال ۵۴ نتیجه‌ی اعتراضات وسیع بین‌المللی می‌داند. و چاره‌ای هم غیر از این ندارد. بالاخره باید هر جور شده جریانات مفتضح را ماست‌مالی کرد. پس از آزادی، آقای ساعدی به سواحل دریای خزر رفت و مدت‌ها به باده گساری افراطی پرداخت به‌طوری که عقل داشت از سرش می‌پرید. بعد هم به تهران برگشت و در دستگاه امیرکبیر مشغول انتشار نشریه‌ی «الفبا» شد که شش شماره از آن را منتشر کرد و یک‌سره به‌جنسی‌نویسی پرداخت تا آن‌جا که فقر مردم را در داستانی که در همین الفبا نوشت، از پشت زشت‌ترین مسائل جنسی و شهوانی رقم زد. ساعدی درست در تابستان ۱۳۵۶ که جنبش انقلابی در ایران آغاز شده بود: « به دعوت ناشران آمریکایی به آمریکا رفت و در این کشور کنفرانس‌هایی برای بررسی اوضاع سیاسی ایران برای او ترتیب یافت. ساعدی پس از آمریکا به انگلیس رفت و از شماره‌ی اول تا شماره‌ی دوازده ایرانشهر با احمد شاملو همکاری نزدیک داشت.»[1] جالب این‌جاست که ساعدی در همان مصاحبه یاد شده، در باره‌ی گروهک‌های خارج از کشور گفته بود: «از ماهیت این بلندگوها مردم با خبرند زیرا که خود نوکر استعمارند. بنابر این هر گروهی چه مارکسیست و چه غیرمارکسیست و چه بلندگوهای بیگانه اگر سوءاستفاده‌ای از نوشته‌های من بکنند، مورد تأیید من نخواهد بود. آن‌ها را دشمن خود می‌دانم»[2] اما به‌محض خروج ازکشور به‌سراغ همان نوکران استعمار رفت و با انواع و اقسام گروهک‌های مقیم خارج لاس خشکه زد، اما بیش از همه با جریانات چپ آمریکایی همکاری کرد و سرانجام هم به لندن رفت و زندگی در ویلای ساکت و شیک شاملو در حوزه لندن را ترجیح داد. انقلاب بدون توجه به

۱- کیهان ۲۸ دی ۱۳۵۶.
۲- کیهان ۲۹ فروردین ۱۳۵۹.

این کف‌های روی آب، در بســتر توفانی خود پیش رفت و درست در این هنگامه آقای ساعدی و همپالگی‌ها نزول اجلال فرمودند: «غلامحسین ساعدی نویسنده‌ی معروف ایران که برای شرکت در مبارزات خارج کشــور، به آمریکا و بعد انگلیس رفته بود به تهران بازگشــت و به‌محض بازگشت، در شرایطی که شاه خائن فرار کرده و ایران یک‌پارچه آماده‌ی اســتقبال از امام خمینی بود، ســاعدی در مصاحبــه‌ای گفت: «هنوز اتفاق مهمی نیافتاده»[۱] روشــن بود که ساعدی با آن سابقه‌ی مبارزاتی جایش در کنار انقلاب نیست. همین‌طور هم شــد او بلافاصله به «جبهه دمکراتیک ملی ایران» که توســط هدایت‌الله متین‌دفتری چهره‌ی معروف آمریکایی علم شده بود پیوســت و به قول همین آقای متین‌دفتری «مقاومت» در مقابل این دشــمن (یعنی انقلاب‌اسلامی) از روز ۲۲ بهمن توسط امثال ساعدی شکل گرفت[۲] «و البته سابقه‌ی همکاری ساعدی با جبهه‌ی دمکراتیک و نشریه‌ی آزادی مربوط به امروز و دیروز نیست. او همراه با ناصر پاکدامن که در ایام عید ۱۳۵۸ از طرف جبهه مأمور و مســئول تهیه‌ی نشریه‌ای شــده بود، آزادی را به راه انداخت» [۳] و به‌این ترتیب آقای ساعدی که در زمان دیکتاتوری خونین پهلوی به‌اصطلاح «مبارزه»‌اش از حد آن‌چه آمد، فراتر نرفت و سرانجام هم به‌تأیید رهبری‌های خردمندانه‌ی شاهنشــاه آریامهر ختم شد، از همان ۲۲ بهمن سال ۱۳۵۷ فعالانه مبارزه با انقلاب اسلامی را آغاز کرد و همین آقای ساعدی که در خونین‌ترین سال‌های رژیم پهلوی در یک دست جام باده و در یک دست زلف یار، شب‌های «جهان نو» را صبح می کرد، در مرداد ۵۸ نوشــت: «اکنون وظیفه‌ی تمام آزادمردان و آزادزنان اســت که در مقابل این یورش، تنها به‌حالت تدافعی قناعت نکنند؛ آن‌ها نیز یورش بیاورند، یورش در برابر یورش،

۱- کیهان ۵ بهمن ۱۳۵۶ [۱۳۵۷].
۲- هدایت‌الله متین‌دفتری، دفترهای آزادی، ص۲.
۳- پیشین.

حمله در برابر حمله، چماق در برابر چماق، چشم در برابر چشم»[1]
منظور ایشان از یورش، بستن نشریات ضدانقلابی از قبیل آیندگان بود
و جالب این جاست که با این اعلام جنگ رسمی علیه انقلاب که
آزادانه چاپ می‌شد و به‌بازار می‌آمد، آقای ساعدی اعتقاد داشت
که آزادی نیست انگار که آزادی فقط در همان نشریه‌ی «آزادی»
است که با همه‌ی قسم‌های حضرت عباسش، دم خروس از لای
قبای عمو سام پیدا بود و و روشن بود که همه‌ی این‌ها بهانه‌ای بیش
نیست. روشنفکرانی امثال ساعدی از آبشخوری سیراب می‌شدند
که ربطی به‌مردم مسلمان ایران نداشت. و به‌ناچار پس از یک عمر
ادعای مبارزه به‌خاطر مردم، جای‌شان در دامان امپریالیسم بود. وقتی
هم که مردند، نه قلب مردم بلکه صفحه‌ی تسلیت روزنامه‌ها مرگ
دوباره‌شان را جار زد، چرا که این قبیل «روشنفکران» که در مقابل
انقلاب مردم می‌ایستند، قبل از جدا شدن روح از کالبدشان، مرده‌اند
و انشـاءالله در ادامه‌ی بحث، به‌چهره‌هایـی از این قبیل خواهیم
پرداخت. والسلام.»

ظاهراً هوشنگ اسدی ادامه‌ی مبحث فوق را امروز در خارج ازکشور به‌گونه‌ی
دیگری پی گرفته اسـت. او اخیراً در مقام یکی ازگردانندگان «روز آنلاین» و
خبرنامه‌نویس سـایت «گویا» در ارتباط با من و کتاب چهار جلدی خاطرات
زندانم «نه زیستن نه مرگ»، که در آن چهره‌ی اصلی وی را رو کرده‌ام در مقاله‌ای
تحت عنوان «شاه آمد» می‌نویسد:

«شاه آن آقایی است که کتابی چهار جلدی تألیف می کند تا خود و
هم‌فکرانش راقهرمان قهرمانان زندان‌های جمهوری‌اسلامی معرفی
کند و «دیگران» را در مسند خیانت بنشاند.»[2]
البته ذکر این نکته ضروری اسـت آن‌چه هوشـنگ اسـدی در رابطه با من و
کتاب «نه زیستن نه مرگ» نوشته، تهمت و افترایی بیش نیست و آن را به‌منظور

۱- تهران مصور، ۲۰ مرداد ۱۳۵۸.
2-phttp://news.gooya.eu/columnists/archives/056575.ph

عوام‌فریبی و بر اساس خط مشخصی مطرح کرده است. چرا که من نه تنها خود، بلکه هیچ زنده‌ای را «قهرمان» نمی‌دانم و معتقدم «قهرمانان» ما در سینه‌ی خاک آرمیده‌اند. اما در جلد دوم کتاب «نه زیستن نه مرگ»، هوشنگ اسدی را یکی از توابان و گردانندگان بخش فرهنگی زندان و همکاران سابق ساواک معرفی کرده‌ام و مسئولیت او و امثال او در ارتباط با جنایت‌های انجام گرفته از سوی رژیم را بیش از توابان معمولی معرفی کرده‌ام. با توجه به فعالیت‌های او در زندان که گوشه‌ای از آن در بالا ذکر شد، آیا حق نداشتم وی را در زمره‌ی «خائنان» معرفی کنم؟ آیا آن گونه که او و دیگر توابان فعال در خارج از کشور و حامیان‌شان تبلیغ می کنند، به «تهمت‌زنی، پرونده‌سازی و ترور شخصیت» پرداخته‌ام یا حقایقی را که امثال هوشنگ اسدی و حامیان‌شان از آن هراس دارند، برملا کرده‌ام؟

آیا با توجه به چنین نوشته‌ها و اسناد انتشار یافته‌ای (دیده‌ها، شنیده‌ها و تجربه‌های زندانم به کنار)، سزاوار می‌بود در کتاب خاطرات خود از زندان‌های جمهوری اسلامی، هوشنگ اسدی و «دیگرانی» چون او را بر مسند «قهرمانان» بنشانم؟ آیا در معرفی چهره‌ی افرادی چون او به‌خطا رفته‌ام؟ آیا طلبکاری امروز آن‌ها نشان از بی‌پرنسیبی بی‌حد و مرز آنان ندارد؟

هوشنگ اسدی امروز رسالت جدیدی را به‌دوش گرفته و به «فرهنگ‌سازی» در خارج از کشور می‌پردازد. این مُبلغ ضد «خشونت» و همکار پیشین جنایت کاران رژیم در زندان‌های جمهوری اسلامی که با شمه‌ای از کارهای او آشنا شدید در مورد من که گوشه‌ای از چهره‌ی او در زندان را رو کرده‌ام، به اشاره و با کنایه چنین می‌نویسد:

> «تا جباران هستیم ما که امروز لباس «آزادی» و «حقوق بشر» پوشیده‌ایم و با همان زبان دشنام می‌دهیم که «کیهان» شهره‌ترین مروج آن‌ست، تا به‌فرمان «رئیس قبیله» دشنام‌ها و تهمت‌ها را در لباس شعر و الفاظ می‌پیچیم تا اهل قبیله‌ی خود را «شهیدان» و «سرداران» و دیگران را خائن بدانیم. همان «نیمه‌ی پنهان» بیست و پنج جلدی استبداد سرداران میدان توپخانه را در حجم کم‌تر ارزانی

«روسپی» می کنیم که روزی باکره بود و نسل ما عاشقش بود و نام مقدسش «انقلاب» بود.[1]

آیا با توجه به آنچه در بالا آمد، هوشنگ اسدی که خود را «دیگران» می نامد، «خائن» به مردم و جامعه ی روشنفکری ایران نبوده است؟ آیا در مورد او چیزی به گزاف گفته ام؟ آیا حقی را پوشانده ام؟ آیا اگر کسی با سند و مدرک نقاب از چهره ی او و امثال او گرفت به فرمان «رئیس قبیله» عمل کرده است؟ آیا در آن چه که به صورت مستند آمده، «تهمت» و «ناسزایی» دیده می شود؟ آیا با وصفی که در بالا آمد هوشنگ اسدی خود همکار «نیمه ی پنهان» نویسان کیهان و از بنیان گذاران آن نبوده است؟ کسی را که دارای چنین گذشته ی مشعشعی ست و امروز همه چیز را به فراموشی می سپارد و دم از «آزادی» و آزادی خواهی و «حقوق بشر» می زند و طلبکار هم هست، چه باید نامید؟

هوشنگ اسدی، دیروز در درون زندان «ام القرا»، تیغ رژیم را برای فرود آوردن بر گردن روشنفکران ایرانی تیز می کرد و امروز در خارج از کشور زهر خود را به گونه ای دیگر می ریزد. او در فصلنامه ی باران شماره ی ۱۱ و ۱۲ بهار و تابستان ۸۵ در مقاله ای تحت عنوان «این سگان هار» در مورد روشنفکران ایرانی می نویسد:

«روشنفکران ایران در اکثریت خود شاهان مستبد کوچکی هستند که گلوی مخالفان خود را می درند، فریاد آزادی سر می دهند، اما بدترین دشمنان آزادی هستند. آقای سپانلوی عزیز بدتان نیاید آن سگ های هار ما ییم که زائیده ی فرهنگی استبدادی هستیم. و من امروز در کنج غربت می کوشم که تک تک دندان های وحشم را بکشم».

هوشنگ اسدی و همانندان ایشان، امروزه تلاش می کنند تا در لباس «نقد» و ظاهراً از زاویه ی «روشنگری» و مثلاً از چشم انداز انسان مدرن و طرح مبارزه با «استبداد درون» مسئولیت ناپاک خود را ادامه دهند. او بیست سال پیش از موضع یک «حزب اللهی دو آتشه» و «کیفرخواست نویس» رژیم، چنین نوشته بود:

«هنرمند معاصر در اکثریت خود، محصول هجوم فرهنگی جهان

1- http://news.gooya.eu/columnists/archives/057359.php

مادی کنونی —شرق و غرب— به ایران اسلامی است.»

و امروز بعد از بیسـت سال از موضع یک انسان «آزادی‌خواه و منتقد»! همان ساز را به‌شکل دیگری در خارج از کشور کوک کرده و برای آلوده کردن محیط و پراکندن سم ناامیدی که منجر به‌رضا دادن به‌جانیان حاکم بر میهن‌مان می‌شود، می‌نویسد:

«روشنفکران ایران در اکثریت خود شاهان مستبد کوچکی هستند که گلوی مخالفان خود را می‌درند، فریاد آزادی سر می‌دهند، اما بدترین دشمنان آزادی هستند.»

هوشنگ اسدی در همه حال دشمن روشنفکران ایرانی «در اکثریت خود» است و هر روز آن را به شکل و شمایلی که اقتضای «روز» ایجاب کند، ارائه می‌دهد. اسـدی خود می‌داند که در دهانش «دندان وحـش» دارد و آثار این دندان بر بدن فرهنگ و هنر و روشنفکران کشورمان باقی‌ست، برای همین می‌خواهد جا بیاندازد که همه به‌نوعی دارای این نوع «دندان»ها بودند و مزیت او بر بقیه این است‌که در حال‌کندن «تک‌تک» آن‌هاست؛ در حالی که بقیه خواهان نگهداری آن‌ها هستند! این همان سیاستی‌ست که به‌اصطلاح «اصلاح‌طلب»های رژیم که بیش‌ترین نقش را در سـرکوب وکشتار دهه‌ی ۶۰ داشته‌اند با برخورداری از اهرم‌های فرهنگی تبلیغ می‌کنند. هوشنگ اسدی در واقع این سیاست را از موضع یک «آزادی‌خواه» و «مصلح اجتماعی» در خارج از کشور پیش می‌برد. این، آن «رسالت فرهنگی»ای‌ست که وی به‌دوش گرفته است.

او که تا دیروز به‌عنوان بلندگوی سیاه‌ترین باندهای رژیم، روشنفکران و تبعیدیان را مورد هدف قرار می‌داد و می‌نوشت: «انگار که حضور امروزشان در غرب اتفاقی است و یا اجباری و یا از سر ضرورت مبارزه در این دنیای شلم‌شوربا»، امروز که خود پایش به‌خارج از کشور رسیده، ادعاهای دیروزش را پاک فراموش کرده و و دم از «کنج غربت» می‌زند و مدعی می‌شود که «دست استبداد» او را «به‌خاک غربت کوچانده» است!

بیست سال پیش به‌منظور پرونده‌سازی برای روشنفکران وطن نوشته بود:

«ایـن که حالا هم در ینگه دنیا کنگر خورده‌اند و لنگر انداخته‌اند و یـا در ولایت خودمان شـب زنده‌داری‌هـای پاریس را خمیازه

می کشند، گول‌تان نزند که در اصالت وطنی آن‌ها شک کنید.»

و امروز پس از گذشت بیست سال باز هم روی همان «شب زنده‌داری‌های پاریس» تکیه می کند و رو به محمدعلی سپانلو می‌نویسد:

«شما بعد از شب‌های پاریس به‌شب‌های تهران برمی گردید وقتی شبی در یک مهتابی ـ مانند آن خانه‌ی دروس ـ نوشخواری می کنید...»

هوشنگ اسدی برای نشان دادن «خلوص» نیت و «اسلام» آوردن خود، کارهای بسا بیش‌تری کرده است. مثلاً او در نوشته‌ی دیگری تحت عنوان معرفی و نقدکتاب «زندگی تولستوی» نوشته‌ی «رومن رولان» در مقام یک مسلمان دوآتشه، مطلبی می‌نویسد به‌نام «تولستوی و اسلام». این نوشته ابتدا در روزنامه‌ی اطلاعات ۱۳ شهریور ۱۳۶۵ چاپ می‌شود و سپس در کیهان هوایی شماره‌ی ۷۳۹ به تاریخ ۲۸ مرداد ۱۳۶۶ دوباره انتشار می‌یابد. ذکر این نکته لازم است که دو دهه‌ی بعد، سایت «بازتاب» در تاریخ ۷ بهمن ۱۳۸۵ به کشف دوباره‌ی مطلب هوشنگ اسدی نائل آمده و مطلبی را تحت عنوان «تولستوی و محمد رسول‌الله (ص)» انتشار می‌دهد.[1]

هوشنگ اسدی که خارج از کشور به‌سر می‌برد و در اداره‌ی «روز آنلاین» و خبرنامه‌نویسی سایت گویا به «رسالت فرهنگی» خود ادامه می‌دهد و بنا بر مسئولیت‌اش ماسک جدیدی به‌چهره زده، به‌صرف خود نمی‌بیند که توضیح دهد او اولین نفری بود که به چنین کشفی نائل شد و حق و حقوق خود را طلب کند!

کیهان هوایی شماره‌ی ۷۳۹ در معرفی نقد هوشنگ اسدی می‌نویسد:

«آن‌چه در پی می‌آید نقد کتابی است که از سوی «هوشنگ اسدی» در زندان قزل‌حصار به‌رشته‌ی تحریر در آمده است. وی با نقادی کتاب «زندگی تولستوی» اثر «رومن رولان» به بُعد مذهبی و روحانی این نویسنده‌ی بزرگ و تأثیر عمیقی که شخصیت رسول اکرم (ص) بر او داشته است می‌پردازد و از این که «رندان روزگار» در پنهان ساختن ابعاد مثبت این چهره‌ها، تلاش کرده و می کنند، نتیجه می گیرد که ترجمه‌ی آثار متعدد از این گونه نویسنده‌ها دال

1- http://baztab.com/news/58980.php

بر شناخت دقیق‌شان نیست بلکه به‌این وسیله فقط وجهی از وجوه متعدد و گوشـــه‌ای از حقایق، برخوانندگان معلوم می‌شود و ابعاد گفتنی این شخصیت‌ها هنوز ناشناخته باقی می‌مانند.»

هوشنگ اسدی در معرفی کتاب چنین می‌نویسد:

«... از این رو سبب شگفتی نیست که ویژگی اصلی تولستوی یعنی روح عمیقاً مذهبی او یعنی شـــخصیت راستین او ... از خوانندگان ایرانی پنهان نگهداشته شده بود؛ چرا که دستگاه فرهنگی طاغوت با نفس «مذهب» کار داشت. وظیفه‌ی این دستگاه به‌عنوان ابزار اساسی سلطه‌ی امپریالیسم در میهن اســـلامی ما این بود که برای نمونه از کتاب معروفی مانند «زندگی گالیله» که نویســـنده‌اش هم البته بی‌دلیل در ایران تبلیغ نشـــده بود، اســـتفاده کند و قلم یکی از کارگـــزاران فرهنگی خود که در جوانی علم مارکسیســـم بر دوش می‌کشید و حالا مبلغ فرهنگ امپریالیستی – آریامهری شده بود، از جنایات کلیسا بهره‌برداری کند تا یک‌سره «مذهب» را ضد بشر و ضد ترقی و ضد علم نشان بدهد. بهانه، جنایتی از جنایات کلیسا ـ (یعنی یکی از دلائلی که به قول شهید مطهری راه را بر مادی‌گری نوین گشـــود)ـ بود و هدف، «مذهب» به‌طور عام و نه کلیسا و نه مســـیحیت. روشن بود که در کشـــوری مانند ایران که رهبر انقلابی مذهبی آن در تبعید به‌ســـر می‌برد، این قبیل تبلیغات کدام هدف را نشانه گرفته است و درست در راستای این سیاست فرهنگی بود که هرگز سیمای واقعی تولستوی ـ این مسیحایی آزاد ـ معرفی نشد و حتا یکی از آثار مذهبی او که به‌حکایت کتاب در دست طغیان علیه مسیحیت رایج و مدد جستن از روح واقعی مذهب بود، به‌فارسی در نیامد. ... اکنون به‌یمن انقلاب اسلامی آن سیاست فرهنگی به گور سپرده شده است.

در جریان آزاد تبادل فرهنگی جامعه چه بســـا حقایق که آشـــکار می‌شود. یکی از این حقایق ارتباط تولستوی با ملل شرق و به‌ویژه با

مسلمانان است...»

او سپس در نقد خود از زبان تولستوی به‌ضدیت هیستریک با «سوسالیسم» می‌پردازد و در پایان امضای خود را به شکل زیر پای نوشته‌اش می‌گذارد: «زندان قزل‌حصارـ هوشنگ اسدی (خراسانی) تابستان ۱۳۶۵»

هوشنگ اسدی مدل ۶۵، را با هوشنگ اسدی مدل ۸۵ مقایسه کنید. امروز به گونه‌ی دیگری روشنفکران ایرانی را هدف قرار داده است. او که همکاری با ساواک، حزب توده و رژیم جمهوری اسلامی را یک جا در سوابق خود دارد در مقاله‌ی «روسپی و باکره» که بیش از یک ماه است در صفحه‌ی نخست «گویا» باقی مانده، می‌نویسد:

«میلیون‌ها «شاهک» تاج شکسته‌ی شاهی بر سر و پیراهن دریده‌ی استبداد برتن او را می‌خواستند. هرکس می‌خواست «خود» باکره را تصرف کند که تنها «شاه شکن» او بود و یگانه «انقلابی». دیگران هرکه بودند، چون با او نبودند، «ضد انقلاب» بودند و عقوبت‌شان جز مرگ نمی‌توانست باشد. «کوتوله‌ها» جامه‌ی «سرداران» پوشیدند. هر «شاهکی» بنا بر اندیشه‌ای که فقط آن را «حق» می‌دانست، از «مزدک» و«چه» و «ابوذر» فراتر رفت. و همه‌ی این سرداران یک روزه باکره را می‌خواستند. باکره مقدس باید «تصرف» می‌شد. «صاحبی» پیدا می‌کرد که بکارت او را در بستر استبداد به نام انقلاب و آزادی بدرد. باکره به‌ستاره‌های آسمان نگاه کرد و گریست. کوتوله‌ها در خیابان‌ها سلاح در دست پای می‌کوبیدند و در همان حال که مشتی نثار رقیب می‌کردند، کتابی را که دوست نداشتند به‌آتش می‌کشیدند، مرگ مخالفان را طلب می‌کردند، سرود آزادی می‌خواندند و خود را فرزندان «راستین انقلاب» می‌نامیدند. صف‌ها از سراسر خاک پهناور به‌جانب باکره می‌آمد. هیچ چیز جز تصرف باکره نمی‌خواستند.»[1]

---

1 -http://news.gooya.eu/columnists/archives/057359.php

خوانندگان عزیزی که در زندان نبودید و عملکرد این دسته افراد را بهچشم خود ندیدید و با پوست وگوشت خود لمس نکردید؛ آیا سال‌های ۵۷ تا ۶۰ را بهیاد نمی‌آورید، آیا صحنه‌ی سیاسی ایران این‌گونه بودکه هوشنگ اسدی ترسیم می‌کند؟ آیا «کوتوله‌ها در خیابان‌ها سلاح در دست، پای می کوبیدند و در همان حال که مشتی نثار رقیب می کردند کتابی را که دوست نداشتند بهآتش می کشیدند، مرگ مخالفان را طلب می کردند، سرود آزادی می خواندند و خود را فرزندان «راستین انقلاب» می نامیدند؟»

کدام گروه سیاسی در آن سال‌ها مشتی نثار رقیب کرد وکتابی راکه دوست نداشت بهآتش کشید و مرگ مخالفان را طلب کرد. مگر نه این که حزب توده و همکاران هوشنگ اسدی همراه با باندهای سیاه رژیم، مرگ هرکس را که با آن‌ها نبود فریاد می کردند و همراه رژیم بهمخالفان‌شان «جبهه‌ی متحد ضدانقلاب» خطاب، و مرگ‌شان را تبلیغ می کردند؟ مگر آن‌ها نبودندکه مرگ مخالفان‌شان را جشن گرفتند؟

هوشنگ اسدی در ادامه‌ی مقاله‌ی «روسپی و باکره»، می‌نویسد:
«باکره «از شاخه بازیگر دوری، سیب را چید» و سرانجام «روی برگ سرخ گلی» با آزادی خوابید. فرزندانش را در کلاله گل که از توفان می‌لرزید پنهان کرد. می‌دانست او را به بستر آلوده استبداد خواهند کشاند. یکی رفته بود و میلیون‌ها جایش راگرفته بودند. هزاران هزار دست، هرلحظه برمی آمد تا او را به بستر خود بکشد. پرچم‌ها متفاوت، شعارها دیگر بود. آدم‌ها وگروه‌ها و دستجات و سازمان‌ها و جماعات و احزاب، خون هم را می‌ریختند و فقط در یک چیز مشترک بودند. همه باکره را برای خود می‌خواستند. هنوز سپیده سر نزده بود که باکره مقدس راکه ما عاشقش بودیم به بستر کشیدند. با فریاد آزادی حنجره می‌دریدند و در بستر استبداد باکره را بی‌سیرت می کردند.»

کسانی که دوران ۵۷ تا ۶۰ را بهیاد می‌آورید، کدام یک از «آدم‌ها وگروه‌ها و

دستجات و سازمان‌ها و جماعات و احزاب، خون هم را می ریختند»؟ آیا هوشنگ اسدی قصد آن ندارد به‌دروغ نشان دهد پیش از آن که جمهوری اسلامی خون «آدم‌ها و گروه‌ها و دستجات و سازمان‌ها و جماعات و احزاب» را بریزد، این خود آن‌ها بودند که خون هم را می‌ریختند؟ آیا به‌این وسیله، با ظرافت، شریک جرم برای جنایت‌کاران حاکم برکشورمان درست نمی کند؟

دوستان و خوانندگان گرامی لحن به‌کار رفته در این مطلب را با آن‌چه بیست سال پیش هوشنگ اسدی در زندان جمهوری اسلامی می‌نوشت در کنار هم قرار دهید. آن روز روشنفکران را به «زشت‌نگاری» و «عریان‌نویسی» و ... متهم می کرد و امروز خود صحبت از «دریدن بکارت» و... می کند. اشتباه نکنید؛ هر دو به فراخور «روز» است. فرصت‌طلبی او حتا صدای حسین شریعتمداری و حسن شایان‌فر، گردانندگان امروز کیهان و همکاران دیروزش در بخش فرهنگی زندان قزل‌حصار را در آورده است. البته آن‌ها که خوب او را می‌شناسند، زرنگ‌تر از آن‌اند که به‌ضرر خود پرده‌دری کنند. آن‌ها بدون این که ذکری از سوابق همکاری هوشنگ اسدی با خودشان بکنند تنها به روابط سابق وی با حزب توده و دستگاه جهنمی ساواک اشاره می کنند. کیهان می‌نویسد:

> «هوشنگ اسدی، جاسوس نفوذی ساواک در حزب توده که پس از انقلاب هم به‌جرم جاسوسی برای ساواک و همکاری با «حزب توده ایران» دستگیر شد، در یک مقاله سکسی در سایت گویا نیوز کوشیده تا عصبانیت خود از محبوبیت مستمر روی کردهای اسلامی و انقلابی را با عقده‌های فروخورده خویش به‌تمسخر گیرد»[1]

اما کیهان هوایی در دو شماره‌ی ۷۳۹ به تاریخ ۲۸ مرداد ۱۳۶۶ در معرفی هوشنگ اسدی چنین نوشته بود:

> به‌هرحال نویسنده‌ی مقالات «درآمدی بر علل غرب‌زدگی و ابتذال هنر معاصر» خود از کسانی است که در دامان به‌زعم «اکثریت» هنر مترقی و مردمی رشدکرد و خود به‌تبلیغ و ترویج آن پرداخت. بعدها به‌دنبال دستگیری سران حزب توده و فعالین این تشکیلات، وی نیز دستگیر شد و در زندان در بازنگری به گذشته‌ی فکری و

1-http://www.kayhannews.ir/851129/2.htm#other205

عقیدتی‌اش – نظیر بسیاری دیگر از سران گروهک‌ها ـ به‌انتقاد از آن پرداخت و به‌تصحیح مواضع گذشته‌اش اقدام کرد. استفاده از فضای فرهنگی زندان – هر چند محدود ـ و نگارش مقالات و نقدهای مختلف از جمله فعالیت‌هایی‌ست که هوشنگ اسدی به‌آن مبادرت ورزید و «درآمدی بر علل غرب‌زدگی و ابتذال هنر معاصر» یکی از آن‌ها بود.»

هوشنگ اسدی عاقبت در مقاله‌ی «روسپی و باکره» دست به دامان فرخ نگهدار همراه و هم‌فکر قبلی و امروزش می‌شود و می‌نویسد:

«... ما هنوز عاشقیم. تا هستیم و ـ به گفته‌ی تلخ فرخ نگهدار ـ انتظار ور افتادن نسل‌مان را می کشیم، در انتظاریم. فرزندان باکره از کلاله‌ی گل سرخ بال خواهند گشود و این بار مادر خود «انقلاب» را دشنام خواهند داد و به‌راه آزادی خواهند رفت. و من نگرانم. سخت نگرانم. روسای «قبایل کهن‌سال استبداد» و کوتوله‌های پیرو آن‌ها را می‌بینم که لباس دیگر کرده‌اند و فریاد «آزادی» سر می‌دهند. آماده‌اند تا باکره آزادی بر فراز ایران بال بگشاید و او را این بار به‌نام «آزادی» تصرف کنند.»[1]

چه کسی با سابقه‌ای که ذکر گوشه‌ای از آن به شکل مستند رفت، «لباس دیگر» کرده و «فریاد آزادی» سر می‌دهد؟ ملاحظه می کنید من و امثال من شده‌ایم «کوتوله‌های پیرو» روسای «قبایل کهن‌سال استبداد» و هوشنگ اسدی و فرخ نگهدار شده‌اند «آزادی‌خواه» و «شاخه شمشادهای پیش‌گام» و مبلغ ضد «خشونت» و «نفرت». تنها راه بهروزی مردم ایران و رسیدن به‌آزادی هم این‌ست که ابتدا به‌مادر خود، «انقلاب»، دشنام دهند. حرف اصلی هوشنگ اسدی هم این‌ست که چرا به‌جای او و «فرخ نگهدار»، موسی خیابانی را «سردار» نامیده‌ام.

حتا «نوشابه امیری»، همسر هوشنگ اسدی نیز از نگاه او متأثر است. او در

1-http://news.gooya.eu/columnists/archives/057359.php

مصاحبه با مجله‌ی زنان در تیرماه ۷۵ از تأثیر همسرش هوشنگ اسدی بر زندگی‌اش می‌گوید و اضافه می‌کند روزنامه‌نگاری‌ست که پیش از انقلاب در مصاحبه با خمینی شرکت داشت. او خاطره‌اش از آن روز را که ربطی به‌مطلب «مردان تأثیرگذار» در زندگی او ندارد، چنین بیان می‌کند:

«مهم خیره شدن در مردی بود که حضورش به‌اتاق حال و هوای دیگری داده بود؛ مردی که رهبر انقلاب اسلامی ایران بود. با چشمانی سخت نافذ. ... و آن گاه که نوبت سؤال کردنم رسید، بین‌مان صحبت از امکان استبداد رفت. سکوت بر اتاق حاکم شد. بنی صدر آب دهانش را قورت داد. سید احمدآقا اندکی جا به‌جا شد و حضرت آیت‌الله گفت: «اسلام دیکتاتوری ندارد.» کسی پشت سرم نفسی عمیق کشید. چه کسی بود؟
نمی‌دانم. واقعیت آن است که در آن روز خود نیز نمی‌دانستم که چه کردم. حالا که به‌سن عقل رسیده‌ام وکم نمی‌خوانم وکم نمی‌شنوم که گویی در سرزمین ما آزادی میراث نیست وکسان بسیاری صاحبان هر اندیشه‌ای جز خود را مستحق مرگ می‌دانند، مدام فکر می کنم آن امام که اکنون بر [کهکشان] راه شیری آسمان می گذرد، درس بزرگ تحمل سخن مخالف را چگونه آموخت. آری، هرکس جز امام خمینی می‌توانست خون مرا حلال کند.»[1]

در جایی که نیازی به‌مجیزگویی، و فشاری روی فرد نیست، نوشابه امیری که به‌اعتراف خود تجربه‌ها کرده و به «سن عقل» رسیده است، خمینی را مظهر «تحمل سخن مخالف» معرفی می کند. اگر تاریخ معاصر کشورمان را نمی‌دانستم و با پوست وگوشتم یک دهه جنایت وکشتار به فرمان خمینی را لمس نکرده بودم، فکر می کردم او در باره‌ی «قدیسی» صحبت می کند که آزارش به‌مورچه هم نرسیده است. راستی شما که گذشته را به‌خاطر دارید آیا انسان فرهیخته‌ای مانده بود که خمینی خون‌اش را حلال نکرده باشد؟

---

۱ -مجله‌ی زنان، شماره‌ی ۲۹، سال پنجم، تیر ۷۵.

برای شناخت بیش‌تر چهره‌ی هوشنگ اسدی کافی‌ست نوشته‌ی سال ۶۵ او در مورد زنده‌یاد غلامحسین ساعدی را بگذارید کنار نوشته‌ی «در سوگ کشته‌ی خویش» که در سال ۸۴ در وصف شاهرخ مسکوب نوشته است. اسدی می‌نویسد:

> «قاتلان مسکوب و هدایت و ساعدی و دیگرانی که رفتند و خود ما که خواهیم رفت، حکومت‌ها نیستند، مائیم. و همه تنها و تنها از این رو که با اندیشه‌ی هم مخالفیم. گرگان حتی اگر بودیم، وقت گرسنگی یک‌دیگر را می دریدیم. اما ما انسان‌های فرزانه که بوی عطر می دهیم، با اتوموبیل های شیک آمده‌ایم، لباس‌مان اگرگران نیست، مرتب و نظیف است هیچ کدام اصلاً گرسنه نیستیم. هرکدام از یک مثقال تا چند خروار حرف و نوشته و ادعا داریم و اگر مدعیان نجات جهان با نسخه‌های کهنه و نو نیستیم، رهبران نحله‌های عملی و فکری برای نجات سرزمین مادری از چنگال امپریالیسم و استبداد در میان‌مان کم نیست: مشت نمونه‌ی خروار مردمان ایرانیم. همه‌ی ما را دست استبداد به‌خاک غربت کوچانده. همه رهروان ناچار یک راهیم. فقط و فقط با هم اختلاف نظر داریم. و همه میراث‌دار یک سرنوشت شومیم.»[1]

یک بار دیگر مطلبی که هوشنگ اسدی در رابطه با غلامحسین ساعدی نوشته بود و در بالا آمده را بخوانید، بنا به گفته‌ی هوشنگ اسدی آیا او «گرگ» و بدتر از «گرگ» نیست؟ آیا گرگ‌ها این درصد از تناقض را در اندیشه و حس خود دارند؟ آیا این نشانه‌ای از عدم صداقت حتی با خویشتن خود نیست؟ کسی که چنان نوشته‌ای را راجع به زنده‌یاد غلامحسین ساعدی نوشته حالا ضمن زیر سؤال بردن نقش حکومت، دیگران را قاتل او معرفی کند؟
هوشنگ اسدی در مکتب حزب توده پرورش یافته، برای مطرح کردن خود و پیش‌برد نظرات و اهدافش، و در جایی که منافعش اقتضا کند ممکن است هر دروغی را به‌عنوان حقیقتی مسلم به‌شما قالب کند. نگاه کنید رو به فیدل کاسترو

1- http://akhbar.gooya.com/columnists/archives/027292.php

در مقاله‌ی «زودتر بمیر رفیق» چه می‌نویسد:

«رفتار تو را چگونه توجیه کنم وقتی نلسون ماندلا به سرزمین‌هائی نمی‌رود که در آن‌ها زندانی سیاسی هست. آری نلسون همان که قدرت را به عاشقان قدرت واگذاشت و دفاع از حقیقت را برگزید.»[1]

ماندلا پس از قتل‌عام زندانیان سیاســـی و هنگامی که هنوز خون آن‌ها بر زمین خشک نشده بود به ایران رفت و حتا گل بر مقبره‌ی خمینی بزرگ‌ترین دشمن آزادی و بشریت گذاشـــت. آیا ایران جزو سرزمین‌هایی نبود و نیست که زندانی سیاسی هم دارد؟! اشتباه نشود من نه دشمنی با ماندلا دارم و نه دوستی با کاسترو. ضمن آن‌که بعضی از رفتارهای ماندلا را محکوم می‌کنم، از رفتارهای کاسترو هم حمایت نمی‌کنم. لابی‌گری نمایندگان کاسترو برای رژیم را در کمیسیون حقوق بشر سازمان ملل و در جریان پایمال کردن حقوق مردم رنج‌دیده‌ی ایران از نزدیک و به چشم خود دیده‌ام و با آن‌ها مجادله هم کرده‌ام. قصد من در این‌جا روشن ساختن دروغی‌ست که در لباس حقیقت به‌مردم تحویل داده می‌شود. تازه نلسون ماندلا سه سال پیش هم قرار بود به ایران برود که با فشارهای بین‌المللی سفرش را لغو کرد. اما همان موقع به عربستان سفر کرد و میهمان خاندان سلطنتی عربستان سعودی بود. شاید به زعم آقای اسدی عربستان در زمره‌ی کشورهایی که زندانی سیاسی دارد و یا حقوق بشر در آن‌جا نقض می‌شود، نیست.

درفشانی‌های امروز هوشنگ اسدی را با نقل‌قول‌های مستقیمی که از مقاله‌های گذشته‌اش آورده‌ام، مقایسه کنید. این شاهکار و نمایشی بی‌نقص و تمام‌عیار از پررویی‌ست! توهین مضاعف به‌جامعه‌ی روشنفکری ایران است. با این همه، اما در پایان این گفتار، باید به این نکته‌ی بســـیار مهم و درخور تأمل و توجه، اشاره کنم:

مسئله‌ی من اصلاً هوشـــنگ اسدی و امثال ایشـــان و اندازه و عیار دوگانگی شخصیت و بی‌ثباتی اندیشه و گفتارشان نیست. این نوشته تنها با این انگیزه نگاشته شـــده که نشان دهم جمهوری اسلامی و حامیان و وابستگانش برای لوث کردن ارزش‌های مبارزاتی، برای کم‌رنگ کردن مقاومت جانانه‌ی نیروهای انقلابی در

1- http://news.gooya.eu/columnists/archives/051613.php

جامعه و زندان، چگونه و با چه ابزاری و توسط چه کسانی، سیاست‌های پیچیده و مزورانه‌اشان را برنامه‌ریزی و اجرا می کنند.
بایستی توجه کرد امروز امثال هوشنگ اسدی‌ها از در دیگری وارد شده‌اند تا در راستای لوث کردن ارزش‌های مبارزاتی انجام وظیفه کنند. آن‌ها تلاش می کنند به زور و در پوشش نقد، لباس شبه مدرنیستی بر فریبکاری‌هاشان بپوشانند و چه خیال باطلی!

موضوع، مخالفت با نقد و انتقاد نیست. در همین دو- سه دهه‌ی اخیر تلاش‌های ارزنده و با اعتباری در زمینه‌ی نقد اندیشه و فرهنگ از سوی روشنفکران، فعالان سیاسی و هنرمندان ایرانی مخالف نظام ارتجاعی جمهوری‌اسلامی، در شکل‌های گوناگون تحقیقی، علمی و ادبی و هنری انجام گرفته و تأثیر مثبت، مشخص و معین آن را، هرچند محدود و ناچیز، می‌توان در عرصه‌های گوناگون دید.
اما در پوشش نقد، یک خط مشخص و روشن از سوی رژیم هم به‌چشم می‌خورد و آن جا انداختن این مسئله است که تمامی روشنفکران، مبارزان، هنرمندان و کسانی که با جمهوری‌اسلامی مخالف، و آشکار یا پنهان با آن در ستیز بوده‌اند، «خود شاهان مستبدکوچکی» هستند! و این یعنی گیج کردن و مأیوس کردن نسل جوان؛ این یعنی قطع کردن پیوند جوانان با نیروهای انقلابی؛ این یعنی برافراشتن سدی که راه بر انتقال آموزه‌ها و تجربه‌های خونین و گرانبهای چندین دهه مبارزات آزادی‌خواهانه‌ی نسل‌های پیشین به‌نسل جوان را، اگر نتواند بربندد، دست‌کم تا مرز ناممکن‌ها، دشوار کند.

مسئله‌ی من شخص هوشنگ اسدی نیست، اشکال در جامعه‌ای‌ست که اجازه می‌دهد افرادی با چنین کارنامه‌ی آلوده‌ای، قبل از تعیینِ تکلیف با گذشته‌ی خود و روشن‌گری در باره‌ی دستگاه تواب‌سازی رژیم جمهوری‌اسلامی، دوباره تریبون‌ها را به‌دست بگیرند و ضمن آن‌که برای روشنفکران، نیروهای مترقی و انقلابی خط و نشان می کشند، درس اخلاق و آزادگی بدهند.
آیا نباید به‌خاطر امکان دادن به‌چنین افرادی به‌انتقاد از خود پرداخت؟ آیا این است معنی آزادی بیان و اندیشه؟ بنایی چنین بی‌در و دروازه را کجای جهان می‌توان

یافت؟

من شـــخصاً بارها در پیوند با شناخت دقیق رژیم و سیاست‌های پیچیده‌ی آن، به‌ویژه در میان اپوزیسیون و ایرانیان خارج از کشور، تلاش و پافشاری کرده‌ام تا اهمیت حیاتی این موضوع را تا حد امکان با ارایه‌ی اســناد و بررسی و تحلیل کردن آن‌ها گوشــزد کنم. پیروزی در مبارزه با رژیم، درگروی درک واقع‌بینانه و هوشــیارانه از ماهیت جمهوری‌اسلامی، سیاست‌ها و شیوه‌ها و روش‌هایی‌ست که از سوی آن و حامیان و وابستگانش به‌کارگرفته می‌شود. این ترفندها را باید شناخت و پیش از به‌هدر رفتن نیروها، نسبت به‌آن حساس و هوشیار بود.

اسفند۱۳۸۵

بعد از انتشار:

هوشنگ اسدی در دی ماه ۸۷ در مقاله‌ای تحت عنوان «شاه ماند، کیهان رفت» به منظور انکار و تحریف نقش خود در تئوریزه‌کردن بحث «تهاجم فرهنگی» و پرونده‌سازی علیه روشنفکران ایرانی نوشت:

> کیهان هنر که گلســرخی اداره می کرد، فریــدون گیلانی و نصرت رحمانی ســتون‌هایش. بعد از خسرو افتخار اداره‌اش به‌من واگذار شد، پایگاه و پناهگاه بهترین هنرمندان ایران بود.
> ازگوشه‌ای اسماعیل شــاهرودی می‌رفت، از جایی محمد قاضی دســت تکان می‌داد. مصاحبه‌ی اســماعیل خویی چاپ می‌شد، بخشی از کتاب همسایه‌ها در می‌آمد و... و تمامی در زیر سانسور و با هزار ترفند. اگر متن مصاحبه‌ی اجباری گوهرمراد بعد از دستگیری می‌آمد، جایی گم و گورش می کردیم که دیده نشود....»[1]

چنان‌که در نوشته‌ی بالا مشاهده می‌شــود اسدی که مدعی‌ست اداره‌کننده‌ی «پایــگاه و پناهگاه بهتریــن هنرمندان ایران» بوده، خیانتی نیســت که در حق روشــنفکران ایرانی نکرده باشد و تهمتی نیست که به‌آن‌ها نبسته باشد. او که با

1-http://news.gooya.com/politics/archives/2009/01/082450.php

پیش کشـــیدن مصاحبه‌ی اجباری غلامحسین ساعدی زشـــت‌ترین اتهامات را متوجه‌ی او کرده در این جا با استفاده از «تخلص» او و نه نامش مدعی می‌شود «اگر متن مصاحبه‌ی اجباری گوهرمراد بعد از دســـتگیری می‌آمد، جایی گم و گورش می کردیم که دیده نشود...»

توضیح ضروری:
نشریه‌های استفاده شده در این نوشته از «آرشیو اسناد و پژوهش‌های ایرانی در برلین» تهیه شده است. در این جا لازم است ضمن قدردانی از زحمات وکوشش‌های پی گیر مسئولان این مرکزکه با امکاناتی محدود، گنجینه‌ای گرانبها را در خارج ازکشـــور فراهم کرده‌اند، از دوست خوبم خانم گلرخ جهانگیری که زحمت یافتن این اسناد را متحمل شد، سپاسگزاری کنم.

کبوتر با کبوتر، باز با باز،
کند هم‌جنس با هم‌جنس پرواز

هوشنگ اسدی که در سابقه‌ی خود همکاری با ساواک، حزب توده و دستگاه اطلاعات و امنیت جمهوری‌اسلامی را دارد، کسی است که تلاش می‌کند ضمن تطهیر خود، چهره‌ی دروغینی برای شخصیت‌هایی مانند خود بسازد. او همچنان به توطئه‌گری مشغول است و به همین دلیل لازم‌ست تا درباره‌ی شخصیت وی و اقداماتش روشن‌گری شود. در زیر به چند نمونه از تلاش‌های او اشاره می‌کنم.

هوشنگ اسدی و امیرحسین فطانت
هوشنگ اسدی در تاریخ ۶ اسفند ۱۳۸۴ با نام مستعار بهار ایرانی به‌سراغ امیرحسین فطانت رفت و با انجام مصاحبه‌ای، عامل به‌دام انداختن کرامت‌الله دانشیان و یارانش را به افراد ناآشنا با تاریخ میهن‌مان، چنین معرفی کرد:

«عرفان شرقی از زبان مارکز»
س: امیرحسین فطانت کیست؟ چه سیر و سرنوشتی دارد؟

ج: متولد شیراز و پنجاه و هفت‌ساله‌ام [متولد ۱۳۲۷] دوره‌ی متوسطه
را در دبیرستان کمال نارمک گذراندم جایی که بازرگان و دکتر
سحابی و آیت‌الله طالقانی هیأت امنایش بودند و باهنر و رجایی
و دکتر بهشتی و جلال‌الدین فارسی معلم‌هایش. فوق‌لیسانس
عمران را از دانشگاه شیراز گرفتم و فوق‌لیسانس علوم سیستم‌ها را از
سازمان مدیریت صنعتی تهران. سال‌های ۴۹ تا ۵۱ را در زندان‌های
قزل‌قلعه، قصر شماره‌ی سه و زندان قصر شماره‌ی چهار با بعضی
از شخصیت‌های بزرگ تاریخ مبارزات سیاسی اخیر ایران هم‌بند
بودم. با خیلی‌های دیگر که داغی بر تاریخ اخیر ایران گذاشتند آشنا.
علاوه بر این‌ها این شانس کم‌نظیر را هم داشته‌ام که بعدها زندان
ماکو و زندان اوین را ببینم و هم‌چنین زندان سپاه را در آبادان؛ مدتی
را در زندان آغری در ترکیه گذراندم و مدتی را در زندان لاذقیه
در سوریه، سه شبی را هم در پاریس زندان موقت بودم. خیلی دلم
می‌خواهد فرصتش دست دهدکه مجموعه داستان‌های کوتاهی با
عنوان «خاطرات زندان‌های من» را بنویسم.
به‌زبان‌های انگلیسی و اسپانیایی تسلط خوبی دارم و با زبان فرانسه
هم آشنایی خوب. چند سال پیش که می‌شمردم تا آن وقت بیست
و هفت حرفه را برای گذران زندگی تجربه کرده بودم. از آن وقت تا
به حال باید بالای سی رسیده باشد. کارهای زیادی کرده‌ام، جاهای
زیادی رفته‌ام و آدم‌های زیادی را شناخته‌ام. اگر از همین الان شروع
به‌نوشتن خاطراتم کنم تا زمان مرگ می‌توانم بنویسم و باز حسرت
جزییات به‌دلم خواهد ماند.[1] ...

روایت بالا را در نظر داشته باشید، توجه شما را به نوشته‌ی آقای عباس سماکار
یکی از کوشندگان سیاسی چپ ایران که از نزدیک درگیر توطئه‌های امیرحسین
فطانت بوده، جلب می‌کنم. این‌که چرا ایشان امروز سکوت کرده بر من پوشیده
است؛ امیدوارم دلیل قانع‌کننده‌ای داشته باشند. چراکه داوری من به‌اعتبار

1-www.bookfiesta.ir/modules/fa/news_cultural_details.aspx?newsid=57

گفته‌های ایشـــان و عدم تکذیب آن از سوی امیرحسین فطانت پس ازگذشت هفت سال است؛ وگرنه من شناخت شخصی از فطانت و اعمال او ندارم.

آقای عباس ســـماکار در ۳۰ شهریور ۵۲ توســـط نیروهای ساواک در ارتباط با پرونده‌ای که چند ماه بعد، کرامت‌الله دانشیان و خسرو گلسرخی به خاطر آن اعدام شدند، دستگیر می‌شود. او در ارتباط با چگونگی لو رفتن گروه‌شان و نقش «امیر فتانت» در این میان می‌نویسد:

«به دو ســـال پیش از آن برگشـــتم و صداقت جان، و نگاه شفاف کرامت را به یاد آوردم. در واقع، ساواک یکی از پلیدترین نقشه‌ها را در رابطه با او به پیش برده بود. از همان وقتی که می گفت تحت تعقیب است، ساواک، مقدمه‌چینی می کرده است که از طریق امیر فتانت به او نزدیک شود. یوسف [آلیاری] بعد تعریف کرد که چگونه امیر فتانت پس از آن تعقیب‌ها، و در زمانی که کرامت فکر می کرده که ساواک دیگر دست از سر او برداشته، به او نزدیک می‌شود و به عنوان رابط چریک‌ها او را برای سازمان فدائی عضوگیری می کند. و برای جلب اعتماد او، همواره دســـت اول‌ترین خبرهای عملیاتی و اعلامیه‌هایی که از چریک‌ها به دســـت ساواک می‌افتاده را به او می‌داده تا رابطه‌اش با سازمان فدائی را اثبات کند.
یوســـف [بعد از شکنجه‌های بسیار توسط رژیم جمهوری‌اسلامی اعدام شـــد] توضیح داد که علت اعتمـــاد اولیه‌ی کرامت و خود او به امیر فتانت هم این بوده است که او در سال ۴۸ با هر دوی آن‌ها مدتی زندانی کشـــیده و خیلی خوب هم مقاومت کرده بوده است. منتهی ساواک بعد از زندان، می‌تواند او را به همکاری بکشاند، و از این طریق برای دیگر مخالفین خود توطئه بچیند و دام بگسترد.»

عباس سماکار ادامه می‌دهد:

«کرامت دانشیان پس ازگذراندن دوره‌ی یک ساله‌ی محکومیت خود، از زندان آزاد شد و به شیراز رفت. در آن‌جا یکی از زندانیانی

که پنهانی با ساواک تماس داشت به سراغ او رفت و از آشنایی‌اش در زمان زندان با او سـود جسـت و خود را به عنوان رابط سازمان چریک‌های فدایی معرفی کرد. این شخص امیر فتانت نام داشت. او سرانجام توانست در تماس با دانشیان و طیفور بطحایی، از طرح گروگان‌گیری رضا پهلوی برای آزادی زندانیان سیاسی آگاه شود و موضوع را به ساواک خبر دهد و موجبات دستگیری یک گروه دوازده نفره را در این رابطه فراهم آورد.»[۱]

«بعد از این اعتصاب بود که یک روز هنگام قدم زدن با یوسـف آلیاری [رابطه‌ی نزدیکی با کرامت دانشیان داشت] در حیاط بند ۵، به کشف جاسوسی امیر فتانت و چگونگی دستگیری‌مان رسیدیم. البته ضمن پخش این خبر بین بچه‌ها، مواظب بودیم که سـاواک متوجه‌ی منبع پخش خبر نشود. زیرا ممکن بود بخواهد در مقابل این افشاگری انتقام بگیرد. یکی دو هفته بعد از این ماجرا، از بیرون زندان خبر رسیدکه بچه‌ها امیر فتانت را در شیراز دیده‌اند که با خیال راحت با مادرش در خیابان راه می‌رفته و بعد هم سوار یک ماشین شیک که احتمال می‌دادیم ساواک در اختیارش گذاشته، شده است. دیگر شکی برای ما باقی نمانده بود که او جاسوس کثیفی بود که دو تن از بهترین فرزندان این مملکت را به کشتن داده و عده‌ی دیگری را هم به شکنجه و زندان کشیده است.»[۲]

امیر فطانت قرار بوده برای اجرای طرح گروگان‌گیری که ساواک برنامه‌ی آن را ریخته بود اسلحه‌ای را به گروه دانشیان تحویل دهد. عباس سماکار چگونگی دستگیری گروه‌شان و موضوع اسلحه را چنین شرح می‌دهد:
«تا آن‌جاکه من می‌دانم، طیفور روز بعد از آن که جمشیدی [ایرج] ترسیده که اسلحه‌ها را تحویل بگیرد دستگیر شده. و فکر می‌کنم که راز دستگیری ما هم همین جاست. یعنی با نرفتن جمشیدی به سر

۱- من یک شورشی هستم، خاطرات زندان عباس سماکار، انتشارات مهراندیش، صفحه‌های ۲۵۶-۲۵۷
۲- من یک شورشی هستم، خاطرات زندان عباس سماکار، انتشارات مهراندیش، صفحه‌ی ۳۲۶

قرار اسلحه، ساواک که در جریان بوده و در رابطه با امیر فتانت، قرار بوده به عنوان سازمان چریک‌ها، به ما اسلحه بدهد، به این نتیجه رسیده که ما موضوع جاسوس بودن فتانت را فهمیده‌ایم و از ترس این که فرار نکنیم، فوراً ریخته است و قبل از آن که ما حرکت مشخصی که بشود حتا آن را شروع به اقدام برای عملیات گروگان گیری به شمار آورد، دستگیرمان کرده است.»[۲]

نزدیک به پنج سال پس از انتشار کتاب «من یک شورشی هستم» و افشای رسمی نقش امیرحسین فطانت در به دام انداختن کرامت‌الله دانشیان و یارانش، هوشنگ اسدی به سراغ امیرحسین فطانت می رود تا زمینه‌ی بازگشت او به عرصه‌ی اجتماعی را فراهم کند.
ملاحظه کنید هوشنگ اسدی چگونه تلاش می کند چهره‌ی امیرحسین فطانت را بیاراید؟ امیرحسین فطانت از بهشتی و جلال‌الدین فارسی و باهنر و رجایی می گوید و هوشنگ اسدی خودش را به آن‌راه می‌زند و انتشار می‌دهد و بعد هر دو یادشان می‌رود کلامی راجع به‌کرامت‌الله دانشیان و گلسرخی بگویند. نکته‌ی حائز اهمیت آن که فطانت به خواستگاری خواهر دانشیان نیز رفته بود.
امیرحسین فطانت هم با آن که نزدیک به هفت سال از انتشار کتاب عباس سماکار می گذرد اساساً به‌نفع خود نمی‌بیند که لااقل به‌گفته‌های آقای سماکار پاسخ دهد. آیا اگر کسی در مظان اتهام ناروایی قرارگرفته بود، پاسخ نمی‌داد؟

هوشنگ اسدی و فطانت که هر دو به خدمت ساواک درآمده بودند، بعدها در خارج ازکشور دوباره هم‌دیگر را پیدا می کنند. شاید در داخل کشور نیز هم‌دیگر را پیدا کرده بودند و ما از آن بی‌خبریم. هوشنگ اسدی به این ترتیب تلاش می کند برای همکار خودش سابقه‌ی انقلابی بتراشد. متأسفانه ما ملتی هستیم که حافظه‌ی تاریخی نداریم، به همین دلیل جنایت‌کاران می‌توانند به‌سرعت لباس عوض کنند و برگرده‌های‌مان سوار شوند.

۲- من یک شورشی هستم، خاطرات زندان عباس سماکار، انتشارات مهراندیش، صفحه‌ی ۱۵۸

هوشنگ اسدی و محسن درزی

هوشنگ اسدی در تاریخ ۲۶ بهمن ۱۳۸۵ با یادداشت زیر در نقش پرستو سپهری سروکله‌اش در «روز آنلاین» پیدا شد و به معرفی به‌اصطلاح «زندانی سیاسی» محسن درزی یکی از توابان فعال زندان قزل‌حصار و «داستان استادانه»ی او که در کتاب «از آن سال‌ها و سال‌های دیگر» حمزه فراحتی چاپ شده، پرداخت. هوشنگ اسدی در معرفی «داســتان» دوست و همکار توابش در قزل‌حصار به‌همراه چاپ عکسی از او چنین نوشت:

> «کتاب خواندنی و ارزشــمند «از آن ســال‌ها و سال‌های دیگر» پیش‌تر در این صفحات معرفی شده است. حمزه فراحتی نویسنده‌ی کتاب، در بخش‌های پایانی اثر خود، متنی از یک زندانی سیاسی را آورده است. نویسنده ـ محسن درزی ـ واقعیتی را تصویر می کند که به‌یک داستان استادانه پهلو می‌زند».

هوشنگ اسدی با همه‌ی تجربه‌ای که درکار اطلاعاتی و امنیتی به‌خاطر همکاری با ساواک و دستگاه اطلاعاتی جمهوری‌اسلامی اندوخته، به‌هنگام جعل، بدون توجه به بدیهیات، دست خودش را رو می‌کند. معلوم نیست پرستو سپهری که در شیراز به‌سر می‌برد چگونه بلافاصله به‌کتاب آقای فراهتی که در خارج ازکشور چاپ شده، و به‌قول او جنایات رژیم را افشا کرده، دسترسی پیدا کرده است؟ فرض را بر این می گذارم که «داستان استادانه»ی محسن درزی یکی از جنایات رژیم را افشــا می کند، پرستو سپهری که در شیراز زندگی می کند چگونه جرأت دارد روز روشن برای آن روی سایت تبلیغ کند؟ آیا دلیل آن نیست که پرستو سپهری در پاریس به رتق و فتق امور می‌پردازد و از عواقب امر هراسی ندارد؟

مــن در مقاله‌ای با عنوان «روز آنلاین حمزه فراهتی و پروژه‌ی سفیدســازی»، به‌توضیح در موردگذشته‌ی محسن درزی به‌عنوان یک تواب و همکار فعال رژیم در زندان‌ها پرداختم.[1]

در واکنش به‌توضیحات من، هوشنگ اسدی از فرانسه در نقش پرستو سپهری از

1-www.didgah.net/maghalehMatnKamel.php?id=16970

شیراز! در روز پنجشنبه ۳ اسفند ۱۳۸۵ به‌عنوان سخنگو و مدافع محسن درزی، تواب فعال زندان، پا به‌میدان گذاشت و ضمن چاپ دوباره‌ی داستان جعلی او در روزآنلاین، به‌دروغ ادعا کرد که:

> «کتاب خواندنی و ارزشمند «از آن سال‌ها و سال‌های دیگر» پیش‌تر در این صفحات معرفی شده است. حمزه فراحتی نویسنده‌ی کتاب، در بخش‌های پایانی اثر خود، متنی از یک زندانی سیاسی را آورده است. نویسنده ـ محسن درزی ـ واقعیتی را تصویر می کند که به یک داستان استادانه پهلو می‌زند.
> این نوشته که واقعیت هولناکی را بازآفرینی می کند و تنها در طول بیست دقیقه [داستانی که پانزده صفحه‌ی کتاب است] نوشته شده است، از سوی دیگر زندانیان سیاسی مستقل دیگر مورد تائید قرار گرفت. خوانندگان «روز»، به‌ویژه در ایران، ضمن رد هر نوع تهمت‌زنی، پرونده‌سازی و ترور شخصیت افراد توسط دیدگاه خاصی که می کوشد خود را متولی همه‌ی زندانیان جمهوری‌اسلامی قلمداد کند، از انتشار این نوشته استقبال کردند. تجدید چاپ این نوشته از این روست.»

آیا خنده‌دار نیست «پرستو سپهری» در شیراز می‌داند که داستان فوق در عرض چند دقیقه در سوئد نوشته شده است؟ من در مقاله‌ای تحت عنوان «سفیدکاران روزآنلاین هم‌چنان به افشای خود می‌پردازند» پاسخ او را دادم.[1]

هوشنگ اسدی دستپاچه، و بدون در نظرگرفتن جوانب امر، ادعاهای عجیب و غریبی را مطرح می کند. محسن درزی در تهران و کرج زندانی بوده است و پرستو سپهری ادعایی در شیراز زندگی می کند؛ او چگونه در عرض یک هفته به‌نظر زندانیان سیاسی «مستقل»، آن هم در حاکمیت جمهوری‌اسلامی، دسترسی پیدا کرده است؟ چرا همین شهادت را زندانیان سیاسی «مستقل» در خارج ازکشور نمی‌دهند و هرکدام هم که شهادت می‌دهند بر علیه محسن درزی و در تأیید

1-www.didgah.net/maghalehMatnKamel.php?id=17078

نوشته‌ی من است؟
برای آن‌که نشان دهم «زندانیان سیاسی مستقل» کسی جز همکار سابق محسن درزی، هوشنگ اسدی نیست، به چند نمونه‌ی زیر اشاره می‌کنم:
آقای شــهنام شرقی یکی از زندانیان سیاسی سابق، از نزدیک محسن درزی را می‌شـــناخت و مدت‌ها از ســـوی وی و حاج‌داوود رحمانی تحت فشار بود تا قتل خواهرش را متوجه مجاهدین کند. آقای شرقی به‌عنوان یک زندانی سابق که به‌هیچ گروه و جریان سیاســـی وابسته نیست، در یک مصاحبه‌ی رادیویی از نوشـــته‌ی من دفاع کرد و ضمن آن، مســـائلی را که شخصاً در ارتباط با محسن درزی دیده بود، شهادت داد. سر خانم بهناز شرقی خواهر شهنام شرقی که برای ملاقات برادرش به زندان آمده بود، در مقابل چشمان فرزند خردسالش توسط پاسداران قزل‌حصار لای درب برقی زندان گذاشته شد و او به‌طرز فجیعی جان سپرد. اسناد مربوط به‌این جنایت در جلد دومِ کتاب «نه زیستن نه مرگ» چاپ دوم آمده است.

آقای حســـین ملکی از زندانیان سیاســـی هوادار گروه فرقان که یازده ســـال در زندان‌های جمهوری‌اســـلامی به سر برده، در مقاله‌ای ضمن تأیید نوشته‌ی من مشاهدات خود در مورد محسن درزی را بیان کرد.

آقای محمود خلیلی زندانی سیاسی هوادار سازمان اقلیت، از اداره‌کنندگان سایت گفتگوهای زندان و برگزارکنندگان سمینار قتل‌عام زندانیان سیاسی در کلن نیز در مقاله‌ی خود علیه محسن درزی، عین گفته‌های من را آورد.

آقای نادر احمدی از زندانیان سیاسی هوادار سازمان پیکار نیز در اظهارنظری بر علیه محسن درزی شهادت داد.

در اطلاعیه‌ی «جمعی از زندانیان سیاســـی چپ» نیز روی تواب بودن محسن درزی تأکید شده است.

در نشســـتی که در شـــهر مالمو محل زندگی محسن درزی داشـــتیم، زندانیان سیاسی سابق که از وابستگان به‌گروه‌های مختلف چپ بودند، از جانب خود و دوستان‌شان که در ایران هستند، علیه محسن درزی و در تأیید نوشته‌ی من شهادت

دادند. همین امر در جلسه‌ی تورنتو کانادا و حاشیه‌ی سمینار زندانیان سیاسی در کلن آلمان به‌دفعات از سوی زندانیان وابسته به‌گروه‌های چپ تکرار شد. پس از گذشت یک سال، تاکنون حتا یک زندانی سیاسی نیز به‌دفاع از محسن درزی برنخاسته است. عجیب نیست که پرستو سپهری در عرض یک هفته آن‌هم در ایران، به‌نظر «زندانیان سیاسی مستقل» دست یافت؟
هوشنگ اسدی که دست خود و همکار تواب دوران زندانش را رو شده دیده بود، دوباره به‌واکنش افتاد و در یک اقدام غیرحرفه‌ای و غیر ژورنالیستی برای سومین بار ظرف یک ماه، داستان محسن درزی را با بهانه‌ای جدید در روزآنلاین چاپ کرد. این بار داستان او را به‌عنوان «داستان برگزیده‌ی سال» معرفی کرد. سخنگوی هیأت ژوری نیز پرستو سپهری بود!

پرستو سپهری ـ دوشنبه ۲۸ اسفند ۱۳۸۵ (۲۰۰۷/۰۳/۱۹)
«آن شب» نوشته‌ی محسن درزی، تنها داستان برگزیده‌ی سال «هنر روز» نیست، سرگذشت یک نسل و روایت دست‌اول فاجعه‌ای هولناک است که چنین استادانه و پرخون به‌نگارش در آمده است. از هنگام انتشار این داستان که باز آفرینی رویدادی واقعی در شبی به‌درازنای تاریخ است، تلاش برای نفی آن آغاز شد. مروجان فرهنگ خشونت و تهمت که سلاحی جز ترور شخصیت ندارند و سندی جز دشنام، بر اساس سیاست سازمانی خاصی که همه‌ی جهان را در تیول خود می‌دانند، کوشیدند این داستان را جعلی نشان بدهند و بدین‌وسیله عاملان جنایت‌های زندان‌ها را تبرئه کنند. داستان «آن شب» اما راه خود را گشود. در ایران کپی و در سطح وسیع منتشر شد و اکنون ساخت فیلمی از آن در دستور کار یکی از کارگردان‌های بزرگ سینمای ایران قرارگرفته است.»[1]

جملات بالا نوشته‌ی کسی است که در نشریه‌ی آرش با سند و مدرک پرده از گذشته‌ی زشتش برداشتم.

1-www.roozonline.com/archives/2007/03/003206.php

یک ســال از نوشته‌ی هوشنگ اسدی تحت نام پرستو سپهری می‌گذرد؛ تا به
حال، فقط وی از جریان ساختن فیلم مزبور مطلع بوده و معلوم نیست عاقبت این
فیلم به کجا کشید؟!

پرستو سپهری که به ادعای خود و «روز»‌نشینان در شیراز اقامت دارد، بدون هیچ
بیمی در مورد «عاملان جنایت‌های زندان‌ها» صحبت می‌کند و خنده‌دار آن که
می‌نویسد:

> «مروجان فرهنگ خشونت و تهمت که سلاحی جز ترور شخصیت
> ندارند و ســندی جز دشنام، بر اساس سیاست سازمانی خاصی که
> همه‌ی جهان را در تیول خود می‌داند کوشیدند این داستان را جعلی
> نشــان بدهند و بدین‌وســیله عاملان جنایت‌های زندان‌ها را تبرئه
> کنند»

من در مقالــه‌ای تحت عنوان «روز آنلاین، داستان ســال و ادامه‌ی پروژه‌ی
سفیدسازی»[1] پاسخ «روز»‌نشینان، هوشنگ اسدی و کارگزارانشان را دادم.

هوشنگ اسدی و مارینا نمت

البته تلاش هوشــنگ اسدی به این‌جا ختم نمی‌شود. در ۱۷ دی ماه ۸۶ سایت
روزآنلاین که وی یکی از گردانندگان آن است مطلبی از روزنامه‌ی نیویورک تایمز
را در معرفی کتاب مارینا نمت زندانی توابی که با بازجوی خود ازدواج کرده بود
انتشار داد. مارینا نمت در خاطراتی سراسر جعلی که اعتراض هم‌آهنگ زندانیان
سیاســی وابسته به طیف‌های مختلف و ناهمگون اپوزیسیون را برانگیخت،
به‌تحریف وقایع زندان پرداخته است. من در دو مقاله‌ی مجزا[2] به‌موضوع کتاب
مارینا نمت و جعلیات او پرداختم.

هوشنگ اسدی و خودش

هوشــنگ اسدی هم اکنون سرگرم نگارش خاطرات زندان خود است تا به‌این

1-www.didgah.net/maghalehMatnKamel.php?id=17173
2-www.didgah.net/maghalehMatnKamel.php?id=17526
www.didgah.net/maghalehMatnKamel.php?id=17742

وسیله نیز به گونه‌ای دیگر خاک در چشم حقیقت بپاشد و به اعمال نادرست خود
ادامه دهد.

البته هوشنگ اسدی علاوه بر همکاری با ساواک و دستگاه امنیتی و اطلاعاتی
جمهوری اسلامی، از عنصر پررویی هم تا دل‌تان بخواهد برخوردار است.
او سال گذشته در نامه‌ای خطاب به من و به منظور فریب من نوشته بود:

> «۳- شــما در بـاره‌ی ســوابق سیاســی من اطلاعــات دقیقـی را
> ذکر کرده‌اید که حتماً مستند به اسناد است. نوشته‌اید: «حزب توده
> در نهایت مجبور شد اعلام کند وی نفوذی حزب توده» بوده است.
> بسیار علاقمندم منبع این اطلاع درون‌حزبی را بدانم.»

مطلب زیر را که در نشــریه‌ی شــماره‌ی ۱۹ نامه‌ی مردم، ارگان حزب توده ایران
است نگاه کنید. حزب توده به صراحت در اطلاعیه‌ی رسمی خود در ارگان حزبی
اعلام کرده است:

> «دبیرخانه‌ی کمیته‌ی مرکزی حزب توده ایران بدین وسیله اعلام
> می‌دارد که هوشنگ اسدی عضو حزب توده ایران است و به دستور
> حزب و در انجام مأموریت محوله از طریق شبکه‌ی مخفی حزب
> توده ایران در داخل ساواک رخنه کرده و در این رابطه موفق به
> خدمات مؤثری شده است.»

در پاســخ به هوشـنگ اسدی که مدارک مستند حزبی را نفی کرده و با روحیه‌ی
اطلاعاتـی و امنیتی از من ســؤال می‌کند که «بسیار علاقمندم منبع این اطلاع
درون حزبــی را بدانم»، چه می‌توان گفت؟ جز حیرت چه می‌توان کرد؟ اگر از
حافظه‌ی خوبی برخوردار نبودم، احتمال داشت رودست بخورم و به اطلاعاتم و
خودم شک کنم. از نظر من چنین فردی استعداد هرکاری را دارد.

از این‌ها گذشته خود هوشــنگ اسدی، به خوبی می‌داند در جلسه‌ی پرسش و
پاســخی که در حسینیه‌ی اوین در سال ۶۶ برگزار شد و وی نیز در آن‌جا حضور

داشـت، کیانوری در پاسخ به سـؤالی پیرامون نفوذی بودن اسدی در ساواک و داشـتن مأموریت از ســوی حزب توده گفت: داشتن مأموریت از سوی حزب نادرست است؛ و اضافه کرد از آنجایی که حزب توده در برابر عمل انجام شده قرارگرفته بود، چنین اطلاعیه‌ای داد تا موضوع را رفع و رجوع کند.

بهمن ۱۳۸۶

نظرات «استاد» عبدالله شهبازی و چگونگی برخورد بقایای حزب توده با او

در این نوشــته تلاش می‌کنم اشاره‌ی کوچکی داشته باشم به عبدالله شهبازی یکی از «اســاتید» فعال در تئوریزه کردن «تهاجم فرهنگی» و نحوه‌ی برخورد توده‌ای‌های کارکشته با او.

عبدالله شهبازی پس از دستگیری رهبران و کادرهای حزب توده توسط نیروهای امنیتی در ســال‌های ۶۱-۶۲، به‌خاطر همکاری‌های گسترده با رژیم و دست‌خط پدرش خطاب به خمینی در سال ۴۲، به سرعت مورد عفو قرار گرفت و آزاد شد. پدر او حبیب‌الله خان یکی از خوانینی بود که در ســال ۴۲ در فارس دستگیر و توسط رژیم شاه اعدام شد. وی که هیچ تناسبی با «اسلام» و «احکام قرآن» و روحانیت نداشت پس از رفرم اصلاحات ارضی با محاسباتی اشتباه، برای کسب حمایت روحانیون در مقابله با اصلاحات ارضی در نامه‌ای خطاب به خمینی خود را فدایی اسلام و روحانیت و خمینی معرفی کرده بود:

> «این جانب حبیب‌الله شهبازی با جمله طوایف کوهمره سُرخی، که دو هزار نفرشان فعلاً مسلح و آماده ایستاده‌اند، برای یاری روحانیون و مراجع تقلید مخصوصاً حضرت آیت الله خمینی دامت برکاتهم از

هیچ گونه خدمت و پشتیبانی و جان‌بازی دریغ نخواهم داشت و تا آخرین قطره خون خود را برای آبیاری درخت اسلام و احکام قرآن خواهم ریخت.

جان چه باشدکه فدای قدم دوست کنم
این متاعی است که هر بی سروپایی دارد

فدوی اسلام و روحانیین و آیت‌الله خمینی
حبیب‌الله شهبازی»[1]

عبدالله شـــهبازی پس از آزادی از زندان بلافاصله به وزارت اطلاعات رژیم که به تازگی تشکیل شده بود پیوست و با توجه به توانایی‌هایی که داشت به یکی از خط دهندگان اصلی جریان «فرهنگی» رژیم تبدیل شـــد و با پیش کشـــیدن تئوری «توطئه» و «تهاجم فرهنگی» آن‌چه راکه در آموزش‌های حزبی آموخته بود در طبق «اخلاص» به رژیم جمهوری‌اســـلامی تقدیم کرد. بر اساس تئوری «توطئه»، شخصیت‌های سیاسی، روشنفکران و ... عامل صهیونیسم بین‌الملل، عضو سازمان فراماسونری، نماینده‌ی وکارگزارکمپانی‌های غربی، مأمور سیا و اینتلیجنت سرویس، وابســـته به فرقه‌ی بهاییت و... هستندکه بر پایه‌ی «تهاجم فرهنگی» مأموریت خود را درکشور به مرحله‌ی اجرا در می‌آورند.

وی همانند هوشنگ اسدی رشد تجددگرایی افراطی پس از شکست فتحعلی‌شاه قاجار در جنگ با روس‌ها را زمینه‌ساز «تهاجم فرهنگی» غرب معرفی، و سپس به نقش روحانیون در مقابله با تجددگرایی پرداخته و به‌جنبش ردیه‌نویسی علما که بر علیه رساله‌ی میزان‌الحق که ظاهراً ردیه‌ای بر قرآن است اشاره می‌کند. وی هم‌چنین اضافه می‌کندکه این روحانیون به رساله‌نویسی علیه مسیونرهای پروتستان روی آورده و از آن به عنوان برخورد با «تهاجم فرهنگی» یاد می‌کند:

«این شـــروع یک سیر برخورد و به تعبیر امروز «تهاجم فرهنگی» است که تداوم پیدا می‌کند و جامعه‌ی ما را، روحانیون و روشنفکران

1-شهبازی در سایت خود تأکید می‌کند: متن اعلامیه فوق در ماخذ زیر منتشر شده است: سیدحمید روحانی، نهضت امام خمینی، تهران: موسسه چاپ و نشر عروج، چاپ پانزدهم، ۱۳۸۱؛ ص ۴۰۵.
http://www.shahbazi.org/pages/fars.htm

سنتی ما را، در چالش با مفاهیم جدید قرار می‌دهد.»۱

وی سپس مدعی می‌شود در انقلاب مشروطیت می‌خواستند مدل‌های غربی را
بر جامعه‌ی ایرانی تحمیل کنند:

«بنابراین، در انقلاب مشروطه جدال اصلی بین «روشنفکران» و
«علما» نبـود بلکه این تجددگرایان افراطی و غرب گرا بودند که
در چالش قرار گرفتند با علما و می‌خواستند الگوهای تفکر غربی
و مدل‌هایی را که از توسـعه غربی در ذهن داشتند بر جامعه ایرانی
تحمیل کنند.»۲

وی سـپس هدف تجددگرایان افراطی (عاملان تهاجم فرهنگـی) در دوران
مشروطیت را جدایی دین از دولت معرفی می‌کند:

«دوّمین مختصه‌ی این جریان پیوند با تفکر خاصی اسـت که در
مقدمه‌ی بحث مفصلاً به آن اشـاره کـردم: اعتقاد به‌این که غرب
موجود غایت تجدّد ماست و باید مدل‌های غربی را الگوی ترقی
خـود قرار دهیم و همان راهی را که غرب طی کرده بپیماییم. مانند
حذف مذهب از حیات سیاسـی که تصوّر می‌شـد لازمه‌ی ترقی
است.»۳

اما با آن که شهبازی پرونده‌ی قطوری از خیانت دارد هنوز که هنوز است توده‌ای‌ها
دل در گرو او دارند و با بهانه‌های مختلف به تبلیغ او در سایت‌های‌شان می‌پردازند.
راه توده و پیک نت که برادران دوقلوی یک‌دیگرند از آن جمله‌اند. ذکر این نکته
ضروری‌ست که به‌نظر من سایت پیک نت دارای روابط گسترده با لااقل بخشی
از دستگاه امنیتی رژیم است.
یکی از خوانندگان راه توده اعتراض کرده است که چرا سایت عبدالله شهبازی در
این سایت تبلیغ می‌شود؛ به‌پاسخ سایت «راه توده» که تحت عنوان «پاسخی به

1-www.shahbazi.org/pages/Mashrooteh2.htm

۲- پیشین
۳- پیشین

۶۱

معترضان سایت عبدالله شهبازی» داده شده توجه کنید:

معترضی به نام کیوان از مسئولان راه توده سؤال کرده است:

«رفقا سلام، راجع به سایت عبدالله شهبازی سؤال دارم.

۱- آیا همان عضو سابق کمیته‌ی مرکزی حزب می‌باشد؟

۲- اگر هست با توجه به‌همکاری وی با وزارت اطلاعات [چرا] از کانال شما سایت وی معرفی گردیده؟

باتشکر کیوان»

مسئولان سایت راه توده چنین پاسخ داده‌اند:

«... اولاً آقای عبدالله شـــهبازی عضوکمیته‌ی مرکزی حزب توده ایران نبوده اســـت. دوم آن که تصور نمی کنیـــم وزارت اطلاعات نیازمند معرفی ســـایت وی از طریق ما باشد، مگر آن که شما تصور کرده باشید با شلیک در تاریکی، می توانید چند نفر را شکار کنید... اما... آقای عبدالله شـــهبازی را ما هم می‌شناسیم و شاید بیش‌تر از شما. بنابراین ناشی به کاهدان نزده‌ایم. ... این که ایشان در آن‌جا که شما بوده‌اید [منظور گردانندگان راه توده زندان است] چه کرده یک بحث حزبی است و نه بحث تحقیقات. این‌جا که کمیته‌ی مرکزی نیست که بخواهیم کســـی را عضو آن کنیم و یا نکنیم. ... آن‌چه را شـــما از شـــهبازی می گوئید و ما یقین داشته باشیدکه بیش‌ترش را می‌دانیم را باید گذاشت برای امور حزبی، فعلا او چیزهائی گه‌گاه منتشر می کند که مفید است. این مطالب نیز از آن‌جا که اسناد مهمی دراختیارش قرارگرفته بیرون می‌زند، که این را هم ما می‌دانیم.»[1]

چنان چه ملاحظه می کنید خیانت عبدالله شهبازی به مردم ایران و نزدیک به‌یک ربع قرن ســـرویس دادن به‌دستگاه اطلاعاتی رژیم، یک «بحث حزبی»ست و می‌بایستی آن‌را برای «امور حزبی» کنار گذاشت و کسی حق پرسش ندارد. برای همین وقتی در مورد سابقه‌ی این دسته افراد به‌صورت مستند توضیح داده می‌شود خون عده‌ای به‌جوش آمده و «غیرت»‌شان گل می کند.

1-www.rahetudeh.com/rahetude/nameha-nazarat/html/shahbazi.html

البته هیچ بعید نیســـت پس از سرنگونی جمهوری‌اسلامی، بقایای حزب توده -مانند نمونه‌ی هوشـــنگ اسدی که مدعی شده بودند نفوذی آن‌ها در ساواک بوده این بار ـ مدعی شـــوند شهبازی نفوذی آن‌ها در وزارت اطلاعات بوده و خدمات شایانی به «حزب توده ایران» کرده است.

آن‌هایی که هنـــوز صادقانه دل درگرو این حزب و این نـــوع تفکر دارند آیا از خودشان نمی‌پرسند چرا بقایای این حزب و تفکر، اطلاعات خود پیرامون یک مهره‌ی اطلاعاتی رژیم را انتشار نمی‌دهند؟
برای پی بردن به‌ماهیت تفکر بقایای حزب توده کافی‌ســـت در این جمله که از پاسخ گردانندگان «راه توده» انتخاب شده دقت کنیم:

> «آن‌چه را شـــما از شـــهبازی می گوئید و ما یقین داشـــته باشید که بیش‌ترش را می‌دانیم را بایدگذاشت برای امور حزبی.»

آیا می‌توان به‌صداقت و درستی این گونه افراد باور داشت؟

اما رژیم و دســـتگاه اطلاعاتی و امنیتی آن زرنگ‌تر از این حرف‌هاست. آن‌ها بدون اشاره به‌پیشینه و سوابق «حزبی» و «تواب» شدن بعدی عبدالله شهبازی، او را چنین معرفی می کنند:

> «شـــهبازی در سال ۱۳۳۴ در شـــیراز به‌دنیا آمد. پدرش، حبیب‌الله شـــهبازی، از سران عشایر فارس بود که در حمایت از نهضت امام خمینی (ره) قریب به شش ماه به قیام مسلحانه علیه حکومت پهلوی دست زد و سرانجام در سال ۱۳۴۳ به شهادت رسید. تحصیلات خود را در شـــیراز و سپس در دانشکده‌ی علوم اجتماعی دانشگاه تهران به پایان برد و از سال ۱۳۶۷ فعالانه وارد عرصه‌ی تحقیقات تاریخی و سیاسی شد. در تأسیس مؤسسه‌ی مطالعات و پژوهش‌های سیاسی [وابسته به وزارت اطلاعات] ایفای نقش نمود و به مدت یک دهه اداره‌ی امور پژوهشی این مؤسسه را به عهده گرفت. در سال ۱۳۷۴، در تجدید سازمان مرکز اسناد بنیاد مستضعفان و جانبازان به عنوان مؤسسه‌ی تخصصی مطالعات تاریخ معاصر ایران نقش فعال

ایفا نمود، معاونت پژوهشی آن مؤسسه را به دست گرفت و در این مســئولیت فصل‌نامه‌ی تخصصی تاریخ معاصر ایران و ده ها طرح پژوهشــی ارزشمند، از جمله «فهرست نمایه‌ی مطبوعات ایران در دوره‌ی قاجاریه»، «دانشنامه‌ی ایلات و طوایف ایران» و «روزشمار تاریخ ایران در دوره‌ی قاجاریه»، را طراحی و راه‌اندازی کرد.»[1]

عبدالله شهبازی خود نیز به‌گذشته‌اش اشاره‌ای نمی‌کند و فقط می‌گوید:
«زندگی سیاسی پر تلاطمی هم داشته‌ام. هم خودم و هم خانواده‌ام. واقعاً از نُه ســالگی که پدرم اعدام شد، من خواه ناخواه درگیر کار سیاسی شدم و در نهایت به‌پژوهش تاریخی کشیده شدم.»[2]

عبدالله شــهبازی یکی از ســخن‌رانان همایش یک‌صدمین ســالگرد نهضت مشروطیت، برگزار شده از سوی مجلس شورای‌اسلامی در تاریخ شنبه ۱۴ مرداد ۱۳۸۵ بود. در این مراســم که در تالار مجلس شورای‌اسلامی برگزار شد علاوه برگلپایگانی رئیس دفتر خامنه‌ای، هاشمی‌شــاهرودی، احمد جنتی، علی‌اکبر ناطق‌نوری و حداد عادل، پاره‌ای از شخصیت‌های سیاسی و فرهنگی رژیم نیز شرکت داشتند.
عبدالــله شــهبازی در این همایش بــا ارائه‌ی مقاله‌ای تحت عنــوان واکاوی تجددگرایی افراطی عصر مشروطه جهت تئوریزه‌کردن بحث «تهاجم فرهنگی» و «تهاجم استعمار» سخنرانی کرد. روزنامه‌ی شرق گزارشی از آن به شرح زیر به دست می‌دهد:
«تجددگرایی یک مفهوم مثبت یعنی گرایش به نوآوری دارد و یک مفهوم افراطی. وی افزود: تجددگرایی افراطی از زمان فتحعلی‌شاه شکل گرفت و تداوم پیدا کرد و جامعه‌ی ما و روحانیون و روشنفکران ســنتی را با مفاهیم جدید در چالش قــرار داد. وی ادامه داد: این جریــان پنج ویژگی دارد، یکی این که پایگاه اجتماعی آن نخبگان

1- http://www.ir-psri.com/Show.php?Page=WriterList
2-http://www.ettelaat.net/03-07/m_k_az_28_m.htm

هســتند یعنی در درون حکومت قاجاریه، قشری از نخبگان جدید شکل می‌گیرد که کارگزار دولت بودند. لذا جدالی بین روشنفکران و علما نبود بلکه نخبگان بودند که در چالش قرار گرفتند. شهبازی تصریـــح کرد: ویژگی دوم این جریان پیوند با تفکر خاصی اســت یعنی این که غرب غایت توسعه است و باید الگوهای آن را بپذیریم. سومین ویژگی، این که آن‌ها الگوهای استبداد را از غرب اخذ کردند. این مورخ پیوند با کانون‌های استعماری را ویژگی چهارم این جریان دانست و گفت: این دوران، دوران تهاجم استعمار است. در درون این کانون‌ها، شبکه‌های متنوعی هست که امروز به‌عنوان مافیا از آن نام برده می‌شود. وی عنوان کرد: بهره‌گیری از فرقه‌های سری ویژگی پنجم این جریان است که در سراسر منطقه دیده می‌شود و در ایران وقتی فرقه معاویه ایجاد می‌شود، شاهد هستیم این تجددگرایی از حربه فرقه‌های ســری مثل بهایی‌گرایی برای گسترش اهداف خود استفاده می کند.»[1]

یکی از مواردی را که سایت پیک نت او را در مسیر امدادرسانی به‌رژیم مطرح کرده بود ببینید. وی با چند فقره خبرســـازی و تحلیل تلاش کرده بود بگوید که ظاهراً در مرداد ماه ســـال گذشته آمریکا و اســـرائیل به ایران حمله کرده و مردم بی‌دفاع را به خاک و خون می کشند:[2]

یا این یکی:[3]

و:[4]

این هم مصاحبه با عبدالله شهبازی که روی سایت پیک‌نت انتشار یافته و سایت اطلاعات‌نت از آنجا برداشته.[5]

عبدالله شهبازی، یکی از توابینی است که گاه افراد تمام هم و غم خود را برای

1-http://www.magiran.com/npview.asp?ID=1164316

2- http://peiknet.com/1385/08mordad/28/page/34shahbazi.htm

3-www.peiknet.com/1385/02bah/07/page/37shahbazi.htm

4-http://peiknet.com/1385/02bah/02/page/shahbazi03.htm

5-www.ettelaat.net/03-07/m_k_az_28_m.htm

توجیـــه اعمال جنایت کارانه‌ی آن‌ها به کار می گیرند. شـــهبازی کسی‌ســـت که خاطرات کیانوری، طبری، تیمسار فردوست و... تحت نظر او انتشار یافته است. وی در رابطه با چگونگی تهیه و انتشار خاطرات کیانوری می‌نویسد:

«مسئولین انتشارات دیدگاه [بخوانید وزارت اطلاعات رژیم] صد و ســـه نوار کاست از دکتر نورالدین کیانوری، شخصیت سرشناس کمونیســـم ایرانی و دبیر اوّل حزب توده در ســـال‌های اوّلیه‌ی پس از انقـــلاب، تهیه و پیاده کرده بودند. با من مذاکره شـــد. با توجه به‌اهمیت جایگاه کیانوری در تاریخ معاصر ایران تنظیم این کتاب را در چارچوب قراردادی پذیرفتم. متن پیاده شده‌ی نوارها را مطالعه کردم. ارزش انتشار نداشـــت. صدها سئوال کتبی تنظیم کردم و با واسطه‌ی مسئولین انتشارات دیدگاه برای کیانوری فرستادم. پاسخ‌ها به‌دستم می‌رســـید و تنظیم می‌شد. پرسش‌های تکمیلی نیز اضافه می‌شـــد. در پایان، زمانی که ماده‌ی خـــام لازم فراهم آمد، تنظیم و تبویب کتاب صورت گرفت. متن نهایی را برای کیانوری فرستادم. بسیار پسندید. سعی کردم منصف و بی طرف باشم. .....»[1]

آیا در جمهوری‌اســـلامی یا هر جای دیگر دنیا امکان‌پذیر است که چنین کاری بدون نظارت دولت و دستگاه امنیتی آن انجام گیرد؟ آن هم کیانوری که زندانی رژیـــم بود؟ وی که کار مأموران کودن وزارت اطلاعات را خوب و شســـته رفته ندیده، خود دست به کار می‌شود و سؤالات لازم را ازکیانوری می کند.
شهبازی هم‌چنین در رابطه با چگونگی تهیه و انتشار خاطرات ایرج اسکندری در ایران می گوید:

«کتـــاب فوق گفتگوهایی اســـت که بابک امیرخســـروی، فرهاد فرجـــادآزاد و فریدون آذرنور طی ســـال‌های ۱۳۶۲- ۱۳۶۳ با ایرج اســـکندری، دبیر اوّل پیشین حزب توده، انجام داده بودند. متن این گفتگوها در شمارگان اندک در خارج ازکشور منتشر شده بود. کتاب فوق را دست‌مایه قرار داده و تنظیم مجدد کردم و مقدمه‌ای در حدود

1-www.shahbazi.org/pages/library.htm

سی صفحه و تصاویری منحصربه‌فرد بر آن افزودم. حجم کتاب به هفتصد صفحه در قطع وزیری رسید. این کتاب اخیراً تجدید چاپ شده است.»[1]

آیا جدیت و تلاش‌های یک توده‌ای سابق که به‌خدمت رژیم و دستگاه اطلاعاتی آن درآمده برای جمع‌آوری و نشر آثار رهبران حزب توده و ... جای سئوال ندارد؟ رضایت حاصله از کار او که توسط رهبران حزبی بیان شده و می‌شود را چگونه می‌توان توجیه کرد؟

شــهبازی در رابطه با چگونگی کارش در نشریه‌ی مطالعات سیاسی وابسته به وزارت اطلاعات می‌گوید:

«...جلد اوّل مطالعات سیاسی را به تنهایی و در فاصله زمانی یک ماه تهیه کردم. چون تصوّر می‌کردم پس از انتشار شماره‌ی اوّل مقالات مفیدی به‌دستم خواهد رسید، مجموعه‌ی مقالات را بدون ذکر نام خود منتشــر کردم. در آن سال‌ها به‌درج نام خود بر روی مقالات و کتاب‌هایم علاقه‌ای نداشتم. پس از انتشار، مقاله‌ای به‌دستم نرسید. با تأخیر، جلد دوّم مطالعات سیاســی را منتشرکردم و تنها در یک مقاله[2] «نقد دیدگاه‌های آرامش دوســتدار» نام خود را درج کردم. مقاله‌ی کوتاهی در این جلد منتشر شده با عنوان «قفقاز و بیداری اسطوره‌های تاریخی». این مقاله نوشته‌ی آقای نادر صدیقی است که آن را ویرایش و بازنویسی کردم. یکی از دوستان زندگی‌نامه‌ای از منوچهر آزمون تهیه کرده بود که آن را به‌کلی کنارگذاشتم و با دریافت تصویر اســناد پرونده‌ی آزمون در ساواک منحله، مقاله‌ی جدیدی نوشتم.»

چنان‌چه ملاحظه می‌شــود شهبازی اعتراف می‌کند که تمامی مقالات یک فصل‌نامه را به تنهایی و بدون ذکر نام خود نوشته است تا دیگران را نیز به‌دادن مقاله به نشــریه وزارت اطلاعات ترغیب کند. وقتی متوجه کسادی بازار شده و

1-www.shahbazi.org/pages/library.htm
2-www.shahbazi.org/pages/Bamdadan.htm

به‌این نتیجه می‌رسدکه هیچ آدم جدی‌ای فریب بازی‌های رژیم را نمی‌خورد، خود دوباره دست به‌کار شده و شماره‌ی دوم نشریه را نیز با مقالات خودش از چاپ بیرون می‌آورد. او برای پوشاندن حقیقت می‌گوید: «در آن سال‌ها به درج نام خود بر روی مقالات وکتاب‌هایم علاقه‌ای نداشـتم» که یک دروغ محض است. او در آن موقع کادر مخفی دستگاه اطلاعاتی رژیم بود و صلاح نمی‌دیدند او را روکنند؛ بعدکه این مشکل حل شد، وی به‌طور علنی به‌صحنه فرستاده شد. نکته‌ی جالب این است که اعتراف او به‌دریافت «تصویر اسناد پرونده‌ی آزمون در ساواک منحله» به‌خوبی وابستگی او به دستگاه امنیتی رژیم را نشان می‌دهد. ذکر این نکته ضروری اسـت که در سـال‌های فوق بدون شک مقالات او در کیهان هوایی و دیگر ارگان‌های رژیم تحت نام‌های مستعار و یا بی‌نام در ارتباط با بحث «تهاجم فرهنگی» و... درج شده است.

شـهبازی اعتراف می‌کند در شـماره‌ی دوم نشـریه‌ی مطالعات سیاسی وقتی می‌خواهد به‌نقد دیدگاه‌های اندیشمند گرامی آقای آرامش دوستدار بپردازد این کار را با نام اصلی خود می‌کند.

عبدالله شهبازی در نقدکتاب ارزشمند «درخشش‌های تیره» اثر خواندنی آرامش دوسـتدار می‌نویسد: «هرزه‌نگاری و دریدگی اخلاقی از مشخصات آن محفل روشنفکری اسـت که ظاهراً دوستدار در آن نشو و نمای اندیشه‌ای یافته است». شـما را به‌نوشـته‌ی قبلی‌ام راجع به هوشـنگ اسـدی رجوع می‌دهم. در آن‌جا ملاحظه خواهیدکرد تمام بحث هوشـنگ اسـدی علیه روشنفکران ایرانی بر پایه‌ی همین عبارت «هرزه‌نگاری و دریدگی اخلاقی از مشـخصات آن محفل روشنفکری است» می‌چرخد.[1]

از این‌ها گذشته شهبازی اعتراف می‌کندکه مطلب نادر صدیقی را نیز ویرایش و بازنویسی کرده است. نمی‌دانم این نادر صدیقی همانی است که از سوی دفتر رفسنجانی باکادرهای سازمان اکثریت و از جمله حمزه فراهتی تماس گرفته بود که به فاجعه‌ی میکونوس انجامید و یا نادر صدیقی دیگری‌ست؟ البته توجه داشته باشـیدکه این نادر صدیقی در زمینه‌ی «قفقاز و بیداری اسطوره‌های تاریخی»

۱- صفحه‌ی ۱۰ همین کتاب

مطلب نوشـــته و آقای حمزه فراهتی هم مسئول تشکیلات سازمان اکثریت در آذربایجان شـــوروی بوده اســـت. البته از نظر من این‌ها می‌تواند تشابه اسمی و اتفاقی بوده باشـــد و در اینجا قصد متهم کردن کســـی را ندارم ولی لابد آقای فراهتی وکسانی که با نادر صدیقی تماس داشته‌اند بهتر می‌توانند در این رابطه نظر داده و چنان‌چه مایل بودند به‌روشنگری در این زمینه بپردازند.

یکی از خصوصیات برجسته‌ی عبدالله شهبازی «یهودستیزی» است و یکی از دلایل علاقه‌ی ویژه‌ی او به احمدی‌نژاد از همین روست. به‌اظهارنظر اخیر او در توجیه یکی از احمقانه‌ترین اقدامات احمدی‌نژادکه صدای دوست و دشمن را درآورد، توجه کنید:

«اقدام دکتر احمدی‌نژاد در به‌هم‌ریزی ســـاختار متصلب ســـازمان مدیریت و برنامه‌ریزی قابل ستایش است.

۱- اقدام دکـــتر احمدی‌نژاد در بهم‌ریزی ســـاختار متصلب کنونی سازمان مدیریت و برنامه‌ریزی اقدامی درست و به‌جا بود. این اقدام به‌جسارت فوق‌العاده نیاز داشت و احمدی‌نژاد نشان داد که از این جســـارت برخوردار اســـت. امیدکه با دقت و کارکارشناسی جدّی ساختاری جدید جایگزین ساختارگذشته شود. من از سال‌ها پیش در برخی از مصاحبه‌هایم ساختار سازمان برنامه و بودجه را ناکارآمد خوانده بودم. واقعیت این اســـت که این سیستم نه بر اساس اصول واقعی برنامه‌ریزی توسعه، که برنامه‌ریزی از خرد به کلان را می طلبد، بلکه بر اساس پیش‌داوری‌ها و قالب‌های نظری منجمد و وارداتی یا دیکته شده از برخی نهادهای بین‌المللی هماره برای بودجه‌ی ملّی و درآمد نفتی چاهی را می کند که پرشدنی نبود. این همان بختکی است که هیئت آمریکایی- یهودی مستشاران ماوراءبحار، با عضویت کسانی چون ماکس تورنبرگ و آلن دالس (رئیس بعدی سیا)، در نیمه‌ی دوّم دهه‌ی ۱۳۲۰ خورشیدی برای تاراج درآمدهای ملّی ایران ساختند و میراث آن به جمهوری اسلامی رسید و تداوم یافت. به‌دلیل اهمیت مسئله، اگر عمری و تمرکزی بود شاید در آینده در این باره

مبسوط‌تر سخن بگویم و دلایل خود را عرضه کنم. احمدی‌نژاد اوّلین رئیس دولت پس از انقلاب است که جسارت درافتادن با این هیولای ایران برباد ده را داشت و این اقدام او قابل ستایش است.»[1] چنان‌که دیده می‌شود وی هم‌چنان «امپریالیسم ستیزی» توده‌ای‌وار خود را حفظ کرده و به‌چاشنی «یهود ستیزی» هم آغشته است.

یکی از ترفندهای وزارت اطلاعات برای اشاعه‌ی سرکوب، وصل کردن افراد به شبکه‌ی صهیونیسم و یهود است. چنان‌چه در رابطه با سعید امامی و شبکه‌ی قتل‌های زنجیره‌ای نیز سعی در انجام چنین کاری داشتند: خامنه‌ای قتل‌های زنجیره‌ای را به صهیونیسم و موساد ربط داد و عاقبت سعید امامی را وابسته به صهیونیسم بین‌الملل و موساد معرفی کردند و گزارش هشتاد صفحه‌ای بازجویان پرونده، حاکی از آن بودکه نه تنها سعید امامی بلکه بسیاری از دست‌اندکاران قتل‌های زنجیره‌ای «جدیدالاسلام» بوده‌اند. این بدان معنا است که یهودیانی که تازه مسلمان شده بودند این قتل‌ها را به‌نیابت از جانب صهیونیسم بین‌الملل مرتکب شده‌اند تا چهره‌ی نظام جمهوری‌اسلامی را خراب کنند. وی در پاسخ سئوالی که از وی شده می‌گوید:

«اولاً یهودی بودن تنها نشان از وابستگی به‌یک مذهب نیست. ما یهودیان لائیک هم داریم. بگذریم از این که یهودیان مسیحی و مسلمان هم داریم.»[2]

موضوع «یهودیان مسلمان» که شهبازی از آن دم می‌زند، کانون تحلیلی بودکه خامنه‌ای و تیم بازجویان پرونده‌ی قتل‌های زنجیره‌ای با ضرب و زور شکنجه و... سعی می‌کردند دستگیرشدگان را وادار به‌اعتراف به‌آن کنند. یعنی اعتراف کنندکه یهودیانی بوده‌اندکه به‌دروغ، به‌لباس مسلمان درآمده‌اند تا از طریق بدنام کردن نظام‌اسلامی به صهیونیسم بین‌الملل خدمت کنند.

شهبازی نویسنده‌ی کتاب هفت جلدی «زرسالاران یهودی و پارسی، استعمار

1-www.shahbazi.org/blog/Archive/8506.htm
2- http://www.ettelaat.net/03-07/m_k_az_28_m.htm

بریتانیا و ایران» است. پنج جلد این کتاب توسط مؤسسه‌ی مطالعات و پژوهش‌های سیاسی وابسته به وزارت اطلاعات انتشار یافته است.[1] چکیده‌ی کتاب به‌نقل از سایتی که آن را تبلیغ کرده چنین است:

> کتاب «زرسالاران یهودی و پارسی، استعمار بریتانیا و ایران» مجموعه‌ای است در چند جلدکه در آن‌ها نقش خاندان زرسالار یا ثروتمند یهودی در شکل گیری، تغییر و جا به‌جایی کانون‌های قدرت و ثروت جهان در طول تاریخ و روابط آن‌ها با حکومت گران و شرکت‌های تجاری و جریان‌های سیاسی و اقتصادی بزرگ بررسی می‌شود. کتاب حاضر جلد دوم این مجموعه است که در بخش اول آن از نقش زرسالاران یهودی و ارتباط آن‌ها با خاندان‌های حکومت گر اروپایی صحبت می‌شود. بدین سان که نخست از حضور یهودیان در کنار خاندان‌های حکومتی شبه‌جزیره‌ی ایبری برای بیرون راندن مسلمانان از اندلس سخن می‌رود؛ سپس نقش آن‌ها در اکتشافات دریایی و دست‌یابی به‌سرزمین‌های جدید روشن می‌شود. مطلب بعدی درباره‌ی مهاجرت‌های یهودیان از شبه‌جزیره‌ی ایبری به اروپای شمال و مرکزی، شمال افریقا و عثمانی است که در آن به‌نقش اقتصادی و سیاسی آنان اشاره می‌شود. تاسیس بانک‌ها، صرافی‌ها و مرکز اقتصادی یهودیان در اروپا و پیوند آن‌ها با کمپانی‌های شرقی اروپایی و مشارکت در غارت سرزمین‌های شرقی (از جمله هند)، هم‌زمان با شکل گیری استعمار از دیگر مباحث بخش نخست است که با بررسی دیدگاه اندیشمندان و نظریه‌پردازان سیاسی و اجتماعی اروپایی درباره‌ی زرسالان یهودی به پایان می‌رسد. بخش دوم درباره‌ی ارتباط دسیسه‌های سیاسی یهودیان با اندیشه‌ها و حرکت‌های «رازآمیز» و «مسیحیایی» است که به‌ویژه در شکل «تصوف یهودی» (کابالا) رخ نموده است. در این بخش این مطالب درج گردیده است: فرقه‌ی «کابالا»، سرگذشت و نقش یهودیان در دوران جنگ‌های صلیبی و تکاپوی آن‌ها در دربار

1-www.iranbin.com

ایلخانان مغول، رواج عقاید «کابالا» در میان مسیحیان اروپایی از نیمه‌ی دوم سده‌ی پانزدهم، تاثیر فضای مسیحیایی مولود مکتب «کابالای» در تکوین اندیشه‌ی استعماری انگلیس و ظهور افرادی که ادعای پیامبری داشتند. موضوع بخش سوم پیوند زرسالاران یهودی با ساختار سیاسی و خاندان‌های حکومتی انگلستان در دوران استعمار، در قرن نوزدهم است که طی آن نقش خاندان‌هایی چون روچیلد و ولزلی در گسترش قلمروهای استعماری بریتانیا در شرق، به‌ویژه هند، بررسی شده است...»[1]

شهبازی که بارها با خامنه‌ای دیدار داشته نظر او در باره‌ی کتاب «زرسالاران یهودی و پارسی، استعمار بریتانیا و ایران» و دیگر آثارش را چنین بیان می‌کند: «خلق این اثر، کار «عشق» بود. این تعبیری است که مقام معظم رهبری، حضرت آیت‌الله خامنه‌ای، به کار بردند و در دیداری که با ایشان داشتم این کار را «بسیار عالی» و ثمره‌ی تلاش «عاشقانه» خواندند... بنده را خواستند و کتاب «ظهور و سقوط سلطنت پهلوی» را از نظر تنظیم و قلم و غیره «بسیار عالی» توصیف کردند. بعدها در دیداری... مجدداً به این کتاب اشاره کرده و کار این جانب را ستودند و این مایه‌ی افتخار من است.»

این «استاد» وزارت اطلاعات و باندهای سیاه رژیم برای یاری رسانی به‌تبلیغات رژیم و احمدی‌نژاد مبنی بر نفی هولوکاست، موضوع هولوکاست «ایرانی» را مطرح می‌کند:
«اینک که به بهانه‌ی افسانه‌ی «هولوکاست» هیاهوی تبلیغاتی علیه ایران اوج گرفته، شایسته است که ما نیز فجایعی را که کانون‌های استعماری غرب در سرزمین‌مان مرتکب شدند به‌جهانیان یادآور شویم. یکی از مهم‌ترین این فجایع هولوکاست ایرانی زمان جنگ جهانی اوّل است.»

1-www.iranbin.com/BookDetails.aspx?BookID=439385&rd=/In-dex.aspx?mdl=BookSearchResults2&SubCatID=14&page=32

او در این باره می‌نویسد:

چرا درباره‌ی «هولوکاست ایرانیان»، مرگ قریب به‌نیمی از جمعیت ایران در زمان جنگ جهانی اوّل، سکوت کرده‌ایم؟»[1]

شهبازی برای معرفی چامسکی، اندیشمند و زبان‌شناس معاصر، ابتدا به یهودی بودن او اشاره می‌کند و سپس تلاش می‌کند از زبان او هولوکاست را نفی کند:

«چامسکی معمولاً مطالب جالبی بیان می کند. مثلاً، او- با وجودی که به‌یک خانواده یهودی تعلق دارد، نظرات پروفسور رابرت فوریسون و مکتب تاریخ‌نگاری واقعی را درباره‌ی هالوکاست و انکار وجود اتاق‌های گاز در آلمان هیتلری تأیید می کند.»[2]

«استاد» شهبازی که کیهانی‌ها و محافل فرهنگی تاریک‌اندیشان از او خط می گیرند در معرفی کارل پوپر نیز چنین می گوید:

«پوپر نیز مثل چامسکی یهودی‌تبار است ولی خانواده‌ی چامسکی یهودیانی فقیر بودند که از روسیه به آمریکا مهاجرت کردند ولی خانواده‌ی پوپر، مثل خانواده‌ی شلزینگر، حداقل از سده‌ی هفدهم میلادی پیمان کاران بزرگ مالیاتی و نظامی دربار هابسبورگ بودند. نیای خاندان پوپر، ولف پوپر، ثروتمند بزرگ شهرکراکو، است که به رباخواری شهره بود و سباستیان میچنسکی، استاد فلسفه‌ی دانشگاه کراکو، در رساله‌ی آئینه‌ی پادشاهی لهستان از او به عنوان «یهودی خونخوار» یادکرده و ثروتش را بیش از سیصد هزار زلوتی [سکه طلای لهستان] تخمین زده است.»[3]

عبدالله شهبازی که درکار پرونده‌سازی برای افراد به خاطر وابستگی‌های خونی و نسبی، قومی و نژادی، دینی و عقیدتی و... «استاد» است، در باره‌ی خان‌زادگی خودش سکوت می‌کند. معلوم نیست در رابطه با او اصل و نسب خانوادگی و

1-http://www.shahbazi.org/blog/index.htm
2-http://www.shahbazi.org/pages/chomsky.htm

۳- پیشین

برخورداری از تمکن مالی تأثیری داشته یا نه؟

عبدالله شهبازی با درج مقاله‌ای تحت عنوان «جستارهائی از تاریخ بهایی گری در ایران» در چهار شــماره‌ی روزنامه‌ی جام‌جم که یکــی از ارگان‌های جناح راســت و رادیو و تلویزیون رژیم است، کوشــید در راستای تبلیغات نظام و در پوشــش تحقیق و به کارگیری زبان علمــی، به‌تحریف‌های تاریخی رژیم لباس عافیت پوشانده و به‌آن جنبه‌ی علمی و تاریخی دهد. در به‌اصطلاح تحقیق او نه‌تنها بهاییان، بلکه دیگر اقلیت‌های مذهبی ایران، از جمله زرتشتیان و یهودیان نیزکارگزاران و جاسوسان انگلیس معرفی شده‌اند. هدف نوشته‌ی شهبازی که در راستای تبلیغات «نیمه پنهان» کیهان صورت گرفته، اثبات این مدعاست که ظهور محمدعلی باب و پیشــرفت ســریع و دور از انتظار آیین او، در سال‌های اولیه‌ی پیدایش این طریقت، محصول توطئه‌ی انگلیســی‌ها بوده است. در این توطئه گماشتگان یهودی و زرتشتی انگلیسی‌ها نقش اصلی را داشته‌اند. در صورتی که احسان طبری در تحقیق ارزشمند خود «برخی بررسی‌ها در باره‌ی جهان‌بینی‌ها و بینش‌های اجتماعی در ایران» برخلاف شهبازی به‌خوبی دست روی نکات مثبت و ترقی‌خواهانه‌ی آیین بابیه گذاشته و به‌دلایل پیدایش و رشد آن در ایران اشاره کرده است.[1]

شــهبازی تا آن‌جا پیش می‌رود که بهایی‌ها را عامل انحراف انقلاب مشروطه و برانداختن حکومت قاجاریه معرفی می کند:

> «بحث وابستگی و پیوندهای نخبگان و دیوان‌سالاران جدید[منظور پس از مشروطیت] غرب گرا به کانون‌های استعماری، بحث بسیار مفصل و پیچیده‌ای است. من اصطلاح «کانون‌های استعماری» را به کار می‌برم زیرا استعمار تنها به دولت‌ها، مثلاً دولت‌های انگلیس و فرانسه و آمریکا، خلاصه نمی شود بلکه شامل بخش خصوصی نیز می‌شود. پدیده‌ای که امروزه تحت عنوان «مافیا» از آن نام می‌بریم، زرسالاران یهودی که بعدها پدیده‌ی «صهیونیسم» را خلق کردند،

1-http://www.shahbazi.org/pages/bahaism1.htm

در ترکیب این کانون‌های استعماری نقش تعیین کننده داشتند...
آن‌ها در ایران ابتدا فرقه‌ی بابیه را ایجادکردند که کمی بعد به‌دو فرقه‌ی ازلی و بهایی تقسیم شد. هم ازلی‌ها و هم بهایی‌ها نقش مهمی در تحولات دوران واپسین قاجاریه و به‌خصوص منحرف کردن انقلاب مشروطه و برانداختن حکومت قاجاریه ایفاکردند.»[1]

وی دشمنی خود با اندیشمندگرامی آرامش دوستدار را در بیان زندگی‌نامه‌ی او که مطمئناً توسط وزارت اطلاعات در اختیار وی قرار داده شده چنین آشکار می‌کند:

«آرامش دوستدار در سال ۱۳۱۰ در تهران به‌دنیا آمد. اعضای خانواده‌ی او از نظر دینی به‌فرقه‌ی بهایی تعلق دارند و یکی از خانواده‌های سرشناس بهایی ساری (مازندران) به‌شمار می‌روند. چهره‌ی نامدار این خاندان احسان‌الله خان دوستدار است که نقش او را در عملیات تروریستی دوران مشروطه و به‌ویژه در نهضت جنگل در مقاله‌ی «جُستارهایی از تاریخ بهایی گری در ایران»[2] بیان کرده‌ام. احسان‌الله خان برادری به نام عطاءالله خان داشت که صاحب‌منصب پلیس بود. در دوران پناهندگی احسان‌الله خان در اتحاد شوروی و اقامت او در باکو این دو برادر با هم تماس داشتند.
بابک امیرخسروی می نویسد:
در گفتگویی که در اوائل ژوئن سال ۲۰۰۰ با آقای آرامش دوستدار فرزند عطاءالله خان در شهرکلن آلمان داشتم، تأییدکرد پدرش دو بار با اجازه رضا شاه برای دیدار با احسان‌الله خان به باکو می‌رود.
آرامش دوستدار، پسر عطاءالله خان، در بیست و شش سالگی برای ادامه‌ی تحصیل به اروپا رفت و درکلن آلمان مقیم شد و ظاهراً تا به‌امروز ساکن این شهر است. او در رشته‌ی فلسفه به‌تحصیل پرداخت و هم‌زمان در محافل سیاسی دانشجویی وابسته به‌حزب

1-/www.shahbazi.org/pages/Mashrooteh2.htm
2- www.shahbazi.org/pages/bahaism1.htm

تودهی ایران فعالیت می کرد. بنابراین، وی باید از آشنایان یا دوستان مهدی خانباباتهرانی، بابک امیرخسروی و سایر فعالین کنفدراسیون دانشجویان ایرانی آن نسل باشد. او در سال‌های ۱۳۴۵-۱۳۴۷ مدتی گویندهی بخش فارسی صدای آلمان (دویچه وله) بود.
دوســـتدار پس از اخذ درجهی دکترای فلسفه در آغاز دههی ۱۳۵۰ خورشیدی به ایران بازگشت و در سال ۱۳۵۲ در دانشکدهی ادبیات دانشگاه تهران استخدام شد و به‌تدریس در رشتهی فلسفه پرداخت. در سال ۱۳۵۹ اوّلین کتاب او منتشر شد: آرامش دوستدار، ملاحظات فلسفی در دین، علم و تفکر: بینش دینی و دید علمی، تهران: آگاه، ۱۳۵۹، ۱۳۸ صفحه. احتمالاً وی در همین ســـال‌ها از ایران خارج شد و بار دیگر در شهرکلن آلمان اقامت گزید. در این سال‌ها، او از دوستان هما ناطق، ناصر پاکدامن و غلامحسین ساعدی بود.»[۱]

شهبازی به‌گونه‌ای ظریف می‌خواهد جا بیاندازد که کتاب «درخشش‌های تیره» و دیگر نظرات آقای آرامش دوستدار تماماً توطئه‌های بهاییت و دشمنان ایران و اسلام است. او برای زیر سؤال بردن شخصیت آقای دوستدار به شیوه‌ی مألوف کیهان، با تراشـــیدن سابقه‌ی «تروریســـتی» برای آبا و اجداد ایشان و پیوند آن به‌دولت کمونیستی شـــوروی و آیین بهاییت، به‌زعم خود هیولایی به‌نام آرامش دوســـتدار را خلق کرده اســـت! ظاهراً یکی از گناهان بزرگ آقای دوســـتدار، دوستی‌شـــان با ناصر پاکدامن، هما ناطق و غلامحسین ساعدی است. او چنان از فرهیختگان ادبی کشور نام می‌برد که گویا به‌مشتی جنایت‌کار اشاره می کند که هم‌نشینی با آن‌ها باعث کسر شأن آدمی می‌شود.

برای این‌که با نظرات سیاســـی مشعشع تئوریســـین و «استاد» تئوری «تهاجم فرهنگی» آشنا شوید، آخرین پاسخ‌های او را که از سایت «الف» وابسته به احمد توکلی و باندهای نزدیک به دولت احمدی‌نژاد انتخاب شده در زیر می‌آورم.
شهبازی که در راه دفاع از رژیم از چیزی کم نمی گذارد در یک پرسش و پاسخ

1-http://www.shahbazi.org/pages/Bamdadan1.htm

اینترنتی در تاریخ‌های ۹ ، ۱۰ و ۱۱ فوریه ۲۰۰۷ به‌پاره‌ای از سئوالات کاربران سایت «الف» وابسته به‌مرکز پژوهش های مجلس شورای اسلامی به‌این شکل پاسخ داد:

«دادگاه‌های انقلاب از ضروریات انقلاب بود و فضایی ایجاد کرد که ضد انقلاب مرعوب شود و از توطئه علیه انقلاب نوپای اسلامی تا حدودی دست بکشد... در مجموع، به گمان من، انقلاب‌اسلامی ایران در مقایسه با انقلاب‌های بزرگ تاریخ، مثل انقلاب ۱۷۸۹ فرانسه و انقلاب ۱۹۱۷ روسیه، ازکم‌ترین خشونت و بی‌نظمی برخوردار بود. به‌تاریخ این انقلاب‌ها مراجعه شود و قساوت و حتی توحش در این انقلاب‌ها مقایسه شود با روند قانون‌مند و محدود احکام دادگاه‌های انقلاب در ایران.»

در مورد «روند قانون‌مند و محدود احکام دادگاه‌های انقلاب در ایران» مردم آگاه ایران وکسانی که صابون این دادگاه‌ها به تن‌شان خورده بهتر می‌توانند قضاوت کنند.. نمی‌دانم معنای کم‌ترین خشونت آن‌هم در اواخر قرن بیستم و قرن بیست و یکم در قاموس این «استاد» رژیم چیست؟

«منافع انقلاب بسیار بزرگ بود. انقلاب ملت ایران را زنده کرد و آحاد این ملت را به‌حیات سیاسی وارد نمود. این سخن، شعار نیست و در پیرامون آن می‌توان مقالات متعدد نوشت. طبعاً انقلاب هزینه‌هایی نیز داشت ولی در منظرکلی ضرورتی بزرگ در فرایند توسعه‌ی جامعه‌ی ایرانی بود.

انقلاب‌اسلامی تنها انقلاب واقعی در تاریخ ایران است. من انقلاب مشروطه را اصلاً قابل قیاس با انقلاب‌اسلامی نمی‌دانم. درواقع، تنها با انقلاب‌اسلامی بود که فرایند شتابان رشد ملی در ایران آغاز شد.»

ادعای زنده شدن ملت را بگذارید کنار آمار بالای اعتیاد، فحشا، بی‌هویتی نسل جوان و... تا به‌هویت این «استاد» رژیم پی ببرید. در ضمن ظاهراً بایستی از بصیرت ویژه برخوردار بود تا بتوان «فرایند شتابان رشد ملی» در پناه نظام جمهوری‌اسلامی را دید. یا هم‌چون «استاد» رژیم از فوت و فن شعبده‌بازی و

رمالی آگاهی داشت.
او سپس در جلد یک «منتقد» و «معترض» رفته و می‌نویسد:

«من نیز مانند حضرتعالی معترضم و منتقد؛ ولی این سبب نمی‌شود که دست‌آوردهای عظیم انقلاب و جمهوری‌اسلامی ایران را نفی کنم. وضع فعلی مطلوب نیست ولی در مقایسه با دو قرن عقب‌ماندگی و انحطاط جامعه‌ی ایران گامی بسیار سترگ در پیشرفت جامعه‌ی ایرانی است. فساد و نابسامانی‌ها هست ولی تصور نمی کنم در هیچ کشـــوری در جهان مانند ایران در میان نخبگان سیاسی و مدیران دولتی رده بالا، ســـلامت نیز وجود داشته باشد. باید تلاش کرد که نابسامانی‌ها و بی‌عدالتی‌ها و فسادها را مرتفع کرد و جامعه را بهتر و بهتر کرد. نتایج کار بزرگی که انقلاب در احیای شخصیت آحاد ایرانیان، به‌ویژه نسل جوان کرد، در دهه‌های بعد بهتر پدیدار خواهد شـــد. به‌حق معترض و منتقد باشـــیم ولی زندگی و جامعه خود را «سیاه» نبینیم. زیبایی‌ها فراوان است. این روان‌شناسی بیش از هر چیز برای خود فرد مضر است و بر فرزندان انسان تاثیرات نامطلوب برجای می گذارد.»

چنان‌چه می‌بینید این کارگزار دستگاه اطلاعاتی رژیم نیز «منتقد» و «معترض» است. اما او معترض مردم عادی است و منتقدکارمندان دون‌پایه‌ی دولتی که فشار فقر و گرانی و... کمرشان را خم کرده است.

ظاهراً رفسنجانی و خاندان او از نمونه‌های «سلامت» در میان نخبگان سیاسی ایران هستند. مافیای شکر و لاستیک و ... که توسط مصباح‌یزدی و محمد یزدی و مکارم‌شیرازی... اداره می‌شود نیز از دیگر نمونه‌های سلامت نخبگان سیاسی و مدیران دولتی رده بالاست.

نکته‌ی قابل توجه این که کسی در میان عناصر جناح‌های مختلف رژیم نمانده بود که از شهرام جزایری رشوه نگرفته باشد. معلوم نیست آیا «استاد شهبازی» صدها بنیاد ریز و درشت راکه توسط حاکمان جمهوری‌اسلامی و وابستگان‌شان اداره می‌شود از نمونه‌های «سلامت» نخبگان می‌داند یا خیر؟

برای نشـــان دادن «ســـلامت» دســـتگاه اداری رژیم، همین بس که «سردار»

محمدرضا نقدی که از سوی احمدی‌نژاد، رئیس‌جمهور مورد علاقه‌ی «استاد» شهبازی اداره‌ی مبارزه با کالاهای قاچاق و.... را به عهده دارد، خود مدتی به‌اتهام تشکیل باندی به نام «کبیر» متشکل از سرهنگ پاسدار سیدرضا جلیلی، سرگرد پاسدار عباس آشتیانی، سروان حمید وستنبو، ستوان دوم امیرعلی کهن‌دل، حسین لاریجانی، سیدعطا فراتی، فواد کلهر (عضو وزارت اطلاعات) و... در زندان بود. از جمله اتهامات وی ارتکاب ده‌ها فقره تجاوز به‌عنف، دوازده فقره تجاوز به عنف و قتل جنسی، سی و شش فقره سرقت مسلحانه در تهران و شهرهای چالوس، رامسر، کلاردشت و اصفهان، ده‌ها فقره باج گیری و اخاذی، سرقت اتومبیل، خرید و فروش سلاح و مهمات، قاچاق و ترانزیت مواد مخدر و دیگر اقدامات جنایت‌کارانه است.[1]

وی تنها به‌واسطه‌ی اعمال نفوذ دفتر خامنه‌ای که عضویت در آن را نیز یدک می‌کشید، آزاد شد. نقدی رئیس سابق حفاظت اطلاعات نیروی انتظامی و نماینده‌ی ویژه خامنه‌ای، فرمانده لجستیک ستاد فرماندهی کل قوا و... بود.
از این‌ها گذشته صادق محصولی مشاوره ویژه و یار غار احمدی‌نژاد به‌اعتراف خود دارای بیست میلیارد تومان ثروت شخصی است. این در حالی‌ست که او پاسداری ساده بود که به لباس سپاه قدس و ... در آمد و عاقبت درآمدهای نجومی یافت. امروز حتا نیروهای خود رژیم نیز اذعان دارندکه راه ورود بخش اعظم کالاهای قاچاق به‌کشور، از طریق اسکله‌های غیرقانونی سپاه پاسداران است. شرکت‌های وابسته به سپاه پاسداران تمامی پروژه‌های مهم کشور را بدون داشتن کم‌ترین کفایتی در اختیار خود دارند و...
به‌استناد گزارش‌های منابع داخلی و حتا ارگان‌های بین‌المللی، نظام جمهوری‌اسلامی دارای فاسدترین نظام اداری دنیاست. به‌شهادت آمار و ارقام، آن‌چه در ایران می گذرد غارت اموال عمومی و منابع طبیعی است که از حد فساد گذشته است.
شهبازی با وقاحتی کم‌نظیر مدعی می‌شود:
«مطلب فوق را آگاهانه نوشتم و با شناخت کافی. کم و بیش درباره

1-www.siahsepid.net/week/archives/000252.php

وضع سایر کشورها مطالعه و آشنایی دارم تا این داوری را عرضه کنم. آری، فساد مالی در دیوان‌سالاری ایران گسترشی غیرقابل انکار دارد. ولی در کنار آن «سلامت» نیز غیرقابل انکار است. این سلامت هم در میان مسئولان رده بالاست، هم در میان مسئولان و مدیران میانی و هم در میان طیف وسیع کارگزاران حکومتی.

مقایسه کنید سلامت مسئولان درجه اول ایران را با پیشینه‌ی خانوادگی و فردی کسانی چون جرج بوش و تونی بلر که علناً کارگزار کانون‌های زرسالاری هستند که آن‌ها را به قدرت رسانیده‌اند. در بسیاری از کشورهای دیگر نیز همین وضع است.»

این «استاد» رژیم تلاش می‌کند مسئولیت فساد رایج در ایران را که به طرز روزافزونی در حال گسترش است، بر دوش کارمندان جزء ادارات بیاندازد و دامان عناصر رده بالای رژیم را پاک و مبرا جلوه دهد. بنابراین مدعی می‌شود:

«در آمریکا و بریتانیا و ژاپن و سایر کشورهای به اصطلاح «پیش‌رفته»، که از سامان اجتماعی جاافتاده برخوردار شده‌اند فساد در رأس هرم سیاسی بسیار عظیم است ولی این فساد پوشیده است و وضع نهادهای اجتماعی به گونه‌ای است که مردم از وضع موجود احساس رضایت کنند و نسبت به فساد سران و حکومت‌گران حساس نباشند. مثلاً سوئد به‌عنوان یکی از نمونه‌ترین کشورهای دارای سلامت اداری مثال زده می‌شود و واقعاً چنین است. برخی از بستگان من در سوئد زندگی می‌کنند و از وضع این کشور اطلاع دقیق دارم. ولی کم‌ترکسی، اعم از سوئدی و غیرسوئدی، می‌داند که این کشور، تیول غیررسمی خاندان زرسالار والنبرگ است. درواقع، فاصله‌ی طبقاتی چنان عظیم است که مردم از بابت آن رنجی احساس نمی‌کنند. این الیگارشی همان است که هربرت جرج‌ولز، نویسنده‌ی نامدار انگلیسی، ایشان را «انسان‌هایی به‌سان خدایان» نامیده بود؛ یعنی مانند خدایان یونان باستان بر فراز ابرها زندگی می‌کنند و مردم به‌ایشان نگاهی ستایش‌آمیز دارند.»

کافی‌ست شـما یک‌روز در سوئد زندگی کرده باشید تا به‌عمق بی‌حقیقتی در گفته‌های عبدالله شهبازی پی ببرید و باور داشته باشید افرادی که خود را به‌رژیم فروخته‌اند، برای پیش‌برد مقاصدشان حقایق را کاملاً وارونه جلوه می‌دهند. در هیچ کجای دنیا فاصله‌ی طبقاتی به‌اندازه‌ی سوئد کم نیست؛ نظیر یکی از کاخ‌های رویایی و افسانه‌ای که در ایران ساخته می‌شود، در سوئد دیده نمی‌شود؛ فرهنگ اسـراف و ولخرجی بیمارگونه‌ای که بر ایران و کشورهای عربی حاکم است در مردم سوئد به‌هیچ روی رخنه نکرده است؛ کم‌تر کشوری در دنیا به اندازه‌ی سوئد از یک نظام سـالم اداری برخوردار است؛ طبق ارزیابی‌های بین‌المللی نیز این کشور در رده‌ی بالای سـلامت اداری قرار دارد؛ و این «استاد» رژیم، بهترین جای دنیا را هدف قرار داده است.

در کشور سوئد تلویزیون دولتی اجازه‌ی پخش آگهی بازرگانی ندارد و برای تأمین هزینه‌ی آن، هر خانواده‌ای موظف به‌پرداخت معادل بیست دلار در هر ماه است. دو وزیر پیشنهادی دولت راست سوئد به‌دلیل عدم پرداخت این بیست دلار، از کار خود برکنار شدند.

ده سال قبل خانم مونا سالین یکی از سیاستمداران خوش‌نام سوئد، به علت این که برای خرید شخصی از کارت اعتباری دولتی خود استفاده کرده و سپس پول را به‌جای خود برگردانده بود، شانس رهبری حزب و نخست‌وزیری را از دست داد. توجه کنید هیچ دخل و تصرفی انجام نگرفته بود، فقط او می‌بایستی از کارت اعتباری شخصی‌اش استفاده می‌کرد و نه دولتی.

شهبازی در ادامه می‌گوید:

در میان مدیران عالی‌رتبه و میانی، «ساده‌زیستی»، به‌تبع ایستارهای انقلاب و سیره‌ی امام راحل (ره)، هم‌اکنون یک ارزش است.»

کافی‌ست کاخ‌هایی را که در تملک آخوندها و وابستگان آن‌هاست ببینید تا به‌مفهوم «ساده‌زیستی» که وی از آن دم می‌زند پی ببرید.

ببینید او چگونه تلاش می‌کند خمینی را دارای برنامه و استراتژی و... معرفی کند:

سـؤال: «الف- به نظر شما آیا امام (ره) از همان سال ۴۲ و به‌ویژه یکی دو سال آخر منتهی به بهمن، استراتژی روشنی داشتند یا خود را به‌دست قضا سپرده بودند؟

ب ـ «جمهوریت» چطور در ذهن امام (ره) شکل گرفت؟ قاعدتاً ایشان به‌عنوان یک عالم دینی نباید با دموکراسی و رأی مردم کاری می داشتند...»

پاسخ: «اگر به‌آثار و اسناد اولیه‌ی امام (مانندکشف‌الاسرار) مراجعه شود، اســـتراتژی امام روشن می‌شود. استراتژی اصلی امام از آغاز، اجرای احکام اسلام بود. طبیعی است که گام به گام با تحول جامعه و حرکت نهضت، این استراتژی نیزکامل‌تر شد ولی جوهره اصلی آن از آغاز تا پایان بلاتغییر بود.

پدیده‌ای به‌نام «جمهوریت» مفهومی جدید در دنیای جدید است. جمهوری‌های کهن مانند یونان باستان، که از آن‌ها بعنوان نمونه‌های اولیه‌ی جمهوری یاد می‌شود، شباهتی به‌جمهوری‌های مدرن نداشتند و درواقع همان نظام‌های قبیله‌ای مبتنی بر شیخوخیت و دمکراسی قبیله‌ای بودند که مثلاً در میان اعراب نیز وجود داشت.

طبیعی است که روحانیت شیعه نیز به‌تدریج با این مفهوم آشنا شود. امام نخستین مرجع شیعی بودند که استقرار نظام جمهوری را مطرح کردند و آن‌را محقق ساختند. این خواست در زمانی مطرح شدکه احزاب سیاسی مخالف حکومت پهلوی، حتی حزب مارکسیست توده، و جبهه‌ی ملی خواســـتار اســـتقرار نظام جمهوری در ایران نبودند.»

امروز برای هرکس که کوچک‌ترین اطلاعی نسبت به خمینی داشته باشد روشن است که خمینی دارای هیچ استراتژی نبود و در خواب هم سرنگونی حکومت شاه را نمی‌دید. کافی‌ست نگاهی به کتاب صحیفه‌ی نور که مجموعه‌ی پیام‌ها و نامه‌های خمینی را در آن جمع‌آوری کرده‌اند بیاندازید، وی از ســـال ۴۲ تا ۵۷ تقریباً هیچ فعالیتی به جز صدور چند اطلاعیه ندارد که در آن‌ها هم حرفی از تغییر سلطنت و یا حتا پادشاه نیســـت؛ جمهوری‌خواهی و... پیش کش. «استاد» به خوبی می‌داند که خمینی تا آن‌جا در برابر وقایع منفعل بود که پاسخ نامه‌ی پدرش را که اعلام کرده بود حاضر به جان‌فشانی در راه منویات اوست نداده بود. بحث

جمهوری و مبارزه کجا بود. خمینی از موضع ارتجاعی به مقابله با رفرم‌های شاه برخاسته بود و اتفاقاً دست روی جنبه‌های ترقی‌خواهانه‌ی آن هم گذاشته بود.[1]

برای این که به اهمیت نظرات عبدالله شهبازی نزد «عاشقان ولایت» پی ببرید خوب است به وبلاگ عاشقان ولایت[2] سری بزنید.
مسئله‌ی اصلی این وبلاگ «عروسک باربی و تهاجم فرهنگی» و متعلق است به نزدیکان مصباح‌یزدی و دولت احمدی‌نژاد، مغز متفکرشان هم عبدالله شهبازی است. در این‌جا پی خواهید برد که چرا کسانی که دغدغه‌ی اصلی‌شان «تهاجم فرهنگی»ست «استاد» و راهنمای‌شان عبدالله شهبازی‌ست. در پیوندهای این وبلاگ آدرس پنج سایت بیش‌تر نیست. سایت مصباح‌یزدی، دکتر حسن عباسی و عبدالله شهبازی و دو سایت فرعی دیگر وابسته به عقب‌مانده‌ترین جناح‌های رژیم و حامیان دولت احمدی‌نژاد.
در اینترنت هر جا که نشانی از حزب‌الله، تفکر حزب‌الله و باندهای سیاه رژیم و امثال حسن عباسی و... هست لینک سایت عبدالله شهبازی هم هست.[3]
کیهان شریعتمداری در سرمقاله‌ای به قلم علیرضا ملکیان (به‌تازگی به معاونت مطبوعاتی وزیر ارشاد انتخاب شده است) او را «استاد عبدالله شهبازی، نویسنده و تاریخ‌نگار عصر حاضر» معرفی می کند.[4]

شـــهبازی که پیش از این در مقاطعی به رفسنجانی و دیگر محافل رژیم نزدیک بود وقتی متوجه‌ی ســـمت و سوی نظام شد به‌سرعت بادنمایش به‌همان سمت تغییر جهت داد. در یادداشـــت‌های پراکنده‌اش در در دفـــاع از احمدی‌نژاد و سیاست‌های او نوشت:

> «روش من تاکنون تبلیغ انتخاباتی به‌سود هیچ فرد و گروهی نبوده اســـت. ولی اکنون، با مشاهده‌ی این همه بدکاری و ناجوانمردی، به‌شدت احساس رنجش و بیزاری می کنم. احساس می کنم که باید

1-http://www.alef.ir/content/view/4723/
2-http://agha.blogfa.com/post-4.aspx
3-http://www.tafakorh.blogfa.com/post-34.aspx
4-http://www.kayhannews.ir/840821/2.htm

وظیفه‌ی اخلاقی خود را انجام دهم.

من به احمدی‌نژاد رأی خواهم داد به دو دلیل:

اول، موج گسترده‌ی ضداخلاقی که واقعاً مافیاگونه علیه او به‌راه افتاده مرا به دفاع از احمدی‌نژاد تحریک می کند. مثلاً، آیا می‌توان آن‌قدر ساده‌لوح بود که توهین به شخصیتی وارسته چون آیت‌الله جوادی‌آملی را از سوی هواداران احمدی‌نژاد دانست نه‌توطئه‌ی باندهای مافیایی متخصص در این گونه امور با هدف تخریب احمدی‌نژاد؟!

دیروز و دیشب، تا پاسی از نیمه‌شب گذشته، در خیابان‌ها شاهد حرکت دسته‌های سازمان‌یافته از جوانان اجیرشده بودم که با وانت و اتومبیل یا پیاده، شعار «مرگ بر طالبان» می‌دادند. چرا در طول سال‌های تصدی احمدی‌نژاد در شهرداری تهران هیچ کس او را «طالبان» ندانست و سیاست‌های او را مورد نقد قرار نداد؟ آیا بسیاری از پارک‌های کنونی تهران، که محل تفرج و تفریح مردم و از جمله دختران و پسران جوان است، ساخته‌ی شهرداری تحت تصدی احمدی‌نژاد نبوده است؟»[1]

وظیفه‌ی «اخلاقی» شهبازی دفاع از سیاه‌ترین و عقب‌مانده‌ترین باندهای رژیم است. امروز دختران و پسران جوان با صورت‌های خونین و بدن‌های مجروح پس از «مهرورزی»‌های نیروی انتظامی رژیم به خوبی می‌توانند در مورد صحت و سقم ادعاهای این «استاد» خود فروخته قضاوت کنند. ملاحظه کنید این «استاد» کارکشته‌ی مورد التفات توده‌ای‌ها چگونه مردم و فرهیختگان جامعه را رنگ می کرد:

«دوم، اگر احمدی‌نژاد پیروز شود مسیرکنونی حرکت جامعه‌ی ایرانی، که تا دیروز برگشت‌ناپذیر جلوه می‌کرد، به‌سمت سیطره‌ی ساختار سیاسی و اقتصادی الیگارشیک و حکومت «هزار فامیل» و تبدیل ایران به «جمهوری‌اسلامی پاکستان دوّم» دگرگون خواهد شد یا لااقل بر آن ضربه‌های جدّی وارد خواهد شد. اگر

1-shahbazi.org/blog

احمدی‌نژاد پیروز نشد، باز پیروزی است زیرا حرکتی آغاز شده که حکمرانان ناگزیرند آن را به‌حساب آورند و در سیاست‌های بعدی خود تجدیدنظر کنند. من متأسفم، و بسیار متأسفم، که می‌بینم برخی از چهره‌های مورد علاقه‌ی من در میان اهل اندیشه و قلم و هنر و سیاست و ورزش، و حتی برخی از دوستان عزیز من در میان روزنامه‌نگاران و پژوهشگران جوان، به‌هر دلیل، نیاز مالی یا هراس از سلطه‌ی خشک‌اندیشی و تحجر، به‌دام شبکه‌ی مقتدر و ثروتمند مافیایی افتاده‌اند و در این کارزار شریک شده‌اند. جامعه‌ی ایران در وضعی نیست که بتوان بر آن خشک‌اندیشی و تحجر دینی را حاکم کرد. چنین منشی با فرهنگ ایرانی و سطح رشد کنونی مردم ایران سازگار نیست و دولت آینده مجبور است سلایق و علایق آحاد ملّت و توده‌ی مردم را به‌حساب آورد.»

ملاحظه می‌کنید که دولت احمدی‌نژاد چگونه «سلایق و علایق آحاد ملت و توده‌ی مردم را به‌حساب آورد» مگر این که این «استاد» خود فروخته‌ی رژیم مدعی شود آن چه در ایران تحت حاکمیت ملایان می‌گذرد «سلایق» و «علایق» مردم ایران است. آنچه این روزها در خیابان‌های تهران می‌گذرد و گوشه‌ای از آن در برابر دیدگان حیرت‌زده‌ی جهانیان قرارگرفته، به‌خوبی نشان می‌دهدکه چه کسی به‌خاطر نیازهای حقیر، خود را به رژیم فروخته است.

این «استاد» رژیم که درگیر دعواهای باندهای رژیم هم هست، خود را چنین معرفی کرده و از نقش خود در «فرهنگ» سازی برای رژیم می‌گوید:

«من به‌عنوان محققی شناخته‌شده که تألیفاتم همواره با اقبال عمومی مواجه و در میان نخبگان تأثیرگذار بوده به‌جای تشویق، آماج انواع آزارها از سوی شبکه‌های شناخته شده‌ی مافیایی بوده‌ام. بسیاری از مفاهیمی که در طول سال‌های اخیر رواج یافته مانند «گردش نخبگان»، «گسست نسل‌ها»، «تحول ساختاری» و غیره و غیره برگرفته از پژوهشی است که پس از دوّم خرداد ۷۶، به‌سفارش آقای خاتمی و دبیرخانه شورای‌عالی امنیت ملّی درباره‌ی علل اجتماعی پدیده‌ی دوّم خرداد انجام دادم و مفاهیم و اندیشه‌های مندرج در

آن بهسرعت توسط دیوانسالاران و روزنامهنگاران وابسته به محافل قدرت، حراج شد. پس از این که تلاش برای «خریدن» من بهنتیجه نرسید، آزارها شروع شد که مرا تا دم مرگ برد. بهرغم تبلیغاتی که علیه من، از سوی همین کانونها شده و مرا بهعنوان «مورخ حکومتی» شهرت دادهاند، نه تنها از حمایتهای دولتی بهرهای نبردهام که بخش مهمی از ثروت شخصی موروثی خود را در طول دو دههی اخیر عاشقانه در راه تحقیق فدا کردهام. اکنون، خسته از آزارها، به کار باغداری مشغولم ولی در اینجا نیز در امان نیستم و هر روز حادثهای «مرموز» برایم رخ میدهد. ظاهراً نه تنها حق تحقیق آزادانه و مستقل بلکه حتی حق زندگی نیز از من سلب شده است. اگر احمدینژاد پیروز شد شاید این وضع دگرگون شود؛ اگر پیروز نشد چیزی برای از دست دادن ندارم....»

او در مقالهاش احمدینژاد را چنین معرفی میکند:

«احمدینژاد میتواند جسورانه راه اعمال نفوذ لابیهای شناختهشدهی قدرت را سد کند و پرچمدار تحولی ژرف و راستین باشد که نظام برخاسته از انقلاب شکوهمند اسلامی، سخت نیازمند آن است.»

همین حرفها را میتوانید در نظرات ارائهشده از سوی اردشیر عمانی و رستم پورزال و دیگر افراد وابسته به لابی رژیم درخارج ازکشور که تحت پوشش «چپ» فعالیت میکنند، ببینید.

۸ خرداد ۱۳۸۶

«غنی‌سازی» دروغ
و «توسعه»ی جعل در دستگاه رژیم

چند سالی است که دستگاه امنیتی و تبلیغاتی رژیم با صرف بودجه‌ای هنگفت، با راه‌اندازی سـازمان‌های گوناگونِ به‌اصطلاح پژوهشی، تلاش می‌کند تاریخ واژگونه‌ای را به‌نسـل جـوان و آن‌هایی که دوران پیش از سـی خرداد را به‌یاد ندارند، تحویل دهد. در طول این سال‌ها با هدف مسموم کردن فضا، کتاب‌ها و مصاحبه‌های فراوانی توسط این نهادها انتشار یافته است.

سایت آفتاب، ارگان تبلیغاتی مجمع تشخیص مصلحت رژیم، برای «توسعه»ی تحریـف تاریخ، مرتضی محمدخـان یکـی از اعضای شـورای مرکزی حزب جمهوری‌اسلامی (که نقش اساسی در جنایات رژیم پس از انقلاب داشت) و شورای مرکزی حزب «اعتدال و توسعه» (نزدیک به رفسنجانی) را به‌صحنه آورده است.

مرتضی محمدخان تحصیـل کرده‌ی آمریـکا و یکـی ازکارگـزاران رژیم جمهوری‌اسلامی‌ست که پس از انقلاب به کشور بازگشت و باعضویت در حزب جمهوری‌اسلامی، پله‌های ترقی را به‌سرعت پیمود.

مرتضی محمدخان درکنار محسن نوربخش، حسین نمازی، محمدتقی بانکی و...

اعضای انجمن‌های اسلامی دانشجویان خارج از کشور بودند که اداره‌ی دستگاه اقتصادی رژیم را در دست گرفتند. محمدخان هم اکنون معاونت اقتصادی مجمع تشخیص مصلحت رژیم را برعهده دارد.

مرتضی محمدخان که مدعی «اعتدال» است در رابطه با خاطراتش از روزهای قبل از سی خرداد می‌گوید:

«فرماندهـی کل قـوا، زمانی از بنی‌صدر گرفته شـد که این‌ها در فاصله‌ی در اختیار داشتن فرماندهی کل قوا، تجهیز شده و مجاهدین خلق کاملاً مسلح شـده و مقادیر بسیار زیادی اسلحه و تجهیزات نظامی را در اختیار گرفته بودند. همین شد که در ۳۰ خرداد سال ۵۹، (۶۰) منافقین به‌خیابان‌ها ریختند و با سلاح‌هایی که در اختیار داشتند عده‌ای از هم‌وطنان را به‌خاک و خون کشـیدند که البته با حضور به‌موقع مردم و نیروهای حزب‌اللهی درخیابان‌ها و مقابله با منافقین، آن‌ها مجبور به‌ترک خیابان‌ها و عقب‌نشینی شدند.»[1]

وابستگان رژیم، هیچ مرز اخلاقی را به‌رسمیت نمی‌شناسند؛ برای برخورداری از قدرت و مواهب آن، جدا از به‌کارگیری حداکثر شقاوت و بی‌رحمی، حاضرند هر دروغی را به‌خورد مردم دهند. هرکس که آن‌روزها را به‌خاطر بیاورد می‌داند که تا روز هفت تیر هیچ اقدام مسلحانه‌ای از سوی مجاهدین بر علیه رژیم انجام نگرفته بود. تا آن روز هرچه بود، افشاگری علیه ارتجاع و چماق‌داری بود. به‌همین دلیل بیش از پنجاه تن از هواداران مجاهدین به‌هنگام فروش نشریه و یا در میتینگ‌ها و مراکز و دفاتر وابسته به مجاهدین در اثر حمله‌ی چماق‌داران و پاسداران به‌قتل رسـیده بودند؛ در حالی که هیچ آسیبی به عوامل رژیم نرسیده بود. با مراجعه به روزنامه‌های رژیم و اتهاماتی که دادستانی انقلاب برای اعدام‌شدگان روزهای ۳۰ و ۳۱ خرداد برشمرده متوجه می‌شویم که آن‌ها متهم به‌داشتن فلفل، نمک و سرکه بوده‌اند و به‌همین دلیل مجرم شناخته و اعدام شده‌اند. لازم به‌ذکر است در آن روزها همراه داشتن این مواد برای مقابله با گاز اشک‌آور شلیک شده از سوی پاسداران و دفاع از خود در برابر حمله نیروهای وحشی چماق‌دار رژیم بود. در

1-http://www.asriran.com/view.php?id=46052

هیچ‌یک از منابع قبلی وابسته به رژیم نیامده است که مجاهدین در روز ۳۰ خرداد
«به‌خیابان‌ها ریختند و با سلاح‌هایی که در اختیار داشتند عده‌ای از هم‌وطنان را
به‌خاک و خون کشیدند» این یکی از آخرین ابداعات و جعلیات رژیم است که
به‌صورت «غنی» شده و «توسعه» یافته از زبان مرتضی محمدخان بیان می‌شود.

اتفاقاً از نظر من یکی از انتقاداتی که به مجاهدین وارد است، همین نکته است
که شقاوت و بی‌رحمی خمینی را دست‌کم گرفته بودند و تصور نمی‌کردند او
دستور شلیک به تظاهرکنندگان بی‌دفاع را بدهد. از نظر من اگر در آن تظاهرات
که من خود در آن حضور داشتم و از نزدیک شاهد فعل و انفعالاتش بودم، مردم
مسلح بودند و امکان دفاع از خود در مقابل پاسداران را می‌یافتند، به‌سادگی
می‌شد به مجلس رژیم رسید و خواسته‌ی برحق ملی را به‌کرسی نشاند. خمینی از
همین نقطه ضعف استفاده کرد و کودتای شبه‌قانونی و ضد ملی‌اش را پیش بُرد و
زمینه‌ی سرکوب خونین مردم و نیروهای سیاسی را فراهم کرد.

محمدخان در ادامه‌ی دروغ‌پردازی‌هایش می‌گوید:
«مــن یادم می‌آید که در همان ایــام از دفتر حزب بیرون آمده بودم
که خبر آمد که در چهارراهــی در نزدیکی حزب، منافقین عده‌ای
افراد بی گناه را به مسلسل بسته‌اند، بعد از این قضیه آیت‌الله بهشتی،
در مســجد امام بــازار تهران گفتند که حرف ما با همه‌ی کســانی
که با ما هســتند و از ما حرف‌شنوی دارند این است که در مقابل
همه‌ی تهمت‌هایی که لیبرال‌ها علیه ما مطرح می‌کنند، در برابر همه‌ی
آن‌ها ما تنها یک راه بیش‌تر نداریم و آن ســکوت است، سکوت
است و سکوت. سه مرتبه ایشان گفتند باید سکوت بشود و گفتند که
کسی حق ندارد علیه دیگری حرفی بزند. تکلیف شرعی کردند که
حتی در خفا هم علیه امثال بنی‌صدر، صحبت نشود.»

از ۱۴ اسفند ۵۹ به‌بعد درگیری بین بنی‌صدر و حزب جمهوری‌اسلامی به مرحله‌ی
حادی رسید و ارکان رژیم را فراگرفت.

بهشتی در ۷ تیر ۶۰ به هلاکت رسید و اجرای پروژه‌ی حذف بنی‌صدر از ۱۵ خرداد ۶۰ در دستور کار قرار گرفت. مجلس از ۲۱ خرداد ۶۰ پروژه‌ی «عدم کفایت» او را دنبال کرد و در ۳۱ خرداد به‌آن رأی داد. به‌تعبیر شاهدِ رژیم، در تاریخی بین ۱۴ اسفند ۵۹ تا خرداد ۶۰ بایستی «به‌رگبار بستن افراد بی‌گناه توسط منافقین» اتفاق می‌افتاد تا بهشتی به‌منبر می‌رفت و همه را مکلف به «سکوت» می‌کرد.

در برابـــر این‌همه بی‌شـــرمی و دروغ‌گویی چه می‌توان گفت؟ آیا مجاهدین در چهارراهی واقع در تهران، در خردادماه ۶۰ یا پیش از آن، کســـی را به رگبار بسته بودند؟ چرا خبرش در روزنامه‌ها درج نشده است؟ چرا اسم یکی از این افراد در جایی ثبت نشده است؟ چرا کسی این وقایع را به‌خاطر ندارد؟ چرا در بیست و هفت سال گذشته کسی از آن حرفی نزده است؟
همان‌طور که پیش‌تر هم در نوشـــته‌هایم تأکید کردم، یکی از پروژه‌های رژیم در داخل و خارج از کشور، «مظلوم» نشان دادن بهشتی، برنامه‌ریز سرکوب و جنایت در جمهوری اسلامی و مسئول اصلی پروژه‌ی حذف بنی‌صدر از ریاست جمهوری و کشتار روزهای ۳۰ و ۳۱ خرداد در خیابان‌ها و زندان‌های رژیم است.
با این دروغ‌گویی‌ها می‌خواهند خشـــونت و جنایت رژیم را توجیه کرده و آن‌را پاسخی ناگزیر در برابر خشونتِ به‌کارگرفته شده از سوی مجاهدین جلوه دهند.

مرتضی محمدخان در ادامه‌ی پروژه‌ی جعل تاریخ می‌گوید:

> «منافقین با این اقداماتشان، امنیت را از بین برده بودند و همه‌ی افراد احســـاس ناامنی می‌کردند، خصوصاً این که این‌ها در همان ایام به‌تلافی خلع ید بنی‌صدر از فرماندهی کل قوا، به ترورهای کور روی آورده بودند و هرکسی را که می‌توانستند از بقال و سبزی‌فروش و... گرفته تا استاد دانشگاه را ترور می‌کردند و یک جریان ناامنی در کشـــور به‌وجود آورده بودند. در آن شرایط اصلاً مشخص نبود که چه کســـی در برنامه‌ی ترور قرار دارد. به هر کس که دسترســـی داشـــتند، او را ترور می‌کردند. موارد بســـیار زیادی بود که مثلاً در یک بعدازظهر در ماه رمضان به‌در خانه‌های مردم می‌رفتند و افراد

را در منازل‌شان به‌شـــهادت می‌رساندند. از آن‌طرف هم آگاهی و
پلیس قدرتمندی هم وجود نداشت که جلوی این‌ها بایستد. کمیته
هم عمدتاً امنیت خیابان‌ها را کنترل می‌کرد و بنابراین نمی‌شـــد که
برای تک‌تک خانه‌ها مامور بگذارند... این حوادث هم‌چنان ادامه
داشت، تا آن‌جا که نهایتاً نمایندگان مجلس به‌این نتیجه رسیدندکه
باید به بنی‌صدر رأی عدم‌اعتماد بدهند و او صلاحیت لازم برای
ریاست‌جمهوری را ندارد. این کار بر اساس قانون‌اساسی دو فرمول
داشت، یعنی یا باید رئیس دیوان‌عالی کشور که دکتر بهشتی بودند
رأی به عزل بنی‌صدر می‌داد که این کار در آن موقع شدنی نبود، چرا
که آیت‌الله بهشتی خودشان طرف مقابل بنی‌صدر شناخته می‌شدند
و این اقدام توسط ایشان انجام نمی‌گرفت. یا این که مجلس رأی
عدم‌کفایت رئیس جمهور را بدهد .

«خلع‌ید بنی‌صدر از فرماندهی کل قوا» در ۲۱ خرداد ۱۳۶۰ صورت‌گرفت و رأی
عدم‌اعتماد مجلس به بنی‌صدر در ۳۱ خرداد ۱۳۶۰ داده شـــد. بنابراین به تعبیر
مرتضی محمدخان، مجاهدین طی این ده روزکشور را ناامن کرده به در خانه‌ی
مردم رفته و آن‌ها را ترور می‌کردند!
اما دروغ گو کم‌حافظه اسـت؛ «ماه رمضان» در خرداد ماه نبود. ماه رمضان
مصادف بـــود با مـــرداد ۱۳۶۰؛ بنابراین در آن تاریخ چنین اتفاقاتی درکشـور
نمی‌افتادکه به‌خاطرش «نمایندگان مجلس به‌این نتیجه برسند که باید به بنی‌صدر
رأی عدم اعتماد بدهند و او صلاحیت لازم برای ریاست‌جمهوری را ندارد.»

محمدخان حتا در مورد دلیل عدم اسـتفاده از دیوان‌عالی کشور برای برکناری
بنی‌صدر هم دروغ می‌گوید. دیوان‌عالی کشـــور می‌توانست بنی‌صدر را برکنار
کند نه رئیس آن به‌تنهایی. در آن موقع هنوز افراد شرافتمندی در دیوان‌عالی کشور
حضور داشتند و بهشتی امکان انجام چنین کاری را نداشت، در حالی‌که مجلس
در تیول حزب جمهوری‌اسلامی و متحدین‌اش بود و به‌سادگی و به‌فرمان خمینی
انجام چنین کاری میسر بود.

محمدخان در ادامه‌ی توپخانه‌ی دروغ‌گویی‌هایش می‌گوید:

«در نهایت با رایزنی‌های صورت گرفته، مسـیر مجلس برای عزل بنی‌صدر در پیش گرفته شـد که در مجلس هم غیر از دو نفر یعنی خانم سودابه سدیفی و همسرشان که آخرین نطق‌شان را هم در دفاع از بنی‌صدر کردند و نهایتاً غیب شـدند، کسـی از بنی‌صدر دفاع نکرد.»

سودابه سدیفی در مجلس حضور نداشت. او نماینده‌ی مجلس نبود. سخنرانی هم در مجلس نکرد. او یکی از کارمندان و مشاوران دفتر بنی‌صدر بود که در خیابان همراه با همسر بنی‌صدر دستگیر شده بود. بعدها در اوین در اثر فشارهای رژیم تاب تحمل از دست داد و به جرگه‌ی توابین پیوست. ظاهراً منظور محمدخان از همسر سودابه سدیفی، احمد غضنفرپور است که صحیح نیست. این دو مدت‌ها قبل از هم جدا شـده بودند. غضنفرپور به‌خاطر حمایت از بنی‌صدر در مجلس دسـتگیر شد و پس از ناتوانی در تحمل فشـارهای وارده در زندان، به جرگه‌ی توابین پیوست.

۵ تیر ۱۳۸۶

مسعود بهنود
پدیده‌ای که از نو باید شناخت

مســـعود بهنود، ازکسانی‌ســـت که در طول عمر خود همواره تلاش کرده است به‌قدرت نزدیک شـــود و از آن بهره جوید. در این راه هیچ پرنســـیبی را رعایت نمی‌کند وی از نمونه‌های بارز ابن‌الوقتی در تاریخ معاصر ایران است.

فرج سرکوهی که سال‌ها با او در نشریه‌ی «آدینه» کارکرده، می‌نویسد:

> «آقای غلامحسین ذاکری امتیاز- پروانه‌ی نشر- داشت، اما تخصص و دانش و سرمایه نداشت. سیروس [علی‌نژاد] را به سردبیری برگزید و آقای مســـعود بهنود را به مشـــاورت. بعدتر که امکانات و روابط آقای مسعود بهنود را دانست، همه جا در موارد حساس با او رایزنی می کرد و آقای بهنود شـــد تضمین دوام مجله. آقای مسعود بهنود روزنامه‌نویسی چیره‌دست و باهوش بود. به‌دوران شاه، کوتاه‌زمانی با روشنفکران معترض پریده بود اما با موقع‌شناسی که در او است، به‌سرعت دریافته بود که باد ازکدام سو می‌وزد. در باند نخست‌وزیر وقت آقای عباس هویدا جا کرده بـــود و در آیندگانِ آقای داریوش همایون نیز مدتی ســـردبیر بود. از معدود گوینـــدگان رادیو بود که

بدون نوشته و بازبینی حق داشــت برنامه‌ی راه شب را اداره کند. در تلویزیون دولتی نیز برنامه‌ســاز و مفسر سیاسی مورداعتماد بود. شامه‌ای قوی داشت در تشخیص قدرت. سازش با قدرت را استلزام حضور مدام خود در رســانه‌ها می‌دید. ... پس از انقلاب، سردبیر «تهران مصور» بود. شــیوه‌ی دیگر کرده بود و به‌پســند روز نان از دشــنام دادن به خاندان پهلــوی و آقای عباس هویدا می‌خورد که به نظام پهلوی حامی او بود. ... با بســته شدن نشریات و ضربه‌ی ۶۰، کوتاه‌مدتی به‌اتهام همکاری با رژیم سابق به زندان افتاد. آن‌جا کار خود کرد و هرچه بود پس از آزادی به‌حلقه‌هایی از قدرت و به باند هاشمی‌رفسنجانی راه یافت که در مقالاتش در آدینه و نشریات دیگر، او را «سردار سازندگی» و تالی امیرکبیر می‌خواند. تعادل هم رعایت می کرد و هرجا که از «سردار سازندگی» می گفت از رهبر نظام نیز چون «ستون خیمه» یاد می کرد.
شــهرت داشــت که فدیه‌ی آزادی او [از] زندان فیلم تار عنکبوت اســت ـ که سناریو آن را نوشت و در آن بازی کرد ـ و بهای حضور او در بیش‌تر مطبوعات، طرح خواســت‌های نظام در رســانه‌های غیردولتی. ... هر شــماره‌ی مجله‌ی آدینه مقاله‌ای از او باید که در صفحه‌های اول مجله چاپ می‌شــد و اغلب در باره‌ی مسائل روز ایران. نثری ســاده و روان و پرکشــش داشت. به نعل و میخ می‌زد و در نــان قرض دادن به‌این و آن صاحب قدرت و مکنت، اســتاد بود. تصویرگری که از لوازم گزارش‌نویسی است، خوب می‌دانست و غمزه‌های زیبا در قلم می کرد. این‌همه چنان بود که اشتباهات بسیار و اطلاعات غلط و بافته‌های مجعول که در نوشــته‌های او فراوان است از چشــم خواننده‌ی کم‌سواد و آسان گیر پوشیده می‌ماند. در آدینه هیچ کس جز او حق نداشت که در باره‌ی مسائل ایران بنویسد و هیچ مقاله‌ای در نقد نوشته‌های او ـ حتا در نشان دادن بافته‌ها و اشتباهات فاحشی که در مقالات او بود ـ چاپ نمی‌شد.»[۱]

۱-داس و یاس، فرج سرکوهی، نشر باران، چاپ اول، صفحه‌های ۶۱ تا ۶۳

بهنود، در دوران پهلوی، وقتی ورق برگشت اولین کسی بود که علیه ولی‌نعمت‌های خود اعلام جرم کرد.

او که پیش‌تر جزو تیمی بود که به امیرعباس هویدا مشاورت می‌داد و از نزدیکان محمود جعفریان و پرویز نیکخواه به شمار می‌رفت، در روزهای سرنوشت‌ساز و حساس سال ۵۷ برای آن‌که خود را از اتهام سانسور و اعمال اختناق مبرا کند، علیه جعفریان و نیکخواه شکایت کرد.

اگر نگاهی به سابقه‌ی این دو بیاندازیم، دلیل این کار بهنود و تیزبینی‌اش در تشخیص مسیر باد مشخص می‌شود. او این دو را هدف قرار داد. چراکه یکی سابقه‌ی توده‌ای و دیگری سابقه‌ی سازمان انقلابی (مائوئیستی) داشت. این دو در رژیم سلطنتی از هرکس دیگری آسیب‌پذیرتر بودند و حمله به آن‌ها او را بیش‌تر به‌مقصود نزدیک می‌کرد. باید توجه داشت که بهنود حساب همه جای کار را می‌کند و بی‌گدار به‌آب نمی‌زند. این دو جزو اولین دسته‌هایی بودند که توسط دادگاه انقلاب محاکمه و اعدام شدند.

کیهان در مورد اعلام جرم بهنود علیه نیکخواه و جعفریان نوشت:

«بهنود در این اعلام جرم، از این دو نفر به‌عنوان عوامل به‌وجود آوردن محیط ارعاب و خفقان در رادیو و تلویزیون، و کسانی که باعث آزار و ایذاء نویسندگان و برنامه‌سازان مردمی این سازمان شده‌اند اسم برده است. ... بهنود ضمن اشاره به‌مقدار زیادی نوار، نوشته و فیلم که در انبارهای رادیو تلویزیون جمع شده‌اند و یا به‌دور ریخته شده‌اند و حتا در میان آن‌ها مقدار زیادی مصاحبه و گفتار مقامات مملکتی هم وجود دارد اظهار داشت: جعفریان در طول این سال‌ها در سه کانال اصلی ارتباط با مردم (حزب رستاخیز به‌عنوان تنها حزب سیاسی کشور، رادیو تلویزیون ملی و خبرگزاری پارس) ریشه دوانیده بود و این امکان برای او به‌وجود آمده بود که علاوه بر این که هرچه دلش می‌خواهد بگوید و از تلویزیون پخش کند، حتی اخبار ساختگی و مجعول را از طریق خبرگزاری پارس به‌عنوان اخبار رسمی کشور پخش کند.»

مسعود بهنود که محمود جعفریان و پرویز نیکخواه را شایسته‌ی مجازات و کیفر دانسته بود و علیه‌شان اعلام جرم کرده بود، خود نه تنها در دوران پهلوی بلکه در طول سه دهه‌ی گذشته‌ی نیز یک دم از نزدیکی و امدادرسانی به مسؤلان سانسور و اختناق رژیم جمهوری‌اسلامی غفلت نکرده است.

ارزش بهنود برای مقامات امنیتی جمهوری‌اسلامی تا آن‌جاست که وزارت اطلاعات رژیم، تمامی تلاش خود را به‌کار برد تا او سوار «اتوبوس مرگی» که قرار بود سرنشینان آن در مسیر تهران به ارمنستان به‌دره افتند، نشود.

فرج سرکوهی در مورد تلاش‌های وزارت اطلاعات برای جلوگیری از مسافرت بهنود می‌نویسد:

> «پیش از آن آقای مسعود بهنود زنگ زد و گفت که در اداره‌ی گذرنامه به او گفته‌اند که ممنوع‌الخروج است و نباید به‌سفر برود. اعتراض کرده بود و گفته بود که تازه از سفر خارج آمده است و ممنوع‌الخروج نیست. اداره‌ی گذرنامه در اختیار وزارت اطلاعات بود. آقای بهنود به‌من گفت که با آقای مهاجرانی، مشاور رئیس جمهور که با او در ارتباط بود تماس گرفته است و او گفته است مانعی نیست و کار گذرنامه را درست می کند. تمام راه آقای مسعود بهنود در انتظار راننده‌اش بود تا پاسپورت او را بیاورد.[1]

بهنود بعد از حضور در خارج از کشور، چند سالی است با راه‌اندازی سایت «روز آنلاین» به‌همراه تنی چند از وابستگان رژیم مانند حسین باستانی (عضو شورای مرکزی جبهه‌ی مشارکت)، سیدابراهیم نبوی (دستیار سابق ناطق‌نوری در وزارت کشور و از عوامل به‌وجود آوردن «انقلاب فرهنگی» در شیراز)، هوشنگ اسدی (ساواکی، عضو سابق حزب توده و یکی از توابان فعال زندان‌های اوین، قزل‌حصار و گوهردشت) و نوشابه امیری همسر هوشنگ اسدی، ضمن آن که از بودجه‌ی مالیات‌دهندگان هلندی بهره‌مند می‌شوند، تلاش می کنند کاسه کوزه‌ی جنایت‌های رژیم در سه دهه‌ی گذشته را سر احمدی‌نژاد بشکنند و پرونده‌ی جنایتکاران قبلی را پاک کنند، یا قابل‌قبول جلوه دهند.

۱-داس و یاس، فرج سرکوهی، نشر باران، چاپ اول، صفحه‌ی ۱۸۴.

بهنود که هر روز مطالبش در روزنامه‌ها و سایت‌های رژیم انتشار پیدا می کند و یک بار نیز وقتی در خارج از کشور بود جایزه‌ی ژورنالیست سال رژیم را دریافت کرد، مصاحبه‌ای خواندنی و شنیدنی دارد با رادیو زمانه که به‌خوبی چهره‌ی پنهان او را روشـــن می کند. وی در این مصاحبه برای تقرب جســـتن به رژیم، خود را انقلابی دوآتشـــه‌ای جا می‌زند که در همه‌ی صحنه‌ها حضور داشته و بار اصلی انقلاب در رادیو تلویزیون را به‌دوش کشیده است.

پرسشـــگر در مورد پخش عکس خمینی از تلویزیون از او سئوال و آن‌را به‌یک شوک تشبیه می کند، بهنود در پاسخ می گوید:

> «آخرین برنامه‌ی من که از تلویزیون پخش شد و از آن موقع تاکنون که در کنار شما هســـتم دیگر از تلویزیون ایران دیده نشدم، روز ۱۶ شهریور سال ۵۷ است. یعنی شب ۱۷ شهریور. من می‌دانستم فردا چه خبر می‌شود. شب قبلش با آقای مهندس بازرگان رفته بودم به خانه‌ی آقای انتظام و خبر داشتم. به‌هر حال کنجکاوی‌های شخصی من وکار حرفه‌ای که می کردم من را همه‌ی این جاها حضور می‌داد. می‌دانستم که امشب شب آخر است. به‌همین جهت نشستم و خیلی فکرکردم که چه کارکنم؟»[1]

یکی ازکرامات مسعود بهنود این است که از عالم غیب خبر دارد و روز۱۶ شهریور می‌داندکه فردا قرار اســـت در میدان ژاله چه اتفاقی بیافتد! و امشب شب آخر است. بهنود مدعی است که شب قبل یعنی ۱۵ شهریور همراه مهندس بازرگان به خانه‌ی امیرانتظام رفته اســـت و از وقایع ۱۷ شهریور خبردار شده است. طبق گزارش بهنود در روز۱۵ شهریور۵۷ بازرگان و امیرانتظام مشترکاً مشغول رتق و فتق امور بوده‌اند!

مهندس بازرگان که زنده نیســـت و دروغ هم که حناق نیست بیخ گلوی آدم را بگیرد، برای همین بهنود بدون آن که ذره‌ای احترام برای خوانندگان قائل باشد، جعلیات را به‌هم می‌بافد، اما با همه‌ی زرنگی‌اش حساب یک جای کار را نکرده است. خاطرات آقای عباس امیرانتظام انتشار یافته. امیرانتظام می‌نویسد:

1-www.radiozamaaneh.com/analysis/2008/02/post_550.html

«۱۷ شهریور ۱۳۵۷
امروز صبح با اردشیر پسر شش ساله‌ام در حالی که در پیاده‌روی غربی خیابان پهلوی [ولی عصر]، حول و حوش محمودیه قدم می‌زدیم، آقای مهندس مهدی بازرگان را دیدم که از تهران به‌طرف شمیران می‌رفت. با ایشان سلام و علیک کردم و درباره سرو صدای شهر و تیراندازی‌ها پرسیدم. گفت که دلیل آن‌را نمی‌داند. پرسیدم چه باید کرد؟ پاسخ داد: باید نزدیک رفت و از جریانات آگاه شد. پیشنهادکردم که آیا به‌همکاری من احتیاج دارند؟ گفت: بله، البته به‌شرطی که کارهای بازرگانی‌ات را کنار بگذاری. قول دادم. ... پس از صحبت با مهندس بازرگان تصمیم گرفتم که از فردا به‌ایشان کمک کنم، به‌همین خاطر دفترم را به‌محل ترجمه‌ی مجلات و روزنامه‌های خارجی تبدیل کردم و با کمک همکارانم در دفتر، آن‌ها را ترجمه کرده تا پس از ترجمه‌ی فارسی، آن‌ها را برای آقای بازرگان و چند نفر دیگر بفرستم.
مهرماه ۱۳۵۷
از ۱۷ شهریور به‌بعد روزها به‌دفتر مهندس بازرگان می‌روم و در ملاقات‌ها و مصاحبه‌ها غالباً در کنار ایشان هستم.»[۱]

چنان‌چه ملاحظه می‌شود امیرانتظام صبح ۱۷ شهریور بازرگان را در خیابان می‌بیند و هر دوی آن‌ها روح‌شان هم از ۱۷ شهریور و اتفاقاتی که در شهر می‌افتد، بی‌خبر است و امیرانتظام همان موقع به بازرگان قول می‌دهد کارهای بازرگانی‌اش را تعطیل، و به‌او کمک کند. اما بهنود مدعی‌ست که روز ۱۵ شهریور به‌همراه بازرگان به‌منزل انتظام رفته و این دو وی را در جریان اتفاقاتی که قرار است در ۱۷ شهریور بیافتد، گذاشته‌اند! چرا امیرانتظام از سوابق انقلابی خود خبر ندارد، خدا می‌داند.

بهنود با این دورخیز، دروغ دیگری را که در آستین دارد، رو می‌کند و می‌گوید:

۱-آن‌سوی اتهام، خاطرات عباس امیرانتظام، نشر نی، چاپ چهارم، ۱۳۸۱، صفحه‌ی ۱۵.

«شب آخر است! [۱۶ شهریور] آن‌وقت تصمیم عجیبی گرفتم. تصمیم گرفتم که تصویر آقای خمینی را پخش کنم. برای اطلاع عرض می کنم که مدتی بود آقای خمینی رفته بود پاریس. از آن موقع که به پاریس رفته بود هم نشسته بود وسط خبرهای جهانی و همه‌ی میکروفن‌های دنیا در اختیارش بود، ولی به ایران نمی‌رسید. فیلم‌هایی که از طریق ماهواره فرستاده می‌شد، آن موقع ترتیب این گونه بود، که فقط خود سازمان رادیو و تلویزیون یک کانال ماهواره داشت که از طریق آن فیلم‌های خبری را می‌خرید و ضبط می کرد و انتخابی از آن‌را پخش می کرد. از موقعی که آقای خمینی به پاریس رفت، در تمام فیلم‌های خبری که در دو نوبت در روز می‌رسید، فیلم تصویر یا مصاحبه‌ای از ایشان بود، ولی درتهران به‌دستور معاون سیاسی وقت سازمان رادیو و تلویزیون، یک نفر از ساواک می‌رفت پایین می‌ایستاد توی نودال و وقتی که این فیلم‌ها از روی ماهواره می‌آمد، انگشتش را روی «Clear» می گذاشت که این پاک شود. یعنی کاری می کرد که در آرشیو هم نماند و این‌ها کاملا پاک می‌شد.»[۱]

بهنود با این دروغ‌بافی می‌خواهد خمینی را وام‌دار خود نشان دهد و به مقامات رژیم ارزش خود را یادآور شود، اما دزد ناشی به‌کاهدان می‌زند. بهنود مدعی‌ست که:

«مدتی بود آقای خمینی رفته بود پاریس. از آن موقع که به پاریس رفته بود هم نشسته بود وسط خبرهای جهانی و همه‌ی میکروفن‌های دنیا در اختیارش بود، ولی به ایران نمی‌رسید.»

بهنود به‌خاطر هم‌نشینی با زعمای قوم از خصوصیات آخوندهای منبری بی‌سواد که داستان بریده شدن سر امام حسین در روز عاشورا و آب آوردن حضرت ابوالفضل و ... را با آب و تاب تعریف می کنند، بهره‌مند است. اما مثل داستان کنیز و خاتون و کدوی مولانا، توجهی نمی کند که آخوند مزبور از این موهبت برخوردارست که هیچ فرد زنده‌ای در صحنه‌ی عاشورا و وقایع آن دوران حضور

1-www.radiozamaaneh.com/analysis/2008/02/post_550.html

نداشته و آن وقایع در جایی هم ضبط نشده است، ولی کیست که نداند خمینی در ۱۷ شهریور سال ۵۷ نه در پاریس، که در نجف نشسته بود و هیچ میکروفنی هنوز در اختیارش قرار نگرفته بود.

بهنود سپس مدعی می‌شود که در روز ۱۶ شهریور با نشان دادن عکس خمینی از سوی او «یک‌دفعه شهر به‌هوا رفت و در عمرم با یک هم‌چین صحنه‌ی عجیبی روبه‌رو نشدم. صدای گریه می‌آمد. آدم‌هایی از شدت شوق گریه می‌کردند.» بهنود به این شکل، شرکت مردم در تظاهرات ۱۷ شهریور را محصول کار «عجیب» خود معرفی می‌کند. آیا آدم عاقل می‌تواند قبول کند که پیش از ۱۶ شهریور ۵۷، کانال‌های خبری بین‌المللی و ماهواره‌ها هر شب کلی خبر راجع به خمینی انتشار می‌دادند؟ خمینی که در نجف بود و دستش از رسانه‌ها کوتاه. بعدش هم درکویت دنبال پناهندگی می‌گشت.

او سپس می‌گوید بعد از نشان دادن عکس خمینی، بهشتی به‌من زنگ زد و گفت: «به هر حال کاری که شما کردید... ما به نوفل لوشاتو گزارش دادیم و ایشان شما را دعا کرد. بعد آقای دکتر بهشتی به‌من گفتند که شما اگر می‌خواهید مخفی شوید، می‌توان شرایط را فراهم کرد. من گفتم که ممنونم و امکانش را دارم.» بهشتی پس از نمایش عکس خمینی از سوی بهنود در ۱۷ شهریور با او تماس می‌گیرد و می‌گوید ما اقدام شما را به نوفل لوشاتو گزارش دادیم! آیا شکی در این هست که خمینی در ۱۲ مهرماه ۱۳۵۷ با ترک عراق به فرانسه رفت؟ تازه چند روز اول، در آپارتمان غضنفرپور در پاریس اقامت داشت و بعد به نوفل‌لوشاتو رفت. چگونه بلافاصله بعد از نمایش عکس خمینی در ۱۶ شهریور ۵۷ از سوی بهنود، بهشتی می‌تواند موضوع را به نوفل لوشاتو خبر دهد و خمینی او را دعا کند؟ همه‌ی این دروغ‌بافی‌ها به‌خاطر آن است که بهنود می‌خواهد بگوید که با بهشتی رابطه‌ی ویژه داشته و خمینی برایش دعا کرده است.

در همین مصاحبه بهنود با به‌هم بافتن چند داستان تلاش می‌کند خود را جزو کسانی جا بزند که فیلم کشتار دانشجویان در ۱۳ آبان را تهیه کردند. کاری نیست که در آن روزها در رادیو تلویزیون انجام گرفته باشد و یک سرش به بهنود وصل نباشد!

بهنود هم‌چنین سعی می کند به‌طور ظریف پای مجاهدین را به‌میان کشیده و آن‌ها را عامل آوردن خمینی به‌کشور معرفی کند. وی می گوید:

> «تا این که ایشان [خمینی] سوار آن بلیزری شد که آقای رفیق‌دوست راننده‌ی آن بود و دو نفر از بچه‌های مجاهدین که بعداً اعدام شدند، روی سقفش نشسته بودند؛ و راه افتاد از فرودگاه مهرآباد به‌طرف میدان آزادی.»[1]

تا آن‌جا که من می‌دانم، محمدرضا طالقانی کشتی گیر صدکیلوگرم تیم ملی آزاد و فرنگی ایران یکی از کسانی بود که روی بلیزر خمینی نشسته بود، که از قضا حزب‌اللهی بود و نه تنها اعدام نشد، که به‌خاطر نشستن روی سقف ماشین بلیزر معروف شد و بعد به‌همراهی خمینی در هلی کوپتر و به‌محافظت خمینی گمارده شد و ریاست فدراسیون کشتی ایران را به‌دست آورد و عکس‌اش نیز بارها چاپ شد و ربطی به مجاهدین نداشت. طالقانی خود در مصاحبه‌هایش بارها روی این موضوع تأکید کرد و در خاطرات منتشرشده‌ی ناطق‌نوری نیز به‌تفصیل در این زمینه صحبت شده است.

بیچاره ملتی که تاریخ‌نگار و روزنامه‌نویس‌اش این‌ها باشند، آن‌وقت انتظار دارید غیر خمینی بر ما حکومت کند؟

ناطق‌نوری در این زمینه می گوید:

> «...من ماشین امام را در میان تپه‌ای از مردم دیدم و امام هم در داخل ماشین آقای رفیق‌دوست دست‌شان را تکان می‌دادند و به ابراز احساسات مردم پاسخ می‌دادند و آن‌ها را تحریک می کردن. من شناکنان روی دست‌های مردم به‌طرف ماشین امام رفتم. آقای رفیق‌دوست به‌محض این که مرا دید آشنایی داد و من روی کاپوت ماشین نشستم در حالی که ماشین (کاپوتش) سوراخ‌سوراخ شده بود. در این لحظه بود که هلی کوپتر رسید. وقتی هلی کوپتر رسید، مردم، ماشین را به‌طرف هلی کوپتر هل دادند. جایی که آقای رفیق‌دوست نشسته بود و چسبیده به در هلی کوپتر بود، به‌محض این که در باز شد

۱- پیشین

به‌شدت به سینه‌ی وی برخورد و ایشان بی‌هوش شدند. آقای محمد طالقانی — کشتی‌گیر معروف و نایب‌رئیس کشتی در زمان ریاست ترکان و رئیس فعلی فدراسیون کشتی— همراه ما داخل هلی کوپتر آمد».[۱]

«داوود روزبهانی نفر دومی بود که روی ماشین بلیزر حامل خمینی نشسته بود. او بعد از انقلاب به ریاست کمیته‌ی سعدآباد رسید و در بهمن ۶۰ فرماندهی حمله به خانه‌ی موسی خیابانی یکی از رهبران مجاهدین را به‌عهده داشت. وی هم‌اکنون مأمور به‌خدمت در بنیاد مستضعفان از سوی سپاه پاسداران است».[۲]

بهنود نسبت دروغ دیگری به مجاهدین می‌دهد و مدعی می‌شود آن‌ها سرود «خمینی ای امام» را درست کرده بودند و غیرمستقیم جا می‌اندازد که می‌خواستند آن را به‌جای سرود شاهنشاهی پخش کنند. بعید است بهنود در این مورد اشتباه کرده باشد. او آگاهانه دست به‌این جعلیات غریب می‌زند و می‌گوید: «ساعت همین‌طور تیک‌تیک می‌گذشت و به‌ساعت هفت شب نزدیک می‌شدیم که در آن ساعت معمولاً باید تلویزیون شروع می‌کرد به‌پخش برنامه‌های خود. ولی پایین، در پخش، یک قائله‌ای [غائله] به‌پا بود و آن این بود که گروهی که با قطب‌زاده آمده بودند می‌گفتندکه ما باید سرودی را پخش کنیم که آن‌روزها خوانده و ضبط شده بود. یک کاری بود که فکر می کنم مجاهدین کرده بودند. یک سرودی بود به‌نام «خمینی ای امام». آن‌ها می گفتند به‌جای سرود شاهنشاهی، این را پخش کنیم.»[۳]

من نه سخنگوی مجاهدین هستم و نه رفتارها، یا سیاست‌های آن‌ها را تأیید می‌کنم، اما تلاش می‌کنم اجازه ندهم تاریخی جعلی تحویل کسانی داده شودکه

۱- خاطرات حجت‌الاسلام و المسلمین ناطق‌نوری، ص ۱۵۵ (برای اطلاع بیش‌تر ر.ک. به: آرشیو مرکز اسناد انقلاب اسلامی، ش. ب ۱۱۵۷۵ و ۱۱۷۵۴).
2-www.hamshahrionline.ir/lrshahr/armansh.htm
3-www.radiozamaaneh.com/analysis/2008/02/post_551.html

آن دوران را به‌خاطر ندارند. دوست گرامی‌ام همنشین بهار تاریخچه‌ی این سرود را به‌درستی یادآور شده‌اند. سراینده‌ی این سرود حمید سبزواری مدیحه‌سرای رژیم است که سرودهای بسیاری از او برای رژیم به یادگار مانده است.

در سال‌های اولیه‌ی پس از پیروزی انقلاب ضدسلطنتی، مطالب بهنود در تهران مصور و روزنامه‌های آن دوران، تماماً در پشتیبانی و مجیزگویی از مجاهدین و فدایی‌ها بود. او که بهتر از هرکس، از نقطه ضعف خود به‌خاطر همکاری با رژیم پهلوی باخبر بود به‌این ترتیب تلاش می‌کرد آبرویی برای خود بخرد. آخر در آن دوران نزدیکی به‌این دو گروه سیاسی، به‌خاطر مبارزات‌شان با رژیم شاه باعث آبرومندی فرد می‌شد.

آن‌چه گذشت تنها نمونه‌های ریاکاری بهنود نیست. او در دفاع از مهدوی کنی یکی از رهبران جناح راست رژیم و رئیس کمیته‌های انقلاب‌اسلامی که نقش اساسی در سرکوب بعد از ۳۰ خرداد ۶۰ داشت نیز دست به‌دامان جعل می‌شود. او برای آن‌که مهدوی کنی را مخالف به‌کارگیری خشونت و مجاهدین را خواهان اِعمال خشونت نشان دهد، در رابطه با وقایع تابستان ۶۰ می‌نویسد:

«در این زمان عهده‌دار شدن نخست‌وزیری و کار با کابینه‌ای نه فقط با وزیرانی از جناح راست، بلکه از هر دو جناح، نقش بزرگی بود که آقای مهدوی بر روزگار زد. جمله‌ی معروفی هم خطاب به‌اعضای مجاهدین گفت تا آن‌ها را از خشونت باز دارد: «من محمدرضا پهلوی نیستم. محمدرضا مهدوی هستم». پیش از آن‌هم، زمانی که وزیرکشور بود با دادن اجازه‌ی اجتماع به مخالفان، حتی مجاهدین، نشان داد که با تندروهای متعصب فاصله دارد.»[1]

بهنود اشتباه نمی‌کند؛ او آگاهانه جعل می‌کند. جمله‌ای که بهنود از مهدوی کنی نقل کرده، حقیقت دارد. اما بهنود حقیقت را با رنگ و لعاب درهم آمیخته و آن را مخدوش می‌کند.

دولت مهدوی همانی بود که باهنر و رجایی انتخاب کرده بودند و بعدها موسوی

1-www.masoudbehnoud.com/2007/09/blog-post_19.html

در دولت اولش انتخاب کرد. آنچه که بهنود می‌گوید دروغی بیش نیست. جمله‌ای که بهنود از مهدوی کنی نقل می‌کند نیز به نیرنگ آغشته است. این جمله را مهدوی کنی در سال ۵۹، بعد از هجوم نیروهای کمیته، سپاه و چماق‌داران به اجتماع مجاهدین که با مخالفت عمومی و بخشی از رژیم مواجه شد، بر زبان راند. در آن موقع مجاهدین در مقابل هجوم نیروهای چماق‌دار و پاسدار حتا از حق دفاع شخصی هم استفاده نمی‌کردند. بهنود تاریخ این گفته‌ی مهدوی کنی را یک سال جلو می‌کشد تا بتواند در بحبوحه‌ی سرکوب و کشتار تابستان ۶۰، وی را ضدخشونت معرفی کند.

بهنود در مورد دادن «اجازه‌ی اجتماع به مخالفان، حتی مجاهدین» از سوی مهدوی کنی، زمانی که وزیرکشور بود نیز دروغ می‌گوید. مهدوی کنی در دولت‌های رجایی و باهنر وزیر کشور بود و اجازه‌ی اجتماع‌های مجاهدین توسط افراد دیگری داده شده بود. مهدوی کنی در این رابطه مسئولیتی نداشت.

رجایی در ۸ شهریور ۵۹ در نامه‌ای به بنی‌صدر اعضای پیشنهادی دولت خود را به‌وی معرفی کرد. رجایی برای وزارت کشور، ناطق‌نوری و مهدوی کنی را پیشنهاد کرده بود. بنی‌صدر از بین دو نفر، مهدوی کنی را پذیرفت.

آخرین تظاهرات «قانونی» مجاهدین در خرداد ۵۹، در استادیوم امجدیه و سه ماه پیش از وزارت کشور مهدوی کنی برگزار شد که در اثر هجوم و تیراندازی نیروهای کمیته و پاسدار صدها نفر زخمی شدند و مصطفی ذاکری کشته شد. بعد از آن، هیچ‌گاه به مجاهدین و نیروهای مخالف دیگر اجازه‌ی برگزاری تظاهرات و اجتماع از سوی وزارت کشور که مسئولیت‌اش با مهدوی کنی بود، داده نشد. تنها سازمان فداییان اکثریت که آن موقع به‌حمایت از رژیم می‌پرداخت اجازه‌ی برگزاری میتینگ در میدان آزادی در بهمن ۵۹ را یافت که در اثر حمله و هجوم کمیته‌چی‌ها و چماق‌داران در آن میتینگ تعداد زیادی زخمی شدند.

در این مورد مهدوی کنی نیز ادعای بهنود را رد می‌کند. وی در خاطراتش از روزهایی که عضو شورای انقلاب و رئیس کمیته‌ی انقلاب اسلامی بود چنین می‌گوید:

«چند وقت پیش در روزنامه‌ها با استناد به اعلامیه‌ای از این جانب در

یکی از نشریات سال ۱۳۵۸، نقل کرده بود که فلانی گفته بود میتنگ گروه‌های سیاسی آزاد است. سخنرانی گروه‌ها آزاد است وکسی حق ندارد معترض آن‌ها بشود. بعدگفته بودندکه مهدوی کنی در آن زمان این قدر آزاداندیش و لیبرال بوده، اما حالا این طور نیست.»

مهدوی کنی در ادامه می گوید:

«با توجه به‌سیاست مصوب شورای‌انقلاب، نیروهای انتظامی از کمیته و شهربانی موظف به‌مدارا بودند و حتی‌المقدور از درگیری با این گروه‌ها پرهیز می کردند. ولی بسیجی‌ها و نیروهای حزب‌اللهی این وضع را تحمل نمی کردند و در مواقع مختلفی با آن‌ها درگیر می‌شدند... مجموعه‌ی این برخوردها وکنترل‌های مقطعی ما سبب می‌شد که ما را به‌تسامح و تساهل در برابر منافقان و یا ملی گراها متهم کنند؛ با این که چنین نبود. ما به‌دستور عمل می کردیم. ولی حزب‌اللهی‌ها خیال می کردند که از منافقین یا ملی گراها طرفداری می کنیم و حداقل دست آن‌ها را بازگذاشته و به‌آن‌ها میدان می‌دهیم.»[1]

توجه داشته باشید؛ در سال ۵۸ به‌خاطر فضای برخاسته از انقلاب، دست مقامات رژیم برای اعمال سرکوب علنی و لجام‌گسیخته، بسته بود و آن‌ها تلاش می کردند حمله و هجوم نیروهای حزب‌اللهی، چماق‌دار و کمیته‌چی را خودسرانه و بر اساس غیرت دینی جلوه دهند.

آن‌چه در بالا ذکرش رفت تنها گوشه‌ای از تلاش‌های مسعود بهنود برای نزدیکی به‌قدرت و تحریف واقعیت است. این تنها مشت نمونه‌ی خروار است وگرنه در این باره بیش از این می‌توان سخن گفت.

بهمن ۱۳۸۶

۱-خاطرات آیت‌الله مهدوی کنی، مرکز اسناد انقلاب اسلامی، چاپ اول، صفحه‌های ۲۱۷ و ۲۱۸.

روایت وارونه‌ی
مسعود بهنود و محسن سازگارا
از ۳۰ خرداد

دستگاه تبلیغاتی رژیم با صرف بودجه‌های عظیم سال‌هاست به‌تحریف تاریخ دست زده و در این راه از همراهی برخی روشنفکران به‌خدمت درآمده و قلم به‌دستان نان به‌نرخ روزخور نیز برخوردار است. یکی از اهداف این دستگاه و عوامل آن در داخل کشور این‌ست که مسئولیت جنایت‌های انجام گرفته از سوی رژیم را به‌دوش مخالفان و قربانیان انداخته و از خود سلب مسئولیت کند. در خارج ازکشور، از آن‌جایی که زمین بازی رژیم نیست، دستگاه تبلیغاتی رژیم و عوامل ریز و درشت آن تلاش می‌کنند این مسئولیت را به‌صورت توأمان، به‌دوش مخالفان و قربانیان رژیم از یک سو و لاجوردی که به‌هلاکت رسیده، از سوی دیگر بیاندازند و به‌این ترتیب قربانی را به‌جای جلاد بنشانند.

در این نوشته تنها به‌ذکر دو نمونه از تلاش‌هایی که از سوی محسن سازگارا (یکی از عوامل رژیم و طراحان جنایت در سال ۶۰) و مسعود بهنود (یکی از روشنفکران به‌خدمت رژیم درآمده) بـرای توجیه جنایت بزرگ رژیم پس از ۳۰ خرداد ۶۰

صورت گرفته، می‌پردازم. این دو نفر از این بابت انتخاب شده‌اند که در خارج ازکشور به‌سر می‌برند، پُز استقلال می‌دهند، عَلَم «مدارا» و «عدم خشونت» به‌دست گرفته‌اند و از رعایت حقوق بشر و «اخلاق» دَم می‌زنند.[1]

۱- این وظیفه را در داخل کشور لطف‌الله میثمی و نشریه‌ی «چشم‌انداز ایران» آگاهانه یا ناآگاهانه به‌عهده گرفته است. «چشم‌انداز ایران» به‌عنوان یک نشریه‌ی مستقل از رژیم، از فروردین سال ۸۱ یعنی شش سال پیش، ده‌ها مصاحبه با عوامل ریز و درشت رژیم و به‌اصطلاح اپوزیسیون آن، در رابطه با ریشه‌های به‌وجود آمدن ۳۰ خرداد داشته است. اگر این مصاحبه‌ها هم‌سو با منافع رژیم و تحریف حقایق نبود، آیا دستگاه اختناق و سانسور رژیم اجازه می‌داد بیش از شش سال دوام آورد؟ رژیمی که حتا خبرگزاری فارس وابسته به بسیج و سپاه پاسداران را نیز برنمی‌تابد و به‌خاطر درج خبر مربوط به‌جایگزینی رئیس بانک مرکزی، آن‌را برای سه روز تعطیل می‌کند، چرا در این رابطه این‌قدر تساهل و تسامح به‌خرج می‌دهد؟ میثمی می‌نویسد: «هدف ما این است که گفتمان جای اسلحه، و وفاق‌ملی جای جنگ داخلی را بگیرد و این‌همه به‌خاطر تعهد و دینی است که نسبت به آزادی، آگاهی و خون شهیدان داریم، ما امیدواریم که با ریشه‌یابی مسائلی که در خرداد ۶۰ اتفاق افتاد و به‌یک شبه‌جنگ داخلی تبدیل شد و آثار و عوارض منفی آن هنوز هم ادامه دارد، بتوانیم از تکرار تلخ آن وقایع جلوگیری کنیم.»

www.meisami.com/@oldsite/no-24 /24-9.htm

گردانندگان نشریه‌ی چشم‌انداز ایران، مدعی هستند از آن‌جایی که قصد دارند نظرات همه‌ی طرف‌های دعوا شنیده شود، با طیف‌های گوناگونی مصاحبه کرده و می‌کنند. از جنایت‌کاران و شکنجه‌گرانی چون، سیدحسین موسوی‌تبریزی، هادی غفاری، هادی خامنه‌ای، حجاریان، علوی‌تبار، عطریان‌فر تا به‌اصطلاح نیروهای مستقلی چون ابراهیم یزدی، توسلی، سحابی، محمدمهدی جعفری و...! خنده‌دار این که وظیفه‌ی پاسخ‌گویی از سوی مجاهدین و... را هم محول کرده است به سعید شاهسوندی یکی از اعضای سابق مجاهدین که سال‌هاست به‌خدمت رژیم در آمده است و به‌همین منظور درکوتاه‌ترین مدت، آزاد و به‌خارج ازکشور صادر شد. این نشریه برای جور شدن جنس، مصاحبه‌هایی هم داشته است با حسین رفیعی و محمد محمدی.اولی در سال ۵۹ از مجاهدین جدا شد و در سال ۶۰ وقتی که خون از در و دیوار می‌بارید، به‌عنوان دستخوش به مدیریت صنایع رژیم رسید و دومی در سال ۵۵ سرنوشتی مشابه یافت و پس از انقلاب به نمایندگی مجلس ازگرگان رسید و در توطئه‌ی برکناری بنی‌صدر سهیم بود. در همین‌جا به آقای میثمی پیشنهاد می‌کنم چنان‌چه قصد دارد همه‌ی صداها شنیده شود، با من و امثال من هم مصاحبه‌ای داشته باشند تا لااقل در میان انبوه جعلیات، صدای این طرف هم شنیده شود. البته این پیشنهاد نافی حق مجاهدین به‌عنوان طرف اصلی دعوا نیست، چراکه در هر تحقیق مستقل قبل از هر چیز بایستی نظرات آن‌ها هم شنیده شود و انتشار یابد. می‌دانم، عده‌ای استدلال خواهند کرد که با توجه به شرایط حاکم درکشور، درج و یا انتشار مصاحبه با من، یا امثال من در نشریات داخلی امکان‌پذیر نیست و باعث بسته شدن نشریه می‌شود و جدا از پی‌گیری‌های حقوقی، عده‌ای را از نان‌خوردن می‌اندازد. البته‌که من موافق بی‌کاری کارمندان شریف نشریات نیستم؛ اما وقتی انجام چنین‌کاری مقدور نیست، اشاعه‌ی نظرات یک طرف و به‌ویژه جنایت‌کاران، تحریف حقایق و هم‌راهی با آنان نیست؟ وقتی به‌خاطر شرایط حاکم برکشور، عده‌ای که در جنایت دست نداشته‌اند، نیز به‌هنگام پاسخگویی به سئوالات، مجبورند دست به‌عصا راه بروند و از ذکر حقایق خودداری کنند تا دچار دردسر و پی‌آمدهای بعدی آن نشوند، آیا این گونه مصاحبه‌ها روشنگر حقیقت‌اند؟ وقتی امکان شنیدن و یا انتشار نظرات قربانیان اصلی این جنایت نیست، به‌چه حق به‌آن نزدیک می‌شوند و جای قربانی و جلاد را عوض می‌کنند؟ از این منظر است که من به خود حق می‌دهم به صراحت بگویم آن‌چه در نشریه‌ی «چشم‌انداز ایران» در طول شش سال گذشته انجام گرفته در مسیر منافع رژیم است.

ذکر این نکته ضروری‌ست که هدف من در این نوشته به‌هیچ وجه دفاع از اشخاص یا جریانات سیاسی نیست بلکه تلاش می‌کنم از حقیقت دفاع کنم و به‌سهم خود اجازه ندهم تاریخ جعلی به‌کسانی که نبوده‌اند و ندیده‌اند، ارائه شود.

مسعود بهنود که در جعل تاریخ و داستان‌سرایی ید طولایی دارد، با به‌هم بافتن چند دروغ که ویژگی کار روزنامه‌نگاری اوست، به جنگ حقیقت می‌رود. او در مقاله‌اش هم‌سو با تبلیغات عوام‌فریبانه‌ی رژیم برای مخدوش کردن حقیقت و عوض کردن جای قربانی و جلاد دست به‌کار می‌شود. پیش از وارد شدن به موضوع یک توضیح کوتاه لازم است.

مقاله‌ی بهنود تا بهمن ۱۳۸۶ در سایت او[1] موجود بود. اما پس از آن که با انتشار مقاله‌ی «بهنود پدیده‌ای که از نو باید شناخت»[2] پرده از بخش کوچکی از ریاکاری‌های او برداشتم، وی به سرعت مقاله‌ی مزبور را که بیش از یک سال و نیم در سایتش بود حذف کرد تا مبادا من یا دیگران با اشاره به آن، دستش را بیش از پیش رو کنیم. اما بهنود فکر نمی‌کرد که در دنیای اینترنت به‌سختی می‌شود چیزی را حذف کرد، به ویژه اگر در جاهای مختلفی انتشار یافته باشد. مطلب مزبور را که بهنود از سایتش حذف کرده بود، به‌سهولت می‌توانید پیدا کنید[3] و بخوانید.

برای روشن شدن حقیقت لازم است یک توضیح کوتاه راجع به تظاهرات ۳۰ خرداد، که خود در آن حضور و در تدارکش سهم کوچکی داشتم، بدهم. پس از تظاهرات اعلام شده‌ی جبهه‌ی ملی در روز ۲۵ خرداد که به‌خاطر بسیج چماق‌داران از سوی رژیم و جولان آن‌ها در خیابان‌ها اساساً شکل نگرفت و با شکست مواجه شد، هیچ امیدی به‌برپایی تظاهرات گسترده در سطح تهران نمی‌رفت و هر ندایی در همان نطفه خفه می‌شد.

نیروهای حزب‌اللهی روز ۲۵ خرداد در خیابان‌های مرکزی تهران بالا و پایین رفته شعار می‌دادند، «خلقی‌ها کوشن، تو سوراخ موشن». صبح ۳۰ خرداد هم مانند پنج

1-http://www.masoudbehnoud.com

۲- در صفحه‌ی ۹۳ همین کتاب بخوانید.

3-http://www.ettelaat.net/04-09/r_f_m_d_e_m.htm

روز گذشته خبری در سطح شهر نبود. من دل توی دلم نبود که بعدازظهر چه می‌شود. من از روز ۱۹ خرداد در همه‌ی تظاهرات موضعی مجاهدین که به‌منظور اعتراض به‌سرکوب لجام گسیخته‌ی رژیم انجام می گرفت، فعالانه شرکت داشتم و روی این یکی حسابی جداگانه بازکرده بودم.[۱]

۱- مهران مصطفوی داماد بنی‌صدر در مقاله‌ای که در سایت عصر نو آمده در باره‌ی تظاهرات ۳۰ خرداد مطلب زیر را می‌نویسد که به‌طور حیرت‌انگیزی غیرواقعی و خلاف حقیقت است:
«۳۰ خرداد، تظاهراتی که طی آن چند صد هزار نفر به‌دفاع از رئیس‌جمهوری شـرکت کرده بودند، توسـط حکومت سرکوب می‌شود، عده‌ای کشـته و عده‌ی زیادی دستگیر می‌شوند. از جمله عذرا حسینی همسر بنی‌صدر به همراه عده‌ای دیگر دستگیر می‌شوند. سازمان مجاهدین از ظهر این روز با بالا بردن عکس‌های رجوی و تغییر شعار و توسل به قهر، موجب پراکنده شدن مردم و ادامه نیافتن حرکت اعتراضی عموم مردم می‌شود. در مجلس افراد حزب جمهوری‌اسلامی تا ظهر، به یک‌دیگر تسلیت و بعدازظهر، تبریک می گفته‌اند.»
http://asre-nou.net/1387/khordad/16/m-mostafavi.html
تظاهراتی از صبح در تهران نبود که نمایندگان به یک‌دیگر تسلیت بگویند. بلکه آن‌ها با هیجان در ساعات مزبور درکار برکناری بنی‌صدر بودند و همه چیز در نظرشان به‌خوبی و خوشی پیش می‌رفت. کافی‌ست در این رابطه روزنامه‌های خود رژیم در روزهای ۳۱ خرداد و بعد از آن‌را مطالعه کنیم تا ببینیم تظاهرات چه ساعتی و درکجا شروع شد. از آن‌جایی که بنی صدر نیروی تشکیلاتی نداشت، اگر مجاهدین نبودند، کم‌ترین اعتراضی نسبت به‌تلاش‌های رژیم برای برکناری او و از ریاست‌جمهوری صورت نمی گرفت. کما این که جبهه‌ی ملی علی‌رغم اعلام تظاهرات امکان برگزاری آن را نیافت.
تظاهرات ۳۰ خرداد از ساعت سه و نیم بعداز ظهر به‌وسیله‌ی نیروهای تشکیلاتی مجاهدین آغاز شد. مطلب مهران مصطفوی به‌شوخی بیش‌تر شبیه است تا روایت یکی از وقایع تاریخی میهن. آن‌چه در مورد نقش مجاهدین در این روز از سوی اوگفته می‌شود واقعیت ندارد. اساساً عکسی درکار نبود. حتا یک عکس هم از رجوی نبود. در درگیری و بگیر و ببند و جنگ وگریز که کسی عکس و پلاکارد با خودش نمی‌برد. آن موقع اصولاً بالا بردن عکس مسعود رجوی در تظاهرات مرسوم نبود که در ۳۰ خرداد کسی چنین‌کاری کند. مهران مصطفوی تظاهرات‌های مجاهدین در پاریس را دیده است تصور کرده لابد در ۳۰ خرداد هم عکس بالا برده بودند!
مهـران مصطفوی از آن‌جایی کـه در ۳۰ خرداد در ایران حضور نداشـت، نمی‌داند که در آن‌روزها برگزاری تظاهرات آن‌هم برخلاف سیاست روز رژیم، از صبح تا بعد از ظهر غیرممکن بود. مردم به پیک‌نیک که نمی‌رفتند. شروع تظاهرات و سرکوب آن از سوی رژیم روی‌هم رفته بیش از یک ساعت طول نکشید. این بی‌حرمتی به‌حقیقت است که مطرح کنیم مجاهدین «موجب پراکنده شدن مردم و ادامه نیافتن حرکت اعتراضی عموم مردم شدند» چرا که درست یا غلط این مجاهدین بودند که امکان برگزاری تظاهرات را ایجادکردند وگروه گروه مردم به‌آن‌ها پیوستند. نمی‌شود هم نان ۳۰ خرداد را بخوریم و هم نقش بانی آن را نفی کنیم.
این اولین تلاش برای مصادره‌ی ۳۰ خرداد نیسـت. در سـال‌های قبل شاهد تلاش ناموفق حزب کمونیست کارگری برای مصادره این روز بودیم. هر تحلیلی نسبت به مجاهدین و حرکت‌شان می‌توانیم داشـته باشـیم، اما یک واقعیت را نمی‌توان کتمان کرد که تظاهرات ۳۰ خرداد، شاهکاری بود که به‌لحاظ اجرایی توسط مجاهدین و نیروهای آن به‌وجود آمد. برگزاری این تظاهرات پس از جمع‌بندی ده‌ها تظاهرات موضعی که در روزهای ۱۹ تا ۲۴ خرداد توسط نیروهای تشکیلاتی مجاهدین در نقاط مختلف تهران برگزار شده بود، تحقق یافت و به‌غیر از مجاهدین که از تشکیلات وسیع و قدرت‌مندی برخوردار بودند، کسی امکان برگزاری آن را نداشت.

هسته‌های اولیه‌ی تظاهرات ۳۰ خرداد از ساعت پانزده و سی دقیقه در بعضی نقاط تهران با سردادن شعارهایی علیه بهشتی و رجایی و... با چماق‌داران بسیج‌شده از سوی رژیم درگیر شدند. شعار اصلی تظاهرکننده‌ها و نیروهای تشکیلاتی مجاهدین این بود «بهشتی، رجایی، خلق آمده کجایید». اما تظاهرات در محل اصلی یعنی چهارراه مصدق حوالی ساعت چهار بعدازظهر شروع شد و جمعیت از طرف خیابان طالقانی سیل‌آسا به‌سمت میدان فردوسی روانه شد و در حوالی ساعت پنج بعدازظهر از بالا و پایین هدف رگبار مسلسل پاسداران در میدان فردوسی قرارگرفت. چنان‌که شاهد بودم تظاهرات پراکنده تا ساعت شش بعدازظهر هم‌چنان ادامه داشت.

مسعود بهنود به‌منظور تحریف حقیقت و با توجه به‌مسئولیتی که به‌دوش گرفته، در مقاله‌ی مزبور می‌نویسد:

> «درست در آن روزکه آقای ابطحی می گوید – سی خرداد سال ۶۰ – در خیابان دیده بودم که مردم در دو سوی میدان فردوسی و اطراف گرد آمده بودند و هادی غفاری میدان‌دار شده برای همه، از مجاهد و غیرمجاهد خط و نشان می کشید و تهدید به‌مرگ می کرد. عصرش من که یکی از دوستانم به‌بند افتاده بود، پاشنه را برکشیدم که فریادرسی پیدا کنم و او را از بند برهانم.»

بهنود یا نمی‌داند ۳۰ خرداد دقیقاً کی و به‌چه شکل به‌وقوع پیوسته بود یا می‌داند و خود را به تجاهل می‌زند.او مدعی‌ست خودش در خیابان بوده و تظاهرات ۳۰ خرداد را از نزدیک دیده است! به‌تعبیر بهنود تظاهرات ۳۰ خرداد بایستی غیر از عصر یا بهتر است بگوییم در صبح اتفاق افتاده باشد که وی عصرش «پاشنه را بر می کشد که فریادرسی پیدا کند تا دوستش را از بند برهاند»!
نکته‌ی حائز اهمیت آن که بهنود همان روز ۳۰ خرداد که «عصرش» به‌دیدار احمد خمینی رفته، هادی غفاری را هم دیده است که «میدان‌دار شده برای همه، از مجاهد و غیرمجاهد خط و نشان می کشید و تهدید به‌مرگ می کرد.» این در حالی‌ست که هادی غفاری را من حوالی ساعت پنج بعدازظهر در میدان فردوسی در حالی که روی اتومبیلی ایستاده بود دیدم. عکسی هم از او همراه با کلت و

نارنجک در نشریات وکتاب‌های مختلف فارسی و انگلیسی چاپ شده است.
در نوشته‌ی بهنود از همه‌کس حرف است الا از دوستی که به‌بند کشیده شده بود و بهنود «پاشنه‌اش را برکشیده بود تا او را از بند برهاند.» جالب است دوست مزبور صبح دستگیر شده بود، بهنود که خودش صبح در خیابان بوده، بلافاصله متوجه دستگیری او می‌شود. در این میان مرحوم فروهر و آیت‌الله محمدحسین بروجردی را که هیچ‌یک در حیات نیستند، واسطه می‌کند تا عصر همان روزکه یکی از پرکارترین روزهای حیات جمهوری‌اسلامی بود و می‌توانست تومار زندگی نظام را در هم بپیچد، به جماران و دیدار احمد خمینی که فعلاً زنده نیست برود! گویا امداد غیبی درکار است و همه چیز دست به دست هم می دهد تا او به‌حضور احمد خمینی برسد.

اما از این جالب‌تر اتفاقاتی است که عصر همان روز می‌افتد و مسعود بهنود همگی را در دفتر احمد خمینی استراق سمع می‌کند! بهنود می گوید:

> «در آن جا [دفتر احمد خمینی در جماران] غوغائی بود وکسی که به نظرم اسدالله لاجوردی بود از پشت تلفن توضیح می‌داد و همو گزارشی داد به احمدآقا که به نظرم اغراق‌آمیز و خشونت‌ساز بود، درد خود فراموش کردم وگفتم ما در خیابان‌ها بوده‌ایم تا همین الان و چنین نبود. کدام توپ و تانک و کدام خطر کودتا، کدام ضد انقلاب. واقعاً هم نبود. جنگ وگریز حزب‌اللهی‌ها بود با مجاهدین.»

مسعود بهنود که برای پیش‌برد داستان قصد دارد لاجوردی را آتش‌بیار معرکه معرفی کند، می گوید هنگامی که در حضور احمد خمینی بوده، او زنگ زده و برای خشونت‌آفرینی گزارشات اغراق‌آمیزی مبنی بر این که مجاهدین «توپ و تانک» به میدان آورده‌اند، داده است. بهنود نیزکه قهرمان «حق‌طلبی» و «حق گویی» است، چون می‌بیند گزارش برخلاف واقعیت است، «درد خود فراموش کرده»، می گوید: «ماکه در خیابان‌ها بوده‌ایم تا همین الان و چنین نبود».
بهنود از فرط هیجان، ادعای قبلی‌اش را فراموش می کند و در این‌جا مدعی

می‌شـــود که یک راســـت از تظاهرات به دیدار احمد خمینی رفته است و به‌او گـــزارش می‌دهدکه تا همین الان کـــه آمده در خیابان بوده و چنین چیزی ندیده است. بهنودگزارش لاجوردی به‌احمد خمینی را «خشونت‌ساز» معرفی می‌کند. در حالی که قاعدتاً سرکوب تظاهرات بایستی پیش از رسیدن مسعود بهنود به نزد احمد خمینی صورت گرفته باشد. چراکه از عصر همان روز و با شروع تظاهرات، رادیو بارها اطلاعیه‌ی سپاه پاسداران را خواندکه در آن، به‌فرمان خمینی مبنی بر سرکوب خونین تظاهرات اشاره می‌کرد. موضوع ربطی به گزارشات اغراق‌آمیز لاجوردی نداشت. این تلاش برای به‌در بردن مسئولیت سران نظام درکشتار مردم و هم‌چنین زمینه‌سازی برای تحریف واقعیت است.

بهنود که در دفتر احمد خمینی نشسته، تلفن بهشتی را نیز استراق سمع می‌کند و می‌نویسد:

> «در آن هنگامه که چند نفر شاهدانش هنوز هستند یکی هم –شاید دکتر بهشتی – تلفن کرد و خبر ازگرفتار شدن همسر آقای بنی‌صدر را داد. احمـــد آقا فرمان پـــدر را ابلاغ کرد که خود بنی‌صدر را هم گفته بودند برود به کار تدریس و سیاست را رها کند، پس تکلیف همسرشان معلوم بود.»

به‌روباه گفتند شـــاهدت کیســـت؟ گفت: دُمَم. اما بهنـــود حتا تلاش نمی‌کند شاهدانش را معرفی کند. او در این‌جا می‌خواهد تبلیغات عوام‌فریبانه‌ی چند سال اخـــیر رژیم را جا بیاندازد که گویا توطئه‌ای درکار نبوده و قرار بوده که بنی‌صدر بعد از خلع از ریاست‌جمهوری برود دنبال تدریس وگروه‌های سیاسی نیز هم‌چنان به‌فعالیت خود ادامه دهند. او در این‌جا تلاش می‌کند تلاش‌های بهشتی برای به‌سامان رساندن‌کشور را خاطرنشان‌کند که‌گویا نگران دستگیری همسر بنی‌صدر هم بوده است.[۱]

۱-خمینی با تیزبینی فرمان آزادی عذرا حسینی همسر بنی‌صدر راکه با سودابه سدیفی دستگیر شده بود، داد تا خود را مبرا ازکینه جویی و... نشان دهد. در حالی‌که هزاران تن از بستگان نیروهای سیاسی تنها به‌خاطر وابستگی‌شان به افراد سیاسی دستگیر و مورد شکنجه و آزار و اذیت قرار گرفتند وگاه جان خود را نیز از دست دادند. سودابه سدیفی همسر سابق احمد غضنفرپور و از فعالان دفتر هم‌آهنگی و نزدیکان بنی‌صدر در زیر فشار شکسته و با انجام چند مصاحبه‌ی تلویزیونی، مطبوعاتی،

بهنود در قسمت بعدی گزارشش از دفتر احمد خمینی، حساب بعضی جاها را نکرده و ناشیانه می‌نویسد:

«در آن میانه وحید آمد که از بستگان آقای خمینی بود و آشکار شد که او هم دستگیر شده بود. احمدآقا از احوالش پرسید و این که با تو چه کرده‌اند، گفت آقای لاجوردی وقتی مرا با عده‌ای آوردند به‌هر کس پس گردنی می‌زد و به زندان می‌انداخت و مرا که صدا کردند علاوه بر پس گردنی دو تا لگد هم زد که فلان‌فلان‌شده از بیت رهبری هم هستی، برو به‌داخل. تلخ‌خندی بر لب حاضران اتاق آمد.»

تظاهرات ۳۰ خرداد بین ساعت چهار تا شش بعدازظهر در میدان فردوسی و خیابان‌های اطراف انجام گرفته بود. وحید مذکور که برای رو نشدن دست بهنود نام خانوادگی ندارد و فقط از بستگان خمینی است، در این فاصله توسط نیروهای کمیته دستگیر می‌شود؛ سپس به اوین برده می‌شود؛ در آن‌جا مورد بازجویی قرار می‌گیرد؛ لاجوردی که بایستی از یک‌طرف گزارش وضعیت به احمد خمینی و جماران می‌داده و داستان را خشونت آمیزتر می‌کرده، از او و بقیه بازجویی به‌عمل می‌آورد و به‌او دو تا لگد هم اضافه بر دیگران که فقط یک پس گردنی می‌خوردند، می‌زند و به زندانش می‌اندازد. معلوم نیست وحید کی آزاد می‌شود که در عصر ۳۰ خرداد که مسعود بهنود در دفتر احمد خمینی نشسته بود، وارد اتاق می‌شود و داستانش را تعریف می‌کند؟

این گونه روایت کردن و مهمل‌بافی فقط از ژورنالیست بی‌اعتباری چون مسعود بهنود که در بسیاری زمینه‌ها روی دست نوری‌زاده بلند شده، بر می‌آید.[1]

در حسینیه‌ی اوین به جرگه‌ی توابین زندان درآمد.

۲-در روز ۲۵ اسفند ۸۷ فیلمی روی سایت پیک‌نت از مریم فیروز با دست شکسته وجود داشت (سایت پیک‌نت هم اکنون فیلم مزبور را بنا به‌دلایلی حذف کرده است)

www.peiknet.com/138601/ESFAND/25/index25.htm

در این فیلم مریم فیروز به صراحت بر علیه روایت مسعود بهنود در مورد خودش در کتاب «سه زن» صحبت می‌کند. مریم فیروز در این فیلم با عصبانیت می‌گوید: آن دو نفر دیگر زنده نبودند، من که زنده بودم چرا بهنود از خودم سؤالی نکرد؟ او تأکید کرد چند بار به بهنود اعتراض کردم ولی او پاسخی به من نداد. اما پس از مرگ مریم فیروز، این مسعود بهنود بود که در مورد او مقاله نوشت و سخنران جلسه‌ی بزرگداشت او در برلین، که از قضا گردانندگان پیک‌نت نیز در آن‌جا اقامت دارند، بود. اخلاق و رعایت پرنسیب را می‌بینید.

مسعود بهنود که احترامی برای خوانندگان مطالب خود قائل نیست، کوچک‌ترین توجهی به تضادهای این داستان نمی‌کند. چگونه ممکن است وحیدِ بی‌نام در تظاهرات ۳۰ خرداد که بین ساعت چهار تا شش بعدازظهر بوده، دستگیر شود، به کمیته و سپس به اوین برده شود، در نوبت بازجویی بماند، خود لاجوردی که از همه بازجویی کرده، فرصت بازجویی از او را نیز داشته باشد، مورد ضرب و شتم قرار گیرد، به‌زندان برده شود، مراحل آزادی را طی کند، خود را از اوین به جماران برساند، به اتاق احمد خمینی راه یابد، داستانش را تعریف کند، مسعود بهنود هم مانند دیگران بشنود و تلخخندی بر لب او و حاضران اتاق آید.

آیا مسعود بهنود به میهمانی شب نشینی در دفتر احمد خمینی رفته بود؟ آیا چنین سرعتی در کارها می‌تواند صورت گیرد؟ مگر نه این که ارباب رجوع خواسته‌شان را مطرح، وبعد رفع زحمت می‌کنند. آیا ملاقات‌ها در ساعات اداری شکل نمی‌گیرند؟ آیا احمد خمینی و اعضای دفتر وی، کار مهم‌تری در عصر ۳۰ خرداد نداشتند که به‌گفتگو و... با مسعود بهنود بپردازند؟ «وحید»ی که «منافق» بود، چگونه بلافاصله به‌دفتر احمد خمینی راه یافت؟ وحید کیست و چه رابطه‌ای با احمد خمینی دارد که تا به حال کسی از او خبر نداشته و یک‌باره مسعود بهنود او را کشف کرده است؟ گویا مسعود بهنود برای «فیلمفارسی» سناریو می‌نویسد که هیچ منطقی در آن نیست.

آیا امکان‌پذیر است که مسعود بهنود هم در تظاهرات ۳۰ خرداد باشد و هم متوجه دستگیری دوستش شود، هم واسطه پیدا کند، هم به‌دیدار احمد خمینی برود و هم شاهد صحبت‌ها در دفتر احمد خمینی باشد و هم دستگیر شده‌ی تظاهرات را بعد از طی مراحل گوناگون همان عصر ببیند و شاهد گفتگوی وی با احمد خمینی باشد؟!

آیا مسعود بهنود هوش خوانندگانش را هم‌سطح خودش ارزیابی کرده؟ چرا کسی اعتراضی به‌این جعلیات نمی‌کند؟ چرا اجازه داده می‌شود عناصر بی‌حقیقتی مثل مسعود بهنود به‌سادگی فضای رسانه‌ای خارج از کشور را هم مخدوش کنند؟

در ادامه، مقصود مسعود بهنود از این همه داستان‌سرایی و جعل حکایت مشخص می‌شود. او می‌نویسد:

«هنوز تـــا آن لحظه حکایت این بود که دو دســـته از مذهبی‌ها – حزب‌الله و مجاهدین – به‌جان هم افتاده‌اند و ما را گمان نبود که از همین ماجرا پرونده‌ای هزاران نفره پدید می‌آید؛ که در روزهای بعد آمد. از همان روز، انقلاب همه اعتدال خود را از دســت داد و دو نفری که مسعود رجوی و اسدالله لاجوردی باشند مانند لنگه‌های دو در که به‌هم محتاجند [تعبیر از ســعید حجاریان اســت] به‌روی نسلی گشوده شدند و به‌جهنمی از خشونت راه دادند که آثارش هنوز به‌صورت زخمی در پیکر این قوم پیداست و هنوز باقی‌ماندگانش در عراق به سخت‌ترین سرنوشت‌ها گرفتارند.»

بهنــود جنایات پیش از ۳۰ خردادِ رژیم را پرده‌پوشــی می‌کنــد و دم از اعتدال می‌زند. این در حالی‌ســت که در اســفند ۵۷ به‌دفاتر مجاهدین در شهرستان‌ها حمله کردند؛ در بهار ۵۸ نیروهای رژیم، کردستان را از زمین و هوا بمباران کردند؛ فاجعه‌ی ترکمن‌صحرا و سپس قتل بی‌رحمانه‌ی رهبران ترکمن را رقم زدند؛ در مرداد ۵۸ خمینی فرمان بســتن روزنامه‌ی آیندگان را داد و به‌صراحت از این که در چهارراه‌ها و میدان‌های شهرها چوبه‌های دار برپا نکرده است، استغفار کرد و وعده‌ی برپایی‌شان را داد؛ در ۲۸ مرداد ۵۸ فرمان حمله‌ی سراسری به کردستان را داد؛ دادگاه‌های صحرایی خلخالی در همین ســال جان بسیاری از جوانان را در کردستان و دیگر شهرهای کشور گرفت؛ در اردیبهشت ۵۹ با حمله‌ی نیروهای چماق‌دار و پاســداران کمیته‌ها به دانشــگاه‌ها غائله‌ی انقلاب فرهنگی را راه انداختند؛ در این ماجرا تعداد زیادی کشــته و هزاران نفر در گوشه و کنار کشور زخمی شدند.

نیروهای وابســته به رژیم با حمایت پاسداران ســپاه و کمیته، صدها تظاهرات و گردهمایی‌های مجوزدار گروه‌های سیاســی را به‌خاک و خون کشیده بودند. بیش از پنجاه نفر از هواداران مجاهدین در گوشه و کنار کشور کشته شده بودند، هزاران نفر در حملات چماق‌داران رژیم زخمی شده بودند. بیش از هزار زندانی سیاسی وجود داشت که اکثریت قریب به اتفاق‌شان در حین فروش نشریه و یا کار تبلیغاتی دستگیر شده بودند. اما بهنود می‌گوید روز ۳۰ خرداد «انقلاب همه‌ی

اعتدال خود را از دست داد». چه اعتدالی و اعتدال از سوی چه کسانی رعایت می‌شد، خدا می‌داند.

بهنود برای اثبات نظریه‌ی خود از سـعید حجاریان یکی از جنایت‌کاران علیه بشـریت و برنامه‌ریزان سـرکوب خونین رژیم و یکی از بنیان‌گذاران دسـتگاه اطلاعاتی و امنیتی رژیم که دستش به‌خون آغشته است، فاکت می‌آورد که گویا «دو نفری که مسـعود رجوی و اسدالله لاجوردی باشند مانند لنگه‌های دو در که به هم محتاجند [تعبیر از سعید حجاریان است] به‌روی نسلی گشوده شدند و به‌جهنمی از خشونت راه دادند که آثارش هنوز به‌صورت زخمی در پیکر این قوم پیداست و هنوز باقی‌ماندگانش در عراق به‌سخت‌ترین سرنوشت‌ها گرفتارند.»

مسعود بهنود همراه و هم‌گام با حجاریان و امثال او تلاش می‌کند مسئولیت سه دهه‌ی جنایت را به‌دوش لاجوردی که به هلاکت رسیده و مسعود رجوی بیاندازد. بی‌جهت نیست همان سالی که این مطلب را در خارج از‌کشور نوشت از سوی بخشی از رژیم که او سنگ‌شان را به‌سینه می‌زند جایزه‌ی بهترین روزنامه‌نگار سال داخل کشور را گرفت.

از نظر من مسعود بهنود و امثال او که این‌چنین خاک در چشم حقیقت می‌پاشند، بیش از پاسـداری که تیر خلاص زده مسـئول‌اند و در جنایات رژیم سهیم. من شـخصاً نسبت به پاسدارهایی که شـکنجه‌ام کرده‌اند، کینه ندارم، بخشی از جنایت‌های آنان را می‌گذارم پای ناآگاهی‌شان، خیلی از آن‌ها را به‌لحاظ فردی می‌بخشم و بخشیده‌ام؛ اما بهنود و امثال او که جنایات رژیم را تئوریزه می‌کنند، هرگز نمی‌بخشم. این زشت‌ترین کاری است که می‌توان کرد.

برای این که نشان دهم آن‌چه بهنود می‌کوشد انجام دهد، خط رژیم است و این ارکسـتر به‌صورت هم‌آهنگ می‌نوازد به روایت محسن سازگارا از این جنایت می‌پردازم.

محسن ســازاگارا بدون هیچ شرم و احساس گناهی نسبت به گذشته‌ی خویش در همکاری با رژیم جمهوری‌اسلامی و نفی پذیرش هر نوع مسئولیت در قبال

فجایع رخداده، درکسوت یک مدعی تراز اول دفاع از حقوق بشر در پاسخ به سئوال شکوفه منتظری مصاحبه‌گر رادیو «دویچه وله» که پدرش یکی از قربانیان قتل‌عام ۶۷ است، در رابطه با کشتارهای وسیع پس از ۳۰ خرداد ۶۰ می‌گوید: «در مقطع آغاز درگیری‌ها، من معاون سیاسی نخست‌وزیر بودم. زد و خوردها از بالای سر ما بین رهبران مجاهدین‌خلق و آقای لاجوردی و دادستانی انقلاب شروع شد. این دوجناح دست به‌دست هم دادند و طرح ما را عقیم گذاشتند.»

من پیش از این در مقاله‌ای تحت عنوان «سازگارا با جنایت‌کاران، ناسازگارا با قربانیان»[1] پاسخ عوام‌فریبی وی را داده و از مسئولیت وی و گردانندگان نخست‌وزیری در روزهای سیاه سال ۶۰ پرده برداشتم.

تلاش سازگارا هم در این است که سرکوب سازمان‌یافته‌ی پس از ۳۰ خرداد را به «آغاز درگیری‌ها» تقلیل دهد و آن را زد و خورد بین رهبران مجاهدین‌خلق و لاجوردی نشان دهد. گویا که دعوایی بوده بین لاجوردی و رهبران مجاهدین، به‌ویژه «مسعود رجوی» که آن‌هم از بالای سر حضرات صورت گرفته و آن‌ها به‌هیچ‌وجه در جریان امور نبوده‌اند و آن‌چه اتفاق افتاده بر خلاف میل گردانندگان رژیم بوده است.

شکوفه منتظری گزارشگر دویچه وله از سازگارا می‌پرسد:
«گروه‌های غیرمسلح چه‌طور؟ بسیاری از سازمان‌های سیاسی هم در آن زمان که به‌مبارزه‌ی مسلحانه معتقد نبودند، سرکوب شدند.»
توپخانه‌ی دروغ‌گویی سازگارا به‌کار افتاده و می‌گوید:
«بله، آقای لاجوردی و دار و دسته‌اش، در یک شب شصت روزنامه و نشریه را توقیف کردند. من بلافاصله صبح روز بعد به‌دفتر آقای بهشتی، رئیس شورای‌عالی قضایی وقت رفتم وگفتم ما شش ماه حرف زدیم و جلسه گذاشتیم، شما بودید؛ آقای قدوسی، دادستان انقلاب؛ اردبیلی؛ دادستان کل کشور؛ رجایی نخست‌وزیر؛

۱-این مقاله در۱۲مهرماه ۱۳۸۶ نگاشته شده و علاوه بر سایت شخصی ایرج مصداقی، در یکی از گزیده مقالات او در آینده‌ی نزدیک به‌چاپ خواهد رسید.

مهدوی‌کنی، وزیر کشور؛ بهزاد نبوی، وزیرمشاور؛ محسن رضایی، فرمانده اطلاعات سپاه؛ و خسرو تهرانی، معاون امنیتی نخست‌وزیر هم بودند. همه زیر سند را امضاء کردند. سندی مبنی بر این که حق قانونی همه برای فعالیت سیاسی غیرخشونت‌آمیز را به‌رسمیت می‌شناخته‌است. به آقای بهشتی گفتم، این خلاف آن توافقات است. آقای بهشتی گفت: «من هم با شما موافقم اما آقای لاجوردی اسـت دیگر، زورمان به آقای لاجوردی نمی‌رسد و ایشان سرخود عمل کرده‌است. ما سعی می‌کنیم برخورد کنیم.». البته یک هفته، ده روز بعد آقای بهشتی در انفجار مقر حزب جمهوری‌اسلامی کشته شد. در نتیجه اعلامیه بی‌نتیجه ماند. فضای جنگی به‌وجود آمد و آنچه آقای لاجوردی دنبالش بود، به‌دست آورد. دستگیری و اعدام و سرکوب آغاز شد که دیگر تنها به سازمان‌های مسلح ختم نمی‌شد و تمام نیروهای چپ و شاید کلی‌تر، تمام دگر اندیشان را در برگرفت. چراکه حتی نیروهایی چون جبهه‌ی ملی نیز سرکوب شدند.»

چنان‌چه ملاحظه می‌شود بسـتن روزنامه‌ها را کار لاجوردی معرفی می‌کند و به بهشـتی استناد می‌کند که گفته لاجوردی سـرخود عمل کرده و زورشان به لاجوردی نمی‌رسد. تاریخ‌ها را نیز آگاهانه جا به‌جا می‌کند تا دستش رو نشود. روزنامه‌ها در ۱۷ خرداد ۶۰ با هدف برکناری بنی‌صدر از ریاست‌جمهوری و اعمال سرکوب خونین بسته شدند. دو روز قبل و در جریان تظاهرات روز ۱۵ خرداد در حضور احمد خمینی و با تأیید او شعار «خمینی بت‌شکن، بت جدید را بشکن» داده شد که اشاره‌شان به برکناری بنی‌صدر از ریاست‌جمهوری و یک‌پایه کردن رژیم بود. بنی‌صدر روز ۲۰ خرداد به‌حکم خمینی از فرماندهی کل قوا برکنار شد و درست از همان روز پروژه‌ی عدم کفایت سیاسی او در مجلس به‌جریان افتاد و طرح آن در روز ۲۵ خرداد در مجلس مطرح شـد. تمامی بخش‌های حاکمیت و به‌ویژه بهشتی، حزب جمهوری‌اسلامی، دفتر نخست‌وزیری و شخص سازگارا از پی‌گیران طرح برکناری بنی‌صدر بودند. اما سازگارا با زرنگی موضوع کشته شـدن بهشتی را به‌شکلی مطرح می‌کندکه گویا اگر او زنده بود با تلاش هایش

روزنامه‌ها را باز می‌کرد، لاجوردی را سرجایش می‌نشاند و اوضاع را به‌روندی معقول می‌کشاند.

رفسنجانی ـ یکی ازکسانی که از نزدیک درگیر ماجراها بوده ـ در این مورد در کتاب «عبور از بحران – کارنامه و خاطرات ۱۳۶۰» چه می‌گوید:

سه شنبه اول اردیبهشت ۶۰

«... آقای بهشتی از حیله‌ی حقوق‌دانان و یک قاضی برای آزادکردن روزنامه‌ی میزان [ارگان نهضت آزادی] از توقیف و شکست توطئه و تعقیب قاضی، صحبت کردند.»[۱]

این سند به‌خوبی نشانگر آن است که بهشتی برای قاضی و حقوق‌دانی که تلاش کرده‌اند با توسل به‌مواد قانونی از روزنامه‌ی میزان ،ارگان نهضت آزادی رفع توقیف کنند پاپوش درست کرده و آن‌ها را تحت تعقیب قرار داده و تلاش حقوقی آن‌ها را «توطئه» می‌نامد. وقتی تلاش حقوقی، توطئه خوانده می‌شود معلوم است فعالیت سیاسی گروه‌های رقیب به‌چه تعبیر خواهد شد. سبک و سیاق بهشتی آن‌روز، فرقی با سعید مرتضوی و محسنی‌اژه‌ای و حسین شریعتمداری و... امروزی نداشت. آن‌ها راست می‌گویند که رهروان راه بهشتی و امام «راحل»شان هستند.

چهارشنبه ۶ خرداد ۱۳۶۰

«... قبل از شروع ملاقات ما، اعضای شورای‌عالی قضایی، خدمت امام بودند به‌جز آقای ربانی شیرازی، احمد آقا هم بود. من هم در قسمتی از جلسه‌ی‌شان رسیدم، بحث بر سر موضع ما با مخالفان و لیبرال‌ها بود، مطالب خوبی گفته شد و تصمیمات خوبی گرفته شد. قرار شد هیأت سه نفری، صریحاً تخلفات‌شان را بگویند. دادگاه‌ها هم قویاً عمل کنند و حتی در مورد تعطیل روزنامه‌های ضد انقلاب.»[۲]

چنان‌چه ملاحظه می‌شود بحث شورای‌عالی قضایی در حضور خمینی بر سر

۱-عبور از بحران، صفحه‌ی ۸۰

۲-عبور از بحران، صفحه‌ی ۱۳۰

برخورد دادگاه‌ها با روزنامه‌های ضد انقلاب است و خواهان برخورد قوی هم می‌شوند. قرار است «دادگاه‌ها هم قویاً عمل کنند». چنان‌چه ملاحظه می‌شود تصمیم در جای دیگری گرفته شده بود.

یک‌شنبه ۱۷ خرداد ۶۰

«... ظهر، خبر تعطیل موقت روزنامه‌های انقلاب‌اسلامی، میزان، آرمان ملت، مردم و جبهه‌ی ملی از طرف دادستان انقلاب‌اسلامی تهران پخش شد. اقدام جسورانه‌ای است. قرار نبود تعطیل شوند، مخصوصاً در آستانه‌ی انتخابات. تحقیق کردم معلوم شد شورای‌عالی قضایی هم تصویب کرده است.

عصر در جلسه‌ی شورای‌مرکزی حزب شرکت کردم. بحث در مورد تعطیل روزنامه‌ها بود. اکثریت موافق بودند و چند نفری مخالف، من جمله من. ... شب، در جلسه مشترک نمایندگان و مجریان هوادار حزب شرکت کردم. مقداری درباره‌ی علل گرانی بحث شد؛ سپس درباره‌ی تعطیل روزنامه‌ها، آقای بهشتی عمل را توجیه کردند و سه نفر آقایان الویری، انصاری، زرندی و دکتر روحانی مخالفت کردند. آقای لاجوردی دادستان انقلاب، دفاع کرد و اکثریت حضار، ایشان را تأیید کردند و قرار شد عقب‌نشینی نشود.»[1]

طبق گفته‌ی رفسنجانی، اقدام لاجوردی نه تنها خودسرانه نبوده بلکه شورای‌عالی قضایی به‌ریاست بهشتی آن‌را تصویب کرده بود و رفسنجانی از آن به‌عنوان «اقدام جسورانه» نام می‌برد. رفسنجانی تأکید می‌کند که در جلسه‌ی شورای‌مرکزی حزب جمهوری‌اسلامی اکثریت به‌جز چند نفری موافق بستن روزنامه‌ها و نشریات بودند. او سپس تأکید می‌کند در مقابل مخالفان، این بهشتی بودکه عمل دادستانی را مورد تأیید قرار داده و آن را توجیه کرد و ...

شنبه ۲۳ خرداد ۱۳۶۰

«... ظهر به‌خواست آقای قدوسی [دادستان کل انقلاب]، با ایشان و

۱-عبور از بحران صفحه‌های ۱۴۰ و ۱۴۴

آقای خامنه‌ای در اتاق من جلسه‌ای داشتیم. آقای قدوسی می گفتند: دوستان اجرایی در سپاه و در جاهای دیگر از این که تصمیمات توسط حزب یا شخص آقای بهشتی، گرفته می شود و آن‌ها در جریان نیستند، گله دارند؛ ولی واقعاً این نیست. اشتباه کرده‌اند.
اصل مسئله، همین توقیف روزنامه‌هاست که شورای عالی قضایی، بدون مشورت و بلکه بر خلاف نظران دیگران، [اقدام] کرده است.»[۱]

چنان‌چه ملاحظه می‌شود حتا قدوسی دادستان کل انقلاب نیز از تصمیم‌گیری و توطئه‌چینی بهشتی در همه‌ی امور کشور می‌نالد. سپاه پاسداران و «دوستان اجرایی» هم گله دارند.
تا این‌جای مطلب چنان‌چه ملاحظه می کنید آن‌چه سازگارا می گوید دروغی بیش نیست. او مذبوحانه تلاش می کند یکی از خونین‌ترین سرکوب‌های تاریخ را به‌دعوای بین مجاهدین و لاجوردی تقلیل دهد و از خود و دیگر گردانندگان نظام سلب مسئولیت کند.

سازگارا هم‌چنین از قول بهشتی عنوان می کند که زورش به لاجوردی نمی‌رسد! اما در همین باره نگاه کنید به شهادت کسانی که امروز در حاکمیت هستند و مانند سازگارا تلاش نمی کنند مشارکت خود در جنایت را انکار کنند.
حاج احمد قدیریان، معاون اجرایی دادستانی کل انقلاب و دادستانی انقلاب اسلامی مرکز که با درجه‌ی سرتیپی سپاه مشغول خدمت در دفتر خامنه‌ای ست، در رابطه با چگونگی انتخاب لاجوردی به سمت دادستانی انقلاب اسلامی مرکز می گوید:

«آقای بهشتی با آقای قدوسی صحبت کرده بودند که چنان‌چه بخواهید ریشه‌ی منافقین و گروه‌های معاند را خشک کنید باید از کسانی استفاده کنید که با آن‌ها در گیر بوده‌اند. از این لحاظ آقای لاجوردی در رأس همه قرار داشتند.»[۲]

۱-عبور از بحران، صفحه‌ی ۱۵۲
۲-خاطرات حاج احمد قدیریان، صفحات ۱۴۹، ۱۵۰، تدوین: سیدحسین نبوی، محمدرضا سرابندی، مرکز اسناد انقلاب اسلامی، چاپ اول

عزت شاهی سربازجو و یکی از گردانندگان کمیته در باره‌ی مجریان سرکوب پس از ۳۰ خرداد می گوید:
از این زمان به‌بعد دیگر من به‌تنهایی نبودم، من به‌عنوان کمیته و انتظامات شهر و لاجوردی و بهشتی و قدوسی به‌عنوان دادستان هم بودند.»[۱]

شکوفه منتظری گزارش گر دویچه‌وله با توجه به دستگیری وابستگان جبهه‌ی ملی و... از سازگارا می‌پرسد:
«پس نمی‌شود هم‌سان‌سازی کرد و به‌قول شما دو طرف دعوا را مقصر دانست.»
سازگارا در پاسخ، اظهر من‌الشمس را نفی کرده، می گوید:
«برای قضاوت هنوز زود است. اما شاید بتوان در ایجاد آن فضای جنگ، سازمان‌های مسلحی چون مجاهدین خلق و فدائیان اقلیت و گروه‌های مسلح کُرد را همان‌قدر مقصر دانست که امثال آقای لاجوردی را. چرا که این گونه به‌نظر می‌رسید که آن‌ها هم برای دست به اسلحه بردن عجله داشتند. از اعلامیه‌ها و بیانیه‌های‌شان این گونه برمی‌آمد و هیچ گونه حاضر نبودند به‌مسیر صلح‌آمیز اعلامیه‌ی ده ماده‌ای دادستانی گردن بگذارند.»
آیا فضای جنگ را گروه‌های سیاسی به‌وجود آورده بودند؟ چه کسی از فضای باز سیاسی سود می‌برد و چه کسی زیان می‌کرد؟ در آن شرایط مجاهدین با سیل نیروهایی که به‌آن‌ها می‌پیوستند مواجه بودند، من یادم هست مجاهدین با تمام توان تشکیلاتی که داشتند رسماً درون تشکیلات عنوان می‌کردند که امکان سازمان‌دهی این‌همه نیرو را ندارند. شواهد تاریخی و اسناد به‌جای مانده از آن دوران نشان می‌دهد که مجاهدین نه تنها از حقوق قانونی خود استفاده نمی‌کردند، نه تنها از مقابله پرهیز می‌کردند، حتا در جاهای بسیاری تا آن‌جا که من شاهد بودم از حق دفاع هم استفاده نمی‌کردند و به نیروهای خود دستور می‌دادند که در مقابل یورش نیروهای حزب‌اللهی و پاسدار، تنها دست به افشاگری سیاسی

1-http://www.farsnews.com/newstext.php?nn=850421040

بزنند. تا پیش از ۳۰ خرداد خون از دماغ یک پاسدار یا حزب‌اللهی نیامده بود در حالی که پنجاه هوادار مجاهدین توسط نیروهای حزب‌اللهی و فالانژ رژیم -که سازمان‌دهی‌شان به‌دست امثال آقای سازگارا و همراهان‌شان بود- و شلیک مستقیم گلوله‌ی پاسداران کشته شده بودند، هزاران هوادار آن‌ها طی یورش‌های وحشیانه‌ی حزب‌اللهی‌ها و پاسداران زخمی شده بودند.

وقتی رژیمی اولین ریاست‌جمهوری منتخب خود را تحمل نمی‌کند، آیا گروه‌های سیاسی مخالف، رقیب و دشمن خود را تحمل می‌کند؟ آیا سرکوب نیروهای مترقی، یک توطئه‌ی برنامه‌ریزی شده از سوی رژیم نبود؟ آیا بنی‌صدر دارای سازمان و نیروی نظامی بود؟ آیا او به خشونت متوسل شده بود؟ آیا خمینی و رژیم به‌کم‌تر از تسلیم مطلق و زندگی بر روی زانوان مخالفان خود راضی بودند؟ نحوه‌ی برخورد رژیم با «نهضت آزادی» و آیت‌الله منتظری و وابستگان نزدیک خودش به‌خوبی نشانگر این موضوع است.

در آن شرایط بنی‌صدر به‌درستی اعلام کرد که جامعه به‌لحاظ سیاسی به بن‌بست رسیده و خواهان برگزاری رفراندوم و مراجعه به آرای عمومی شد، مجاهدین نیز از این ایده حمایت کردند. اما حزب جمهوری‌اسلامی، باندهای سیاه رژیم، رجایی و دار و دسته‌ی او در نخست‌وزیری که هدایت آن‌ها را امثال سازگارا به‌عهده داشتند، با اطمینان از نتیجه‌ی رفراندوم و آرای مردم که به زیان‌شان بود دست به توطئه‌چینی برای برکناری رئیس‌جمهوری و سرکوب گروه‌های سیاسی و برقراری اختناق مطلق زدند. حسن حبیبی کاندیدای آن‌ها برای اولین دوره‌ی انتخابات ریاست‌جمهوری تنها چهار درصد آرا را آورده بود. خمینی، «امام» آقای سازگارا در روز ششم خرداد ۶۰ گفت: «تمام ملت موافقت کند من مخالفَت می‌کنم» او هم‌چنین در ۲۵ خرداد گفت: «اگر سی و پنج میلیون بگویند بله، من می‌گویم نه».

سازگارا حتا امروز که نتیجه‌ی اعمالش را به‌چشم می‌بیند به‌جای این که از گذشته‌ی خود اظهار پشیمانی و شرمساری کند، مزورانه خواهان برگزاری رفراندوم شده و کسانی را که بیست و هفت سال پیش خواهان رفراندوم و مراجعه به آرای

عمومی بودند، مدافعان خشونت معرفی می‌کند.

سئوال اساسی که سازگارا بایستی به‌آن جواب دهد این است:

آیا همان دفتر نخست‌وزیری که او معاونت سیاسی آن را بر عهده داشت، کانون توطئه‌چینی علیه بنی‌صدر نبود؟ آیا طرح توطئه‌ی کودتا علیه رئیس‌جمهوری از مدت‌ها قبل جریان نداشـت؟ کدام کودتا همراه با سرکوب گروه‌های سیاسی و کشت و کشتار نبوده است؟

۲۴ خرداد ۱۳۸۷

علی‌رضا نوری‌زاده،
بانک مرکزی جعلیات
و عصاره‌ی ژورنالیسم بی‌اعتبار

«عدنان حاج، فتوژورنالیست لبنانی، که بیش از ده سال با خبرگزاری رویترز همکاری داشـت، سـال گذشـته در جریان جنگ لبنان با دست‌کاری دیجیتالی دست کم دو عکسی که تهیه و ارائه کرده بود، اعتبار حرفه‌ای برای خود باقی نگذاشت. هر دوی این عکس‌ها در مجموعه‌ی عکسی که رویترز از درگیری‌های لبنان و اسرائیل منتشر کرد منظور شده بودند. رویترز بعد از آگاهی از این دست‌کاری‌ها، نه تنها عدنان حاج را اخراج کرد، بلکه همه‌ی نهصد و بیست عکسی را که از او در آرشیو داشت، حذف کرد.»[1]

در جامعه‌ی ما که سـال‌ها اسیر فرهنگ اسـتبدادی نظام‌های سیاسی بوده و گذشته از مردم، گروه‌ها و فعالان سیاسی هم مسئولیت اعمال و گفته‌های خود را نمی‌پذیرند، «اعتبار حرفه‌ای» کالایی است که خریداری ندارد. به‌خاطر وجود چنین فرهنگی امثال علی‌رضا نوری‌زاده که به‌طور مسـتمر به‌عنوان بانک مرکزی

1-http://nasiriphotos.com/articles/?j=3

جعلیات، به دروغ‌بافی و جعل خبر و تفسیر و گزارش واقعه مشغول است، ستاره‌ی بخش فارسی رادیوها و تلویزیون‌های ماهواره‌ای می‌شود.

رویترز، در جامعه‌ی خودشان که «اعتبار حرفه‌ای» ارزشی دارد و افکار عمومی حساس است، به‌خاطر انتشار دو عکس دست‌کاری شده، نه تنها همکار خود را اخراج می‌کند، بلکه برای پاک کردن این ننگ، همه‌ی عکس‌های او را نیز از آرشیو خود حذف می‌کند تا به احساسات جریحه‌دار شده‌ی مردم مرهمی نهد، اما وقتی همین بنگاه‌های خبری در ارتباط با جامعه‌ی ایرانی قرار می‌گیرند، صد تا از این افشاگری‌ها هم که بکنی، باز به‌همکاری‌شان با افراد مزبور ادامه می‌دهند و آب از آب تکان نمی‌خورد! چرا که برای ما احترام و اعتباری قائل نیستند. به‌این دلیل آشکار که قبل از دیگران، ما خودمان برای خودمان احترامی قائل نیستیم. آن‌ها به‌خوبی می‌دانند که وجه غالب جامعه‌ی ایرانی، حساسیتی به‌این موضوع‌ها ندارد و حتی گاه چون دستِ فرد مورد علاقه‌شان را روکرده‌ای، ناراحت هم می‌شوند و فحشی هم نثارت می‌کنند که چرا نمی‌گذارید مردم کارشان را بکنند؛ یا مگر شما وکیل وصی دیگرانید؟ چرا مردم ملزم‌اند از شما تأییدیه بگیرند؟ و توجیهاتی از این دست.

من پیش از این در نوشته‌ای به‌روایت جعلی مسعود بهنود، همکار و دوست قدیمی نوری‌زاده پرداخته‌ام[1]. این دو، گویی همزاد هم هستند. شیوه‌ی کارشان هم به‌گونه‌ای باورنکردنی شبیه به‌هم است.

این مقدمه را گفتم تا به روایت چند موضوع از سوی علیرضا نوری‌زاده بپردازم که از اساس جعلی هستند.

1- www.irajmesdaghi.com

«مخدره» یا «بانوی فرزانه‌ی فرهنگ و آموزش»[1]

نوری‌زاده، بانو فرخ‌رو پارسا و پری بلنده

نوری‌زاده در ستون یک هفته با خبر، سه‌شنبه ۶ تا جمعه ۹ فوریه ۲۰۰۷، که در روزنامه‌ی کیهان چاپ لندن انتشار یافت، و به‌خاطر آب و نان‌داری گزارش، دوباره آن‌را در تاریخ ۱۶ دی‌ماه سال ۸۶ انتشار داد، در مورد تصویری «که تا آخرین لحظه‌ی زندگی از صفحه‌ی دل و اندیشه‌اش پاک نخواهد شد»، می‌نویسد:

> «تصویر دوم از آن شب تلخ در برابر شکوفه‌نو است. خلیل بهرامی خبر داده است که امشب بانوی فرزانه‌ی فرهنگ و آموزش کشور فرخ‌رو پارسا را اعدام می کنند آن هم با زنی از ساکنان نفرینی قلعه «پری بلنده» قزوینی. حتی در لحظه مرگ می‌خواهند آن بانوی نازنین را که هزاران دختر میهن من شاگردانش بودند، تحقیر کنند. شکوفه‌نو خاموش است، قلعه نیز پس از آن‌که چند تیغ کش

۱- زنده‌یاد خانم فرخ‌رو پارسا هم‌چون مادر فرزانه‌اش فخرآفاق پارسا به‌خاطر نقش مهمی که در اشاعه‌ی فرهنگ و آموزش کشور داشت، موردکینه‌ی ملایان بود. فخرآفاق پارسا یکی از اولین روزنامه‌نگاران زن ایرانی بود که مدیریت مجله‌ی «جهان زنان» را به عهده داشت. او به‌خاطر نشر مقاله‌ای تحت عنوان «لزوم تعلیم و تربیت مساوی برای دختر و پسر» با تحریک ملایان به اتهام ترویج فساد و تبلیغات خلاف شرع و اسلام، به‌دستور قوام‌السلطنه با شش سر عائله در سال ۱۳۰۰ خورشیدی به قم تبعید شد و در همان‌جا خانم فرخ‌رو پارسا به‌دنیا آمد. بعدها خانواده‌ی پارسا با میانجی گری میرزاحسن خان مستوفی‌الممالک، نخست‌وزیر وقت به تهران بازگردانده شد اما فخرآفاق دست از عقاید خود برنداشت و در سال ۱۳۰۲ با راه‌اندازی «جمعیت نسوان وطن‌خواه» به سرپرستی خانم اسکندری، همراه با ملوک اسکندری، صفیه اسکندری، قدسیه مشیری، هایده افشار، مستوره افشار، عصمت‌الملوک شریفی، فخرالسلطنه فروهر، نورالهدی منگنه و... به تلاش‌های خود ادامه داد. این جمعیت خواسته‌های خود را در هیجده ماده تنظیم کرده بود. هدف این انجمن توسعه‌ی مدارس دخترانه، توسعه‌ی بهداشت زنان و تشکیل تعاونی‌های زنان بود و مجله‌ی وطن‌خواه را در می‌آورد. ملایان وقتی به‌قدرت رسیدند، کینه‌ی مادر و دختر را که جز برای ارتقای سطح آموزش کشور کاری نکرده بودند، یک‌جا بر سر خانم فرخ‌رو پارسا خالی کردند و در روزهایی که هیجان‌های اول انقلاب فروکش کرده بود، وی را به جوخه‌ی اعدام سپردند. خانم فخرآفاق به‌خاطر روشنگری در مورد «لزوم تعلیم و تربیت مساوی برای دختر و پسر» تحت فشار قرار گرفت و رنج تبعید را به جان خرید و زنده‌یاد فرخ‌رو پارسا که در رشته‌ی پزشکی تحصیل کرده بود، به تعلیم و تربیت و آموزش نوجوانان کشور که آروزی مادرش بود، روی آورد و عاقبت جان بر سر آن گذاشت.
توضیح ضروری: یکی از دوستان بسیار عزیز و مورد اعتمادم که از وکلای برجسته‌ی دادگستری هستند به‌من یادآوری کردند که در زمانی که نوری‌زاده مدعی است چنین اتفاقی افتاده است آقای خلیل بهرامیان وکیل پایه یک دادگستری نه وکیل خانم فرخ‌رو پارسا بود و نه وکیل پری بلنده و نمی‌توانسته از جزئیات اجرای احکام دادگاه انقلاب و محل اجرای آن اطلاعی داشته باشند. مهم‌تر از همه آن‌که اصلاً دادگاه‌های انقلاب، حق دفاع را به‌رسمیت نمی‌شناختند و وکیلی آن‌جا حاضر نبود. جعل نام این وکیل دادگستری برای آن است که احتمالاً نوری‌زاده فکر می کند که او هم در قید حیات نیست و یا دسترسی به نوشته‌های او ندارد.

نومســـلمان کمیته‌ای بعضی از خانه‌هایـــش را آتش زده‌اند و حاج مانیان و تنی چند از بازاری‌ها با انتقال ساکنانش به‌مراکز بازسازی روح و جسم، تطهیرشان کرده‌اند، به‌جز معتادانی فروافتاده و زنانی تا حنجره‌ی گرفتار سفلیس، از بانگ شادخواران و قوادان و اسپندی‌ها و مشـــتری‌ها خالی است. چند جعبه پپســـی را روی هم می‌چینند. یک گونی بر سر خانم پارسا کشیده‌اند و چادر نمازی بر سر پری که روزگاری زیباترین زن قلعه بود. سه نفر خانم پارسا را روی جعبه‌ها می گذارنـــد و طناب را از روی گونی برگردنش می‌اندازند. دو نفر از بچه‌های کمیته‌ی محل طناب را می کشـــند، طناب پاره می‌شود و خانم پارسا کف پیاده‌رو پرتاب می‌شود. ناجوانمردها حتی رسم اقوام وحشـــی را رعایت نمی کنندکه اگر محکـــوم به‌مرگی نمرد، بخشوده می‌شود. این بار سیم بکسل می‌آورند با طنابی کلفت، بانوی نازنین را که هیچ نمی گوید در همان گونی بالا می کشند و سر طناب را دور درختی می‌پیچند.

پری گریه می کند و ناســـزا می گوید، به‌ســـرعت او را طناب‌انداز می کننـــد. دو پیکر تاب می‌خورد یکی در گونی و یکی در لابلای چادر نماز... ستوان جوانی از پاسگاه بیرون می‌آید و فریاد می‌زند خجالت بکشید، کارتان را که کردید؛ حداقل جسد خانم پارسا و آن بیچاره پری را پائین بکشید.»[1]

آن‌چه نوری‌زاده در مورد «بانوی فرزانه فرهنگ و آموزش کشور فرخ‌رو پارسا» می‌نویسد، واقعیت ندارد و بافته‌ی ذهن اوست.
نوری‌زاده که امروز این چنین از زنده‌یاد خانم فرخ‌رو پارسا یاد می کند و او را «آن بانوی نازنین» که «هزاران دختر میهن من شاگردانش بودند»، معرفی می کند و از عزم ملایان برای «تحقیر» او به هنگام مرگ می‌نویسد؛ خود به شکلی دیگر در ۴ تیر ۵۸ در سرمقاله‌ی مجله‌ی «امید ایران» که سردبیری‌اش را به عهده داشت، در مورد زنده‌یاد خانم فرخ‌رو پارسا نوشت:

1-www.nourizadeh.com/archives/ 002604.php#more

«بار دیگر طرفه ترفندی از آستین گروه‌های فشار بیرون آمده است. بار دیگر حضرات صاحبان انگشـــت تکفیر و اتهام آن‌ها که روزی مداح حاکمان وقت- خودکامه‌ی بزرگ شـــاه، و دار و دســـته‌اش بودند، آن‌ها که تصاویرشان در کنار آن مخدره وزیر آموزش و پرورش در آلبوم‌ها و یادها باقی‌ست...»

می‌بینید، همان کسی را که وقتی بیم جانش می‌رفت، «مخدره» می‌نامید و جزو «دار و دسته‌ی آن خودکامه‌ی بزرگ، شاه»، و هرکس را که عکسی با او داشت مستوجب تکفیر می‌دانســـت، حالا که به‌زیر خروارها خاک سرد خفته است، «بانوی نازنین» می‌خواند و یک مشت دروغ و دغل تحویل خوانندگان بی‌خبر از همه جا می‌دهد.

در این روایت، نوری‌زاده که ذره‌ای اعتبار حرفه‌ای در او نیســـت، به‌سان ملایانِ بالای منبر، هرچه خواسته به‌هم بافته است.

«پری بلنده» که نوری‌زاده مدعی‌ست خانم فرخ‌رو پارسا به‌همراه او اعدام شد، لقب ســـکینه قاســـمی، معروف‌ترین «خانم رئیس» و «دلال محبت» قلعه یا «شهرنو» تهران در دهه‌ی پنجاه خورشیدی بود.

پری بلنده در ۲۱ تیرماه سال ۵۸ همراه دو «خانم رئیس» مشهور تهران به نام‌های «زهرا مافیها» و «صاحب‌اختیاری» که به ترتیب به «اشرف چهارچشم» و «ثریا ترکـــه» معروف بودند و هم‌چنین منصور باقریان کـــه دادگاه انقلاب، جرم او را وارد کردن مجلات پورنوگرافی و آلات تناسلی مردانه و زنانه از اسرائیل اعلام کرده بود، اعدام شد. خبر آن را روزنامه‌ی کیهان در صفحه‌ی اول همراه با چاپ عکسی از پری‌بلنده و منصور باقریان با آب و تاب اعلام کرد.

ژورنالیستی که احترامی برای خوانندگان و بینندگان و شنوندگانش قائل نیست در عصر اینترنت و ماهواره و ارتباطات، هم‌چون آخوندهای منبری عمل می‌کند و این جعلیات را به‌هم می‌بافد.

بقیه‌ی اطلاعاتی هم که نوری‌زاده می‌دهد، نادرست است. بعضی از خانه‌های قلعه توسط «چند تیغ‌کش نومسلمان کمیته» چنان‌چه نوری زاده روایت می‌کند،

آتش زده نشدند، بلکه موضوع آتش زدن بعضی خانه‌های قلعه، یا شهرنو مربوط به دی‌ماه ۵۷ است که با موضع گیری هشیارانه‌ی آیت‌الله طالقانی مواجه شد.

پس از پیروزی انقلاب ضدسلطنتی، شهرنو مانند سابق هم‌چنان به‌کار خود ادامه می‌داد و به مأموران کلانتری منطقه‌ی پانزده دستور داده شده بود که از آوردن زنان جدید به قلعه ممانعت به‌عمل آورند. باوجود اعدام سه نفر از گردانندگان شهر نو در تیرماه ۵۸، فعالیت این مرکز تا مرداد ۵۸ بدون تعرض ادامه یافت و در روزهای اول مرداد ۵۸، به‌مناسبت فرا رسیدن ماه رمضان، به‌دستور «کمیته‌ی مرکزی انقلاب‌اسلامی»، تعطیل شد و پس از پایان یافتن ماه رمضان نیز دیگر اجازه‌ی بازگشایی به‌آن داده نشد.
پری بلنده، اشرف چهارچشم و ثریا ترکه، به‌خاطر اعلام نظر آیت‌الله طالقانی مبنی بر لزوم وجود «شهرنو»، مطمئن از آینده‌ی خود و بدون دغدغه مشغول اداره‌ی خانه‌های خود در شهرنو بودند، که به‌یک‌باره با هجوم پاسداران دستگیر و پس از چند سؤال و جواب کوتاه و به‌محض «احراز هویت» در دادگاه انقلاب به‌ریاست خلخالی، اعدام شدند.

پری بلنده در ۲۱ تیر ۱۳۵۸ اعدام شد و خانم فرخ‌رو پارسا هشت ماه بعد از اعدام پری بلنده، در ۲۸ بهمن ۱۳۵۸ دستگیر شد و در ۱۸ اردیبهشت ۵۹ اعدام شد. چگونه ممکن است این دو با هم، نزدیک قلعه، روبروی کاباره «شکوفه نو» به‌ترتیبی که نوری‌زاده روایت می‌کند، اعدام شده باشند؟
داستان پاره شدن طناب و آوردن سِیم بکسل آن هم نیمه‌های شب، تلاشی‌ست که نوری‌زاده به‌کار می‌برد تا داستان کُند شدن خنجر شمر برای بُریدن سر امام حسین را که آخوندهای بی‌سواد بالای منبر تعریف می‌کنند، به روزکُنَد.

با توجه به آن‌چه گفتم تکلیف داستان «ستوان جوانی» که نوری‌زاده تعریف می‌کند «از پاسگاه بیرون می‌آید و فریاد می‌زند خجالت بکشید، کارتان را که کردید، حداقل جسد خانم پارسا و آن بیچاره پری را پائین بکشید.» هم روشن است.

سکینه قاسمی مشـــهور به پری بلنده همان روز اعدام در تاریخ ۲۱ تیر ۱۳۵۸ در بهشت‌زهرا قطعه‌ی ۴۱، ردیف ۸۷، قبر ۳۵ دفن شد. اطلاعات مزبور را که عیناً از سایت بهشت زهرا برداشتم، ملاحظه می کنید:[1]

نام	نام خانوادگی	نام پدر	تاریخ دفن	سن	شماره قطعه	شماره ردیف	شماره قبر	نام گورستان
سکینه xx	قاسمی	۱۳۵۸/۰۴/۲۱	۰	۰	۴۱	۸۷	۳۵	

روزنامه‌ی انقلاب اســـلامی مورخ ۱۸ اردیبهشت ۱۳۵۹ در مورد حکم دادگاه و محل و نحوه‌ی اعدام خانم فرخ‌رو پارسا چنین گزارش می دهد:

«دادستانی کل انقلاب‌اسلامی ایران صبح امروز با انتشار اطلاعیه‌ای اعلام داشت، بانو اسفند فرخ‌رو پارسا وزیر اسبق آموزش و پرورش کابینه‌ی هویدا، به‌جرم غارت بیت‌المال و ایجاد فســـاد و اشاعه‌ی فحشاء در وزارت مذکور و همکاری با ساواک و اخراج فرهنگیان مبارز از آموزش و پرورش و شـــرکت در تصویب قوانین ضدمردمی و وابســـته کردن آموزش و پرورش به فرهنگ استعماری امپریالیسم مفسد فی‌الارض تشخیص داده شد».

خانم پارسا در محوطه‌ی زندان اوین تیرباران شد. آن‌روزها دار زدن در ملاءعام، آن‌هم در تهران، اساســـاً باب نبود. برای دریافت اطلاعات بیش‌تر می‌توانید به تحقیقات بنیاد برومند در این زمینه مراجعه کنید.[2]

نوری‌زاده و ترور مفتح

نوری‌زاده در یک هفته با خبر سه‌شنبه ۶ تا جمعه ۹ فوریه‌ی ۲۰۰۷ که در روزنامه‌ی کیهان چاپ لندن انتشـــار یافت و دوباره در ۱۶ دی‌ماه سال جاری به انتشار آن پرداخت، می‌نویسد:

«پیش درآمد: باز هم ســـال‌روز انقلاب، و باز هم دست و پنجه نرم

1-www.tehran.ir/Default.aspx?tabid=591&language=en-US
2-www.abfiran.org/farsi/person- 34914.php

کردن بـــا تصاویری که تا آخرین لحظه‌ی زندگی از صفحه‌ی دل و اندیشه‌ام پاک نخواهد شد. چند تصویر را در برابر شما می نهم.
... دو تصویر زنده و خونین هم‌چنان پیش روی من است. با بختیاری که اتومبیلم را می‌راند وارد دیبا می شویم و هنوز درست به روزولت نپیچیده‌ایم که ســر و صداهایی می‌آید. بختیار ســرعت می گیرد. اتومبیلی با شیشه‌ای شکسته و عمامه‌ای خون‌آلود پیداست. رهگذران حیرت‌زده موتورســواری را دنبال می کنندکه گلوله‌ها را خالی کرده است. به‌زحمت جلو می‌روم. آقای دکتر مفتح با گلوله‌هایی در چشم و گلو و راننده‌اش با سری خونین، فرو افتاده‌اند. پلیس می‌رسد و ما می‌رویم.»[1]

متأسفانه آن‌چه نوری‌زاده از واقعه‌ی فوق روایت می کند، واقعی نیست. به‌نظر من آدم‌هایی مثل نوری‌زاده که صفحه‌ی دل و اندیشه را نیز به‌بازی می گیرند، زشتی دنیا را دو چندان می کنند.
بر اساس اسناد و مدارک به‌جا مانده از آن دوران که به‌اندازه‌ی کافی گویا هستند؛ محمد مفتح در ماشــین‌اش ترور نشد، اتومبیلی با شیشه‌ای شکسته درکار نبود. شلیکی به ماشین نشد، رهگذران حیرت‌زده، موتورسواری را دنبال نمی کردند، راننده‌ی مفتح با سری خونین فرو نیافتاده بود.

نوری‌زاده به‌جای واقعیت، ظاهراً یکی از فیلم‌های اَکشــن آمریکایی را که در تلویزیون دیده، روایت می کند. در این گونه فیلم‌ها یک نفر به ماشین مورد نظر نزدیک می‌شود و با شلیک گلوله‌ای در سر راننده و سرنشین مورد نظر، هر دو را به‌قتل می‌رســاند و از صحنه می گریزد. در این نوع فیلم‌ها حتماً شیشه‌ی ماشین شکســته می‌شود و سر راننده روی فرمان می‌افتد. کسی که نوری‌زاده و فرهنگ او را نشناســد، خیال می کندکه او با نشانی‌هایی که می‌دهد و شاهدی که جور می کند، لابد آن‌جا بوده و صحنه را از نزدیک دیده است. اصلاً به مخیله‌اش هم خطور نمی کندکه وی داستان‌سرایی می کند و جعلیات تحویل خواننده می‌دهد.

1-www.nourizadeh.com/archives/ 002604 .php#more

برای روشـــن شدن واقعیت بایستی بگوییم در درگیری اولیه، دو نفر از محافظان مفتح به نام‌های جواد بهمنی و اصغر نعمتی که راننده‌ی او نیز بود، کشته شدند و این اتفاقات همگی در بیرون ماشین و در خیابان به‌وقوع پیوست.

کمال یاسینی ضارب مفتح در دو ملاقات حضوری که بعد از دستگیری و پیش از اعدام داشت ، چگونگی و محل کشته شدن مفتح را برای اعضای خانواده‌اش به شرح زیر تشریح کرده بود.

بعد از آن‌که مفتح از ماشـــین پیاده می‌شـــود و به‌سمت دانشکده می‌رود، کمال به‌طرف او شلیک می‌کند. تیر اول به‌پای مفتح اصابت می‌کند و او شروع به‌فرار می‌کند؛ نرسیده به پله‌های جلوی ساختمان، تیر دوم به شانه‌ی او اصابت می‌کند؛ بالای پله‌ها، قبل از این‌که مفتح در را بازکند و وارد ساختمان دفترکارش شود به‌عقب بر می‌گردد که ببیند کمال کجاست، کمال تیر سوم را شلیک می‌کند که به‌سر او می‌خورد و منجر به‌مرگش می‌شود.

در طول مســـیر تعقیب و گریز، مفتح فریاد می‌زند که منو نکش، هر چه بخواهی به‌تو می‌دهم. و کمال هم در جواب می‌گوید: «مگر نمی گویید شهادت بالاترین چیزهاست. می‌خواهم تو را شهید کنم و به بهشت بفرستم.»

طبق برنامه‌ی از پیش طراحی شـــده، قرار بود که طرح، بعد از پیاده شدن مفتح از ماشین و در مسیر رفتن به‌سمت ساختمان دانشکده انجام گیرد. به‌همین دلیل روز قبل، تیم عملیاتی، محل و جاهایی راکه امکان داشت مفتح در صورت فرار به‌سمت آن‌جا برود، کاملاً شناسایی کرده بود.

برخلاف آن‌چه نوری‌زاده می‌گوید، ضارب یک نفر نبود، بلکه تیم ترور متشکل از ســـه نفر به نام‌های کمال یاســـینی و دو برادر به نام‌های حسن (ضارب جواد بهمنی) و محمد (ضارب اصغر نعمتی) نوری انگورانی بودند که از سوی محمود کشـــانی دیگر عضو تیم حمایت می‌شدند. طرح و برنامه‌ریزی عملیات توسط عباس عسگری صورت گرفته بود. وظیفه‌ی محمود کشانی این بود که به وسیله‌ی یک پیکان، تصادف ساختگی ایجاد کند تا با ایجاد ترافیک، کمیته‌ای‌ها نتوانند خودشان را به محل برسانند. پس از پایان عملیات، محل را کمیته‌چی‌ها قرق کرده بودند و پلیسی در صحنه نبود.

کسی که صحنه را دیده باشد، حتماً می‌داند که کشته‌شدگان سه نفر بودند و نه دو نفر. جدا از اطلاعات شخصی‌ام به‌خاطر سال‌ها نزدیکی و زندگی با افراد وابسته به گروه فرقان در زندان‌های اوین، قزل‌حصار و گوهردشـــت، و آشنایی‌ام با برادر و پسرخاله‌ی کمال یاسینی ضارب مفتح و شنیدن چندباره‌ی داستان ترور مفتح، اسناد زیر نیز روایت نادرست نوری‌زاده را به اندازه‌ی کافی برملا می کنند.

رونامه‌ی اعتماد در تاریخ ۲۷ آذر ۸۶ می‌نویسد:

> «پیـــش از ظهر ۱۸ دســـامبر ۱۹۷۹ (۲۷ آذر ماه ۱۳۵۸) دکتر محمد مفتح همدانی (حجت‌الاسلام) مدرس الهیات که در جریان انقلاب ۱۳۵۷ رهبری گروهی از انقلابیون را به‌دســـت داشت و در سقوط نظام ســـلطنتی ایران با ترتیب دادن تظاهرات، نقش مؤثر ایفا کرد، هنگام ورود به دانشگاه الهیات در خیابان مطهری (تخت‌طاووس) هدف گلوله قرار گرفت و کشته شد.
>
> ضاربین دکتر مفتح، سه جوان مسلح به کلت و اوزی بودند که با یک موتورسیکلت حرکت می کردند و پس از قتل دکتر مفتح و دو پاسدار محافظ او، از صحنه فرار کردند. بعداً معلوم شد که این سه تن از گروه فرقان هســـتند. همان گروهی که دکتر مطهری (آیت‌الله) و سرلشکر قره‌نی را کشته بود. ضاربان که دکتر مفتح را تا داخل دانشکده دنبال کرده بودند، کیف دســـتی او را ربودند که گفته شـــده است حاوی اسنادی بود و مفتح آن‌را از خود دور نمی‌ساخت.»[1]

مؤسسه‌ی مطالعات و پژوهش‌های سیاسی وابسته به وزارت اطلاعات می‌نویسد:

> «دکتر مفتح از جمله شـــخصیت‌های فعال و مؤثر انقلاب‌اسلامی ایران بود و از همین‌رو آماج کینه و حمله‌ی استکبار جهانی و ایادی داخلی آن قرار داشت. سرانجام در صبح روز سه‌شنبه ۲۷ آذر ۱۳۵۸ به‌هنگام ورود به‌محل کار خود در دانشکده‌ی الهیات، به‌همراه دو پاسدارش توســـط گروهک تروریستی فرقان ترور شد و به‌شهادت

1-http://www.magiran.com/npview.asp?ID= 1541038

رسید.»[1]

سایت دانشگاه علوم پزشکی مشهد می‌نویسد:

«سرانجام آیت‌الله مفتح، پس از عمری تلاش و جهاد مستمر و خستگی‌ناپذیر در راه تبلیغ دین، در ساعت ۹ صبح روز ۲۷ آذر ۱۳۵۸، به‌همراه دو پاسدار جان برکف، شهیدان جواد بهمنی و اصغر نعمتی، هنگام ورود به دانشکده‌ی الهیات، توسط عناصر منحرف گروهک فرقان هدف گلوله قرار گرفتند و به‌فیض عظیم شهادت نایل آمدند.»[2]

روزنامه‌ی جمهوری اسلامی هم می‌نویسد:

«سرانجام پس ازعمری تلاش و جهاد مستمر و خستگی‌ناپذیر در راه تبلیغ دین در روز ۲۷ آذر ۱۳۵۸ به‌همراه دو پاسدار جان برکف خود توسط گروهک منحرف فرقان به‌شهادت رسید و در جوار رحمت حق آرمید.»[3]

افراد شرکت کننده در تیم ترور مفتح یک هفته بعد از عملیات در ۴ دی ۵۸ همگی دستگیر شدند. بنا به گفته‌ی کمال یاسینی به خانواده‌اش، ظاهراً عملیات از قبل لو رفته بود، اما از آن‌جایی که خود رژیم و یا بخش‌هایی از آن دلِ خوشی از مفتح نداشتند، دست فرقان را برای انجام عملیات بازگذاشته بودند. مفتح که از اعضای اولیه‌ی شورای انقلاب بود چند ماه پس از پیروزی انقلاب با برکناری بدون سر و صدا از شورای انقلاب، به‌پُست حاشیه‌ای وکم اهمیتی مانند ریاست دانشکده‌ی الهیات و عضویت در شورای گسترش آموزش عالی کشور رسید. این که فرقان قصد ترور مفتح را دارد، مثل روز برای مسئولان نظام روشن بود.

اعضای گروه فرقان، قبل از عملیات چندین مرتبه با پاسداران محافظ وی تماس گرفته و به‌آنان گوشزد کرده بودند که عنقریب مفتح را مجازات خواهند کرد و از آن‌ها خواسته بودند که دخالتی در این امر نکنند.

1-www.ir-psri.com/Show.php?Page=ViewArticle&ArticleID=165&SP=Fars
2-www.mums.ac.ir/student/fa/Drmofateh
3-www.jomhourieslami.com/ 1386/13860927/13860927_jomhori_islami_ 12_aghidati

حتا در کتاب منتشر شده از سوی «مرکز اسناد انقلاب اسلامی» هم روی تماس تلفنی با مفتح تأکید شده است:

«دکتر مفتح بارها به‌صورت تلفنی تهدید شده بود. در همین رابطه مسئولیت طرح و برنامه‌ریزی ترور توسط یکی از اعضای اصلی فرقان به نام عباس عسگری صورت گرفت.»[1]

پدر یکی از پاسداران کشته شده در عملیات مزبور نیز بعدها در گفتگو با یکی از بستگان کمال یاسینی، روی تماس فرقان با پسرش تأکیدکرده بود.

در روز ۱۳ اسفند ۵۸، هفت عضو گروه فرقان از جمله چهار نفری که در ترور مفتح شرکت داشتند، اعدام شدند. روزنامه‌ی کیهان اسامی آن‌ها را به‌شرح زیر در صفحه‌ی اول خود اعلام داشت.

محمود کشانی، امرالله الهی، کمال یاسینی، حسن نوری، محمد نوری، سعید واحد (ضارب رفسنجانی)، غلامرضا یوسفی (ضارب مهدی و حسام عراقی).[2]

۱-زندگی و مبارزات دکتر محمد مفتح، رحیم نیکبخت، مرکز اسناد انقلاب اسلامی، سال ۱۳۸۴ صفحه‌ی ۲۸۸.

۲-روز ۱۲ اسفند یکی از بستگان کمال یاسینی به مدد هم‌نامی با قدوسی دادستان کل انقلاب، توانست یک ملاقات حضوری پیش از اعدام برای مادر کمال بگیرد. در ملاقات مزبور کمال یاسینی با خوشحالی به مادرش خبر داده بود که روز بعد به‌همراه تنی چند از دوستانش اعدام خواهند شد. او به مادرش تأکیدکرده بود که آن‌شب به‌همین مناسبت با دوستانش جشن خواهند گرفت و شادمانی خواهندکرد. او سپس بخشی از وسایل‌اش را به‌عنوان یادگاری به مادرش داده بود. کمال با اعتقاد راسخ نسبت به‌اعمالی که انجام داده بود، به‌جوخه‌ی اعدام شتافت. در همان روزها و به‌ویژه امسال روزنامه‌ها و سایت‌های وابسته به‌رژیم، به‌صورت هم‌آهنگ نامه‌ای از کمال یاسینی را در نقد اعمالی که انجام داده بود، انتشار دادندکه به‌صورت جداگانه‌ای بایستی به‌آن پرداخته شود. نامه‌ی مزبور واقعی است و من کپی اصل آن را دارم. این نامه به‌قصد و هدف دیگری نوشته شده بود. بعد از دستگیری علی حاتمی یکی از رهبران فرقان و دستگیری کمال و ... به خاطر جوی که در خانواده‌ی یاسینی و حاتمی به وجود آمده بود و از طرف دیگر به خاطر خبردار شدن کمال از تشکیل گروهی به‌نام پیروان راه فرقان، او با اعتقاد به‌این مسئله که افراد نبایستی کورکورانه و از روی احساسات و بدون تعمق راهی را که آن‌ها پیش گرفته بودند، دنبال کنند، نامه‌ی مزبور را می‌نویسد. تصور او بر این پایه بود که اگر کسی می‌خواهد راه آن‌ها را دنبال کند با شناخت و آگاهی این کار را انجام دهد نه بر اساس وابستگی خانوادگی و از روی احساسات. برای همین چنان‌که از تیتر و مفاد نامه برمی‌آید، آن‌را خطاب به‌دو دایی و خواهرش و همسر علی حاتمی نوشته بود و تأکید داشت که تنها آن‌ها مطلب را بخوانند.

نوری‌زاده و عماد مغنیه

به‌آخرین دروغ مضحک نوری‌زاده توجه کنید:

«... که این معامله تا صبحدم نخواهد ماند.

سه‌شنبه ۱۲ تا دوشنبه ۱۸ فوریه

جنایت‌کاری که شهید می‌شود

من عماد فایز مغنیه را در همان هفته‌های نخســـت انقلاب در کنار محمد منتظری دیده بودم و زمانی که محمد صادق‌العبادی به‌دفتر امید ایران آمد و خواهش کرد او را در انتشار مجله «الشهید» به‌زبان عربی کمک کنم یک‌بار دیگر عماد را دیدم.[1]

کســـی نیست که مرده باشـــد و نوری‌زاده او را ندیده باشـــد یا به فراخور حال دوستی‌ای با او نداشته باشد. اما دیدن عماد مغنیه، توسط نوری‌زاده در هفته‌های اول انقلاب در تهران وکنار محمد منتظری، ادعای مضحکی‌ســـت که تنها از روزنامه‌نگاری چون او بر می‌آید. عماد مغنیه متولد ۷ دسامبر ۱۹۶۲ است. در هفته‌های اول انقلاب او نوجوانی، شانزده سال و سه ماهه بود و هنوز برای انجام خیلی کارها بچه بود. می‌توانید به زندگی‌نامه عماد مغنیه‌که توسط روزنامه‌های عربی و رســـانه‌های غربی انتشار یافته مراجعه کنید. نوری‌زاده به هنگام جعل، بدیهیات را هم در نظر نمی‌گیرد.

نوری‌زاده و ایرج مصداقی و نه زیستن نه مرگ

نوری‌زاده پیش از این در یک دورخیز ناشیانه، در تاریخ ۶ ژانویه ۲۰۰۵ در کیهان لندن در مورد من وکتاب خاطرات چهار جلدی‌ام «نه زیستن، نه مرگ» به دروغ متوسل شد و نوشت:

«در طول تعطیلات پایان ســـال میلادی یک کتاب سه جلدی را با عنوان «غروب سپیده» خواندم. بحث درباره‌ی این کتاب را که به‌ظاهر خاطرات یک زندانی ســـابق وابسته به سازمان مجاهدین خلق به نام «ایرج مصداقی» است، به‌وقت دیگری می‌گذارم. چون

1-www.nourizadeh.com/archives/003546.php#more

> تردیدی نیست که این کتاب حاصل کار مجموعه‌ای است که حتی طول و عرض دقیق زیرزمین اوین و اتاق پشـــتی دفتر لاجوردی را می‌داند».[1]

نوری‌زاده حتا اگر در اینترنت نام من و یا کتاب مرا جستجوکرده بود، می‌فهمید که اولاً کتاب من چهار جلد است و نه سه جلد، ثانیاً نام آن «نه زیستن نه مرگ است» و نه «غروب سپیده»! غروب سپیده نام جلد اول نه زیستن نه مرگ است. او یک چیزهایی در موردکتاب شنیده و قرار شده بود چیزی علیه من بنویسد و نیشی بزند. از یک طرف هم ناشیانه تصورکرده بود و یا به‌او باورانده بودند که من در ارتباط با مجاهدین هستم و با کمک مجاهدین کتاب را نوشته‌ام و به‌خاطر کینه‌ی عمیقی که به مجاهدین و مبارزین میهن‌مان دارد، نخواسته بود فرصت را از دست بدهد. اما او نمی‌دانست که اتفاقاً برخلاف ارزیابی او مجاهدین هم ــ از موضعی دیگر ــ، به اندازه‌ی او دل‌خوشی ازکتاب و روشنگری‌هایش ندارند. اما نوری‌زاده به‌سان دزد ناشی به‌کاهدان زد و دستش رو شدکه حتاکتاب را ندیده است، چه برسدکه خوانده باشد.

البته برای من جای خوشحالی است‌که غرض‌ورزان، کتاب خاطرات زندان مرا آن‌قدر جدی یافته‌اندکه ناچارند به دروغ اعلام کنندکتاب، «حاصل کار مجموعه‌ای» است. در حالی‌که درکتابی نزدیک به دوهزار صفحه، جز سه ـ چهار مورد جزیی که از اطلاعات دوســـتانم اســـتفاده کرده‌ام و دو مورد آن نادرست است، خود به‌تنهایی و بدون کمک احدی کتاب را نوشته‌ام و تمامی کارهای مربوط به‌آن‌را نیز به‌تنهایی انجام داده‌ام.

با این حال نوری‌زاده می‌نویسد: «باری پشت این کتاب خیلی حرف‌ها و سخنان است.» و وعده می‌دهد که: «به‌هر حال مشغول نوشتن یادداشتی مفصل درباره‌ی این نوشته‌ی عجیب و تکان‌دهنده هستم».

نزدیک چهار سال از وعده‌ی نوری‌زاده می گذرد و ظاهراً او هنوز «مشغول نوشتن یادداشت مفصل» خود است! اما وی نزدیک چهار ماه بعد در یک موضع گیری عجولانه برای رفع و رجوع جعلیات قبلی خود در یک‌هفته با خبر سه‌شنبه ۲۹

1-www.nourizadeh.com/archives/ 000746.php#more

مارس تا جمعه اول آوریل، نوشت:

«توضیحی بدهم در باب چهارگانه‌ی آقای مصداقی در باره‌ی زندان‌های رژیم و دورانی که ایشان در این زندان‌ها گذرانده است. در اشاره‌ای کوتاه، نامی را که ایشان بر یکی از مجلدات اربعه گذاشته بود ذکر کرده بودم و این که کتاب در سه جلد است؛ دوستم رضا اغنمی جلد چهارم را چند روز بعد به دستم داد. این دو نکته را زندانی کبیر بهانه کرده بود برای بی‌اعتبارکردن آن‌چه در باب کتاب‌شان ذکرکرده بودم. در حالی که بحث من نه درباره‌ی اسم کتاب بود و نه تعداد مجلداتش، سخن من بر سر این بود که جناب ایشان یا در دوران زندان کامپیوتر همراه داشته‌اند که حتی متراژ مستراح‌ها و راهروها و اسم ده‌ها بلکه صدها زندانی و زندان‌بان و بازجو را حفظ کرده‌اند و جزییات عطسه کردن فلان زندانی و یا چشم‌غره‌ی بهمان پاسدار را در همان دوران به‌ثبت رسانده‌اند و یا آن که پس از آزادی از مواهب دوران توبه برخوردار شده و انواع و اقسام اطلاعات ریز و درشت و حتی گزارش درجه‌ی حرارات طی دوران زندان ایشان، از سوی مقامات دانشگاه‌های اوین و قزل‌حصار و ... در اختیارشان قرارگرفته است.»[1]

سستی نهفته در این استدلال را ملاحظه می‌کنید؟ نوری‌زاده معتقد است وقتی بحث شما «نه درباره‌ی اسم کتاب بود و نه تعداد مجلداتش،» حق دارید کتاب چهار جلدی را سه جلدی معرفی کنید و نام کتاب را نیز عوضی ذکرکنید و دو قورت و نیم‌تان هم باقی باشد. بعد هم می‌توانید مدعی شوید که کتاب را دقیقاً خوانده‌اید و نه تنها تردیدی هم ندارید بلکه «تردیدی هم نیست که این کتاب حاصل کار مجموعه‌ای است»!

نوری‌زاده در مورد واکنش من هم درست نمی‌گوید. من آن‌موقع واکنشی نشان ندادم، بلکه این خوانندگان فهیم کتاب بودند که مچ او را گرفتند و مقالاتی بر علیه

1-http://www.nourizadeh.com/archives/ 000906.php#more

اونوشتند.

نوری‌زاده که شنیده بود درکتاب مزبور به‌بیان و افشای جنایات رژیم و از جمله دوستان اصلاح‌طلبش مانند محسن سازگارا، سعید حجاریان، محسن آرمین و... نیز پرداخته‌ام، به‌خشم آمده و این گونه واکنش نشان داد. او که به‌خاطر رابطه‌اش با بخشی از دستگاه اطلاعاتی و امنیتی رژیم، شهره‌ی عام و خاص است، نعل وارونه می‌زند و مراکه ده سال از بهترین سال‌های عمرم را در زندان‌های رژیم سپری کرده‌ام و بیش از هرکس دیگری در رابطه با جنایت کاران رژیم روشنگری کرده‌ام به‌ارتباط با رژیم و برخوردار شده «از «مواهب دوران توبه» متهم می‌کند.

نوری‌زاده و صفرخان قهرمانی

نوری‌زاده به‌خاطرکینه‌ورزی به مبارزین میهن‌مان در یک موضع گیری زشت و غیرانسانی، زنده‌یاد صفرخان قهرمانی را که دوست و دشمن روی سجایای مردمی و خلق و خوی انسانی‌اش تأکید می‌کنند و سی و دو سال زندان پهلوی را تحمل کرد، به‌دروغ، «قاتل جنایت کاری» معرفی می‌کند که «دو افسر وطن‌پرست را با اره تکه‌تکه کرده بود»!

«ما را به سخت‌جانی خود این گمان نبود....
سه‌شنبه ۲۶ تا پنجشنبه۲۸ ژانویه

... کار به‌جایی رسید که یک قاتل خیانت کار که در جریان سلطه‌ی کوتاه فرقه‌ی دموکرات آذربایجان بر این خطه‌ی عزیز از خاک ایران، با اره دو افسر وطن‌پرست هم‌وطن را تکه‌تکه کرده بود، به‌لطف حماسه‌پردازی‌های رفقا در روزنامه‌ی کیهان که دربست در اختیار وابستگان حزب طراز نوین طبقه‌ی کارگر بود، به قهرمان ملی تبدیل شود. خلاصه هرکسی راه افتاده بود که بله، ما هم بودیم و در حبس آن ظالم چه‌ها کشیدیم...»[1]

البته به جای شعر اول مطلب بایستی نوشت: «ما را به بی‌شرمی شما این گمان نبود...» رژیم شاه با پرونده‌سازی ملاکین، صفرخان را متهم به‌شرکت در قتل

۱- کیهان چاپ لندن شماره ۷۴۵، پنجشنبه ۱۵ بهمن ۱۳۷۷

سرهنگ معین آزاد کرد و در تمام مدتی که صفرخان زندان بود، ادعا می کرد که وی یک شاکی خصوصی دارد و نمی‌توانند او را آزاد کنند. صفرخان در گفتگویی که با بهروز حقی داشت و درکتاب «لحظاتی از زندگی صفر قهرمانیان» آمده است، توضیح داد که «من زمانی که از ساختمان فرمانداری خارج شدم، جنازه‌ی سرهنگ معین آزاد نقش زمین بود. او مرده بود. گرچه من دارای اسلحه بودم ولی هیچ گونه نقشی در کشته شدن او نداشتم.»

در طول سی و دو سال زندان، دستگاه امنیتی و قضایی شاه، صفرخان را تنها به‌مشارکت در قتل سرهنگ معین آزاد آن‌هم با شلیک گلوله متهم کرد؛ رژیم شاه به‌خاطر این قتل، ده نفر را نیز اعدام کرد؛ اما نوری‌زاده بعد از گذشت نیم قرن با بهره گیری از نبوغ شیطانی‌اش، صفرخان را که در بستر بیماری بود و دوران کهولت را سپری می کرد، متهم به اره کردن و تکه‌تکه کردن دو افسر وطن‌پرست می‌کند.

خوب است شماره‌های مختلف روزنامه‌ی اطلاعات را هنگامی که صفرخان قهرمانی از زندان شاه آزاد شد و نوری‌زاده دبیر سرویس سیاسی آن بود، ورق بزنید تا ببینید این روزنامه چه ستایشی که از صفرخان نکرده است. اما نوری‌زاده فراموش کارتر از آن است که این چیزها به‌یادش بیاید. یا اگر بیاید به‌روی خودش بیاورد، نمی‌خواهد دستش لااقل برای آنانی که به‌خوبی نمی‌شناسندش، باز شود.

نوری‌زاده و محمدرضا شاه

نوری‌زاده در سه‌شنبه ۲۵ دی ماه سال ۱۳۸۶ در مورد خروج شاه ازکشور و بازگشت خمینی، می‌نویسد:

> «به‌فاصله‌ی چند هفته، آرزوی دیر و دور ما با تشکیل دولت ملی دکتر شاپور بختیار تحقق یافته بود. در واقع بسیاری از ما، با آمدن بختیار، ایرانی آزاد و سربلند را پیش رو می‌دیدیم که اگر آن آزادمرد چندماهی دیگر بخت ماندن در حکومت داشت راه رسیدن به آن‌را هموار می کرد.
>
> روزی که شاه از ایران می‌رفت، بختیار در مجلس گرفتار نمایندگانی بود که بعضی شان تا دیروز زیر پرچم ساواک سینه می‌زدند و شماری

نیز آن‌چنان آهسته می‌آمدند و می‌رفتند که کسی تا قبل از آن چند روز رسیدگی به‌برنامه‌ی بختیار، صدای‌شان را نشنیده بود. آقای نماینده‌ی منتخب رئیس ساواک کرج نسبت به جرائم دولت‌های پیشین، بختیار را مؤاخذه می کرد و آن دگری دستمال ابریشمی به‌عرض عبای آقای خمینی به‌دست گرفته بود و از رهبر معظم انقلاب می‌خواست هرچه زودتر به وطن بازگردد.

...تودیعی پر از درد و اندوه در سرمای آن بامداد عجیب، به‌سرعت پایان گرفت... داریوش در برابرم ایستاده بود. آیا راست است؟

با سردبیر غلامحسین صالحیار به چاپخانه رفتیم. مژده‌بخش تیتر را آماده کرده بود. بزرگ‌ترین تیتر در تاریخ مطبوعات ایران: «شاه رفت»... در خیابان‌ها تب‌زدگان تصاویر شاه را حتی از اسکناس‌ها بیرون می‌آوردند و تصاویر خمینی به جای تصویر شاه می‌نشست.

عصر که به دفتر دکتر بختیار رفتم، تیمسار رحیمی لاریجانی تلفن زد که جناب نخست‌وزیر عده‌ای مشغول پائین کشیدن مجسمه‌های شاه هستند. سربازان خیلی عصبانی و ملتهب‌اند... چه کنیم؟ دکتر با آرام کردن او گفت مجسمه‌ها را باز هم می‌توان بالا کشید، اما اگر خون از دماغ کسی بیاید، خمینی به آرزویش رسیده است. اعتنائی نکنید، این تب به زودی فرو خواهد نشست. همین‌طور هم شد. شب که با داریوش و بهرام افرهی ـ یاد باد آن روزگاران یاد باد ـ سر به پیر ترسای پیرهن‌چرکین در انتهای خیابان ویلا زدیم، هر سه ساکت بودیم. یک ناباوری آمیخته با امید ونگرانی...

داریوش گفت امشب شاه به‌چه فکر می کند؟ بهرام افرهی سرش را برگرداند تا ما اشکش را نبینیم. شگفتا که همان شب، اسماعیل وطن‌پرست که استادش می‌خواندیم و در جوانی از پیروان مکتب مارکس و حزب توده بود و از ۲۸ مردادگلوله‌ای در پای داشت، وقتی به خانقاهش در آن بالاخانه‌ی خیابان شاه سر زدیم، به دیدن ما سری تکان داد و گفت بدجوری از ما انتقام گرفت، حالا بنگرید که چه بلایی بر سر ما خواهد آمد. آخوندها همه‌ی شما را می‌بلعند...

سه چهار روز پیش مرحوم آیت‌الله شریعتمداری نیز در خلوتی که فرزند آزاده‌اش مهندس حسن شریعتمداری و تنی چند از محارمش در آن حاضر بودند، گفته بود خدا نکند که خمینی بر سرنوشت ما مسلط شود، من او را می‌شناسم. انبانی از کینه و نفرت است. و روز بازگشت آقا وقتی آن «هیچی» بزرگ را به صورت ملتی که دلش را فرش راه او کرده بود، پرتاب کرد، تازه خیلی‌ها فهمیدند آن را که دیو می‌پنداشتند و به‌رفتنش چشم انتظار فرشته بودند، پیش پای چه آیتی، قربانی کردند. مردی که می‌آمد تا معنای فریب و تزویر و اسلام ناب محمدی انقلابی را برای تک‌تک ما معنا کند.»[1]

برای پرهیز از اطاله‌ی کلام، بدون آن که گفته‌های «امروز» نوری‌زاده را تفسیر کنم، توجه شما را به نوشته‌های «دیروز» علیرضا نوری‌زاده در «نگاه سردبیر» مجله‌ی امید ایران که همراه عکسش چاپ می‌شد، جلب می‌کنم و قضاوت را به‌شما خوانندگان فهیم می‌سپارم که چه کسانی «تا دیروز زیر پرچم ساواک سینه می‌زدند» و اوضاع که برگشت، «دستمال ابریشمی به‌عرض عبای آقای خمینی به‌دست گرفتند» و امروز همه چیز یادشان می‌رود و ساز دیگری کوک می‌کنند.

نوری‌زاده در سرمقاله‌ی امید ایران دوشنبه ۳۱ اردیبهشت ۵۸ در باره‌ی «جمهوری خجسته‌ی اسلامی» و «بیعت» و «حریت» و رأی «آری» می‌نویسد:

«تا بهمن ماه گذشته حاکمان تو اسلام را به‌خدمت گرفته بودند. از این تاریخ اسلام فریادی شد درگلوی همه و در سینه پُرزخم و پُر گلوله‌ی برادر و خواهری که در گستره‌ی خیابان‌های میهن تو شهادت را پذیرفتند. به‌دلت نوید دادی که حُرّیت بار دیگر زنده شد و جمهوری خجسته‌ی اسلامی با دست‌های تو بنیان گرفت. بار دیگر «بیعت» معنا یافت این‌بار در کاغذی که تو کلمه‌ی «آری» را بر آن نقش زدی. این گونه در برابر شرق و غرب پنداشتی که این‌بار سوسوی چراغی که افروخته‌ای خورشید می‌شود و جز خاک تو

1-http://www.nourizadeh1386.blogsky.com/?Date=1386-10

منطقه‌ات، و بعد جهانت را روشن می کند. در این گیرو دار می‌بینی «خوارج» قصـــد آن دارند که با تغییر نام‌ها، بـــار دیگر دین را در خدمت گیرند. پیش از این حاکمان تاج بر سر داشتند این‌بار بعضی خواب حکومت بی‌تاج دیده‌اند. یک دلخوشی برایت هست، این که رهبر انقلاب هشـیار و بیدار است. و حکایت مولا علی و غسل و تدفین محمد، و رفتن تاج و افســر بر ســر دیگری تکرار نمی‌شود. اما... به روزنامه‌ها حمله می‌شود، کتاب‌ها را آتش می‌زنند، انگشت اتهام به‌سوی تو می کشند، برادرانت راکه در عصر طاغوت خون دل خوردند و قلم زدند و چه شب‌ها که همراه هم، سر بر سنگ زندان طاغوت نهادند، همان «خوارج» از خانه‌شان بیرون می کنند.»

نوری‌زاده در سرمقاله‌ی امید ایران دوشنبه ۲۱ خرداد ۵۸ می‌نویسد:

«شاه سابق نیز چندان تفاوتی با پاپادوک [دیکتاتور هائیتی] نداشت. تنها روش‌های آدم کشی و نحوه‌ی مردم‌فریبی‌شان با هم متفاوت بود. پدر و پسر (رضاخان و محمدرضا شاه) چنان تسمه ازگرده‌ی مردم ایران‌زمین کشیدند که دیرگاهی مردگان متحرکی بودیم در جستجوی مبل و کمد، یخچال و فرش قسطی، و آوردن ماشین و جنس قاچاق از فرانکفورت و مونیخ. اما چون ایرانی بودیم، چون اسلام آیین ما بـــود. یک‌روز صبح فریاد زدیم نه! و بعد خون بود و آتش. و جنون پاپا محمدرضا... »

این مختصر را از باب تأثیر در دل ارباب جراید و یا رســانه‌های فارســی‌زبان و به‌منظور جلوگیری از نان خوردن نوری‌زاده ننوشـــتم. هدفم این است که به‌سهم خودم هرچند ناچیز اجازه ندهم تاریخ کشورمان را وارونه جلوه دهند.

اسفند ۱۳۸۶

امیرفرشاد ابراهیمی
درس آموخته‌ی مکتب ولایت

امیرفرشاد ابراهیمی در روزهای اخیر داستان‌های مهیجی را به کمک همسرش نسرین بصیری در روزنامه‌ها و سایت‌های خبری انتشار داده است. از موارد مطرح شده در این داستان‌ها، یکی هم تلاش برای پیوند دادن پرونده‌ی علیرضا عسگری معاون سابق وزارت دفاع به امیرفرشاد ابراهیمی است. گفتنی در مورد امیرفرشاد ابراهیمی زیاد است و در یک مقاله نمی گنجد. در این نوشته تنها توضیحاتی در مورد موضوع علیرضا عسگری و چند مورد حاشیه‌ای می‌دهم تا به‌سهم خود در روشن شدن حقیقت برای کسانی که در جستجوی آن هستند، کمک کنم.

داستان مهیج امیرفرشاد ابراهیمی و علیرضا عسگری

امیرفرشاد ابراهیمی، بسیجی، چماق‌دار سابق انصار حزب‌الله، عضو سپاه تروریستی قدس، همکار سعید مرتضوی، همکار پورمحمدی و سعید امامی و کسی که هفته‌ای چهار روز با او جلسه داشته، مشاور مطبوعاتی وزارت اطلاعات، عضو واحد تحقیقات و بررسی مطبوعات وزارت اطلاعات، یار غار اکبر خوش‌کوش و محفل قاتلان قتل‌های زنجیره‌ای سابق[1] (این‌ها مشاغلی‌ست که

۱- پرروییِ «دکتر حقوق بشر» به آن‌جا رسیده است که می‌نویسد: «نمی‌دانم که باز هم چرا هر

وی در معرفی خود از آن‌ها نام برده است) که تلاش می‌شود وی را به عنوان «دکتر حقوق بشر» و یکی از مخالفان سرشناس نظام جمهوری‌اسلامی[1] به خلایق بی‌خبر از همه جا قالب کنند، در روزهای اخیر مجدداً سوژه‌ی بعضی از محافل شده و به‌کمک همسرش، نسرین بصیری سرو صدای جدیدی را در روزنامه‌ها و سایت‌های خبری به پا کرده است.

امیرفرشاد ابراهیمی که برای مطرح کردن خود دنبال سوژه می‌گردد و هیچ فرصتی را از دست نمی‌دهد، از موضوع راه‌ندادنش به ترکیه به‌نحو احسن استفاده کرد.
اما برای روشن شدن ادعاهای وی بهتر است به‌سابقه‌ی امر توجه کنیم:
در ۲۸ فوریه ۲۰۰۷ امیرفرشاد ابراهیمی دو ماه و نیم پس از ناپدید شدن علیرضا عسگری، به‌زعم خود مورد را نان و آب‌دار یافت و در باره‌ی آن در سایتش «اطلاع‌رسانی» کرد. وی در این تاریخ مدعی شد که مجاهدین در ربودن او دست داشته‌اند. به‌ادعاهای اولیه‌ی امیرفرشاد ابراهیمی توجه کنید:

> «دولت آمریکا چندی پیش در لیست بلندبالایی نام تعدادی از مقامات ایرانی که دست‌اندرکار مسئله‌ی هسته‌ای بوده‌اند را اعلام و به‌طور ضمنی اعلام داشت که در پی بازداشت و یا به‌گروگان گرفتن آن‌ها می‌باشد.
> سازمان مجاهدین خلق‌ایران که در وضعیتی بسیار گنگ اکنون به‌سر می‌برد و از یک‌سو به‌عنوان یک سازمان تروریستی در آمریکا مطرح می‌باشد و از سوی دیگر نیز به‌عنوان یکی از منابع اولیه و مهم

ننه‌قمری به خودش حق می‌دهد ازگذشته‌ی من ایراد بگیرد و من را متهم کند به‌این که من روزگاری حزب‌اللهی بودم و در میان کارگزاران جمهوری اسلامی؟ می‌دانم که این حرف را هیچ سایت و رسانه‌ای پخش نمی‌کند پس در همین وبلاگ خودم، پس از هشت سال پاسخگویی و دلیل و برهان آوردن برای‌شان درشت می‌نویسم به‌شما چه مربوط است و اصلاً غلط می‌کنید که سئوال می‌کنید و متهم می‌کنید!»
این «دکتر حقوق بشر» به‌طور مستمر برای خودش درگذشته مسئولیت می‌تراشد و نمی‌داند که نقض حقوق بشر، جنایت علیه بشریت تلقی شده و مشمول مرور زمان نمی‌شود و بر علیه آمران و عاملان آن در دادگاه‌های اروپایی و آمریکایی می‌توان اقامه‌ی دعوی کرد.
۱-برای مثال سایت عصر ایران نزدیک به محافل راست رژیم نیز به‌نقل از مکس نیوز وی را چنین معرفی می‌کند:
«امیرفرشاد ابراهیمی در سال ۲۰۰۳ از ایران به آلمان متواری شد و براساس این گزارش به‌یک مخالف برجسته‌ی ایران و فعال حقوق بشر در این کشور تبدیل شد.»
mizannews.com/fa_default.asp?rp=M_ShowNews.asp&nid= 3427

اطلاعاتی آمریکا در کشف و شناسایی دست داشتن ایران در رسیدن
به فن‌آوری هسته‌ای نظامی مطرح می‌باشد، در آخرین اقدام و یا
خوش‌خدمتی‌شان به دولت آمریکا موفق شده‌اند یکی از معاونان
سابق وزارت دفاع و پشتیبانی نیروهای مسلح راطی عملیات مشترکی
در استانبول شناسایی نموده و ضمن به گروگان گرفتن وی، او را
به نقطه‌ی نامعلومی انتقال دهند. یک عضو ارشد سازمان مجاهدین
خلق که نخواسته نامش فاش شود طی گفتگویی که با وی داشتم
اظهار داشت سردار سرتیپ علیرضا عسگری معاون آماد و پشتیبانی
وزارت دفاع در دولت قبلی که یکی از مسئولان ارشد این وزارتخانه
در تجهیز و تدارک فن‌آوری موشکی و هسته‌ای ایران بوده است را
در بیست و دوم بهمن ماه تیمی از اعضای سازمان مجاهدین خلق
در محله بشیک‌تاش استانبول ربوده و بلافاصله مقامات آمریکایی را
در جریان گذاشته شده.

علیرضا عسگری شصت و سه سال سن دارد و قبل از ورود به ترکیه،
عازم سفر زیارتی سوریه بوده است و به جهت تفریح و تعطیلات به
ترکیه وارد شده بود. ضمناً ایشان از مشاوران کمیسیون دفاعی مجمع
تشخیص مصلحت نظام نیز بوده است.»[1]

امیر فرشاد ابراهیمی در این نوشته موارد زیر را مطرح کرد:
۱- مجاهدین در عملیاتی مشترک، عسگری را به گروگان گرفته و
به نقطه‌ی نامعلومی برده‌اند.
۲- یک عضو ارشد مجاهدین در گفتگو با ابراهیمی می‌گوید که
یک تیم از اعضای مجاهدین به‌تنهایی وی را ربوده و بلافاصله برای
خوش خدمتی مقامات آمریکایی را در جریان گذاشته‌اند.
۳- این عملیات در ۲۲ بهمن ماه ۸۵ که برابر است با ۱۱ فوریه ۲۰۰۷
توسط مجاهدین انجام گرفته است.
۴- علیرضا عسگری به‌منظور تفریح و تعطیلات به ترکیه رفته بود.

1-http://www.goftaniha.org/2007/02/blog-post_28.html

۵- علیرضا عسگری شصت و سه ساله است.
در این نوشته چنان‌چه ملاحظه می‌شود عسگری به‌قصد تعطیلات و تفریح وارد ترکیه می‌شود و پس از مدتی ربوده و به‌گروگان گرفته می‌شود.

امیرفرشاد ابراهیمی یک جا گروگان‌گیری را حاصل عملیات مشترک مجاهدین و... معرفی می‌کند و در جای دیگر از زبان «عضو ارشد مجاهدین» کار یک تیم از اعضای مجاهدین! مکان و زمان عملیات گروگان‌گیری و ربایش هم در ۱۱ فوریه ۲۰۰۷ در استانبول است.
این‌ها در حالی‌ست که به‌گفته‌ی خانواده‌ی عسگری، در روز ۸ دسامبر ۲۰۰۶، ارتباطات‌شان با او قطع شده بود. یعنی هر اتفاقی برای علیرضا عسگری افتاده، در ماه دسامبر ۲۰۰۶ بوده است و نه فوریه ۲۰۰۷.

طبق ادعای ابراهیمی، «عضو ارشد مجاهدین» که در خارج از کشور کسی را معتبرتر و خوش‌سابقه‌تر از بسیجی و چماق‌دار سابق نیافته است، به‌سراغ او می‌رود و جزییات عملیات پیچیده‌ی مجاهدین را نزد او افشا می‌کند!
امیرفرشاد ابراهیمی دو ماه بعد در ۱۷ آوریل ۲۰۰۷ سناریوی جدیدی را خلق می‌کند و می‌گوید:

> «نیمه‌ی بهمن ماه سال گذشته علیرضا عسگری معاون آماد و پشتیبانی وزارت دفاع و پشتیبانی نیروهای مسلح در دوران وزارت شمخانی، (دولت خاتمی) در شهر استانبول مفقود شد؛ همان زمان خبری منتشر شد که تیمی از سازمان مجاهدین خلق وی را ربوده و تحویل نیروهای آمریکایی در عراق داده‌اند. این خبر که با پی گیری‌هایی سازمان مجاهدین خلق نه تائیدش نمودند و نه تکذیب (فرشته یگانه یکی از اعضای شورای رهبری آن گروه)، به‌زودی به فراموشی سپرده شد؛ تهران با اعزام تیمی به آنکارا، در سفارت ایران هیأتی را مسئول پی گیری سرنوشت نامبرده نمود که با همکاری با میت «سازمان ملی استخبارات ترکیه» مفقود شدن این افسر ارشد سپاه را پی گیرند، اخبار بعدی حاکی از آن بود که نامبرده درخواست پناهندگی به‌چند

کشور اروپایی و آمریکا داده است.»[1]

غیر از امیرفرشاد ابراهیمی و باندهای وابسته به رژیم کسی به‌موضوع دست داشتن مجاهدین در «آدم‌ربایی» ادعایی اشاره نکرده بود. در این سناریو امیرفرشاد ابراهیمی موضوع را دا غ ترکرده و مدعی می‌شود خبر منتشر شده‌ی قبلی دال بر این بودکه مجاهدین، عسگری را در ترکیه ربوده و در عراق تحویل آمریکایی‌ها داده‌اند!

امیرفرشاد ابراهیمی که در صدد تغییر سناریو و وارد کردن خود به‌آن بود، مطلب بی‌سر و ته بالا را نوشت و مدعی شدکه موضوع قبلی «به‌زودی به‌فراموشی سپرده شد.».

او که مدعی بود عضو ارشد مجاهدین با او صحبت کرده و مسئولیت عملیات را به‌عهده گرفته، در سناریوی جدید مدعی شدکه مجاهدین با پی‌گیری‌هایی که شد نه تأییدش نمودند و نه تکذیب! اسم فرشته یگانه را هم بدون توضیح می‌آورد. در این سناریو تاریخ مفقود شدن از ۲۲ بهمن به‌نیمه‌ی بهمن‌ماه تغییر می‌کند. امیر فرشاد ابراهیمی در ادامه‌ی سناریوی دوم نوشت:

«اکنون و با گذشــت بیش از دوماه از مفقود شدن وی و سکوت به‌یک‌باره‌ی محافــل خبــری و دیپلماتیک ایران، این گمان تقویت می‌شدکه عسگری مفقود نشده است و بر اساس میل و اراده‌ی خود به‌نقطه‌ای نامعلوم رفته است و یا درخواست پناهندگی داده است. البته این موضوع از همان ابتدا حدسش می‌رفت، چراکه طبق قوانین جمهوری‌اسلامی خروج نیروهای مسلح حتی در پنج سال اولیه‌ی دوران بازنشستگی جز با اجازه‌ی سازمان حفاظت اطلاعات متبوع آن فرد مجاز نمی‌باشــد و علیرضا عسگری نیز با اجازه‌ی سازمان حفاظت اطلاعات سپاه پاسداران و برای زیارت حرم حضرت زینب و رقیه در سوریه اجازه داشته است و در سیزدهم دی‌ماه سال گذشته با روادید زیارتی و توسط پرواز هواپیمایی ماهان به دمشق می‌رود، این روادید که گذرنامه‌ی زیارتی می‌باشد و فقط برای یک‌بار سفر و

1-www.goftaniha.org/ 2007_04_01_archive.html

> در زمانی معین، آن‌هم به‌اماکن زیارتی هم‌چون عتبات عالیات عراق و سوریه و مکه مکرمه می‌باشد، طبیعتاً برای استفاده به‌دیگر کشورها هم‌چون ترکیه مجاز نمی‌باشد و فاقد اعتبار بوده است، و این که چگونه علیرضا عسگری در هفدهم همان ماه خود را با اتوبوس و از مرز زمینی به دوبایزید و آنکارا و پس از آن استانبول می‌رساند جای بحث دارد و اصلاً اصولاً وی در ترکیه چه کار و منظوری داشته است؟»[۱]

طبق سناریوی دومی که امیرفرشاد ابراهیمی تهیه می‌کند، علیرضا عسگری در سیزدهم دی‌ماه ۱۳۸۵ که برابر است با سه ژانویه ۲۰۰۷ وارد سوریه می‌شود و در هفدهم همان ماه که برابر است با هفت ژانویه ۲۰۰۷ با اتوبوس از مرز زمینی دوبایزید به آنکارا و سپس استانبول می‌رود.

امیرفرشاد ابراهیمی از نقشه‌ی جغرافیایی ایران، سوریه و ترکیه بی‌خبر است و نمی‌داند دوبایزید مرز ایران و ترکیه است و نه ترکیه و سوریه! کسی از کشور سوریه و از طریق دوبایزید نمی‌تواند به ترکیه وارد شود. او هنگام جعل، به‌این موضوع ساده هم توجه نمی‌کند و برخلاف سناریوی قبلی به‌صورت دو پهلو مدعی می‌شود که با اتوبوس از مرز گذشته است؛ اما فکر نمی‌کند کسی که می‌خواهد به‌صورت غیرقانونی از مرز عبور کند، با اتوبوس این کار را نمی‌کند چرا که اتوبوس از مرز قانونی عبور می‌کند و در آن‌جا افراد و پاسپورت‌ها همگی به‌دقت بازدید می‌شوند. این مسئله در مرزهای جنوبی ترکیه به‌علت قرار داشتن در مناطق کردنشین به‌شدت رعایت می‌شود. در این سناریو امیرفرشاد ابراهیمی هنوز به‌قول خودش در جریان چگونگی درخواست پناهندگی و... علیرضا عسگری و وقایع پیرامون آن نیست و تنها «حدس» می‌زند. او که مدعی بود عسگری برای تفریح به ترکیه رفته در این‌جا می‌پرسد «اصلاً اصولاً وی در ترکیه چه کار و منظوری داشته است؟»

از این‌ها گذشته، او حتا اخبار هم نمی‌خواند. چون منابع خبری بارها اعلام کرده بودند عسگری در ماه دسامبر مفقود شد. به خبر خبرگزاری فارس توجه کنید:

۱- پیشین

«علیرضا عسگری، معاون سابق وزیر دفاع، دو سال پیش بازنشسته شده و به‌تجارت زیتون و روغن‌زیتون در سوریه مشغول بود. فارس می‌افزاید عسگری در تاریخ ۱۶ آذر ۸۵ (۷ دسامبر) از دمشق وارد هتل جیران استانبول ترکیه شد و دو روز بعد، ۱۸ آذر (۹دسامبر) مفقود شد.[۱]

امیرفرشاد ابراهیمی سپس در ادامه می‌نویسد:

«اکنون و پس از مدت‌ها تحقیق از منابع مختلف در ترکیه و ایران برای اولین بار در این مجال برای‌تان ناگفته‌های علیرضا عسگری را منتشر می نمایم:

علیرضا عسگری پس از آن که یک‌روز در هتلی بنام هتل ارشان در آنکارا اقامت می‌نماید با هدایت فردی بنام «گرین» (مأمور امنیتی سفارت آمریکا در آنکارا) خود را به‌دفتر نمایندگی پناهندگان سازمان ملل متحد معرفی می نماید و درخواست پناهندگی سیاسی می‌دهد، پرونده‌ی وی به‌دلیل حساسیت‌های مطرح در آن و پی گیری‌های سفارت آمریکا و واشنگتن با سازمان ملل ظرف مدت پنج روز بررسی و ضمن موافقت با آن به علیرضا عسگری پناهندگی سیاسی اعطاء و با توجه به‌پذیرش داوطلبانه‌ی دولت آمریکا برای پذیرش وی، نامبرده و پرونده‌اش به استانبول دفتر نمایندگی سازمان اعزام پناهندگان به آمریکا – آی سی ام سی – فرستاده می‌شود. عسگری که به‌مدت چهار روز در هتل هیلتون آنکارا تحت حفاظت و نگهداری دو مأمور آمریکایی بود، خود را به استانبول می‌رساند که توسط فردی به‌نام «محمت ایلماز» کارمند محلی آی سی ام سی برای وی در هتل جیران طبق معمول همه پذیرفته‌شدگان، اتاقی رزرو می‌شود. اما هم عسگری و هم ماموران مراقبت وی ترجیح می دهند وی در هتل دیگری با نام هتل مرمره اقامت نماید. عسگری در بیست وپنجم ژانویه موافقت رسمی اعزام به آمریکا را می گیرد و در

1-www.radiozamaneh.org/news/2007/03 /post_1060.html

تاریخ هفت فوریه نیز استانبول را به‌مقصد آمریکا ترک می گوید.»

چنان‌چه ملاحظه می‌شود در این سناریوکه امیرفرشاد ابراهیمی ریز آن‌را نوشته، عسگری در ۲۵ ژانویه ۲۰۰۷ موافقت رسمی آمریکا را گرفته و در تاَریخ ۷ فوریه ۲۰۰۷ به آمریکا رفته است. درحالی‌که در سناریوی قبلی مدعی شده بود مجاهدین وی را در ۱۱ فوریه ۲۰۰۷ ربوده و در اختیار آمریکا قرار داده‌اند.

امیرفرشاد ابراهیمی که شهر را شلوغ دیده، وقتی متوجه می‌شود برای انتشار دروغ‌هایی به‌این بزرگی کسی مچ‌اش را نمی‌گیرد، یک ماه بعد در ۲۰ می ۲۰۰۷ در سناریوی سوم موضوع هیجان‌انگیزتری را مطرح می کند‌که در تضاد با سناریوی اول و دوم است و در سفر اخیر به ترکیه موجب دردسرش شد.
او در این تاریخ، متن مصاحبه‌ی خود با روزنامه‌ی حریت را در سایت شخصی‌اش چاپ کرد. در مصاحبه با حریت، امیرفرشاد ابراهیمی برخلاف سناریوهای اول و دوم یک‌باره مدعی می‌شود که علیرضا عسگری از دوستان نزدیک اوست! در سناریوهای قبلی یادش رفته بود به‌این موضوع اشاره کند؛ برای همین در سناریوی جدید، کم کاری‌های قبلی را جبران می‌کند. وی در این مصاحبه ادعا می کند که با سپاه تروریستی قدس ارتباط داشته و زیر نظر عسگری فعالیت می کرده است:

> «ده سال پیش در لبنان با هم بودیم. سرتیپ عسگری در سال ۱۹۸۰از فرماندهان نیروی قدس در لبنان که در ارتباط مستمر با حزب‌الله لبنان می باشند بود، در همان سال‌ها عسگری جزو نفرات اول و کلیدی نیروی قدس سپاه بود و با اسم مستعار حاج امیر شناخته می‌شد، وظایف من‌هم گرچه در سفارت ایران بود، اما به‌نحوی زیر نظر ایشان بودم و رفته‌رفته ما ارتباط مستحکمی با هم پیدا نمودیم.»[۱]

معلوم است وقتی قبح ارتباط با عناصر تروریست و جنایت‌کار سپاه قدس و دستگاه امنیتی و اطلاعاتی رژیم از بین می‌رود و آب توبه بر سر وابستگان رژیم ریخته می‌شود و یکی‌یکی به‌هیأت اپوزیسیون درآمده و رسانه‌های خارج ازکشور

1-www.goftaniha.org/2007/05 /blog-post_20.html

را نیز به‌تسخیر خود در می‌آورند، فردی مانند امیرفرشاد ابراهیمی هم باید برای بالا بردن قیمت‌اش اعلام کند که در ارتباط با سپاه قدس بوده است و زیر نظر عسگری کار می کرده و «ارتباط مستحکمی» هم با او داشته است.
امیرفرشـــاد ابراهیمی با آن‌که مدعی‌ست مدت‌ها با عسگری کارکرده و ارتباط مستحکمی با او داشته، اما نمی‌داند او چه سنی دارد و آدم چهل و شش ساله را شصت و سه ساله معرفی می کند. حتا در عکسی که بعدها امیرفرشاد ابراهیمی در سایتش از عسگری چاپ می کند هم، سن عسگری مشخص است. چگونه کسی که با او از نزدیک کارکرده متوجه نمی‌شود؟ در سناریوهای بعدی، او حرفی از سن و سال عسگری نمی‌زند. چراکه خبرگزاری فارس به‌نقل از همسر عسگری گزارش زیر را داده بود:

«آقای عســـگری که چهل و شش سال دارد، صاحب پنج فرزند و یک نوه است و به گفته‌ی همسرش، دو سال است که بازنشسته شده و به کار تجارت زیتون و روغن زیتون در سوریه مشغول است.»

اگر به ادعای قبلی امیرفرشاد ابراهیمی در مورد سابقه‌ی عسگری که در زیر می‌آید توجه کنید نه حرفی از لبنان است و نه حرفی از خودش و دوستی این دو:

«علیرضا عسگری کیست ؟
عســـگری سرتیپ دوم سپاه و از فرماندهان ارشد ستاد مشترک کل سپاه پاسداران بوده که مدت بیش از سه سال نیز طی سال‌های ۱۳۷۰ تا ۱۳۷۳ در نیروی قدس ســـپاه، فرماندهی یگان القادمون (ســـتاد مسئول حوزه بالکان) را بر عهده داشته است. پس از آن، از نیمه‌ی سال ۱۳۷۳ به ستاد مشترک سپاه پاسداران رفته و تا پایان سال ۱۳۷۶ در اداره‌ی طرح و تجهیزات ستاد مشترک به‌عنوان مسئول مدیریت خرید خارجی فعالیت می‌نماید و با ایجاد ده‌ها شرکت و نهادهای اقتصادی، پوششـــی در داخل کشور و هم‌چنین کشورهای حاشیه‌ی خلیج فارس و مالزی و ســـوئد به‌تأمین نیازمندی‌های نظامی سپاه مشغول می گردد.»[۱]

1-www.goftaniha.org/ 2007_04_01_archive.html

چنان‌چه ملاحظه می‌شـــود عسگری در سال ۱۹۹۷ بنا به‌ادعای قبلی امیرفرشاد ابراهیمی نه تنها در ســپاه قدس نبوده، بلکه در ســتاد مشترک سپاه مشغول کار بوده اســت. بین ســال‌های ۱۳۷۰ تا ۱۳۷۳ هم که عسگری در سپاه قدس به‌کار در حوزه‌ی بالکان اشتغال داشت و نه لبنان. در آن زمان امیرفرشاد ابراهیمی هم با توجه به این‌که متولد ۱۳۵۴ است، شانزده تا نوزده ساله و مشغول تحصیل در دبیرستان و دانشگاه بوده!

تازه در ادعای قبلی نوشته بود که عسگری در سال ۱۹۸۰ (که درستش دهه‌ی ۸۰ میلادی است) از فرماندهان سپاه قدس در لبنان بوده. و بعد اشاره می‌کند که وی زیرِ دســت او در لبنان کار می‌کرده. در ســال ۱۹۸۹ -آخرین ســال دهه‌ی ۸۰ -، امیرفرشاد ابراهیمی چهارده ساله بوده است. چگونه چنین امری امکان دارد؟ ده سال قبل از تاریخ مصاحبه، سال ۱۹۹۷ بوده است و نه دهه‌ی ۸۰ میلادی. چنان‌که ملاحظه می‌کنید ادعاهای ابراهیمی چیزی نیست جز مشتی پرت و پلا که قوام و دوامی هم ندارد.

امیرفرشـــاد ابراهیمی در مورد حضورش در ســـفارت ایران در لبنان هم دروغ می‌گوید؛ در مصاحبه‌ای، در پاسخ به‌پرسش مصاحبه‌کننده‌ی شهروند کانادا در مورد سفرها و مأموریت‌های خارجی‌اش گفته بود:

> *آیا در «انصار» که بودید، مأموریت‌های خارج ازکشور هم داشتید؟
>
> *بله. مدتی با شهید نواب در بوسنی بودم. در جبل‌العامل در لبنان حضور داشـــتم، و یا همراه با سرتیپ سپاه س. ق در سودان بودم. ما اغلب در پوشش خبرنگار، کمیته‌ی امداد امام خمینی و یا جهاد ســـازندگی ویزا می گرفتیم، نکته‌ای که سبب خنده‌ی بروبچه‌های خودمان نیز می‌شد.»[1]

چنان‌چه ملاحظه می‌شود وی مدتی در پوشش خبرنگار، کمیته‌ی امداد و جهاد ســـازندگی در جبل‌العامل لبنان بوده و نه ســـفارت ایران در بیروت؛ البته همراه ســـرتیپ سپاه س. ق در سودان بوده است. حالا برای بالا بردن «قیمت» خود

1-www.goftaniha.org/2006/07/blog-post_115221489735264332.html

از این ادعاها هم می‌کند. از این‌ها گذشته فراموش نکنیم که امیرفرشاد ابراهیمی مدعی‌ست در سال ۱۳۷۶ که مصادف است با ۱۹۹۷ میلادی، از دانشگاه هنر فارغ‌التحصیل شده و در رشته‌ی حقوق ثبت نام کرده است. کسی که در ایران دانشجو است چگونه هم‌زمان در سفارت ایران در یک کشور خارجی کار می‌کند؟ امیرفرشاد ابراهیمی سپس در پاسخ به‌سئوال‌های خبرنگار روزنامه‌ی حُریت در باره‌ی نحوه‌ی خروج عسگری از ایران می‌پرسد:

* از ایران کی و چگونه خارج شد؟
* در دسامبر سال پیش با گرفتن پاسپورت زیارتی از دولت ایران برای زیارت حضرت زینب، ایران را به‌مقصد سوریه ترک گفت. بعد از رسیدن به سوریه به صورت غیر قانونی از راه زمینی وارد ترکیه شهر قاضی‌آنتپ شد؛ سپس با کرایه‌ی یک خودرو به مقصد آنکارا حرکت کرد.[1]

چنان‌چه ملاحظه می‌کنید امیرفرشاد ابراهیمی متوجه شده که ازکشور سوریه از طریق مرز دوبایزید که مرز ایران و ترکیه است نمی‌توان به ترکیه رفت، برای همین محل ورود وی را به شهر «قاضی‌آنتب» تغییر می‌دهد. در ادعای قبلی گفته بود عسگری با اتوبوس به‌آنکارا رفته، این‌بار مدعی می‌شود باکرایه‌ی یک خودرو به آنکارا می‌رود. در دومین سناریوگفته بود وی در ۳ ژانویه ۲۰۰۷ به سوریه رفته در این‌جا می‌گوید در دسامبر ۲۰۰۶!

در ادامه، خبرنگار از او می‌پرسد:

* شما این اطلاعات را ازکجا آوردید؟
* عسگری از آنکارا با افرادی از جمله من تماس گرفت وگفت که چکار باید بکند؛ و هم من و هم دیگران همگی رفتن به سفارت کشور آمریکا و هم‌چنین درخواست پناهندگی از سازمان ملل را به‌ایشان تجویز نمودیم، ایشان نیز بعد ملاقات با مقامات مربوط در سفارت آمریکا، تحت حمایت آن‌ها در هتل هیلتون ساکن می‌شود و سپس خود را به سازمان ملل متحد برای درخواست پناهندگی

1-www.goftaniha.org/2007/05/blog-post_20.html

سیاسی معرفی می کند.»[1]

امیرفرشاد ابراهیمی که تا ۱۷ آوریل حدس وگمان می‌زد و پای مجاهدین را به‌میان می‌کشید و حرفی از ارتباط خود با عسگری نمی‌زد، به‌یک‌باره مدعی می‌شود که از ابتدای ورود عسگری در جریان ماوقع بوده و به‌او راهنمایی کرده که چه کند!
و...
خبرنگار در ادامه می‌پرسد:

* غیب شدن عسگری را اول از همه روزنامه‌ی حریت بیان کرد. این ماجرای هتل جیلان در استانبول چه می‌باشد؟
* عسگری بعد پنج روز اقامت در آنکارا به استانبول می‌رود و خود را به‌سازمان آی سی ام سی که وابسته به وزارت امور خارجه‌ی آمریکا می‌باشد معرفی می کند. این سازمان برای ایشان در هتل جیلان رزرواسیون انجام می‌دهند ولی عسگری قبول نمی کند و اقامت یازده روزه‌ی خود را در هتل مرمر می گذراند، (اسم ایشان در لیست مسافران دیده نمی شود) آمریکا درخواست ایشان را مبنی بر پناهندگی در تاریخ ۲۵ جنیوری قبول می کند و ایشان در تاریخ ۷ فبریوری ترکیه را ترک می کند.

* ادعاها مبنی بر خروج ایشان از ترکیه به‌کمک سازمان سیا با پاسپورت جعلی و از راهِ زمینی صحت دارد؟
* نخیر. ایشان با برگه‌های پناهندگی که از سازمان ملل متحد دریافت کرده بود، به‌صورت قانونی و هوایی از ترکیه خارج شده و در هامبورگ آلمان ترانزیت شده و به آمریکا رفته. با یک پرواز خصوصی رفته یا نه، نمی‌دانم ولی آمریکا به صورت مستقیم در این کار دخالتی نداشته است.»

* آخرین تماس شما با عسگری چه زمانی بوده و الان ایشان کجا هستند؟
* آخرین بار دوازده روز پیش طی تماسی اظهار داشته که احساس

1-www.goftaniha.org/2007/05/blog-post_20.html

خطر می کنـــد. وی هم‌اکنون در واشـــنگتن در خانه‌ای تحت نظر سازمان سیا می‌باشد. در ماه‌های آینده بعد از تمام شدن بازجویی‌ها ایشـــان تمامی اطلاعاتش را با جزییات درمصاحبه‌ای در سی‌ان‌ان بیان خواهدکرد و همه خواهیم دیدکه توســـط سازمان‌های مخفی دزدیده نشـــده، بلکه با خواســـته‌ی خودش درخواست پناهندگی سیاسی داده است.»[۱]

چنان‌چه ملاحظه می کنید امیرفرشاد ابراهیمی در این مصاحبه مدعی‌ست که:

۱. علیرضا عســـگری در دســـامبر ۲۰۰۶ پاســـپورت می گیرد و به‌صورت غیرقانونی از راه زمینی وارد ترکیه می‌شود.
۲. علیرضا عسگری دوست نزدیک اوست و سال‌ها باهم کار می کرده‌اند.
۳. علیرضا عسگری بعد از ورود به آنکارا با چند نفر از جمله امیرفرشاد ابراهیمی تماس گرفت و آن‌ها به‌او توصیه کردندکه به سفارت آمریکا رفته و از سازمان ملل تقاضای پناهندگی کند.
۴. علیرضا عسگری بعد از ملاقات با مقامات آمریکایی، تحت حمایت آن‌ها در هتل هیلتون ســـاکن می‌شود و سپس خود را به سازمان ملل معرفی می کند.
۵. آمریکا درخواست پناهندگی عسگری را در تاریخ ۲۵ ژانویه ۲۰۰۷ قبول می کند و علیرضا عســـگری در تاریخ ۷ فوریه ۲۰۰۷، ترکیه را به‌مقصد آمریکا ترک می کند.

تفاوت‌های اساسی سناریوهای اول و سوم امیرفرشاد ابراهیمی

در اولین سناریوی نوشته شده توسط امیرفرشاد ابراهیمی، مجاهدین در ۱۱ فوریه ۲۰۰۷ به‌منظور خوش‌رقصی برای آمریکا، علیرضا عسگری راکه برای «تعطیلات و تفریح» به ترکیه رفته، در اســـتانبول ربوده و به گروگان می گیرند و به‌نقطه‌ی نامعلومی می‌برند. مجاهدین ســـپس عســـگری را به آمریکا که سیاســـت‌اش «گروگان‌گیری» مقامات ایرانی است، تحویل می‌دهند.

۱- پیشین

در سناریوی سوم، علیرضا عسگری در ماه دسامبر وارد سوریه می‌شود و سپس در ژانویه مخفیانه و غیرقانونی وارد ترکیه می‌شود.

عسـگری در همان بدو ورود، یعنی در ماه ژانویه‌ی ۲۰۰۷، تعطیلات و تفریح یادش می‌رود و با امیرفرشاد ابراهیمی تماس می‌گیرد. در همان تاریخ به‌توصیه‌ی امیرفرشــاد ابراهیمی خودش را به سفارت آمریکا و سپس سازمان ملل معرفی می‌کند. در ۲۵ ژانویه‌ی ۲۰۰۷ درخواســت پناهندگی‌اش پذیرفته می‌شود و در ۷ فوریه ۲۰۰۷ به‌طور قانونی به آمریکا می‌رود. در این سناریو، عسگری از ابتدا در ارتباط با امیرفرشاد ابراهیمی بوده است. عسگری پس از عزیمت به آمریکا در اوایل مه ۲۰۰۷ با امیرفرشاد ابراهیمی تلفنی صحبت می‌کند و امیرفرشاد در مورد او می‌گوید: «و همه خواهیم دید که توسط سازمان‌های مخفی دزدیده نشده بلکه با خواسته‌ی خودش درخواست پناهندگی سیاسی داده است.»

در سناریوی اول به‌ادعای امیرفرشاد ابراهیمی در ۱۱ فوریه ۲۰۰۷، تازه مجاهدین او را گروگان می‌گیرند و به‌محل نامعلومی می‌برند!

چگونه امکان دارد کسـی که در ۷ فوریه ۲۰۰۷ ترکیـه را ترک کرده در ۱۱ فوریه ۲۰۰۷ توسط مجاهدین در استانبول ربوده شده و به گروگان گرفته شود؟ امیرفرشاد ابراهیمی که در جریان خروج عسگری بوده، چرا به‌قول خودش سرنوشت او را از مجاهدین پی‌گیری می‌کرده؟ چرا به گفته‌های عضو ارشـد مجاهدین گوش می‌کرده است؟

چرا امیرفرشـاد ابراهیمی که به‌قول خودش در جریـان وقایع بوده، دروغ به‌این بزرگی را به مجاهدین نسبت داده است؟

چه کسی جز او و مقامات رژیم صحبت از گروگان‌گیری و ربودن علیرضا عسگری توسط «سازمان‌های مخفی» کرده بودند؟

مگر امیرفرشاد ابراهیمی مدعی نبود که تیـم عملیاتـی مجاهدین برای «خوش‌رقصی» علیرضا عسگری را ربوده و برخلاف میل‌اش به آمریکایی‌ها تحویل داده؟ چگونه در این‌جا مدعی می‌شود که عسگری با خواسته‌ی خودش و به‌توصیه‌ی او درخواست پناهندگی سیاسی داده است؟

این همه‌ی ماجرا نیست. امیرفرشاد ابراهیمی در مصاحبه با لس‌آنجلس تایمز که

در ۳۱ آوریل ۲۰۰۸ در سایت روشنگری آمده، روایت چهارمی را مطرح کرده و می‌گوید:

«وی با هم‌آهنگی مقامات امریکایی و سازمان‌های بین‌المللی، عسگری را در اواخر سال ۲۰۰۶ از ترکیه خارج کرد و بلافاصله یک‌دیگر را در نیکوزیا در قبرس ملاقات کردند.»

ابراهیمی می‌گوید:

«من هیچ چیز غیرقانونی انجام ندادم؛ من به‌اوکمک کردم؛ ما وی را غیرقانونی خارج نکردیم.»[1]

اصل مطلب را می‌توانید بخوانید.[2] دراین مصاحبه امیرفرشاد ابراهیمی حتا مدعی شده است که وابسته‌ی سفارت ایران (دیپلمات) در لبنان بوده است. چیزی که در خاطرات اولیه‌اش فراموش کرده بود بگوید و مدعی بود تحت پوشش جهاد و روزنامه‌نگار به جبل عامل رفته بود.

- چنان‌که مشاهده می‌شود امیرفرشاد ابراهیمی در ۲۸ فوریه ۲۰۰۷ مدعی بود که مجاهدین در عملیات مشترک با آمریکایی‌ها علیرضا عسگری را در ۱۱ فوریه ۲۰۰۷ ربودند.

  در ۱۷ آوریل ۲۰۰۷ مدعی شد وی در ۷ فوریه ترکیه را به‌مقصد آمریکا ترک کرده است.
- در می ۲۰۰۷ ابراهیمی مدعی شد که عسگری در ۷ فوریه ۲۰۰۷ با کمک او و مقامات آمریکایی و پس از مصاحبه با کمیسیاریای عالی پناهندگان در ترکیه، از طریق هامبورگ به آمریکا رفت.
- در مارس ۲۰۰۸ مدعی شدکه در اواخر سال ۲۰۰۶ وی با هم‌آهنگی مقامات آمریکایی، عسگری را از ترکیه خارج کرده و بلافاصله در نیکوزیا او را ملاقات کرده است.

  این ادعاها در حالی‌ست که امیرفرشاد ابراهیمی در مصاحبه با حریت در می ۲۰۰۷ مدعی شده بود که عسگری در واشنگتن در خانه‌ای تحت نظر سازمان

1-www.roshangari.net/as/sitedata/20080330075214/2008033007521html
2-www.latimes.com/news/printedition/asection/la-fg-dissident 29mar 29,1,7550824.story

سیا است و هنوز بازجویی‌هایش تمام نشده است. پس در این میان چگونه امیرفرشاد ابراهیمی، عسگری را در نیکوزیا ملاقات کرده است؟ قبلش هم که ادعا کرده بود عسگری از طریق هامبورگ به آلمان رفته بود.

- طبق روایت چهارم، در اوایل سال ۲۰۰۷ در زمانی که ابراهیمی مدعی بود مجاهدین عسگری را ربوده و به‌محل نامعلومی منتقل کرده‌اند، خود وی در قبرس با او ملاقات داشته است.

ظاهراً عملیات مشـترک اولیه‌ی مجاهدین و آمریکایی‌ها در سناریوهای بعدی، تبدیل به‌عملیات مشترک و هم‌آهنگ آمریکا و سازمان ملل و امیرفرشاد ابراهیمی می‌شود!

این وسط امیرفرشاد ابراهیمی چه‌کاره است که سازمان ملل و آمریکا به‌وجودش احتیاج دارند، خدا می‌داند؟

این همه گزافه‌گویی در حالی‌ست که خود وی سال‌ها در ترکیه سرگردان بود و پناهندگی‌اش به‌خاطر سـوابقی که داشت پذیرفته نشـده بود. این را نه از روی حدس و گمان، بلکه با توجه به مصاحبه‌ی اخیر امیرفرشاد ابراهیمی با دویچه‌وله می‌گویم، به‌خبر آن توجه کنید:

«ابراهیمی پس از آزادی از زندان، به ترکیه گریخت. او پس از چند سال زندگی اجباری در ترکیه، به‌طور غیرقانونی به آلمان رفت و در آن‌جا تقاضای پناهندگی کرد.»[1]

افزون بر همه‌ی این‌ها بر پایه‌ی خبر موثقی که دارم امیرفرشـاد ابراهیمی هنگام حضور در ترکیه تلاش کرده بود که به آمریکا برود؛ منتها ظاهراً به‌خاطر سوابقش و عدم اطمینانی که مقامات امنیتی آمریکایی به‌وی داشتند برخلاف موارد مشابه، از انتقال او به آمریکا خودداری کردند.

کدام یک از این چهار روایت کاملاً متضاد امیرفرشاد ابراهیمی صحیح است؟ این معمایی است که پاسخ‌اش را امیرفرشاد اَبراهیمی و نسرین بصیری می‌دانند. به احتمال زیاد هیچ‌کدام صحیح نیست و ما در بهترین حالت، با زوجی مواجه

1-www.dw-world.de/dw/article/0,,3228178,00.html?maca=per-rss-per-all-1491-rdf

هستیم که از صداقت سیاسی و اخلاق اجتماعی به‌دورند. بر امیرفرشاد ابراهیمی با آن سابقه‌ای که می‌شناسیم، حرجی نیست، برمن پوشیده است که نسرین بصیری چرا به‌این حضیض و ذلت دچار شده است؟
به‌نظر من اگر مقامات سرویس امنیتی ترکیه کمی درایت داشتند و ادعاهای متضاد امیرفرشاد ابراهیمی را درکنار هم قرار می‌دادند، متوجه می‌شدند که با چه کسی روبرو هستند و دنبال بازجویی از او نمی‌رفتند.

امیرفرشاد ابراهیمی این روزها از فرصت استفاده کرده و با کمک همسرش جعلیاتی جدید را در رابطه با آن‌چه در ترکیه گذشت، به‌هم می‌بافد که پرداختن به‌آن‌ها از حوصله‌ی این مطلب خارج است. این اولین نمونه از رواج جعلیات توسط امیرفرشاد ابراهیمی و همسرش نیست؛ در زیر به‌چند نمونه‌ی دیگر از آن‌ها می‌پردازم.

نکاتی چند در مورد مدت زندان امیرفرشاد ابراهیمی

امیرفرشاد ابراهیمی در نوار ویدئویی که در دفتر شیرین عبادی ضبط کرده بود و انعکاس وسیعی یافت، می‌گوید:

> «به‌نام خدا، امیرفرشاد ابراهیمی هستم، لیسانسیه‌ی کارگردانی سینما از دانشگاه هنر و دانشجوی رشته‌ی حقوق دانشگاه آزاد، در تاریخ ۲۷ مرداد توسط نیروی انتظامی دستگیر شدم؛ به‌مدت هفت ماه در زندان‌های مختلف بازداشت موقت بودم. در بازداشتگاه توحید، زندان اوین، زندان قصر و بازداشتگاه ۱۱۰، بعد از آن در ۲۷ اسفند ۷۸ آزاد شدم.»[۱]

وی دوباره در خرداد ۷۹ دستگیر می‌شود و پس از آزادی از زندان، در سال ۸۱ در مصاحبه با خسرو شمیرانی از نشریه‌ی شهروند چاپ کانادا می‌گوید در سال ۸۰ حکم دو سال زندانی را که به‌خاطر شرکت در مضروب کردن عبدالله نوری و عطاءالله مهاجرانی علیه او صادر شده بود به‌مرحله‌ی اجرا گذاشتند و او تا ۳۱

1-www.golshan.com/asnaad/ansar/p001.html

اکتبر۲۰۰۱ که می‌شود ۹ آبان ۸۰، در زندان به‌سر برد و در این تاریخ با وثیقه‌ای بیست میلیون تومانی از زندان آزاد شد. این مصاحبه هنگامی که او در ایران بود انجام شده است.[۱]

وی در جای دیگری می گوید:

«بالاخره پس ازگذشت هیجده ماه از غیرقانونی نگه داشتن بنده در زندان، در نهم آبان‌ماه سال ۱۳۸۰ که شب تولد امام زمان (عج) بود... افسر نگهبان آمد به‌اتاق که فوراً وسایل‌هایت را جمع کن بیا پایین و من که اصلاً فکر نمی کردم آزاد شده باشم.»[۲]

اما وی در باره‌ی مدت زندانش در مطلب «از سربند تا چشم‌بند» می گوید: «به‌مدت هشت ماه به‌صورت خودسرانه در بازداشت سپاه بودم»؛ و اضافه می کند:

پس از آزادی از زندان نیز مجدداً در حضور دکتر شیرین عبادی وکیل مدافع خویش و دیده‌بان حقوق بشر الهه هیکس تمامی آن‌چه را که از نیروهای حزب‌الله و اقدامات خرابکارانه‌شان می دانستم در نواری تصویری افشا نمودم. این ویدئو به‌سرعت در داخل و خارج ازکشور پخش شده و مورد توجه رسانه‌هایی بین‌المللی و مطبوعات مستقل قرارگرفت. تاوان این عمل چهل و هشت ماه بازداشت بوده که به‌مدت هیجده ماه آن انفرادی بود. دست‌آخر در پی فشار سازمان‌های بین‌المللی حقوق بشر از جمله سازمان دیده‌بان حقوق بشر و عفو بین‌الملل و هم‌چنین جریان‌های مدافع حقوق بشر و افکار عمومی و مطبوعات به‌صورت موقت آزاد شدم.» [۳]

چنان‌چه ملاحظه می‌شود هفت ماه زندان اول که از مرداد۷۸ شروع و در اسفند ۷۸ تمام می‌شود را تبدیل به هشت ماه زندان می کند. هم‌چنین هیجده ماه زندان خرداد۷۹ تا آبان ۸۰ راکه در خاطراتش آمده که بخش زیادی از آن را در بند عمومی بوده ، تبدیل به چهل و هشت ماه زندان که هیجده ماه آن انفرادی بوده می کند! چشم‌بندی او را ملاحظه کنید. وی بار دوم دقیقاً از۴ خرداد۷۹ تا ۹ آبان

1-www.goftaniha.org/2006/07/blog-post_115221489735264332.
2-www.farshadebrahimi2.blogspot.com

۳- پیشین

۸۰ در زندان بوده است. در حالی که اگر چهل و هشت ماه زندان بود می‌بایستی تا ۴ خرداد ۸۳ زندان می‌بود.

«چهارم خرداد سال هفتاد و نه بود که بهبهانهی افشاگری‌هایم در آن نوار ویدیوئی، من و چند روز بعد شیرین عبادی و محسن رهامی و یک‌سری از اعضای جبههی مشارکت را بازداشت کردند.»[1]

و یا:

«من در خرداد ماه سال ۱۳۷۹ وقتی که از مقابل کتابفروشی‌های جلوی دانشگاه تهران رد می‌شدم.»[2]

«سال ۱۳۷۹ بود و به گمانم عید مبعث بود و یا روز تولد پیامبر اکرم درست نمی‌دانم، اما خوب بهیاد دارم که وارد چهاردهمین ماه انفرادی‌ام شده بودم در سلول ۷۶ بند ۲۰۹ و در آن یک‌سال تنها چهره‌هایی که می‌دیدم یا دو بازجویم بود و یا قاضی پرونده و یا آقای تهرانی که همهی بچه‌های بند ۲۰۹ او را خوب بهیاد دارند.»[3]

مبعث در سال ۷۹ در آبان‌ماه بود و تولد پیامبر در خرداد‌ماه. امیرفرشاد ابراهیمی در ۴ خرداد ۷۹ دستگیر شده است و اگر آبان را حساب کنیم، پنجمین ماه زندانش می‌شود. ظاهراً او هفت ماه زندان قبلی را هم که در سال ۷۸ کشیده بود، روی این یکی کشیده و یک‌جا حساب کرده است و دو ماه ناقابل هم روی آن گذاشته. در این جا لازم است بهیاد امیرفرشاد ابراهیمی بیاورم که او در خرداد ۷۹ «از مقابل کتابفروشی‌های جلوی دانشگاه رد» می‌شد و در آن جا دیگر دو بازجو و قاضی پرونده و آقای تهرانی نبودند و می‌توانست مردم عادی را هم دیده باشد. در حالی که بعد از آزادی از زندان در سال ۸۱ با خسرو شمیرانی در نشریهی شهروند مصاحبه داشت و در سال ۸۲ به ترکیه رفت، مدعی‌ست چهار سال و هشت ماه زندان بوده است.

او، یک جای دیگر وقتی که طلب استغفار می‌کند، می‌گوید چهار سال زندان بوده:

1-www.goftaniha.org/2004_11_01_archive.html
2-www.goftaniha.org/2006_11_01_archive.html
3-www.goftaniha.org/2006_07_01_archive.html

«این جانب امیرفرشــاد ابراهیمی، پانزده ســال پیش، در حالی که شانزده ســاله بودم به‌عنوان یکی از فعالان و مؤسسان گروه انصار حزب‌الله شناخته شدم و بارها و بارها از شیوه‌ی حکومت «سیدعلی خامنه‌ای» تقدیر نموده‌ام. اکنون پس از همکاری هشــت ساله‌ی خودم با انصار حزب‌الله که تاوانش را با چهار سال زندان و چهار سال دربدری و تبعید تاکنون دارم پس می‌دهم...»[1]

البته او در جای دیگری گفته است که در سال ۷۲ یعنی زمانی که هیجده ساله بود گروه انصار حزب‌الله را بنیان گذاشته‌اند.

اما موضوع مدت زندان وی به‌همین‌جا ختم نمی‌شــود؛ به‌ادعای دیگر او توجه کنید:

«اگر صحبت زندان هم باشــد که بیش از پنج سال در زندان‌های جمهوری‌اسلامی به‌خاطر نبود آزادی بیان، تحمل حبس نمودم که از این مدت هیجده ماه آن به‌طور مســتمر در انفــرادی بوده‌ام؛ در طول چهار ســال آخر اقامتم در ایران بیش از بیست و هفت بار در دادگاه‌های غیرعلنی محاکمه و دست‌آخر نیز پس از ترور نافرجام خیابان امیر آباد در سالگرد هیجده تیر مجبور به‌ترک ایران شدم.»[2]

ملاحظه می‌کنید، هرچه جلوتر می‌رود موضوع هیجان‌انگیزتر می‌شود. او بیش از پنج سال زندان بوده و بیش از بیست و هفت بار در چهار سال آخر اقامتش در ایران در دادگاه‌های غیرعلنی محاکمه شده و...

البته در جای دیگری از ســایتش مدعی شده بود که سه سال زندان بوده، توجه کنید:

«از همه‌ی این‌ها که بگذریم، من الان دیگه چهار ساله که از ایران خارج شدم، قبل از آن‌هم یک‌سال بود که از زندان آزاد شده بودم؛ یعنی درست با احتساب زندانم هشت ساله که دارم برای شش سال

1-www.goftaniha.org/ 2006_12_01_archive.html
2-www.alefbe.com/articleAmirFarshad.htm

همکاری‌ام در حزب‌الله تاوان پس می‌دهم و جواب‌گو هستم .»[1]
اگر مدت چهار سال خارج شدن او از ایران را با یک سال دوران بعد از آزادی‌اش
از زندان جمع کنیم، می‌شود پنج سال. وی گفته‌است با «احتساب زندانم هشت
ساله که دارم برای شش سال همکاری‌ام در حزب‌الله تاوان پس می‌دهم». پس
دوران زندانش در این‌جا سه سال عنوان شده است.
او در جای دیگری هم گفته است که سه سال زندان بوده. توجه کنید:

«برگردیم به‌عقب؛ به‌روزهایی که من تازه از حزب‌الله کناره‌گیری
نموده بودم و پس از سه سال از زندان آزاد شده بودم.»[2]

البته وی که به‌قول خودش تا ۳۱ اکتبر ۲۰۰۱ در زندان بوده در سایتش مطالبی
نوشته که تاریخ آن‌ها مربوط به‌پیش از آزادی از زندان است.
مثلاً مطلب «مهندسی پرونده‌ی ترور سعید حجاریان» تاریخ ۶ آوریل ۲۰۰۱ را
دارد.[3] و مطلب «اسم رمز: اکبر هاشمی» تاریخ ۶ اکتبر۲۰۰۱ را دارد.[4]

امیرفرشاد ابراهیمی هم‌چنین در تاریخ ۲ آوریل ۲۰۰۸ مطلبی در باره‌ی هفت
سالگی سایتش نوشته است:

«هفت سال پیش [یعنی آوریل ۲۰۰۱] همین روزها من شروع کردم
به‌نوشتن در اینترنت! نشریه‌ی اینترنتای بود بنام سیاه و سفید که
مانی فرهومند راه‌اندازی کرده و البته به‌همان سرعتی که راه افتاد و
محبوب شد و یکی از محبوب‌ترین نشریات آن‌لاین آن‌زمان بود
به‌همان سرعت هم محو شد!، به موازات آن من در دو وبلاگ
هم می‌نوشتم؛ اولی همین وبلاگ بود بنام گفتنی‌ها و دیگری
خاکستری. چندین بار هی از این‌ور و اون‌ور اسباب‌کشی کردم و
وبلاگم را عوض کردم.»[5]

1-www.goftaniha.org/ 2007_ 01_01_archive.html
2-www.goftaniha.org/2007_08_01_archive.html
3-www.goftaniha.org/2001_04_01_archive.html
۴- پیشین
5-www.farshadebrahimi.tk

امیرفرشاد ابراهیمی هفت سال پیش در زندان چگونه شروع به‌نوشتن در اینترنت کرده؟ خدا می‌داند.

توجه داشته باشـید بخش زیادی از سابقه‌ی زندانی که امیرفرشاد ابراهیمی در خارج ازکشور نانش را می‌خورد، برمی‌گردد به‌تحمل کیفری که او برای شرکت در ضرب و شـتم و توطئه‌ی قتـل عبدالله نوری و عطاءالله مهاجرانی متحمل شده بود. البته اجرایی شدن این حکم برمی‌گشت به‌افشاگری او در مورد انصار حزب‌الله که با واکنش رژیم مواجه شد. خودش در مصاحبه با شهروند می‌گوید:

«* آیا پرونده‌ی اول شـما در ارتباط با ضرب و شتم آقایان نوری و مهاجرانی بسته شده است؟
* بله! من زندانی خودم را کشیدم و نسبت به‌این مسئله اعتراضی هم ندارم؛ زیراکه موافق مراعات قانون هستم. من در آن زمان مستقل از اعتقاداتم، تخلفی انجام دادم و باید کیفر آن را نیز متحمل می‌شدم. اعتراض من در تمام مدت که به‌اعتصاب غذا نیز انجامید، این بود که چرا این حکم که می گویید قطعی شده است، فقط در رابطه با من اجرا می‌شود.»[1]

اعتراض امیرفرشـاد به‌این بودکه چرا بقیه‌ی افراد انصارحزب‌الله شرکت‌کننده در ضرب و شتم، دستگیر نشده‌اند. حالا همان سابقه‌ی جنایی با برخورداری از امداد غیبی، تبدیل به نان و آب برای امیرفرشاد ابراهیمی شده است.

امیرفرشاد ابراهیمی و پرونده‌ی هاشمی‌رفسنجانی

کدام یک از ادعاهای زیر را باورکنیم. آیا خانم نسرین بصیری که با وی زندگی می‌کند تاکنون متوجه نشده است که او مثل آب خوردن دروغ می‌گوید؟ آیا در این مورد برایش سئوالی پیش نیامده است؟

«چند تایی از نوشته‌هایم البته برایم دردسرساز شد و کارم به‌بازداشت و زندان کشید؛ اسم رمز اکبر هاشمی که مجمع تشخیص‌مصلحت نظام که البته آن مقاله هیچ ربطی هم به‌آن مجمع نداشـت و فقط

1-/www.goftaniha.org/2006/07/blog-post_115221489735264332.

به هاشمی و احوال شخصیه‌ی آن پرداخته بود، شاکی آن شد و در شعبه‌ی ۱۴۱۳ به‌ریاست قاضی ابوالحسنی از آن شکایت کرد و من محکوم شدم به پنج سال زندان که بعدها شد دو سال و آقای هاشمی بعدها در مصاحبه‌ای با روزنامه‌ی قدس اعلام کرد که هرگز شکایتی نکرده است و مجمع تشخیص هم شکایتش را پس گرفته (که البته حقیقتش را نمی‌دانم).[1]

دیگری هم که مربوط به شعبه‌ی ۲۰۹ عمومی تهران بود که مربوط به‌شکایت عالیجناب هاشمی رفسنجانی بود برای مقاله‌ی «اسم رمز اکبر هاشمی»؛ و این همانی بود که به‌خاطرش آن موقع‌ها از تهران ممنوع خروج شده بودم و نهایت در حالی که من از ایران خارج شده بودم و محسن هاشمی هم بارها گفته بود آقای هاشمی از شکایت خویش صرف‌نظر کرده، من را به ده سال زندان محکوم نموده‌اند!

جالب این‌جاست که قانون مجازات اسلامی خودش گفته است اهانت به مسئولین عالی نظام، اشد مجازاتش پنج سال زندان است. حالا کجای آن مقاله اهانت بوده و آن پنج سال بقیه‌اش را حضرات ازکجای‌شان درآورده‌اند، الله اعلم».[2]

چنان که ملاحظه می‌کنید در یک جا مدعی است شعبه‌ی ۱۴۱۳ به ریاست قاضی ابوالحسنی شکایت کرده و به پنج سال زندان محکوم شده که بعداً دو سال شده و در ادعای دیگری شعبه ۲۰۹ عمومی تهران شکایت کرده که به ده سال زندان محکوم شده. حالا بعد از این چه توجیهاتی برای این همه تناقضات جور خواهد کرد، خدا می‌داند.

تحصیلات امیرفرشاد ابراهیمی

از مدت زندانی بودن او که بگذریم می‌رسیم به تحصیلاتش. امیرفرشاد ابراهیمی در مطلب «از سربند تا چشم‌بند» در مورد تحصیلاتش می‌نویسد:

1-www.farshadebrahimi.tk/
2-www.goftaniha.org/2006/11/blog-post_01.html

«دانش آموخته‌ی دانشگاه هنر؛ کارشناسی کارگردانی سینما ۱۳۷۶، کارشناسی ارشد حقوق بین‌الملل دانشکده‌ی حقوق و علوم سیاسی دانشـــگاه تهران ۱۳۸۱، دانش‌آموخته در مقطع دکترای حقوق بشر دانشگاه خاورمیانه آنکارا_ ترکیه ۲۰۰۶».[۱]

چنان‌چه در بالا آمده، امیرفرشاد ابراهیمی مدعی‌ست که در سال ۸۱ فوق‌لیسانس حقوق بین‌الملل از دانشـــکده‌ی حقوق و علوم سیاســـی دانشگاه تهران گرفته اســـت. اما در همان سال ۸۱ در مصاحبه با نشریه شهروند چاپ کانادا در مورد برنامه‌هایـــش بعد از آزادی از زندان گفتـــه بود: «برنامه‌ی اول ادامه‌ی تحصیل است. گرچه الان دانشگاه آزاد به‌دلیل غیبت زیاد مرا اخراج کرده است. اما شاید بتوانم در کمیته‌ی انضباطی دلایل خود را به کرسی بنشانم و دوباره تحصیلم در رشته‌ی حقوق را از سر بگیرم.»[۲]

امیرفرشاد ابراهیمی در جای دیگری از مصاحبه به شهروند گفته بود:

«بعد از این که در سال ۷۲ [۷۶ صحیح است] فارغ‌التحصیل شدم، برای حقوق و علوم سیاســـی ثبت نام کردم که در رشـــته‌ی حقوق دانشگاه آزاد تهران قبول شدم ولی متأسفانه نتوانستم مستمراً آن را ادامه دهم، زیرا پس از دو ترم برای قضیه‌ی دانشگاه و سپس بعد از یک ترم به‌خاطر پرونده‌ی نوار دستگیر شدم.

الان نیز بین زمین و هوا هستم. باید کمیته‌ی انضباطی تشکیل بشود و در آن‌جا معلوم خواهد شد که آیا می‌توانم ادامه بدهم یا خیر؟»[۳]

چنان‌چـــه ملاحظه می‌شـــود وی به‌ادعای خودش در مصاحبه‌ای که ســـال ۸۱ کرده می‌گوید قبل از دســـتگیری در ســـال ۷۸، در رشته‌ی حقوق دانشگاه آزاد تحصیل می‌کرده و به‌علت دستگیری و غیبت زیاد اخراج شده بود. اما در خارج ازکشور مدعی می‌شود که در سال ۸۱ از دانشگاه تهران، نه تنها لیسانس، که فوق لیسانس هم گرفته است! به‌سادگی دانشگاه آزاد را هم به دانشگاه تهران تبدیل می‌کند. توجه داشته باشید کسی که به‌اعتراف خودش تنها دو ترم حقوق خوانده

1-www.farshadebrahimi2.blogspot.com
2-www.goftaniha.org/2006/07/blog-post_115221489735264332.
۳- پیشین

را فوق‌لیسانس حقوق معرفی می‌کنند. بعد هم مدعی می‌شود که در ترکیه دکترا گرفته است و نسرین بصیری هم این تحفه را در اطلاعیه‌هایی که این‌جا و آن‌جا انتشـــار می‌دهد دکتر معرفی می‌کند. تازه همان دو ترم هم درس‌هایش را پاس نکرده بود:

> «بیســت و هفتم مرداد سال ۱۳۷۸ داشتم صبحانه می‌خوردم، ترم قبل نتوانســـته بودم دو درس را پاس کنم؛ همین شده بود برای این که ازگیر واحدهای عمومی خلاص شوم دو درس اخلاق‌اسلامی و انقلاب‌اســـلامی و ریشه‌های آن را در ترم تابستانی ثبت نام کرده بودم.»[1]

به‌این یکی ادعا توجه کنید:

> «وقتی به دانشـــگاه برگشـــتم چقدر برایم دلپذیر بود که بر سر در دانشکده‌ی حقوق و علوم سیاسی دانشگاه تهران پلاکارد به‌خانه‌ات خوش آمدی را دیدم!»[2]

از سال ۷۰ به‌بعد بسیاری از پاسداران، بازجویان و شکنجه‌گران، برای در دست گرفتن پست‌های قضایی و سیاسی مشغول تحصیل در رشته‌ی حقوق سیاسی و قضایی در دانشگاه آزاد شدند. من چند نفر از آن‌ها را می‌شناسم که جزو پاسداران زندان اوین و قزل‌حصار بودند و مایه خنده‌ی زندانیان. مصیب و حمزه الوندی از این دسته بودند.

امیرفرشـــاد ابراهیمی در مورد رشـــته‌ی تحصیلی‌اش هم درست نمی‌گوید: او «حقوق بین‌الملل» نمی‌خوانده بلکه «حقوق قضایی» می‌خوانده است. او هم مثل بسیاری از پاسداران و بازجویان و شکنجه‌گران «حقوق قضایی» می‌خواند تا به دســـتگاه قضایی رژیم راهی پیدا کند. این را می‌توانید در شهادت دوست اطلاعاتی‌اش پیام فضلی‌نژاد ببینیدکه حالا وردست سعید مرتضوی شده است و پروژه‌های امنیتی را پیش می‌برد.[3]

1-www.farshadebrahimi 2 .blogspot.com
2-www.goftaniha.org/ 2007_08_01_archive.html
3-www.flickr.com/photos/fazlinejad/ 909972334

امیرفرشاد ابراهیمی هم‌چنین در مصاحبه با روزنامه‌ی «حُریت» ترکیه صحبت از تخصص دیگری هم می‌کند که در زندگی‌نامه‌اش به گونه‌ی دیگری از آن یاد می‌کند. وی به حُریت می‌گوید که از دانشگاه امام‌علی مدرک مهندسی عملیات روانی گرفته است! اما در زندگی‌نامه‌اش می‌نویسد:

«دوران دبیرستان را با این حال وهوا و عضویت در بسیج و انجمن اسلامی در رشته‌ی ادبیات وعلوم انسانی به پایان رساندیم و باز در جستجوی همان آرمان‌شهر بود که در بعد از پایان دوران متوسطه به سپاه پاسداران پیوستم و پس از فارغ‌التحصیلی از دانشکده‌ی علوم و فنون قدس، در پادگان امام علی (ع) مشغول شدم. البته تحصیل را نیز رها نکردم و خود را برای کنکور آماده می کردم، تا این که درسال ۱۳۷۲ در رشته‌ی کارگردانی سینما پذیرفته شدم و وارد دانشگاه شدم.»[۱]

امیرفرشاد ابراهیمی متولد ۱۳۵۴ است. در سال ۷۲ در سن هیجده سالگی پس از «فارغ‌التحصیلی از دانشکده‌ی علوم و فنون قدس» وگرفتن مدرک «مهندسی عملیات روانی» در رشته‌ی کارگردانی سینما در دانشگاه هنر پذیرفته می‌شود! تازه این وسط سال‌های ۶۶ و ۶۷ را هم در جبهه بوده است.

امیرفرشاد ابراهیمی در هیچ کجا نمی گوید که از سهمیه‌ی چهل درصدی «رزمندگان اسلام» استفاده کرده و با پایمال کردن حقوق جوانان، کشور وارد دانشگاه شده است. خوب است با سهمیه‌ی «رزمندگان اسلام» «دکتر حقوق بشر» هم بشوی و دو قورت و نیم‌ات هم باقی باشد.

ادعای حمله‌ی نیروهای رژیم به خانه‌ی امیرفرشاد ابراهیمی در ترکیه و جنجال خبری نسرین بصیری در برلین

دو سال پیش نیز وقتی موضوع پناهندگی و گرفتن اقامت برای امیرفرشاد ابراهیمی با بُن‌بست مواجه شده بود، وی سناریوی جعلی دیگری را طراحی کرد و با همکاری نسرین بصیری پیش برد. در این سناریو او مدعی شد که منزلش مورد تهاجم نیروهای رژیم قرارگرفته است. نسرین بصیری با توجه به ارتباطات سیاسی‌ای که

1-www.farshadebrahimi.blogsky.com/Profile.bs?ID=3832160019852

در اروپا داشت، امضای تعدادی از فعالان سیاسی از جمله مهران براتی، بهروز خلیق، علی صمد، مریم سطوت، فرزانه عظیمی، مهدی فتاپور، مسعود فتحی، بهزادکریمی، ملیحه محمدی، شهره بدیعی، علیرضا جباری، زری عرفانی، علی افشاری، محمد ارسی، حسن جعفری، ناهید پرتو، علی پورنقوی، بهرام چوبینه، ویکتوریا آزاد و... را گرفت و پای اطلاعیه‌ای که نوشته بود، گذاشت. هیچ‌کدام از این فعالان سیاسی هم از خودشان نپرسیدند از کجا به‌صحت ادعاهای مطرح شده در این نامه واقف هستند؟ البته تعدادی از امضاکنندگان بعدها به‌اشتباه خود پی برده و از امضای متن پشیمان شدند.

در نامه‌ی سرگشاده‌ی مزبورکه در سایت اتحاد جمهوری‌خواهان و... درج شده، از جمله آمده بود:

> «نامه‌ی سرگشاده در مورد اقدامات جدید تیم‌های عملیاتی ترور و خشونت جمهوری اسلامی
>
> ما روزنامه‌نگاران، اهل قلم، مدافعان حقوق بشر و فعالان سیاسی، آگاه شدیم که بار دیگر تیم‌های عملیاتی جمهوری اسلامی، فردی را نشانه گرفته‌اند که تنها سلاح و قدرتش زبان است وکلام. یک تیم عملیاتی در آستانه‌ی سال نو میلادی (پنجشنبه ۲۹ دسامبر ساعت ۲۱) به‌منزل امیرفرشاد ابراهیمی دانشجوی دوره‌ی دکترا در رشته‌ی حقوق بشر آنکارا یورش برد.
>
> حمله درست هنگامی صورت می گیرد که ابراهیمی به‌دعوت شبکه‌ی تلویزیونی تی‌ارتی (تلویزیون دولتی ترکیه) در میزگردی شرکت دارد و در این برنامه که به‌طور زنده پخش می‌شود، به انتقاد از سیاست‌های احمدی‌نژاد می پردازد. یورشگران درِ منزل وی را می‌شکنند و اسناد و دست نوشته‌ها را می‌ربایند.
>
> در این یورش چند پریز برق را نیز شکسته‌اند، که این عمل به گفته‌ی کارشناسان امنیتی پلیس ترکیه، برای دسترسی به دستگاه‌های شنودی صورت گرفته است که پیش از این در محل جاسازی شده بودند.
>
> ...تیم‌های عملیاتی جمهوری اسلامی عبرت بگیرند یا نه، این نامه را می‌نویسیم تا همگان آگاه شوند چنان‌چه امیرفرشاد ابراهیمی در

هفته‌هـــای آینده بر اثر «تب» و یا «تصـــادف» و یا در یک «قرار ملاقات» آســیب ببیند و یا جانش را از دســـت بدهد، ما ســـران حکومت را مسئول می دانیم.
با دزدیدن مدارک از منزل امیرفرشاد ابراهیمی، اسناد جنایاتی که از بیست و هفت سال پیش تاکنون رخ داده، پاک نمی‌شود. رونوشت این مدارک و شـــاهدان زنده در برلین، وین، واشنگتن، پاریس و... باقی می‌مانند.»[1]

امیرفرشاد ابراهیمی در مورد نحوه خروجش ازکشور می گوید:
«من درست هنگامی که شعبه‌ی پانزده دادگاه انقلاب تهران و شعبه دویست و نه عمومی تهران از حوزه قضائی تهران، تواماً مرا ممنوع خروج کرده بودند یعنی هر شب باید می‌رفتم کلانتری شهرک قدس امضا می‌دادم، از ایران فرارکردم، مثل خیلی‌ها هم نه پولی داشـــتم رشوه بدهم با پاسپورت بیایم و نه این که سفارتخانه و کشوری و آدمی بود که دلش برای من بسوزد! تک و تنها بدون هیچ اطلاعی کوه و بیابان را گرفتم وقتی به‌خود آمدم که پس از یک هفته بیابان گردی وکوه‌پیمایی ســـر از ترکیه درآورده بودم. به ترکیه هم که رســـیدم نه سفارتخانه و سناتور و حزب وگروه سیاسی‌ای منتظرم بود و نه کس وکاری را در خارج داشـــتم؛ اما از چپ و راست، از سلطنت‌طلب گرفته تا جمهوری‌خواه، از روزنامه‌نگار گرفته تا مدافع حقوق بشری بود که تلفن من را پیدا می کرد و زنگ می‌زد و وعده می داد که کارت را درست می کنم و هفته‌ی دیگر مثلاً در پاریس یا لندن و واشنگتن هم‌دیگر را ملاقات می کنیم! اما هفته‌ی دیگرش طرف دیگر جواب تلفن را هم نمی‌داد!!»[2]

معلوم نیست کسی که کار علیرضا عسگری را راه انداخته و او را از ترکیه بیرون برده، چرا منتظر بوده این و آن از اروپا کار او را درست کنند. برای چه با کارچاق‌کن‌ها

1-www.jomhouri.com/a/ 06ann/ 005135.php
2-www.goftaniha.org/ 2007_01_01_archive.html

تماس می‌گرفت که جواب تلفن‌اش را هم ندهند.
از این‌ها که بگذریم، معلوم نیست کسی که مدعی‌ست غیرقانونی و با پای پیاده تک و تنها از ایران خارج شـــده، با توجه به قوانـــین ترکیه چگونه می‌تواند در دانشگاه آنکارا درس بخواند و در تلویزیون دولتی ترکیه حاضر شود؟ توجه داشته باشید که امیرفرشاد ابراهیمی مدعی‌ست پاسپورت هم نداشته و خودش از مرز به‌طور غیر قانونی و بدون کمک کسی رد شده است.
بیش از یک دهه است که طبق قوانین ترکیه، کسانی که غیرقانونی از مرز زمینی وارد ترکیه می‌شوند، پس از مصاحبه با مأموران کمیسariای عالی پناهندگان در آنکارا، به شهر مرزی‌ای که از آن‌جا وارد ترکیه شدند، منتقل می‌شوند و در آن‌جا منتظر می‌مانند تا به پرونده‌شان رسیدگی شود.
این افراد برای اقامت موقت در ترکیه، از پلیس و دستگاه امنیتی کارت شناسایی (کیملیک) می‌گیرند. آن‌ها موظف هستند هر روز در محل تعیین‌شده خود را به پلیس معرفی و برگه‌ای را امضا کنند. افراد به‌هیچ وجه، بدون اجازه‌ی پلیس، حق ترک شهر را ندارند. رفتن به آنکارا و پیگیری کارهای حقوقی نیز با اجازه‌ی پلیس انجام می‌گیرد. فرد در این دوران، اجازه‌ی تحصیل و... ندارد. کسی که شهر را ترک کند حضورش در ترکیه غیرقانونی بوده و اعتبار کارت شناسایی‌اش هم از بین می‌رود. در صورت دستگیری به‌احتمال زیاد به ایران دیپورت می‌شود.
کسانی که به‌صورت قانونی و از طریق مرز هوایی وارد ترکیه می‌شوند، به یکی از شـــهرهای نزدیک آنکارا مثل آکسارای، اسکی شهیر، قیرشهیر، کایسری و... فرستاده می‌شوند.
کسی که غیرقانونی وارد ترکیه شده چگونه در آنکارا مشغول تحصیل است؟ آیا قوانین ترکیه را برای شـــخص او تغییر داده‌اند؟ چگونه در تلویزیون دولتی ظاهر می‌شود؟ یا درس خواندن در دانشگاه آنکارا دروغ است یا خروج غیرقانونی و با پای پیاده ازکشور. البته از نظر من با توجه به تجربه‌ای که دارم، تردیدی نیست که امیرفرشاد ابراهیمی در مورد نحوه‌ی خروجش ازکشور دروغ می‌گوید.
کســـی که درکشور خودش مدرک لیسانس دانشگاه هنر دارد، چگونه درکشور دیگر، بدون مقدمه، در رشته‌ی حقوق بشر دکترا می‌گیرد؟! والا من که تا به حال اسم چنین رشته‌ای را هم نشنیده‌ام. البته شاید عدم اطلاع من از وجود این رشته

به‌خاطر فقر اطلاعاتم باشد.
امیرفرشاد ابراهیمی پناه‌جو است یا دانشـــجوی دکترا؟ هر دوی این‌ها هم‌زمان امکان‌پذیر نیست.
امضاکنندگان نامه که عده‌ای از آن‌ها ده‌ها سال سابقه‌ی فعالیت سیاسی دارند، از خودشان نمی‌پرسند دستگاه شنود در پریز برق خانه‌ی امیرفرشاد ابراهیمی کار می‌گذارند که چه چیزی را شنود کنند؟ اوکه با وثیقه‌ی بیست میلیون تومانی از زندان آزاد شـــده بود و دو ســـال بعد از آزادی هم در ایران زندگی، و با نشریات خارج ازکشور مصاحبه می‌کرد، چه خطری برای رژیم داشت که در ترکیه، در پریز برق خانه‌اش، شنود بگذارند؟ که هنگام بیرون کشیدنش پریز برق را بشکنند! آخر در قرن بیست و یکم در پریز برق، شنود می‌گذارند؟ مگر فیلم «بالاتر از خطر» چهار، پنج دهه‌ی پیش را تماشـــا می‌کنید؟ دنیا و وسایل استراق‌سمع پیشرفت کرده‌اند. دنیاکه مثل من و شما درجا نمی‌زند.
خدا را شـــکر که احســـاس خطر امضاکننده‌های نامه درست از آب در نیامد و «دل» به «دلدار» رســـید و امیرفرشاد ابراهیمی صحیح و سالم به برلین رسید و خیال خانم نسرین بصیری از سلامت او آسوده شد.

اما قضیه‌ی پریز و شـــنود و... در روایت امیرفرشاد ابراهیمی متفاوت از روایت فعالان سیاسی بالاست؛ توجه کنید:

> «ترکیه برای من همیشه یادآور دوران سخت بعد از بیرون آمدنم از ایـــران بوده واین بار نیزکه برای دفاع از تز دکترایم به آنکارا آمده‌ام حدس حادثه و یا اتفاقی ناگوار برایم زیاد دور از ذهن نبود؛ چراکه عصر همان‌روز هم تلفن‌های مشکوکی داشتم، اما دل را به‌دریا زدم و رفتم و در آن برنامه‌ی خبری شـــرکت کردم. با دوســـت و همکار مطبوعاتی‌ام «مالتم آتش» که از روزنامه‌نگاران به‌نام ترکیه می‌باشد، بازگشتیم به‌محل اقامتم که با خانه‌ای زیرو بالا شده و دری شکسته روبرو شدیم. همه‌ی اسباب و وسایلم را پخش خانه دیدم و... پلیس را خبرکردیم و آمدند و بعد از آن که آن‌ها را مطلع کردم که هیچ چیز قیمتی و پولی به‌ســـرقت نرفته، شـــک وگمان‌ها به کسانی برگشت

که سال گذشـــته نیز یک‌بار در سرقتی این‌چنینی، و دو بار هم مرا مورد حمله و ســـوءقصد قرار داده بودند. بررسی‌ها که دقیق‌تر شد، از پریزبرق اتاق، دستگاه شنود کشف شد و حدس وگمان‌ها به‌یقین تبدیل.»![1]

آمده بودند شنود در پریز جاسازی کنند، ولی در را شکسته و همه جا را زیر روکرده بودند که شک پلیس را برانگیزند. به‌جای داستان جاسوسی با سناریوی کمدی روبرو هستیم. کسانی که متن بالا را امضا کرده بودند، خوب است یک بار دیگر ادعاهای جدید امیرفرشاد ابراهیمی را بخوانند و لااقل از گذشته درس بگیرند و دفعه‌ی بعد امضای‌شان را به‌سادگی خرج نکنند. در این سناریو موضوع پریز برق بر عکس گزارش فعالان سیاسی است.

امیرفرشاد ابراهیمی پیش از این در۲ دسامبر۲۰۰۳ مدعی شده بود که رژیم قصد ترور او را داشته و فردی را به‌همین منظور برای ترور او فرستاده بود:

«- مدتی پیش درباره‌ی فرد مشـــخصی با هم گفتگویی داشـــتیم؛ فردی که بنا به‌اطلاع برای ترور شما اعزام شده بود...

- بله منبع صددرصد معتبری از شورای [...] به‌من اطلاع داد که فردی به‌نام سیداحمد طباطبایی برای زدن من از ایران خارج شده است. این فرد ازکارمندان اداره‌ی «شـــرق و غرب» یعنی بخش اروپایی وزارت اطلاعات است. اطلاع موثق دارم که او به‌دنبال من از ایران، ترکیه، بلغارســـتان و فرانسه رفته بود. ما در فرانسه او را گم کردیم و دیگر نمی‌دانیم چه شد و کجا رفت و نمی‌دانم که در ماموریت خود موفق خواهد شود یا خیر...

-آقای ابراهیمی از زمانی که در اختیار ما گذاشـــتید، سپاسگزاریم.

۲دسامبر ۲۰۰۳».[2]

چنان‌چه ملاحظه می‌کنید امیرفرشـــاد ابراهیمی در ترکیه اســـت و مصاحبه‌ی

1-www.goftaniha.org/2006_05_01_archive.html
2-www.goftaniha.org/ 2003_12_01_archive.html

تلویزیونی می‌کند و در دانشگاه درس می‌خواند، هر سال خانه‌اش مورد تفتیش و هجوم نیروهـای اطلاعاتی و امنیتی رژیم قرار می‌گیرد و برایش شــنودکار می‌گذارند؛ آن‌وقت کسـی که برای ترور او به‌خارج آمده در بلغارستان و فرانسه و... دنبال او می‌گردد!

آیا فعالان سیاسی که معتقدند امیرفرشاد ابراهیمی «تنها سلاح و قدرتش زبان است وکلام» از خودشان نمی‌پرسند که «منبع صد در صد معتبر از شورای [...]» چه نوع رابطه‌ای با امیرفرشاد ابراهیمی دارد؟ آیا هنوز هم فکر می‌کنند او «تنها سلاح و قدرتش زبان است وکلام»؟!

از همه خنده‌دارتر ادعای کارمند اداره‌ی «شــرق و غرب» یعنی بخش اروپایی وزارت اطلاعـات اسـت. هرکس باکم‌ترین اطلاعـات هم می‌داند نه تنها در دســتگاه‌های امنیتی، بلکه در دستگاه‌های سیاست خارجی هم اداره‌ی شرق و غرب از هم جداسـت. در ضمن او که مدعی بود «تک و تنها» به ترکیه آمده و در آن‌جا نیز از کمک هیچ کسی برخوردار نبود، معلوم نیست چگونه این‌جا دَم از «ما» می‌زند و می‌گوید «ما در فرانسه او را گم کردیم و دیگر نمی‌دانیم چه شد وکجا رفت». این مصاحبه در سال اول ورود امیرفرشاد ابراهیمی به ترکیه انجام گرفته بود و با مطرح کردن آن قصد داشت به‌کار پناهندگی‌اش سر و سامانی بدهد که موفق نشد؛ چراکه سرویس‌های امنیتی بهتر از هرکس با او و ادعاهایش آشنا هستند.

امیرفرشاد ابراهیمی عاقبت در مصاحبه با بردیا نیوز مدعی شد پیش از رفتن به ترکیه به فرانسه رفته بود!

«پــس از آن که از ســوی دادگاه مطبوعات محکــوم و هم‌چنین روزنامه‌اش توقیف شد و مورد سوءقصد قرارگرفت، چاره را در ترک ایران دید و به فرانسه و سپس ترکیه رفت، در ترکیه مشغول به‌تحصیل شد و هم‌اکنون ایشان دانش آموخته‌ی دکترای حقوق بشر از دانشگاه خاورمیانه آنکارا می‌باشند و در حال حاضر دبیر تشکیلات فدراسیون دانشجویان مدافع صلح و حقوق بشر می‌باشند.»[1]

چگونه کسـی بدون پاسپورت به فرانسه و سـپس ترکیه می‌رود خدا می‌داند و

1-www.fedration.blogsky.com/1385/03 /

۱۷۸

امیرفرشاد ابراهیمی!

امیرفرشاد ابراهیمی و شرکت در عملیات «مرصاد»

امیرفرشاد ابراهیمی در مورد شرکتش در عملیاتی که از آن به‌عنوان «مرصاد» ما و «فروغ جاویدان» آن‌ها یاد می‌کند، می‌نویسد:

> «به کرمانشاه که رسیدیم در خون غوطه‌ور بود! بیمارستان شهر با تمام خون بارش آن روزها خالی خالی بود! همه‌ی مجروحان شهر و آن‌هایی که هنوز با گذشت چند ماهی از قبول قطع‌نامه در بیمارستان بودند، و حتی بیمارانی که ته‌ریش داشتند و قیافه‌شان به حزب‌اللهی‌ها می‌خورد، پیکر سوخته‌شان در مقابل بیمارستان به‌چشم می‌خورد. بچه‌های تعاون و امدادگران لشگر هنوز به کرمانشاه نرسیده بودند و گردان کمیل، از اولین گردان‌هایی بود که به‌شهر هلی برده شده بود، عملیات مرصاد ما و فروغ جاویدان آن‌ها ساعاتی بود تمام شده بود و ما مشغول پاک‌سازی شهر بودیم. با دیدن آن صحنه‌ی دلخراش تمام تاب و توانم را از دست دادم و برای اولین بار در تمام مدت حضورم در جبهه، بریدم و گریستم. گریستم برای همه‌ی آن صدها مجروحی که مجاهدین آن‌ها را به‌آتش کشیده بودند و با شعار زنده‌باد خلق، از پنجره‌های بیمارستان به‌بیرون پرتاب‌شان کرده بودند و حتما با همین عملیات‌های پیروزمندانه‌شان می‌خواستند تا فردا در تهران باشند! همه‌ی این‌ها را گفتم تا خون‌بارترین روز زندگی‌ام را هر چند کوتاه، برای‌تان بازگو کنم».[1]

به‌جعلیات و بی‌حقیقتی امیرفرشاد ابراهیمی توجه کنید. عملیات «فروغ جاویدان» در روز ۳ مرداد شروع شده بود و قطع‌نامه‌ی ۵۹۸ شورای امنیت، ۲۷ تیر پذیرفته شده بود؛ یعنی یک هفته بعد از پذیرش قطع‌نامه، عملیات آغاز شد و سه روز بعد با محاصره و عقب‌نشینی مجاهدین پایان یافت. اما او می‌نویسد «چند ماهی از قبول قطع‌نامه» گذشته بود.

کسی که آن روزها درگیر قضایا بوده باشد، محال است چند روز را چند ماه

1-www.goftaniha.org/2007/07/blog-post.html

تصور کند. در دستگاه تفسیر و تعبیر امیرفرشاد ابراهیمی چند روز تبدیل به چند ماه می‌شود. بعد مدعی می‌شود که شهر کرمانشاه در «خون غوطه‌ور» بود و مجاهدین نه تنها صدها مجروح بستری در بیمارستان را به‌آتش کشیده بودند، بلکه آن‌ها را از پنجره‌ی بیمارستان بیرون انداخته بودند. تازه به‌این هم بسنده نکرده بودند؛ این بلا را برسرکسانی‌که ریش داشتند هم آورده بودند و بیمارستان کرمانشاه را «خالی خالی» کرده بودند.

امیرفرشاد ابراهیمی این دروغ‌ها را در حالی می‌گوید که مجاهدین در سی و چهار کیلومتری کرمانشاه در تنگه‌ی چارزبر در محاصره‌ی نیروهای رژیم زمین‌گیر شدند و از زمین و هوا زیر آتش قرار گرفتند و پای یک نفرشان هم به کرمانشاه نرسید؛ و اساساً جنگی در کرمانشاه در نگرفت که در «خون غوطه‌ور» شود. امیرفرشاد ابراهیمـی زحمت خواندن اخبار را هم به‌خودش نمی‌دهد. او که سـن‌اش قد نمی‌دهد آن موقع سیزده ساله بود؛ اما لازم است خانم نسرین بصیری به‌عنوان همسـر، دوست و لااقل بزرگ‌تری که آن روزها را به‌خاطر دارد، مطالب را قبلاً بازبینی کنند تا چنین سوتی‌هایی داده نشود که شرمندگی‌اش باقی بماند. مقابله‌ی مجاهدین با نیروهای رژیم در شـهرهای کرند و اسلام‌آباد بود و نه کرمانشاه، که امیرفرشاد ابراهیمی به‌چشم چیزی را دیده باشد و گریسته باشد و خون‌بارترین روز زندگی‌اش شکل گرفته باشد.

این جعلیـات را برای این به‌هم می‌بافد که جنایـات انصارحزب‌الله در بیرون انداختن دانشـجویان از پنجره‌ی اتاق‌شان در روز ۱۸ تیر را توجیه کند و با زبان معکوس بگوید این طرف بدتر از این‌ها هم شـده است و من به‌چشم دیده‌ام. از آن‌جایی که انصار حزب‌الله دانشـجویان را با شعار «یا حسین» از پنجره بیرون انداخته بودند، وی مدعی می‌شـود که مجاهدین هم مجروحین بیمارستان را با شعار «زنده‌باد خلق» از پنجره بیرون انداخته‌اند.

برای پی بردن به دروغ‌های امیرفرشاد ابراهیمی شما را به اطلاعات منتشر شده از سوی سایت‌های رژیم در مورد عملیات فروغ جاویدان رجوع می‌دهم:[1]

1-www.2.irib.ir/occasions/mersad%5Cmersad.HTM \
www.farsnews.com/newstext.php?nn= 8604130114
www.aftab.ir/articles/politics/iran/c1c1153210758p1.php fa.wikipedia.org/wiki

بایستی به امیرفرشاد ابراهیمی یادآوری کنم که فراموش کرده در جای دیگری و در مطلب «در سالگرد پذیرش قطع‌نامه‌ی ۵۹۸» نوشته بود روزهای بعد از پذیرش قطع‌نامه، در دوکوهه در جنوب ایران بوده است:

> «دو کوهه آرام‌آرام خلوت می شد و این را تو از صف‌های نماز حسینیه‌ی حاج همت می‌توانستی بفهمی، ساختمان‌های گردان‌ها کم کم خالی و خالی‌تر می‌شوند؛ نگاهت که به‌ساختمان‌های خالی می‌افتاد دلت می گرفت، هنوز نقاشی عکس مرتضی خانجانی فرمانده دلیر گردان کمیل بروی دیوار گردان تمام نشده و در دلم می گویم خوش به‌حالش!
>
> این روزهای آخر هرکس در عالم خودش هست و همه دارند آخرین چیزها را در ذهن‌شان می کنند، چون دیگر کسی اتوبوس های گل‌آلود را نخواهد دید، دیگر چشمی آمدن بچه‌ها را بعد از عملیات نمی‌بیند، و هوای گرم دوکوهه چقدر دوست‌داشتنی می‌شود، دیگر گرما هیچ کس را اذیت نمی کند. همه چیز دیگر تمام شد!»[۱]

اما نکته‌ی تعجب‌برانگیز آن‌که امیرفرشاد ابراهیمی مدعی‌ست در خارج از کشور پس از تشکیل فدراسیون دانشجویان مدافع صلح و حقوق بشر، از همین مجاهدین که عمل‌کردشان را به‌چشم دیده بود و «خون‌بارترین روز زندگی»اش را رقم زده بودند، خواسته است که در جبهه‌ی متحد و اپوزیسیونی که او و همراهانش پیشنهاد تشکیل‌اش را داده‌اند، شرکت کنند!

روایت امیرفرشاد ابراهیمی از اعدام‌های زندانیان سیاسی

در این وانفسا فقط همین کم بود که امیرفرشاد ابراهیمی هم در مورد اعدام‌های سیاسی «افشاگری» کند و بر جعلیات بیافزاید تا حقیقت هرچه کم‌رنگ‌تر شود.

سال گذشته او یک مشت دروغ تحت عنوان «روایتی دیگر از اعدام‌های زندانیان سیاسی» انتشار داد که بیش از هر چیز بی‌اطلاعی محض او از وقایع کشور در

1-www.goftaniha.org/2007_07_01_archive.html

سال‌های سیاه دهه‌ی ۶۰ را می‌رساند.

در روایت مزبور، امیرفرشاد ابراهیمی، ضمن اشاره به سکته‌های قلبی خمینی در سال‌های ۶۵ و ۶۶ نوشت:

«...اکبر هاشمی‌رفسنجانی و سیداحمد خمینی هر دو در جماران در دفتر امام، مانع از هرگونه دیدار و یا جلســه‌ی مســتقیمی با وی می‌شدند و حتی نزدیک‌ترین اعضای دفتر نیز از جمله مجید انصاری و یا آیت‌الله موسوی خوئینی‌ها برای دیدار با خمینی با مشکل مواجه بودند...»

امیرفرشـــاد ابراهیمی در هنگام جعل و سناریونویســی نمی‌داندکه محمدعلی انصاری از اعضای اصلی و گردانندگان دفتر خمینی بود؛ و نه مجید انصاری که آخوندی دون‌پایه بود.

مجید انصاری نماینده‌ی زرندکرمان در دوره‌ی اول مجلس شورای‌اسلامی بود و در سال ۶۳ رئیس سازمان زندان‌ها شد و پس از کناره‌گیری از این پُست، در خرداد ۶۷ دوباره نماینده‌ی مجلس شـــد. در سال‌های مزبور مجید انصاری در دستگاه حکومتی محلی از اعراب نداشت که با خمینی دیدار خصوصی داشته باشد

موســوی‌خوئینی‌ها هیچ‌گاه عضو دفتر خمینی نبود. خوئینی‌ها پس از انقلاب تا سال ۶۴ عضو شـــورای سرپرستی رادیو تلویزیون، نماینده‌ی خمینی در میان دانشجویان پیرو خط امام و نماینده‌ی خمینی و سرپرست حجاج بود. خوئینی‌ها پس از کناره‌گیری یوسف صانعی از دادستانی کل کشور در سال ۶۴ جانشین او شد.

امیرفرشاد ابراهیمی که توپخانه‌ی دروغ‌گویی را به‌کار انداخته در ادامه می‌گوید:

«در ایام آن قتل عام‌ها و اعتراض آیت‌الله منتظری و هم‌چنین تعدادی از نیروهای خط امامی هم‌چون مجید انصاری به عملکرد لاجوردی در زندان اوین که گاهاً حتی در یک شبانه‌روز تعداد اعدام‌ها به صد تن می‌رسید، مجید انصاری مصمم می‌شود موضوع را به اطلاع خمینی برساند. به جماران می‌رود که سیداحمد و رفسنجانی مانع دیدار می‌شوند و می‌گویند به امام اطلاع می‌دهیم (که البته از این

کار نیز عملاً سر باز می‌زنند)».

این عضو سابق انصار حزب‌الله و نیروی تروریستی سپاه قدس از ساده‌ترین امور کشـــور هم اطلاعی ندارد و نمی‌دانـــد محمدعلی انصاری از محارم خمینی و در زمره نزدیک‌ترین افراد به‌او بود که در غالب ســـخنرانی‌ها پشت سر خمینی می‌ایســـتاد و چنان‌چه رفسنجانی وقت ملاقات می‌خواست بایستی از او که در جماران حضور داشت و قرار ملاقات‌ها را تنظیم می‌کرد، تقاضای وقت می‌کرد.
محمدعلی انصاری امروز هم رییس «مؤسسه‌ی نشر آثار امام خمینی» است.
در آن دوران، رفسنجانی هر روز در مجلس شورای اسلامی حاضر بود و صدایش از طریق رادیو پخش می‌شد. بنابراین نمی‌توانست در جماران حضور داشته باشد و قرار ملاقات افراد با خمینی را تنظیم کند، یا مانع دیدار این و آن با خمینی شود! بماند که مسئولیت فرماندهی کل قوا نیز در سال ۶۷ به عهده‌ی رفسنجانی بود.
کشتار زندانیان سیاسی در سال ۶۷ به‌وقوع پیوست. لاجوردی در دی‌ماه ۶۳ برکنار شد و در دوران قتل‌عام ۶۷، او مصدر کار نبود. اعتراض به عملکرد لاجوردی در سال ۶۳ ربطی به کشتار ۶۷ نداشت. ایام قتل‌عام و برکناری لاجوردی فاصله‌ای چهار ساله دارند. امیرفرشاد ابراهیمی یک چیزهایی شنیده است اما نمی‌داند چگونه به‌کار ببندد.
امیرفرشاد ابراهیمی در ادامه‌ی مطلب هم‌چنان جعلیات به‌هم بافته، می‌گوید:

«تا این کـــه نهایتاً مجید انصاری در نیمه‌های شـــب، هنگامی که خمینی در ایوان جماران قصد خواندن نماز شب داشته‌اند، از غفلت پاسداران اطراف وی استفاده می‌کند و موضوع را به‌اطلاع خمینی می‌رساند و می‌گوید همین امروز بیش از دویست نفر را لاجوردی در اوین اعدام کرده اســـت، آن‌هم به‌بدترین وجه ممکن و ماجرای کشـــتن یک زن را شرح می‌دهد که شیلنگ آب را به‌پشت وی فرو کرده‌اند و پس از ترکیدن روده‌هایش او کشـــته شـــده است. مجید انصاری می‌گوید در بعد از این گفتگو خمینی ســـجاده‌ی نماز را جمـــع می‌کند و به انصاری می‌گوید قلم و کاغذ بیاور؛ این از نماز شب هم واجب‌تر است. و فرمان تحقیق از زندان اوین و بازداشت

لاجوردی و محاکمه‌ی وی را می‌نویسد.
انصاری فردایش به اوین می‌رود و به‌فرمان خمینی تحقیق از کمیّت و کیفیت اعدام‌ها را آغاز می کند و حکم بازداشت لاجوردی را از سوی خمینی به اطلاع وی می‌رساند.»

مجید انصاری رفت و آمدی به جماران نداشت که نیمه‌شب در ایوان جماران از غفلت پاسداران استفاده کرده و به‌حضور خمینی برسد. این محمدعلی انصاری بود که در جماران حضور داشت و به پاسداران حکم می کرد چه بکنند، نه این که پاسداران مانع دیدار او با خمینی شوند و او نیاز داشته باشد که برای دیدار خمینی از غفلت پاسداران استفاده کند! موضوع فرو کردن شلینگ آب به‌پشت زن زندانی و ترکیدن رودهایش، به‌قصد لوث کردن جنایات رژیم سرهم بندی شده است. اصولاً اشاعه‌ی این نوع اخبار جعلی، بیش از هر چیز مظلومیت قربانیان رژیم را زیر سؤال می‌برد و به رژیم جنایتکاران خدمت می کند.

خمینی هیچ گاه قصد بازداشت و محاکمه لاجوردی را نداشت و همیشه او را مورد تفقد خود قرار می‌داد. یک بار در سال ۶۱ در اثر فشارهای جناح‌های مخالف، دستور برکناری او را داد که با پادرمیانی مؤتلفه‌ی اسلامی و تلاش احمد خمینی منصرف شد و لاجوردی با قدرت بیش‌تری کارش را از سرگرفت و بخش قدرتمند اطلاعات سپاه را که نیروهای آن مخالفش بودند، از اوین بیرون کرد. همان موقع آیت‌الله میرمحمدی عضو شورای‌عالی قضایی، لاجوردی را نور چشم آن شورا معرفی کرد. موسوی‌تبریزی در مصاحبه با نشریه‌ی چشم‌انداز ایران به موضوع لاجوردی اشاره کرده است.
اتفاقاً بر عکس روایت امیرفرشاد ابراهیمی در سال‌های ۶۵-۶۶ قصد بازگرداندن لاجوردی و یا خط او به‌قدرت را داشتند؛ آیت‌الله منتظری به‌موضوع فوق در کتاب خاطراتش اشاره می کند.

امیرفرشاد ابراهیمی در خاتمه‌ی مطلب، بازهم دست از دروغ‌پردازی برنداشته و می گوید:

«پس از این ماجرا ری‌شهری، رفسنجانی و خامنه‌ای و محسن رفیق‌دوست به جماران می‌روند و سیداحمد و ری‌شهری، رفسنجانی و خامنه‌ای عمامه‌های‌شان را بر می‌دارند و جلوی خمینی می گذارند و می گویند با این کار دیگر آبرویی برای ما و نظام نمی‌ماند و ما کنار می کشیم، رفیق‌دوست اعلام می کند که این کار شکاف بزرگی در جبهه‌ها ایجاد می کند و عملاً نظام ساقط می‌شود و خمینی را مجاب می کنند از بازداشت لاجوردی و محاکمه‌ی وی صرفنظر کنند و اعدام‌ها را بسیار محدود می شمارند و حرف‌های انصاری و موسوی‌خوئینی‌ها و... را توطئه‌ی منتظری و باند مهدی هاشمی برای سرنگون کردن وی می‌خوانند، که با این کار و با استفاده از زودباوری و ساده‌لوحی خمینی و البته اعتمادی که خمینی به‌آن‌ها داشته مانع از هرگونه تماس نزدیک طیف انصاری و دیگر نیروهای خط امامی با وی می‌شوند. خمینی حکم را پس می گیرد و البته هاشمی با ترفندهای دیگر نیز مانع از هرگونه اقدام افرادی مثل موسوی‌تبریزی و مجید انصاری و موسوی‌خوئینی‌ها در دستگاه قضائی و از جمله دادستانی و زندان اوین می‌شود.

این روایت و ماجرا را نه تنها من، بلکه بسیاری از زبان آیت‌الله موسوی‌خوئینی و مجید انصاری شنیده‌اند».

هنگام برکناری لاجوردی در سال ۶۳ چیزی به عنوان باند مهدی هاشمی و توطئه‌های او وجود نداشت. سیدمهدی در آن موقع ارج و قربی داشت و نهضت‌های رهایی‌بخش سپاه را می گرداند و عضو شورای فرماندهی سپاه بود. دو سال بعد از برکناری لاجوردی، در سال ۶۵ سیدمهدی هاشمی دستگیر و یک سال بعد اعدام شد.

هنگام برکناری لاجوردی، موسوی‌خوئینی‌ها پست قضایی نداشت. وی در آن‌زمان سرپرست حجاج ایرانی بود.

مجید انصاری برخلاف جعلیات امیرفرشاد ابراهیمی نه تنها مخالفتی با قتل‌عام زندانیان در سال ۶۷ نداشت، بلکه از حامیان و توجیه‌گران آن نیز بود و پس از

انتشـــار رنج‌نامه‌ی احمد خمینی علیه آیت‌الله منتظری در روزنامه‌ی اطلاعات، به‌صحنه آمد و در مصاحبه با روزنامه‌ی کیهان ۲۸ اردیبهشت ۶۸ در توجیه قتل‌عام زندانیان سیاسی در تابستان ۶۷ گفت:

«چند بار از خبرنگاران خواستیم تا بیایند و از زندان‌ها دیدن کنند و حتا برای مردم بازدید عمومی گذاشتیم... این همه خدمات انجام شـــد ولی هیچ کدام به آیت‌الله منتظری گزارش نمی‌شد. عده‌ای از زندانیان در زندان تشـــکیلات داشـــتند که پس از عملیات مرصاد کشف شـــد و از اینان که تعداد بسیار کمی بودند پس از عملیات اعدام شدند.»[1]

اشتهای جنایت‌کاری مجید انصاری را می‌بینید، از نظر او قتل‌عام حداقل چهار هزار نفر زندانی حکم‌دار، «تعداد بسیار کمی»ست.

اما مگر امیرفرشـــاد ابراهیمی از رو می‌رود. وی به‌جای عذرخواهی و پوزش از منتقدین در مطلبی دیگر در توجیه جعلیات قبلی‌اش، تاریخِ سندِ دیگری از خمینی را دستکاری می‌کند و می‌نویسد:

«دوستی برایم در همین باب مثال بسیار جالبی زد و الحق که تاریخ تکرار می‌شود. وی می گفت حکم قتل امیرکبیر را در عالم مستی از ناصرالدین شاه گرفتند و حکم قتل هزاران مخالف را نیز هاشمی و سیداحمد با چاپلوسی و دروغ‌های‌شان در افسونی که برای خمینی ســـاخته بودند از او گرفتند. ذکر یک نامه‌ی تاریخی را در همین‌جا لازم می‌دانـــم که دقیقاً بعد از آن اتفاقی که در یادداشـــت پیشـــین آورده‌ام و خمینی دستور جلب لاجوردی را داده بود آیت‌الله خمینی نوشته است:

«...و در امور سیاسی مدتی تهمت‌ها زده شد که احمد طرفدار منافقین است و من در طول مدت انقلاب مخالفت‌هایی از او می‌دیدم که دیگران بر آن شدت و قاطعیت نبودند و در این آخر که قضیه‌ی زندان اوین پیش آمد و شکایاتی از آقای لاجوردی می‌شد و مخالفت‌هایی

1--www.goftaniha.org/2007_09_01_archive.html

می‌شد [غیر] از احمد، کسی را ندیدم که بیش‌تر از آقای لاجوردی طرفداری کند و دفاع نماید و وجود او را برای زندان اوین لازم، و برکناری او را تقریباً فاجعه می‌دانست.
یکشنبه ۲۳ آبان ۱۳۶۷ روح‌الله الموسوی الخمینی».[۱]

تردستی و مهارت امیرفرشاد ابراهیمی در این‌جاست که تاریخ نامه‌ی خمینی را که مربوط به ۲۳ آبان ۶۱ است، تبدیل به ۲۳ آبان ۶۷ می‌کند تا به جعلیاتش صورت موجه بدهد. اصل نامه و تاریخ آن در صحیفه نور مجموعه‌ی پیام‌ها و نامه‌ها و سخنرانی‌های خمینی آمده است. من به‌این نامه در چاپ دوم خاطراتم اشاره کرده‌ام:[۲]

راحله کشتگر و کتایون آصف هم دو نفر از وابستگان فرضی قربانیان کشتار ۶۷ هستندکه امیرفرشاد ابراهیمی در جلد آنان فرو رفته جعلیاتی را به‌هم بافته است. نه چنین افرادی وجود خارجی دارند و نه چنین شهدایی در سال ۶۷ جان باخته‌اند. این‌ها همه محصول دروغ‌پردازی‌های امیرفرشاد ابراهیمی‌ست.[۳]

سرقت ادبی، یکی دیگر از هنرهای امیرفرشاد ابراهیمی

یکی دیگر ازکارهای امیرفرشاد ابراهیمی دست‌برد به‌نوشته‌های دیگران و انتشار آن‌ها به‌نام خودش است. سال گذشته او در یک فقره سرقت ادبی، مطلب تحقیقی آقای حسن داعی را با یک مقدمه عیناً به‌نام خودش انتشار داد.[۴]
همان‌موقع من با انتشار مقاله‌ای به‌نام «سرقت ادبی یک نورسیده»، پرده از کار او برداشتم.[۵]
امیرفرشاد ابراهیمی بلافاصله با پررویی و به‌دروغ گفت که آقای داعی توضیحات او را پذیرفته است و در مطلبی گستاخانه علیه من نوشت:

1-www.goftaniha.org/2007_10_01_archive.html
2-www.old.tebyan.net/H_Tebyan/Maaref/SahifeEmam.aspx?AId=7798&JeId=17
3-www.irajmesdaghi.com/page1.php?id=182"
4-www.akhbar-rooz.com/article.jsp?essayId= 8299
5-www.didgah.net/maghalehMatnKamel.php?id=17024

«در پاســخ آقای داعی نیز متذکر شدم که بی‌شک نام‌شان در میان منابع این گزارش ذکر خواهد شد، و دیگر پاسخی هم از آقای داعی نداشــتم که مطمئناً به اقناع ایشان از درج نام‌شان در مؤخره‌ی این تحقیــق بر می گردد. حال در این میان مقاله‌ای از فردی به‌نام ایرج مصداقی در سایت عصر ایران منتشر شد که تعجب من و بسیاری را برانگیخت که به‌قول معروف مثل «نه سر پیاز است و نه ته پیاز!».
فردی که ظاهراً خود را مدعی‌العموم و قاضی مطبوعات در خارج از کشور می‌داند و با ادبیاتی کاملاً گستاخانه و فحاشی سعی در القای اتهامات خویش دارد.»[1]

او در مورد ســایت عصر ایران هم درســت نمی‌گوید؛ برای این که خوانندگان مطلب مرا نخوانند آدرس غلط می‌دهد. مطلب من در سایت عصر نو چاپ شده بود. عصر ایران یکی از سایت‌های رژیم است.

این بی‌صداقتی فاحش و باورنکردنی، آقای داعی را وادار به موضع گیری کرد تا مشت این فرد را بازکند. آقای حسن‌داعی در پاسخ به بیهوده‌گویی‌های امیرفرشاد ابراهیمی نوشت:

«با شگفتی سر تا پای آن مقاله را به‌دقت نگاه کردم و هیچ اثری از منبع اصلی آن گزارش و نام خودم به‌عنوان نویسنده‌ی گزارش نیافتم.
بی‌درنگ نامه‌ای برای امیرفرشــاد ابراهیمی که خود را صاحب و نویسنده‌ی آن گزارش معرفی کرده بود، فرستادم وکوتاه و مؤدبانه از او خواستم که آن خطا را هر چه زودتر تصحیح کند.
نامه و پاسخ ایمیلی امیرفرشاد ابراهیمی در این رابطه تعجب مرا دو چندان کرد زیرا وی با وقاحت تمام به‌خود من هم دروغ می گفت:
«...اگر از مطلب شما استفاده کرده باشم (که حتماً میرم الان نگاه می کنم) حتماً حتماً در قسمت بعدی خواهم گفت و اسم و آدرس شما را خواهم آورد».
دیگر هیچ تماســی با فرد مذکور نگرفته و سعی کردم در تماس با

1-www.goftaniha.org/2007_02_01_archive.html

سایت «اخبار روز» موضوع این «سرقت ادبی» و عواقب قطعی لوث کردن مطلب و سوءاستفاده‌ی احتمالی آن‌را برای‌شان روشن کنم که نهایتاً مسئولین سایت هم آن مقاله را از روی تارنمای خود حذف کردند.

با کمال تعجب دیروز ایمیل دیگری از فرد مذکور دریافت کردم که درواقع کپی نامه‌ی وی به چند سایت دیگر بود و طلبکارانه مدعی شده بود که گویا آقای مصداقی به‌ایشان اتهام زده است. او در آن نامه با رندی و بی‌پرنسیبی خاصی، ضمن اعتراف به‌این که من پاسخ نامه‌ی او را نداده بودم این طور نوشته: «..دیگر پاسخی هم از آقای داعی نداشتم که مطمئناً به اقناع ایشان از درج نام‌شان درمؤخره این تحقیق بر می‌گردد...»

ملاحظه می‌کنید به‌حاصل کار انسان دست‌برد می‌زند و وقتی از طرف دیگران مورد بازخواست قرار می‌گیرد طلبکار هم می‌شود که مگر شما «مدعی‌العموم» هستید؟ و بعد هم ادعا می‌کند که اصلاً صاحب اصلی راضی بوده و به «اقناع» رسیده است. واقعاً کلمه‌ای مناسب‌تر و مؤدبانه‌تر از «مفت‌خوری» یا «ملاخوری» برای این کار می‌توان پیدا کرد؟

آیا جز ابراز تأسف از این همه بی‌صداقتی و بی‌پرنسیبی چیز دیگری می‌توان گفت؟ در عین حال جای امیدواری و امتنان است که افرادی هم‌چون آقای ایرج مصداقی با ذهنی حساس و احساس مسئولیت ژورنالیستی، اجازه نمی‌دهند چهارچوب‌ها و اصول دموکراتیک ناظر برکار رسانه‌ای، این قدر بی دغدغه مورد تخطی و تجاوز قرار بگیرد. البته برای من کماکان این سئوال باقی‌ست که آیا قصد واقعی امیرفرشاد ابراهیمی فقط کسب شهرت بوده است یا در پشت آن مقاصدی سیاسی یا امنیتی نیز قرار داشته است که هنوز پاسخی برای آن نیافته‌ام.»[1]

1-www.didgah.net/maghalehMatnKamelSotonNamehKarbar an_2007.php?id=398

چهارده ماه از سرقت ادبی امیرفرشاد ابراهیمی گذشت و خبری از قسمت‌های بعدی مقاله‌ای که مدعی بود در آن به‌نام آقای داعی اشـاره کرده است، نشد. از اول هم معلوم بود که او سـواد و صلاحیت نوشـتن مقالات تحقیقی آن‌هم در موضوع حساس لابی رژیم را ندارد.

از آن‌جایی که ترک عادت موجب مرض است، امیرفرشاد ابراهیمی دوباره مطلب نویسنده‌ی دیگری را به سرقت برد و به‌نام خودش چاپ کرد. نویسنده‌ی مزبور در وبلاگش به ترجمه‌ی اخبار مندرج در خبرگزاری‌ها و سایت‌های خبری ترکیه می‌پردازد. او در مورد عمل غیراخلاقی امیرفرشاد ابراهیمی می‌نویسد:

«مطلبی نه‌چندان مهم: آیا امیرفرشاد ابراهیمی واقعاً راست می گوید؟ امیرفرشاد ابراهیمی را نه می‌شناسـم و نه از نزدیک دیده‌ام؛ فقط می‌دانم که در خارج از ایران اسـت و یک وب‌سـایت دارد به‌نام « گفتنی‌ها». ایشـان مثل این که چندسـالی هم در ترکیه ادامه‌ی تحصیل داده‌اند و علی‌الحساب باید به‌زبان ترکی تسلط اولیه داشته باشند

چنـد وقت قبـل -۲ فوریه- مطلبی در مورد آتش‌سـوزی مجتمع مسکونی ترک‌ها در آلمان به‌نقل از روزنامه‌ها و خبرگزاری‌های ترکیه ترجمه کرده بودم با عنوان «عکسی که بینندگان را تکان داد».[1]

دیشب تصادفاً به وبلاگ امیرفرشاد ابراهیمی رسیدم و دیدم ایشان عین مطلب وبلاگ را گرفته‌اند و نوشـته‌اند ایـن مطلب را برای روزنامه‌ی رادیکال چاپ استانبول نوشته‌اند!(تاریخ پست ایشان ۱۰ فوریه است).

ضمن آن که ایشـان لینکی به روزنامه‌ی رادیکال داده‌اند[2] که در آن به‌مطلبی در مورد عشق و جنایت می‌رسید، به‌عبارتی یک خبر جنایی در یک منطقه‌ی ترکیه، و نه‌مطلب مربوط به آتش‌سـوزی آپارتمان ترک‌ها در آلمان! و در آن هیچ اشاره‌ای به‌اسم امیرفرشاد ابراهیمی

1- www.uzakyol.blogspot.com/200802//blog-post_06.html
2- www.goftaniha.org/200802//blog-post_10.html

به‌عنوان نویسنده مطلب نشده است! آقای ابراهیمی در بالاترین نوشته‌اند مطلب فوق، یعنی مطلبی که در وبلاگ بنده کار شده بود: «ترجمه‌ی یادداشتی بوده است که برای روزنامه‌ی رادیکال نوشته‌اند.» [!!][1]. لینک مطلب من در بالاترین:[2]
در حالی که مطلبی که حقیر ترجمه کرده بودم نه از روزنامه‌ی رادیکال بلکه بیش‌تر به‌نقل از روزنامه‌ی پوستا بوده است و نویسنده‌ی مطلب پوستا هم معلوم است! یک ترک ساکن آلمان و خبرنگار روزنامه پوستا!
پیش از این شنیده بودم آقای ابراهیمی نوشته‌اند در روزنامه‌های مختلف ترکیه به‌عنوان خبرنگار، تحلیل گر و... کارکرده است. با دیدن مورد فوق کمی به‌ما حق بدهیدکه در این مورد و موارد مشابه شک به‌خود راه بدهیم!
بهتر است انسان در زمینه‌ی چیزی که دارد اظهار غرور کند نه در زمینه‌ی چیزی که ندارد!
ضمنا کپی‌رایت هم چیز خوبی است (قابل توجه آقای ابراهیمی و سایر وب‌لاگرها و وب‌سایترها! به ویژه، وبه‌مسترسایتی به‌نام: «هفت‌تیر»هفت تیر)». [3]

خودتان می‌توانید اصل مطلب و هنرنمایی امیرفرشاد ابراهیمی را بخوانید.[4]

امیرفرشاد ابراهیمی هم‌چنین در مارس ۲۰۰۸ مطلبی از امیرهادی انواری به‌نام «پولدارهای ایران کجا جمع می‌شوند» را که در نشریه‌ی چلچراغ داخل کشور چاپ شده بود، به‌نام خودش در سایتش منتشر کرد. اما ظاهراً بعد از این که مورد اعتراض افراد قرارگرفت، در پایین مطلب مزبور بعد ازگذشت ده روز، جمله‌ی بی‌سرو ته و بی‌معنی «این نوشته بدون اضافات و عکس‌ها نوشته شده از چهل‌چراغ است» راگذاشت که کسی با خواندن آن متوجه قضیه نشود. ابتدا مدعی بود خودش مطلب را نوشته است. عکس‌ها و نوشته‌های زیر آن را نیز من

1-www.goftaniha.org/200802//blog-post_10.html
2-www.balatarin.com/permlink/20081223811/6/2/
3- www.7tir.com/news/?s=
4-uzakyol.blogspot.com/2008/02 /blog-post_13.html

قبلاً از جای دیگری دریافت کرده بودم و ربطی به امیرفرشاد ابراهیمی ندارد.

پررویی: خصیصه‌ی اصلی امیرفرشاد ابراهیمی

چنان‌چه می‌خواهید به‌میزان پررویی امیرفرشاد ابراهیمی پی ببرید، دو مطلب زیر را که هر دو به قلم اوست بخوانید:

«خیلی برام جالبه یک‌روز با یکی از این سانسورچی‌های کتاب در وزارت ارشاد روبرو شوم و با اون آدم یه گپ حسابی بزنم و ببینم در روز چند تا کتاب می‌خواند و با چه حسی زیر مطالب «قبیح» کتاب‌ها خط می‌کشد و این که مثلاً خانواده‌ی اون فرد می‌دانند که او از صبح که می‌رود سرِ کار تا عصر چه کاری می کند؟ مثلاً زن و بچه‌ی اون طرف می‌دونند نان‌آور خانواده‌شان سانسورچی هست؟ یـا این که عصرکه طرف می‌ره خونـه به زنش چی می گه؟ میگه: آخیش خسـته شدم امروز چهار تا کتاب‌رو سانسور کردم! فکرشو بکنید خنده‌دار نیست؟»[1]

گزارش امیرفرشاد ابراهیمی را به‌نقل از شهروند در زیر می خوانید:

«در آن زمان سـعید امامی معاون بررسی وزارت اطلاعات بود و کار من خواندن کتاب‌های تازه منتشره و مطبوعات بود؛ و هر جایی طبق اشلی که برایم ترسیم نموده بودند اشکال و انحرافی می‌دیدم زیرش خط می کشیدم و اشاره‌ای می‌نوشتم که مثلاً در این داستان که در فلان مجله به‌چاپ رسیده چکمه‌پوشان منظورش بسیجیان و رزمندگان است و...»[2]

ملاحظه کنید، کسـی که خودش «سانسورچی» و پرونده‌ساز رژیم بوده چگونه حرف می‌زند؛ انگار روحش هم خبر ندارد یک سانسورچی چگونه عمل می‌کند و چگونه پیش زن و بچه‌اش قمپز در می کند.

اردیبهشت ۱۳۸۷

1-www.goftaniha.org/2007_11_01_archive.html
2-www.behroozian.blogsky.com/Printable.bs?PostID=118

پاسخ به «فراخوان» فریدون گیلانی و ذکر چند خاطره

نامه‌ی سرگشــاده‌ی فریدون گیلانی تحت عنوان خطاب به «آن‌هایی که از حق انسان‌ها دفاع می‌کنند»، انگیزه‌ی نگارش این مطلب شد.

زمینه‌ی آشنایی‌ام با فریدون گیلانی

زمینه‌ی آشنایی من با نام و چهره‌ی فریدون گیلانی برمی‌گردد به سال‌های اول دهه‌ی پنجاه خورشیدی، هنگامی که او مجری یک مسابقه‌ی معلومات عمومی در تلویزیون ملی ایران بود و من گاهی اوقات آن‌را تماشا می‌کردم.

بعدها تقریباً او را فراموش کــرده بودم تا این‌که برای اولین بار پس از آزادی از زندان، نامش را در رادیو مجاهد شنیدم و بلافاصله چهره‌اش را به خاطر آوردم. پس از خروج از کشور از سوی دوستان مارکسیستم که در زمره‌ی منتقدین مجاهدین بودند، به‌خاطر پذیرش وی در شــورای‌ملی مقاومت مورد پرسش انتقادی قرار گرفتم و بعد از توضیحات آن‌ها تازه متوجه شدم وی که در آلمان، در منزل یکی از شــخصیت‌های خوش‌نام کشورمان میهمان بود، با به‌بار آوردن یک افتضاح اخلاقی، به‌نحو غیرقابل جبرانی موجب عذاب روحی اعضای آن خانواده شد. هرچند معتقد بودم مسائل شــخصی افراد به‌خودشان مربوط است، اما با نظر

دوستانم هم‌عقیده بودم که نباید به‌چنین فردی اعتماد کرد و به‌او اعتبار بخشید. همان موقع در ذهنم، برای پذیرش او یک نمره‌ی منفی به مجاهدین دادم.

داستان ریشه‌ها و تیشه‌ها

از آن‌جایی که از کودکی به روزنامه‌خوانی عادت داشتم، گاهی مطالب گیلانی را که در نشـریه‌ی «ایران‌زمین» چاپ می‌شد از سرکنجکاوی می‌خواندم. او با شور و حرارت بسیار به‌دفاع از مجاهدین و سیاست‌های‌شان می‌پرداخت. همان موقع کتابی تحت عنوان «ریشه‌ها و تیشه‌ها» بر علیه جداشدگان از مجاهدین که به‌خدمت رژیم در آمده بودند، نوشـت. در این کتاب گیلانی آن‌ها را تیشه‌هایی نامید که برای قطع ریشه‌ها آمده‌اند.

هنوز مرکب کتاب خشک نشده بود که پس از تعیین کمیسیون‌های شورای ملی مقاومت و نرسیدن سهمیه‌ای به‌او، نه تنها از «شورا» کناره گرفت، بلکه متوجه شـد که اتفاقاً حق با «تیشـه‌ها» بوده است و بایسـتی زودتر از این‌ها به‌جان «ریشه‌ها» می‌افتادند. پس از این بود که برای مدتی برای جبران مافات، خود به «تیشه‌ها » پیوست و از انجام هیچ مساعدتی به‌آن‌ها کوتاهی نکرد.

راستش این درجه از تلوّن مزاج را تنها در میان توابین زندان که‌گاه به طُرفه‌العینی از میان ما به اردوی رژیم می‌پیوستند دیده بودم. البته جدایی گیلانی از شورای ملی مقاومت را حق او می‌دانستم چنان‌که پیوستن‌اش را. گسست و پیوست به‌هر تشکیلاتی حق افراد است؛ چنان‌که من امروز رابطه‌ی تشکیلاتی با مجاهدین ندارم و به‌عنوان یک فرد مستقل، به‌تلاش‌هایم ادامه می‌دهم. اما اقدامات بعدی گیلانی سئوال‌برانگیز بود و موضوع را از یک جدایی معمولی متمایز می‌ساخت. بعدها با افشـاگری جمشـید تفریشـی، عامل وزارت اطلاعات، متوجه شدم که اطلاعیه‌ی جدایی گیلانی از شـورای‌ملی مقاومت در حضور مأمور وزارت اطلاعات تنظیم شـده است. البته تفریشی مدعی بود که اطلاعیه‌ی کناره گیری گیلانی از این شورا را او نوشته است. اما گیلانی در پاسخ به او تأکید کرد که کار من نویسندگی است و در زمینه‌ی نگارش متن، مشکلی ندارم (نقل به‌مضمون).

به‌نظـرم در این مجادله، حق با گیلانی بود؛ اما او هیچ گاه ملاقات‌های خود با تفریشی و به ویژه ملاقاتی را که منجر به‌نوشتن متن استعفانامه‌اش از شورای ملی

مقاومت شده بود، تکذیب نکرد.

تفریشی در همان افشاگری به‌روابط نزدیک خود با سـعید امامی و وزارت اطلاعات رژیم اشاره کرد و از دیدارهایش با سعید امامی و دیگر عناصر اطلاعاتی رژیم در سنگاپور و پول‌هایی‌که دریافت کرده بود، پرده برداشت.

مشارکت در پروژه‌ی برگرداندن برگ حقوق بشر و تشویش ذهن نماینده‌ی ویژه‌ی دبیرکل

تازه سال ۱۹۹۶ آغاز شده بود و قرار بود موریس کاپیتورن نماینده‌ی ویژه‌ی دبیر کل سازمان ملل متحد برای بررسی وضعیت حقوق بشر به ایران برود. او به‌تازگی جایگزین رینالدوگالیندوپل شـده بود و رژیم برنامه‌های زیادی برای او در نظر داشت.

با شـور و هیجان زیادی به ژنو رفته بودم تا داستان رنج و مصیبت یک نسل را که شاهدش بودم، نزد او شهادت دهم. شب تا صبح نخوابیده بودم؛ در فکر این بودم که چگونه از فرصت به‌دست آمده برای بیان جنایات رژیم استفاده کنم. با توجه به‌تجربه‌ای که از سه دیدارگالیندوپل از ایران و توطئه‌های رژیم در آن ایام برای منحرف کردن ذهن نماینده‌ی ویژه کسب کرده بودم، سعی داشتم کاپیتورن را آگاه کنم و اطلاعات لازم را در اختیارش قرار دهم تا رژیم نتواند با صحنه‌سازی او را از هدفش باز دارد.

این بار رژیم سیاست پیچیده‌تری را در پیش گرفته بود. هنگام حضورگالیندوپل در ایران، رژیم تازه سـازمان «دفاع از قربانیان خشونت» را با عجله راه‌اندازی کرده بود که از توابین زندان و مهره‌های اطلاعاتی تشکیل یافته بود. از آنجایی که منشاء این سازمان در ایران بود، ادعاهایش چندان معتبر به‌نظر نمی‌رسیدند. هدف «قربانیان خشونت» عوض کردن جای جلاد و قربانی بود و گویا قربانیان خشـونت را بایستی نه نزد مجاهدین ـ که قربانیان واقعی بی‌داد رژیم بودند ـ، بلکه نزد رژیم جمهوری‌اسلامی که به‌تازگی از یک کشتارگسترده در زندان‌ها فارغ شده بود، یافت. نکته‌ی تأمل‌برانگیز این بود که رژیم مدعی و «دادخواه» قربانیان هم شده بود.

این بار رژیم با همان هدف، صحنه را در خارج ازکشور آراسته بود تا عوامل و کارگزارنش را تحت عنوان اپوزیسیون به‌دیدارکاپیتورن که در اول راه بود، ببرد. به‌این ترتیب از نزدیک شاهد پلیدی و رذالتی بودم که درکنارم شکل می گرفت. خواجه‌نوری یکی از عوامل رژیم در آمریکا، چهارده نفر از عوامل دستگاه اطلاعاتی رژیم در نقاط مختلف اروپا را بسیج کرده بودکه هم‌زمان به‌دیدار کاپیتورن در ژنو بروند. او هم‌چنین برای‌شان وقت ملاقات مشترکی گرفته بود و هزینه‌ی سفر، خورد و خوراک، پول توجیبی و... افراد را نیز فراهم کرده بود. کریم حقی یکی ازکارگزاران فعال رژیم در هلند هم‌آهنگی‌های صحنه را انجام می داد و عوامل بسیج‌شده را نسبت به وظیفه‌ای که داشتند توجیه می کرد. تلاش آن‌ها بر این پایه قرارگرفته بود که کاپیتورن را راضی کنند تا به‌هنگام حضور در ایران به‌مسئله‌ی نقض حقوق بشر توسط مجاهدین بپردازد! چیزی که اساساً ربطی به‌مأموریت کاپیتورن در ایران نداشت و تلاشی بود از سوی رژیم برای مخدوش کردن مأموریت نماینده‌ی ویژه و برگرداندن برگ نقض حقوق بشر.

در این پروژه، فریدون گیلانی مترجم عوامل رژیم بود و از طریق تلفن گفته‌های آن‌ها را ترجمه می کرد، و به‌این ترتیب در تلاش بود تا سیاه‌کاری رژیم را به کاپیتورن بقبولانند.

نکته‌ی حائز اهمیت عدم حضورگیلانی در ژنو، و انجام ترجمه از طریق تلفن توسط او بود. ظاهراً تلاش شده بود ارتباط گیلانی با عوامل شناخته شده‌ی رژیم و نقش وی در این پروژه و هم‌آهنگ شدنش با آن‌ها مخفی بماند.

ملاقات عوامل رژیم با کاپیتورن، قبل از ملاقات من با او بود و این، به‌من انگیزه‌ای دو چندان می‌داد که به‌سهم خود اجازه ندهم حق آنان که صدای‌شان در راهروهای مرگ خاموش شده بود، پایمال شود. ملاقات من که قرار بود یک‌ساعت باشد، متجاوز از دو ساعت و نیم طول کشید و قرار شد مطالبم را بنویسم و تحویل کاپیتورن دهم.

من از این زشتی‌ها در زندان زیاد دیده بودم. در هر سه ملاقات گالیندوپل از ایران و زندان‌ها و هم‌چنین هنگام ملاقات هیئت‌های خارجی و خبَرنگاران، تعدادی از تواب‌های دوآتشه را مأمور می کردند که در مقابل آن‌ها حاضر شده و با دادن پاسخ‌های غیرواقعی و مخدوش، صحنه را به‌نفع رژیم بچرخانند. موقعیت توابین

در زندان را که به‌زشتی و پلیدی تن داده بودند درک می‌کردم؛ زندان بود و فشار؛ و عده‌ای تاب تحمل نداشتند. اما درک این موضوع در خارج ازکشور و ساحل امن اروپا و مقر اروپایی سازمان ملل متحد برایم مشکل بود.
چیزی نگذشت که حسن حاتمی و حیدر بابایی دو نفر از چهارده نفری که تحت عنوان اپوزیسیون نزد کاپیتورن رفته بودند و به‌جای افشای جنایات رژیم خواهان بررسی نقض حقوق بشر توسط مجاهدین شده بودند، ازکرده‌ی خود پشیمان شدند و با نوشتن نامه و در دیدار با کاپیتورن پرده از توطئه‌ی رژیم برداشتند و به‌نقش خود و چگونگی بسیج‌شان توسط رژیم در دیدار قبلی اشاره‌کردند. من در آن ایام در جلسات کمیسیون و سوکمیسیون حقوق بشر سازمان ملل حضور داشتم و شخصاً از نزدیک مسائل را پیگیری می‌کردم.

ترور زهرا رجبی و علی مرادی

سال ۹۶ برای من سال سخت و پُرکاری بود. دو ماه بعد از این واقعه، زهرا رجبی یکی از اعضای مجاهدین که برای پی‌گیری وضعیت پناهندگان سیاسی به ترکیه رفته بود، همراه با علی مرادی توسط جوخه‌های ترور رژیم به‌قتل رسید. در همان موقع مهرداد کاووسی دوست دوران زندانم که ده‌سال در زندان‌های رژیم به‌سر برده بود، توسط پلیس ترکیه در حضور نماینده‌ی سازمان ملل دستگیر و به‌رژیم تحویل داده شد. حساسیت موضوع از آن‌جا بود که مهرداد با زهرا رجبی که جهت پی‌گیری وضعیت پناهندگان ایرانی به ترکیه رفته بود، دیدارکرده و رژیم از آن آگاه بود. مقامات امنیتی رژیم سناریوی کثیفی را در ذهن می‌پروراندند و می‌خواستند از زبان مهرداد بگویند که زهرا رجبی حامله بوده و مجاهدین برای جلوگیری از بروز یک افتضاح اخلاقی، او را در ترکیه به‌قتل رسانده‌اند.
مهرداد حاضر به‌شرکت در چنین پروژه‌ای نشد؛ ولی همان موقع باکمال تعجب مشاهده‌کردم فریدون گیلانی در مصاحبه با حسین مُهری برنامه‌ساز رادیو بیست و چهار ساعته‌ی لس‌آنجلس، موضوع قتل زهرا رجبی را تلویحاً ناشی از اختلافات درونی مجاهدین دانست. چیزی نگذشته بود که رضا معصومی یکی از عوامل ترور زهرا رجبی و علی مرادی توسط پلیس ترکیه دستگیر شد و در دادگاه به‌نقش خود و عوامل سفارت در این قتل اشاره‌کرد و محکوم به حبس ابد شد.

حمایت از جداشدگان از مجاهدین یا...؟
خاطراتی که از فریدون گیلانی در ذهنم داشتم را بیان کردم تا بپردازم به فراخوان اخیر او در مورد کمک به جداشدگان از مجاهدین در کمپ تیف.

فریدون گیلانی در نامه‌ی سرگشاده‌ی خود که به‌سختی می‌توان اطلاعات درستی را در آن یافت، این بار تحت پوشـش دفاع از تعدادی انسان دردمند جدا شده از مجاهدین، پا به‌میدان می‌گذارد و خطاب به‌مردم و نیروهای سیاسـی، ضمن آن‌که خود را «شاعر و نویسنده‌ی شما» می‌خواند با لحنی زشت، هتاک و دور از انصاف که حقد و کینه از آن می‌بارد، می‌نویسد:

«رهبری سازمان مجاهدین مرتکب جنایت تکان‌دهنده‌ی دیگری شـده است که با تعریف عام انسان‌ها و سـازمان‌ها و احزاب آزادی‌خواه جهان «نه فراموش شدنی است، نه بخشودنی!» تا جایی که من می‌دانم، در تاریخ معاصر سابقه نداشته است که جریانی به‌نام اپوزیسیون، نیروهای خود را که می‌خواسـته‌اند آزادانه حرف‌شان را بزننـد و تصمیم بگیرند، نه تنها از حق اختیار و انتخاب محروم کند، بلکه آنان را به‌دشـمن مشترک بشریت که در این مورد ارتش و سرویس جاسوسـی ایالات متحده باشد، تحویل بدهد تا مورد وحشیانه‌ترین شکنجه‌ها قرار بگیرند.»[1]

فکر می‌کنم در طول چهار سـال گذشته جز مجاهدین، رژیم و مزدورانش، کم‌تر کسـی به‌اندازه‌ی من در جریان فعل و انفعالات درون کمپ پناهندگی تیف که تحت نظارت نیروهای آمریکایی بود، قرار داشته باشـد. در طول این مدت با احساس مسئولیت، وضعیت کسانی که می‌خواهند هم‌چنان شرافت‌شان را حفظ کنند، دنبال کرده‌ام و از آن‌چه در تیف می‌گذشت باخبر بودم.
تعدادی از دوستانم، به‌ویژه کسـانی که دوران سخت زندان را با هم گذراندیم، در کمپ تیف بودند. در تماس‌هایی که با من داشـتند یکی از دغدغه‌های‌شان جلوگیـری از سوءاسـتفاده‌ی رژیم بود. چندتایی از آنان خوشبختانه به اروپا

1-www.f-gilani.com/Site/04_articels/2008/Juni/nameh

رسیده‌اند و من هم‌چنان نگران وضعیت بقیه‌شان هستم و در فکر این که هرچه از دستم بر می‌آید برای نجات‌شان انجام دهم.
البته تعداد بیش‌تری از دوستان و هم‌زنجیرانم هم‌چنان در قرارگاه اشرف حضور دارند و بر ایستادگی در مقابل رژیم جنایت‌کار جمهوری اسلامی پای می‌فشارند. من همان‌طور که نمی‌توانم در رابطه با سرنوشت دوستانم و کسانی که نیاز به کمک داشتند بی‌تفاوت باشم، نمی‌توانم پس از خواندن جعلیاتی که توسط فریدون گیلانی تحت پوشش دفاع از آن‌ها نوشته شده نیز سکوت کنم.
پس از راه‌اندازی کمپ تیف می‌دانستم رژیم و عواملش در آن‌جا جولان خواهند داد؛ زمینه‌ی مساعد برای فعالیت رژیم در آن‌جا فراهم بود و افراد مختلفی که در کمپ بودند، طعمه‌های خوبی برای رژیم محسوب می‌شدند. بعدها شاهد بودم که رژیم با صرف انرژی و پول هنگفت سرمایه‌گذاری بزرگی روی آن‌ها کرده بود. راه‌اندازی «انجمن نجات» و «بنیاد خانواده‌ی سحر» و بسیج سایت‌های ایران اینترلینک، ایران دیده‌بان و... تنها بخشی از فعالیت‌های رژیم در این زمینه است.
صرف‌نظر از موضعی که درباره‌ی مجاهدین می‌توان داشت، این واقعیت را نمی‌توان کتمان کرد که رژیم و مجاهدین در دو سوی میدان نبرد هستند و هرکدام مترصد فرصتی که به‌دیگری ضربه بزنند. از نظر من ضربه‌ی رژیم به مجاهدین و یا هریک از گروه‌های سیاسی و دشمنانش، ضربه به‌همه‌ی کسانی‌ست که در مبارزه با آن کوشا هستند، و ما به‌عنوان مبارزین رژیم باید باید نسبت به‌آن حساس باشیم.

دورانی که در زندان بودم، همواره تلاش می‌کردم با همه‌ی توانم، اگر شده حتا یک نفر را از همکاری با رژیم و یا رفتن به‌سوی آن، باز دارم، یا از راه رفته بازگردانم. به‌عنوان یک انسان برایم سخت است فردی را که روزی با ما بوده و مبارزه را انتخاب کرده، در مقام مزدوری رژیم ببینم. ملاک من برای کمک به‌افراد، هرگز اعتقادات سیاسی یا ایدئولوژیک آنان نیست بلکه مرزبندی آنان با رژیم برایم مهم است که از سوی بسیاری از جداشدگان از جمله دوستانم رعایت می‌شد.
برخلاف بسیاری که به‌خاطر مطامع سیاسی، یا ضدیت با مجاهدین، یا منافع

خاص، یا به‌منظور تقرب به رژیم به جداشدگان مجاهدین نزدیک می‌شدند، برای من نزدیکی و کمک به‌آن‌ها از جنبه‌ی انسانی مطرح بود.
از یاد نباید برد که رژیم بیش از هرکس دیگر عَلَم دلسوزی برای جداشدگان از مجاهدین را به‌دوش می‌کشد و در این زمینه فعال است. مثلاً بتول سلطانی که به‌تازگـــی به‌خدمت رژیم درآمده، در مورد خدماتی که رژیم در اختیار متقاضیان جداشده از مجاهدین می‌گذارد، می‌گوید:

> «کلیه‌ی کســـانی که تحت پوشـــش بنیاد قرارگرفته‌اند و هم‌چنین کسانی که هنوز به‌این بنیاد وصل نشده‌اند با حفظ هوشیاری در قبال طرفندهای (ترفند) باند رجوی برای به‌دام انداختن آن‌ها در صورت برخورد با موارد زیر به‌سرعت از هر طریق ممکن مسئله را از طریق تلفن، ایمیل و یا پیام از طریق افراد و یا انجمن‌های مستقر در اروپا و آمریکا به‌اطلاع شبکه‌ی بنیاد خانواده‌ی سحر برسانند.
> - دســـتگیری، درگیری، تحت تعقیب قرارگرفتن و یا مواجه شدن با هرگونه برخورد قانونی و یا غیرقانونی.
> - نیاز به وکیل در زمینه‌ی مسائل استقراری، پناهندگی و مهاجرتی در مسیر خروج از عراق تا کشور مقصد.
> - مشکلات در تهیه‌ی مایحتاج روزمره (غذا، لباس، اسکان، تلفن و کارت تلفن با شارژ مکفی).
> - هرگونه موردی که در آن خود شـــخص وضعیـــت را اضطراری تشخیص دهد.»[1]

آن‌چه در این نوشـــته نقل می‌کنم بر اساس تحقیقات مستقل من ازکسانی‌ست که درکمپ تیف به‌سر می‌برند و علیرغم داشتن انتقادات جدی به مجاهدین، هم‌چنان شرافت انسانی خود را حفظ کرده و دارای مرزبندی مشخص با رژیم و عناصر وابسته به‌آن هستند. آن‌ها حتا در سخت‌ترین شرایط نیز انتقادات‌شان به مجاهدین را وسیله‌ای برای تقرب و نزدیکی به‌رژیم و عوامل آن نکردند که بیش از هرچیز سلامت نفس‌شان را جلوه می‌دهد.

1-http://www.iran-interlink.org/fa/?mod=view&id=4508

فریدون گیلانی در لفافه‌ی شـعارهای بی‌محتوای «ضدامپریالیستی»، چندین دروغ بزرگ را به‌هم بافته است.

حقیقت از این قرار اسـت کـه در جریان بازجویی از نیروهای مجاهدین توسط هفـت نهاد ویژه‌ی دولتی و خصوصی آمریکایی، آن‌ها به‌صورت‌های گوناگون به نیروهای مجاهدین که بنابه‌دلایل قابل فهم به‌شدت تحت فشار بودند، وعده می‌دادند که در صورت جدایی از مجاهدین، به‌صورت پناهنده به آمریکا و اروپا منتقل خواهند شد. وعده‌ای که پس از گسست آن‌ها از مجاهدین عملی نشد و طی چهار سـال گذشته مشکلات زیادی را برای جداشدگان از مجاهدین پدید آورد. از یـاد نبریم که مجاهدین بـا ضربه‌ی بزرگ و مهلکی روبرو بودند که نه تنها هر نیروی سیاسی، بلکه هر کشوری را می‌توانست تا مرز نابودی پیش ببرد. شیرازه‌ی کشور عراق بعد از حمله‌ی نیروهای آمریکایی و متحدان‌شان به گونه‌ای از هم پاشیده است که به‌سختی می‌توان آن را دوباره جمع و جور کرد.

منطقی‌سـت اگر تصور کنیم اصرار مأموران آمریکایی به‌نیروهای مجاهدین برای جدایی از این سازمان و استقرار کمپ تیف در مجاورت قرارگاه اشرف به‌منظور از هم پاشاندن مجاهدین بوده باشد. حتا بدون داشتن آگاهی نسبت به‌شرایط کمپ تیف، برای یک ناظر بی‌طرف و بی‌غل و غش روشن است آن‌چه فریدون گیلانی می‌گوید واقعیت ندارد.

فریدون گیلانی در نامه‌ی سرگشاده‌ی مزبور حتا روی دست کسانی بلند می‌شود که به‌اختیار و انتخاب خود به‌دامان رژیم بازگشـته و با هدایت نیروهای اطلاعاتی رژیم فعالیت می‌کنند. چرا که هیچ‌یک از افرادی که مصاحبه‌های‌شان در سایت‌ها و رسانه‌های رژیم درج شده مدعی نشده‌اند که مجاهدین آن‌ها را برای شکنجه به آمریکایی‌ها تحویل داده‌اند. آیا طرح چنین ادعاهای واهی، خوش‌خدمتی به رژیمی که هسـت و نیست یک ملت را به‌غارت برده، محسوب نمی‌شود؟ هیچ یک از آن‌ها تا امروز مدعی نشده که «مورد وحشیانه‌ترین شکنجه‌ها توسط آمریکا قرارگرفته» اسـت. اتفاقاً برعکس، همگی آن‌هایی که به‌دامان رژیم بازگشته‌اند و من مطالب‌شان را با دقت و به‌طور کامل خوانـده‌ام تأکید بر این دارند که مجاهدین تا آخرین لحظه تلاش می‌کردند با برخوردهای گوناگون از رفتن آن‌ها

به‌کمپ تیف جلوگیری کنند؛ که البته دلایل انجام این کار قابل فهم است.
این همه جعل و فریبی را که فریدون گیلانی به‌کار می‌بندد چه می‌توان نامید؟

اصغر فرزین یکی از اعضای سابق مجاهدین که به‌نزد رژیم بازگشته و سپس برای اقامه‌ی شکایت علیه مجاهدین توسط رژیم به عراق بازگردانده شده، در مورد چگونگی انتقال خود به‌کمپ تیف می‌گوید:

> «زمانی که نیروهای ائتلاف و آمریکا عراق را اشغال کردند به نیروهای آمریکایی پناهنده شدم که نهایتاً در بهمن ۱۳۸۲ (فوریه ۲۰۰۴) به اردوگاه پناهندگان آنان موسوم به TIPF منتقل گردیدم. در اسفند سال ۱۳۸۳(مارس ۲۰۰۵) به‌صورت داوطلبانه و به درخواست خودم به ایران و نزد خانواده‌ام در بوشهر بازگشتم.»[1]

چنان‌چه ملاحظه می‌شود او مدعی‌ست که «به نیروهای آمریکایی پناهنده» شده است. حتا اگر به‌ادعای کسانی که به‌استخدام رژیم درآمده‌اند توجه‌کنیم، تعدادی از آن‌ها مطرح کرده‌اند برای رساندن خودشان به‌کمپ آمریکایی‌ها، از دست مجاهدین گریخته‌اند. برای مثال بتول سلطانی یکی ازکسانی که به‌تازگی به‌استخدام رژیم درآمده و سخنگوی «بنیاد خانواده‌ی سحر» شده و بین عراق و ترکیه تردد می‌کند، در باره‌ی رفتن‌اش به‌کمپ تیف می‌گوید:

> «من سال گذشته، یعنی در سال ۲۰۰۶ در حالی که عضو شورای رهبری سازمان مجاهدین خلق بودم از قرارگاه اشرف فرارکرده و به قرارگاه امریکایی‌ها موسوم به TIPF رفتم.»[2]

تا آن‌جا که من می‌دانم مجاهدین برای ممانعت از رفتن افراد به‌کمپ تیف، در قسمت پذیرش قرارگاه اشرف، بخشی را به‌کسانی اختصاص داده‌اندکه نمی‌خواهند در روابط تشکیلاتی آن‌ها باقی بمانند.
این واقعیت را حتا جواد فیروزمند یکی از عوامل رژیم در پاریس و سخنگوی «انجمن حمایت از مهاجرین و ایرانیان مقیم فرانسه (آریا)» که توسط وزارت

1-www.iran-interlink.org/fa/?mod=view&id=4271
2-www.iran-interlink.org/fa/index.php?mod=view&id=4341

اطلاعات راه‌اندازی شده در مصاحبه با بی‌بی‌سی بیان می‌کند:

«در داخل قرارگاه اشرف نیز که سازمان مجاهدین خلق اداره‌ی آن را هم‌چنان در دست دارد، عده‌ای حدود دویست نفر از جداشدگان از مجاهدین هستند که حاضر نشده‌اند به‌اردوگاهی که نیروهای آمریکایی برای جداشـدگان احداث کرده‌اند، منتقل شـوند و در مکانی جداگانه در داخل قرارگاه از آن‌ها نگهداری می‌شود.»[1]

جواد فیروزمند خود از جمله کسانی است که پس از حضور درکمپ تیف در رابطه با رژیم قرارگرفت و توسـط صلیب سرخ به ایران بازگشت. وی بلافاصله باکمک وزارت اطلاعات به پاریس اعزام شـد و هنوزگرد راه از تن نتکانده، انجمن مزبور را به‌نام او کردند.

سـایت ایران اینترلینک برخلاف گفته‌های فریدون گیلانی به‌فعالیت‌های بتول سلطانی عامل رژیم و سـخنگوی بنیاد خانواده‌ی سحر اشاره کرده و از قول او می‌نویسد:

«خانم سـلطانی... اطلاع داد که نیروهای ارتش امریکا مستقر در کمپ اشرف اعلام نموده‌اند که کلیه‌ی کسانی که بتوانند خودشان را به‌نیروهای امریکایی رسانده و تقاضای پناهندگی به‌آن‌ها داشته باشـند، می‌توانند تحت حفاظت کامل نیروهـای ارتش امریکا از قرارگاه اشرف خارج شده و در وهله‌ی اول تحت حفاظت نیروهای امریکایی و در مرحله‌ی بعد زیر چتر کمیساریای عالی پناهندگان ملل متحد قرارگیرند. تلفن‌های ارتباطی در اختیار نیروهای امریکایی قرار داده شـد که در صورت لزوم در اختیار افراد خارج شده قرار داده شود. هم‌چنین مقام مسئول امریکایی در این رایزنی‌ها اعلام نمود که برخلاف شایعاتی که سازمان مجاهدین در داخل قرارگاه به‌وجود آورده اسـت، نیروهـای امریکایی نه‌تنها هیچ فـردی را برخلاف خواسـته‌ی خودش مجددا برنگردانده و به‌سازمان پس نخواهند

1-www.bbc.co.uk/persian/iran/story/2008/04/080405_bd-mko

داد، بلکه در حال حاضر در حال بررسی وضعیت کسانی هستند که سازمان مجاهدین خلق به‌عنوان «خروجی» در داخل قرارگاه «به‌زور» نگاه داشته است.»[1]

چنان‌چه ملاحظه می‌شود لااقل به‌تعبیر وابستگان رژیم و سایت‌های وزارت اطلاعات در خارج ازکشور، یک هم‌آهنگی بین نیروهای آمریکایی و آن‌ها موجود است.

با توجه به‌آن‌چه ذکر شد، مشخص است لااقل هیچ گونه همکاری بین مجاهدین و نیروهای آمریکایی در زمینه‌ی تحویل نیروها به آمریکایی‌ها نیست. در حیرتم که چگونه می‌توان به‌این سادگی حقیقت را واژگونه جلوه داد و دم از انسانیت زد؟ معلوم نیست فریدون گیلانی که این گونه بر طبل احساسات ضد آمریکایی و ضد امپریالیستی می کوبد، چگونه جانب کسانی را می گیرد که به اعتراف خودشان به «آمریکایی‌ها پناه آورده‌اند»؟ آیا این یک بام و دو هوا نیست؟

فریدون گیلانی در ادامه می‌نویسد:

«رهبری این سازمان که اکنون به‌صورت دست‌افزار ارتش متجاوز ایالات متحده و سی‌آی‌ا عمل می کند، عده‌ای از جوانان ما را که از ظلم و جور و جنایات عنان گسیخته‌ی جمهوری‌اسلامی به‌تنگ آمده بودند و برای جنگ با اسلامیست‌های حاکم بر ایران، به‌آنان پیوسته بودند، به‌این دلیل که زیر بار نوکری ارتش متجاوز ایالات متحده برای رسیدن به‌قدرت موهوم نرفته بودند و می خواستند مثل انسانی آزاد اظهار نظر کنند، به آمریکایی ها تحویل دادند و بنا به‌سنت سازمانی خود، منتها این بار در رابطه با نوکری امپریالیست‌های اشغالگر، به سی‌آی‌ا و پنتاگون گزارش دادند که همه‌ی این جوانان، مأمور و مزدور جمهوری‌اسلامی‌اند.»

چنان که ملاحظه می‌شود فریدون گیلانی در این پاراگراف نیز به‌دروغ بر موضوع «تحویل» نیروهای مجاهدین به «آمریکایی»ها تأکید می کند و ازاساس واقعیت

1-www.iran-interlink.org/fa/?mod=view&id=4632

را وارونه جلوه می‌دهد. او حتا درباره‌ی انگیزه‌ی جدایی افراد از مجاهدین هم حقیقت را نمی‌گوید. به‌سختی می‌توان در میان جداشدگان، کسی را یافت که دلیل‌اش برای جدایی از مجاهدین آن چیزی باشد که گیلانی می‌گوید.

فریدون گیلانی به‌تضاد داستان خود واقف است. او به خوبی می‌داند نمی‌تواند مدعی شـود که افراد به‌خاطر مبارزه با امپریالیسم آمریکا از مجاهدین جدا شده و به کمپ تشکیل شده توسط آمریکایی‌ها پناه برده‌اند! اکثریت قریب به‌اتفاق آن‌ها حتا در کمپ تیف به کار برای نیروهای آمریکایی مشغول بودند و ساعتی یک دلار دسـتمزد می‌گرفتند. به‌همین دلیل گیلانی موضوع تحویل «مبارزان ضدامپریالیسـت» به‌نیروهای شکنجه‌گر آمریکایی از سوی مجاهدین را جعل می‌کند

اشـتباه نشـود؛ من نه به کارکردن افراد در قبال دریافت مـزد ایرادی دارم و نه به‌زندگی‌شان در کمپ تیف؛ این انتخاب آنان است؛ حرف من قلب واقعیت از سوی فریدون گیلانی‌ست.

نباید از نظر دور داشت که بنا به گزارش رادیو بی‌بی‌سی به‌نقل از «دفتر مطبوعاتی نیروهای تحت فرماندهی آمریکا در عراق»، سیصد و هشتاد نفر از نیروهایی که به‌تعبیر فریدون گیلانی «زیر بار نوکری ارتش متجاوز ایالات متحده برای رسیدن به‌قدرت موهوم نرفته بودند و می‌خواستند مثل انسانی آزاد اظهار نظر کنند»، به‌نزد رژیم بازگشته‌اند! لابد در نظر فریدون گیلانی آن‌ها در حاکمیت ولایت فقیه مثل انسانی آزاد اظهار نظر می‌کنند و به‌مبارزات «ضد امپریالیستی و ضد ارتجاعی» خود، مانند او، می‌پردازند.[1]

اظهارات فریدون گیلانی برای من که از نزدیک پروسـه‌ی فوق را دنبال کرده‌ام و به‌خوبی با زوایای آن آشـنا هسـتم، از آن‌جایی آزاردهنده است که بر اساس اطلاعات موثقی که از کانال‌های مختلف غیرمجاهد کسب کرده‌ام و در صحت آن‌ها تردیدی ندارم واقعیت چیزی دیگری را نشان می‌دهد. پس از اعلامیه‌ی بهمن‌ماه ۱۳۸۶ مجاهدین خلق مبنی بر این که «درب اشرف به‌روی پناه‌جویان و هرکس که خواهان کمک باشد باز است و از هر رسیدگی و کمکی که در توان

1-www.bbc.co.uk/persian/iran/story/2008080405/04/_bd-mko.shtml

و مقدورات‌شان باشد دریغ نمی کنند» که بعداً در اطلاعیه‌ی ۲۳ فروردین ۸۷ مجاهدین هم تکرار شد، بیش از یک‌صد نفر از ساکنان کمپ تیف برای دریافت کمک مالی نزد مجاهدین در اشرف رفتند.

طی این مدت بر اساس اطلاعاتی که از کانال‌های گوناگون کسب کرده‌ام و محاسباتی که داشته‌ام، سازمان مجاهدین خلق متحمل هزینه‌ی هنگفتی شده و مبلغی نزدیک به سیصدهزار دلار کمک مالی در اختیار اعضای جدا شده‌ی خود قرار داده است. این کمک‌ها در اشرف، کردستان، ترکیه و یونان در اختیار متقاضیان قرار داده شده است. مبالغی که در ترکیه و یونان در اختیار افراد قرار گرفته، رقم‌های بیش‌تری را نسبت به‌دریافت‌های اولیه نشان می‌دهد. می‌توان ساعت‌ها در رابطه با تأیید و یا رد انگیزه‌ی این کمک‌ها صحبت کرد، اما نمی‌توان واقعیت را کتمان کرد.

عده‌ای این کمک‌ها را دریافت کردند و عده‌ای نه؛ من برای هر دوگروه احترام قائلم. البته آن کس که از مجاهدین کمک نمی‌گیرد اما دستش را به‌سوی رژیم دراز می‌کند، مدِ نظر من نیست؛ مطمئناً برای او احترامی قائل نیستم. برای دریافت این حجم ازکمک مالی، مجاهدین شرط و شروطی را قائل نشده‌اند. کافی‌ست فرد به مجاهدین مراجعه و تقاضای کمک کند و رسیدی را مبنی بر دریافت حداقل هزار و سیصد دلار آمریکا و دویست و پنجاه هزار دینار عراقی امضا کند. کسانی که تقاضای کمک بیش‌تری داشته‌اند، پول‌های بیش‌تری را دریافت کرده‌اند. من بسیاری از آن‌ها را به‌نام می‌شناسم و از مقدار پولی که دریافت کرده‌اند، اطلاع دارم. این در حالی‌ست که فریدون گیلانی مدعی‌ست مجاهدین، اعضای جداشده را به آمریکایی‌ها تحویل داده‌اند تا شکنجه شوند! حتا سایت ایران اینترلینک وابسته به وزارت اطلاعات هم بر موضوع کمک مالی مجاهدین صحه گذاشته و می‌نویسد:

> «سازمان مجاهدین خلق در روزهای اخیر با مراجعه به‌این افراد (از طریق یکی از جداشدگانی که توسط سازمان به‌استخدام در آمده است) به‌هر یک، هزار و سیصد دلار و دویست و پنجاه هزار دینار عراقی (جمعاً حدود هزار و پانصد دلار) پیشنهاد کرده و در ازای آن خواستار امضای مدارکی توسط افرادگردیده که مدارک مبنی بر

خوش رفتاری سازمان مجاهدین با جداشدگان و حرف های معمول
فرقه ای است.»[1]

مسعود خدابنده یکی از عوامل رژیم در انگلیس و گرداننده ی سایت ایران
اینترلینک در باره ی میزان کمک های پرداختی مجاهدین به افراد می گوید:
«... همین الان [سازمان مجاهدین] مجبور شده است در ترکیه
پنج هزار دلار و در پاریس بیش از بیست هزار دلار برای خاموش
کردن موقت و حتی چند روزه و با همان امضاگرفتن فرقه ای به افراد
بدهند.»[2]

در سایت اینترلینک مصاحبه ای آمده بود مبنی بر این که فردی با مراجعه به
مجاهدین از کمک های یاد شده بهره مند شده و سپس به نزد رژیم رفته است. آن ها
از این اقدام به عنوان «زرنگی» یاد می کنند.

فریدون گیلانی در ادامه، دروغ های بزرگ تری را تحویل خلایق بی خبر از همه
جا می دهد که نتیجه ای جز لوث کردن جنایت ها و شکنجه های بی حد و حصر
رژیم جمهوری اسلامی در زندان ها ندارد. او می گوید:
«ارتش متجاوز و جنایت کار ایالات متحده، از سال ۲۰۰۳ که عراق را
وحشیانه بمباران و اشغال کرد، به مدت پنج سال و تا همین اواخر که
می گویند زندان تیف بسته شده است، جوانان ما را چنان شکنجه
کرده است که بازجویان و شکنجه گران زندان های اوین و گوهردشت
و دیزل آبـــاد و عادل آبـــاد و آن همه ناآباد دیگر، باید روی دسـت
استادان شان آب بریزند: دست شان را شکستند، پاشان را شکستند،
روزهای متعدد به آنان بی خوابی دادند. شهادت های این جوانان که
من اکنون مستقیماً با آنان تماس دارم و تا رهایی شان از یونان و
عـراق (اربیل عراق) و ترکیه و هر جای دیگر، به یاری شـما مردم،
از پا نخواهم نشســـت، تصویری دست کم برابر با گزارش هایی که

1- www.iran-interlink.org/fa/?mod=view&id=4632

۲- پیشین

سازمان‌های جهانی ازگوانتانامو داده‌اند را پیش چشم ما می گذارد.»

اصولاً شکنجه به‌منظور دست‌یابی به‌اطلاعات است. هرکس خُرده‌هوشی داشته باشد می‌داند که اِعمال شکنجه‌های وحشیانه در تیف نمی‌تواند دلیلی داشته باشد. ذکر این نکته ضروری‌ست که در چند سال گذشته، موارد محدودی از ضرب و شتم به‌هنگام مقاومت افراد در مقابل اقدامات تنبیهی نیروهای آمریکایی وجود داشته که در مواردی موجب آسیب دیدن دست و پای تعداد انگشت‌شماری شده است. آیا به‌چنین چیزی شکنجه‌هایی بدتر از شکنجه‌های اوین وگوهردشت و... می‌گویند؟ افراد را به‌خاطر عدم رعایت مقررات کمپ و... حتا به ابوغریب نیز فرستاده‌اند، اما این چیزی نیست که فریدون گیلانی تبلیغ می‌کند. فریدون گیلانی حتا خاطرات دشمنان مجاهدین که در کمپ بوده‌اند و روزشمار خاطرات‌شان را در سایت‌های رژیم انتشار داده‌اند، نخوانده است وگرنه این گونه بی گدار به‌آب نمی‌زد و ادعاهای واهی بیان نمی‌کرد. برخورداری از امکانات پزشکی و غذایی که لااقل هیچ خانواده‌ی عراقی از آن برخوردار نبود، کجا و شرایط بدتر از زندان اوین وگوهردشت و... کجا؟

بایســتی توجه داشت، درباره‌ی عراقی صحبت می‌کنیم که جهنم است. پس از اشغال عراق، بیش از چهار هزار آمریکایی و صدها هزار عراقی کشته شده‌اند، ولی در طول این مدت هیچ صدمه‌ای متوجه ساکنان تیف نشده است.
آیا پیام نوشــته‌ی سراســر جعلی گیلانی این نیســت که آن‌چه در سایه‌ی نظام جمهوری‌اسلامی آن‌هم در بدترین زندان‌هایش می گذرد، بهتر از کمپ‌های تحت نظر آمریکا است؟ آیا این دعوت غیرمستقیم و تحت پوشش دفاع از حقوق بشر از مردم نیست که به‌همان رژیم جمهوری‌اسلامی و جنایت‌هایش بسنده کنند، که این طرف اوضاع خراب‌تر است؟
به‌عنوان کســی که «از حق انسان‌ها دفاع می‌کند» و جنایات رژیم در زندان‌ها را دیده اســت، می گوییم اتفاقاً این فریدون گیلانی‌ست که در پوشش شعارهای پُرطُمطراقِ ضدامپریالیســتی «آب روی دست» شــکنجه گران رژیم می‌ریزد و نگاه‌ها را از نقطه‌ی اصلی دور می‌کند.

فریدون گیلانی در ادامه می‌نویسد:

«تـــا جایی که من عجالتاً می‌دانم، یکی از این جوانان هنگام عبور از رودخانه‌ی عراق به‌سمت ترکیه غرق شده، و یکی‌شان هم هنگام عبور با جلیقه‌ی نجات از آب‌های ترکیه به‌سمت سواحل یونان.»

فریدون گیلانی غیرمنصفانه به خون‌خواهی حسن میرزایی برخاسته که در کمپ تیف جزو کسانی بود که از مجاهدین حمایت می‌کرد. او به‌هنگام ورود غیرقانونی به یونان، همراه با پنج تن دیگر از جداشدگان، توسط پلیس آن کشور دستگیر و تحویل ترکیه داده شد. تلاش دولت ترکیه برای دیپورت آن‌ها به عراق با مخالفت مقامات کردســـتان عراق مواجه شد. پلیس ترکیه آن‌ها را با ضرب و شتم مجبور به گذر از رودخانه‌ی مرزی بین ترکیه و عراق کرد. در پی اقدام غیرانسانی پلیس ترکیه، حسن میرزایی به‌همراه دو پناه‌جوی سوری غرق شدند.

حسن میرزایی به‌هنگام خروج از عراق بیش از چهارهزار دلار از مجاهدین کمک مالی دریافت کرده بود.

حســـن نعمتی یکی دیگر از جداشـــدگان، در آب‌های میان ترکیـــه و یونان در حالی غرق شـــد که خواهرش در آمریکا به‌ســـر می‌برد و به‌خاطر سفر به ایران و حساسیت‌های رژیم، حاضر نشده بود کمک مالی در اختیار او قرار دهد. حسن با جلیقه‌ی نجات به‌آب زده بود ولی پیش از رسیدن به ساحل، جلیقه‌اش را در آورده بود که منجر به‌غرق شدنش شد.

فریدون گیلانی برای ســـومین بار در این نامه، بـــه‌دروغ بر تحویل «نیروهای» مجاهدین به «شکنجه‌گران ارتش آمریکا» تأکید می‌کند و می‌نویسد:

«بنـــا به‌ادبیات رهبری خود این ســـازمان «عبرت تاریخ» اســـت تشکیلاتی که روزگاری سرود «سرکوچه کمینه، سرباز آمریکایی» و «امریـــکا، آمریکا، مرگ به‌نیرنگ تو، خون جوانان ما، می‌چکد از چنگ تو» را ســـر می‌داد و مستشاران نظامی آمریکایی را در ایران «مجازات انقلابی» می‌کرد، اکنون به‌چنین ورطه‌ای از مزدوری و نوکری آمریکایی‌ها در غلتیده باشـــد که نیروهای خودش را به‌جرم اظهار عقیده و نظر و رأی، تحویل شکنجه‌گران ارتش آمریکا بدهد.

شـــما فکر می کنید این واقعیت را به کجـــای ریش تاریخ باید تف کرد؟!»

سؤال من از خوانندگان این سطور این‌ست، فکر می کنید در قبال کسی که تا این حد دروغ به‌هم می‌بافد و در مقابل واقعیت می‌ایســتد چه باید کرد؟ آیا «ریش تاریخ» در این‌جا هم معنی می‌یابد؟

گیلانی در ادامه می‌نویسد:

«شـــش تن از این جوانان که نام‌هاشـــان را دارم، اکنون در بخش دیپورت زندان آتن اســیرند. عده‌ای از آنان شب‌ها را در پارک‌های آتن در کارتن می خوابند و با وجودی که گاهی از سطل‌ های آشغال و کلیسا چیزی برای خوردن می گیرند، گرسنه‌اند و از پلیس یونان کتک می‌خورند. عده‌ای‌شان دنبال راهی می گردند که خود را به کشوری امن برسانند. و شرم‌آورتر آن که خیلی هاشان نیاز به‌درمان دارند و چون هویتی به‌آنان داده نشده، نمی‌توانند به‌هیچ بیمارستان و درمانگاهی مراجعـــه کنند. و باز هم مهم‌تر آن که هیچ‌یک از اینان نمی‌خواهند به‌جهنم جمهوری‌اسلامی برگردانده شوند و همه‌شان ضدارتجاع و ضدامپریالیســـت‌اند. به‌همین جهت است که شما صدای آنان را از صدای آمریکا که صدای رسمی سی‌آی‌ا است، نمی‌شنوید. و به‌همین جهت است که همکاری چندساله و تنگاتنگ رهبری مجاهدین و آمریکایی های اشغال گر، نگذاشته است جهان آزاد، آن گونه که شاید و باید، از این ماجرای هولناک آگاهی یابد و همان گونه نسبت به‌آن واکنش نشان دهد که نسبت به‌زندان گوانتانامو داده است.»

جهت اطلاع خوانندگان عزیز بایستی بگوییم که خوشبختانه افرادی که در زندان یونان به‌ســـر می‌بردند، پس از ثبت تقاضای پناهندگی نـــزد دولت یونان، آزاد شـــده‌اند. البته آزادی آن‌ها هیچ ربطی به فریدون گیلانی و نامه‌ی سرگشاده‌ای که به‌زبان فارســـی نوشت و برای عده‌ای از ایرانیان فرستاد، ندارد؛ بلکه لااقل مـــن خود، از یک ماه پیش ضمن پی گـــیری وضعیت این افراد از طریق مراجع

بین‌المللی، درخواست مداخله‌ی این نهادها برای آزادی آن‌ها را داشتم. لابد دوستان دیگری نیز چنین کردند و خوشبختانه تلاش‌های‌شان نتیجه داد؛ اما برگردیم به‌اصل موضوع.

گوانتانامو جزیره‌ای است دورافتاده و محصور در کوبا که تنها نظامیان آمریکایی به‌آن دسترسی دارند، چگونه جزییات رفتار آمریکایی‌ها با زندانیان گوانتانامو در همه جا حتا سنای آمریکا مطرح شده است و دادستان آمریکا به‌خاطر دفاع از منافع آن‌ها استعفا داده است، اما جایی خبری ازکمپ تیف و شکنجه‌های غیرانسانی آن نیست و اطلاعاتی از این دست، تنها به‌دست فریدون گیلانی می‌رسد؟ چرا سی‌آی‌ا تلاش نمی‌کند اخبار گوانتانامو یا ابوغریب به‌جایی درز نکند و فقط تلاشش را گذشته‌که صدای افراد تیف به جایی نرسد؟

چگونه رفتار آمریکایی‌ها در ابوغریب از پرده بیرون افتاد، ولی کسی در مورد تیف چیزی نمی‌داند؟ سیصد و هشتاد نفر از افراد تیف، به‌نزد رژیم در ایران بازگشته‌اند، جلوی افشاگری آن‌ها را چه‌کسی گرفته است؟ چرا آن‌ها از چنین داستان‌های مهیجی که فریدون گیلانی از آن مطلع است، سخنی به‌میان نمی‌آورند؟ آیا رژیم با آمریکا ساخت و پاخت کرده است که جنایت آمریکا و «منافقین» از پرده بیرون نیافتد؟ تمامی افراد تیف توسط صلیب سرخ جهانی وکمیساریای عالی پناهندگان سازمان ملل، بدون حضور مقامات آمریکایی و مجاهدین به‌صورت جداگانه مورد پرسش قرارگرفته‌اند؛ چرا هیچ‌یک از آنان چنین چیزهایی را بیان نکرده‌اند؟ چرا سی نفری که هم‌اکنون در اروپا به‌سر می‌برند از چنین چیزی سخن نمی‌گویند؟ چرا همان‌ها که توسط رژیم به فرانسه آورده شدند و خبرش را رادیو فردا و بی‌بی‌سی با آب و تاب دادند، چنین چیزهایی نگفتند؟ آیا همکاری چندین ساله‌ی مجاهدین و نیروهای اشغالگر نگذاشته «جهان آزاد» از ماجرای هولناک آن‌ها با خبر شود؟

نمی‌دانم چرا فریدون گیلانی در میان رسانه‌های آمریکایی اتفاقاً یقه‌ی صدای آمریکا را می‌گیرد که لااقل از بقیه، ضدرژیمی‌تر است؟ او مدعی‌ست صدای آمریکا به‌خاطر وابستگی به سی‌آی‌ا صدای این افراد را انعکاس نمی‌دهد! این در حالی‌ست که طی ماه‌های گذشته رژیم اتفاقاً بیش‌ترین فشار را روی صدای

آمریکا گذاشته است. رادیو فردا و بی‌بی‌سی بنگاه سخن‌پراکنی انگلیس تاکنون ده‌ها خبر در این رابطه داده‌اند.[1]

آیا این دو رادیو به‌مبارزان ضد امپریالیست آمریکا و انگلیس تعلق دارد؟

گیلانی سپس خطاب به نیروهای کُرد ایرانی می‌نویسد:

«نیروهای کُرد ایرانی که احتمال دارد امکاناتی در منطقه‌ی کردستان عراق داشته باشند، در مورد هشتاد جوانی که در اربیل عراق مورد تهدید جدی تحویل دادن به‌جنایتکاران جمهوری‌اسلامی، یا حذف فیزیکی توسط رهبری آمریکایی‌ی مجاهدین و کردهای آمریکایی‌ی حزب دموکرات کردستان عراق به‌رهبری مسعود بارزانی و اتحادیه‌ی میهنی کردستان عراق به‌رهبری جلال طالبانی قرارگرفته‌اند، مسئولیت نجات جان آنان را به‌عهده دارند و اگر کوتاهی کنند، بدهکار وجدان خود خواهند شد. منظورم، به‌طور مشخص، مثلاً حزب کمونیست ایران و کومله است.»

چنان‌که ملاحظه می‌شود فریدون گیلانی به‌صورت آزار دهنده‌ای از حذف فیزیکی جداشدگان مجاهدین توسط «رهبری آمریکایی‌ی مجاهدین و کردهای آمریکایی‌ی حزب دموکرات کردستان عراق به‌رهبری مسعود بارزانی و اتحادیه‌ی میهنی کردستان عراق به‌رهبری جلال طالبانی» دم می‌زند و از کومله کمک می‌خواهد! آیا گیلانی از روابط نزدیک کومله با نیروهای کُرد عراقی که از آن‌ها به‌عنوان کُرد آمریکایی نام می‌برد بی‌خبر است؟

آیا مجاهدین نمی‌توانستند هنگامی که این افراد نزدشان بودند، خودشان را از شرشان خلاص کنند؟ در عراق بی‌در و پیکر چه کسی متوجه می‌شود و یا اصولاً برای چه کسی اهمیت دارد؟

تا آن‌جا که من می‌دانم محل زندگی جداشدگان در اربیل متعلق به‌رژیم است؛ حل و فصل مسائل صنفی آن‌ها در حال حاضر متأسفانه با رژیم است؛ محمود خالقی گرداننده‌ی ساختمانی که در آن زندگی می‌کنند، از بدو ورود به کمپ

1-www.cs.radiofarda.com/forums/thread/488.aspx
www.cs.radiofarda.com/forums/rss.aspx?ForumID=21&PostID=524
www.bbc.co.uk/persian/iran/story/2008/04/080405_bd-mko.shtm

تیف، روابط ویژه‌ای باکنسولگری رژیم داشته است، با این وضع چگونه می‌شود این‌همه دروغ و جعلیات به‌هم بافت و از «بدهکاری وجدان» دم زد؟
فریدون گیلانی سپس از افراد زیر نام می‌برد و آن‌ها را در زمره‌ی کسانی معرفی می‌کند که ضد امپریالیست و ضد ارتجاع هستند:

> «حمزه طوماری، موسی مرزبان، علی احمدی، محمد احمدی، عادل خیری، سعید صداقتی (که در زندان دیپورت آتن خواب و آرام ندارند)، و علیرضا موذن‌تبریزی، سیدعلی میری (نویسنده و شاعر سی ساله‌ی ایلام)، حسین بلوجانی، عادل مطلبی، مایکل پطروسیان، محمدرضا (رحیم) خداقلی و... و... و...»

راستش هیچ تمایلی ندارم در مورد تعدادی انسان مستأصل و نیازمند کمک، پرده‌دری کنم اما برای روشن شدن حقیقت مجبورم چند توضیح کوتاه بدهم. برای پی بردن به صحت و سقم ادعاهای گیلانی کافی‌ست به مصاحبه‌ی برادران احمدی با سایت اینترلینک وابسته به وزارت اطلاعات در خارج ازکشور رجوع کنید. خودشان مدعی هستند که برای پیدا کردن کار به ترکیه آمده‌اند. انگیزه‌شان برای پیوستن به مجاهدین را نه مبارزه با ارتجاع و امپریالیسم، که کاریابی اعلام می‌کنند.
گیلانی در حالی این دو را ضد ارتجاع و امپریالیسم معرفی می‌کند که به کنسولگری رژیم در اربیل مراجعه و پاسپورت‌های‌شان را تمدیدکرده‌اند. من نسبت به‌موقعیت دردناک این افراد و دام‌هایی که رژیم از ابتدای تأسیس تیف پهن کرده واقفم و سعی می کنم کمک‌شان کنم تا در منجلاب فرو نروند یا از راه رفته بازگردند.
در میان همین افرادی که از طرف گیلانی مدال ضد ارتجاع و امپریالیسم گرفته‌اند، تعداد زیادی را می‌شناسم که به کنسولگری رژیم مراجعه کرده‌اند و ازکمک‌های مالی نیز برخوردار شده‌اند.
گیلانی درحالی علی‌رضا مؤذن تبریزی را ضد امپریالیست و ضدآمریکایی معرفی می‌کند که اگر بفهمد چه حرف‌هایی پیرامون او زده شده، ممکن است واکنش منفی هم نشان دهد. او برای نزدیکی به آمریکایی‌ها کاری نیست که در کمپ نکرده باشد. او به‌مقامات آمریکایی اعلام کرده بود که آرزو دارد سرباز آمریکا

می‌بود و به‌طورکامل از اقدامات آمریکایی‌ها در عراق حمایت به‌عمل می آورد. وی با پرچم آمریکا درکمپ می گشت و آن را درکمپ نیز برافراشته بودکه به‌دلایل امنیتی با مخالفت مقامات آمریکایی مواجه شده بود.

این را نه برای افشاگری علیه یک انسان مستأصل که از نظر من نیازمندکمک انسانی‌ست، بلکه برای بیان واقعیت و روشن شدن افرادی که گیلانی قصد فریب‌شان را دارد می گویم. وگرنه من رژیم جمهوری‌اسلامی را که باعث و بانی همه‌ی این جنایت‌هاست، مسئول کلِ این نابسامانی‌ها می‌دانم.

حسین بلوجانی که گیلانی از او نامِ برده، در ارتباط نزدیک با بهزاد علی‌شاهی یکی از وابستگان رژیم در فرانسه است. بهزاد علی‌شاهی بلافاصله پس از حضور درکمپ تیف با رژیم ارتباط بر قرارکرد و به ایران رفت، سپس درکنار دیگر اجناس رژیم به‌خارج ازکشور صادر شد. کتابی را هم که مراکز تحقیقاتی رژیم از پیش تهیه‌کرده بودند، به‌نام او و جواد فیروزمند در فرانسه با صفحاتی رنگی انتشار دادند.

از مبارزات ضدامپریالیستی و ضدارتجاعی حسین بلوجانی همین بس که با همکاری مجید روحی با مونتاژ کردن عکس سر زنان مجاهد و از جمله مریم رجوی بر روی عکس‌های پورنوگرافی و نوشتن جملات مستهجن، آن‌ها را روی یوتوپ قرار می‌دهد.

با توجه به سابقه‌ای که از فریدون گیلانی گفتم، آیا نبایستی نسبت به‌انگیزه‌ی امروز او از مطرح کردن مشکلات ساکنان کمپ تیف شک کنم؟ آیا این عمل هم‌سو با کار مترجمی برای عوامل بسیج شده‌ی رژیم که در بالا توضیح دادم نیست؟ آیا در مورد قبلی، مسئله‌ی فریدون گیلانی دفاع از حقوق بشر و یا دفاع از قربانیان نقض حقوق بشر بود، که این یکی را باورکنم؟

ساکنان کمپ تیف سرگذشت غم‌انگیز و تراژیکی داشته‌اندکه انسان را به‌تعمق وامی‌دارد. باید شرایطی برای آن‌ها به‌وجود آورد تا بتوانند هرچه زودتر از یک زندگی راحت که حق یک انسان است، برخوردار شوند. با شناختی که من از آن‌ها دارم و بر اساس تجربه‌های شخصی مطمئنم بیش از نود درصد آن‌ها به‌خاطر

تجربیاتی که پشت سرگذاشته‌اند دیگر هیچ گاه به‌فعالیت سیاسی روی نخواهند آورد. آن‌ها نیاز به کمک و مساعدت مالی و حقوقی دارند، نه شعارهای صد من یک غاز ضد امپریالیستی امثال فریدون گیلانی و همکارش محمد حسیبی که هم‌سو با منافع رژیم است. آن‌ها نیاز به‌آرامش روحی و روانی دارند، نبایستی از آن‌ها استفاده‌ی ابزاری کرد و یا اجازه‌ی چنین کاری را به‌افراد فرصت‌طلب و عوامل رژیم داد.

افراد و گروه‌هایی که در چند سال گذشته در ضدیت با مجاهدین، سنگ جداشدگان از آن‌ها را به‌سینه می زدند، کدام اقدام حقوقی واقعی و مؤثر را برای نجات آن‌ها جز هیاهوهای گاه و بی گاه انجام داده‌اند؟ چه مقدار پول و امکانات در اختیار این افراد قرار داده‌اند؟ معلوم است که هدف‌شان دفاع انسانی از این افراد نیست.

ماه‌هاست محمد حسیبی که خود را «مصدقی» می‌نامد و در توهینی آشکار به مصدق، شیخ‌حسن نصرالله تروریست و آدم‌کش بین‌المللی را «مصدق ثانی» معرفی می کند، به‌صدور اعلامیه‌های شداد و غلاظ در این زمینه دست زده است. من از او می‌پرسم کدام کمک مالی یا حقوقی را به جداشدگان از مجاهدین کرده است؟ حسن نعمتی که امروز حضرات سنگ دفاع از او را به‌سینه می‌زنند، به‌خاطر نداشتن هزار دلار که به قاچاقچی بدهد، خودش را به‌آب زد و جان داد؛ این در حالی‌ست که محمد حسیبی به‌یکی از برنامه‌سازان تلویزیونی در لس‌آنجلس پیشنهاد راه اندازی یک کانال تلویزیونی را کرده و قول داده بود که یک‌میلیون دلار در این راه سرمایه گذاری کند. ای کاش ایشان بخش ناچیزی از یک‌میلیون دلار وعده داده شده را خرج این افراد می کرد.

در سقوط اخلاقی محمد حسیبی همکار فریدون گیلانی در این پروژه، همین بس که چند ماه پیش در نامه‌ای خصوصی با مطرح کردن اطلاعاتش در مورد جداشدگان مجاهدین، از من خواست چنان‌چه اطلاعاتش نادرست است آن‌ها را تصحیح کنم. من پاسخی خصوصی به‌او دادم و ضمن ارائه‌ی توضیحاتی، به‌مواردی از تلاش‌هایم برای کمک به ساکنان تیف اشاره کردم که به‌هیچ‌وجه نمی‌خواستم انتشار بیرونی یابد تا رژیم متوجه‌ی اقداماتم شود و به‌این ترتیب راه نفوذم را ببندد.

متأسفانه او برای بهره‌برداری شخصی، بدون رعایت کوچک‌ترین پرنسیبی، نامه‌ام را که خصوصی بود، انتشـــار داد و یک نسخه‌اش را نیز برای مزدوران رژیم در ســـایت ایران اینترلیک (بخوانید وزارت اطلاعات رژیم) ارســـال کرد. چگونه می‌توان به‌چنین فردی که به‌اعتماد دیگران خیانت می‌کند، دوباره اعتماد کرد؟ چگونه می‌توان انگیزه‌های او را انسانی دانست؟
بایستی اضافه کنم لینک و آرشیو کلیه‌ی برنامه‌های تلویزیونی حسیبی و گیلانی بر روی سایت نگاه نو که توسط جعفر بقال‌نژاد، یکی از عوامل دستگاه اطلاعاتی رژیم در نروژ اداره می‌شود، موجود است. این سایت روزانه به‌تبلیغ گفته‌های این افراد می‌پردازد. در تبلیغات این سایت قهرمانان ملی‌ای چون سعید سلطانپور، مســـعود احمدزاده، سعید محسن، محمد حنیف‌نژاد و... جنایت‌کار و آدم‌کش معرفی می‌شوند. آیا غیرمنصفانه است بپرسم چگونه سایتی که قهرمانان ملی را آدم‌کش و جنایت‌کار معرفی می‌کند این همه به فریدون گیلانی و محمد حسیبی و برنامه‌ی تلویزیونی‌اش التفات دارد؟

۶ تیر ۱۳۸۷

بعد از تحریر:
قسمتی از نامه‌ی تعدادی از جداشدگان از مجاهدین که به‌تازگی به فرانسه آمده‌اند را در زیر ملاحظه می‌کنید: این نامه متعلق به‌افرادی اســـت که فریدون گیلانی آن‌ها را ضدآمریکایی و ضدامپریالیست معرفی کرده و مدعی بود مجاهدین آن‌ها را برای شـــکنجه کردن به آمریکایی‌ها تحویل داده‌اند. مروری بر آن، به‌سادگی دروغ‌پردازی‌هـــای گیلانی را برملا می‌کند. لازم به‌توضیح اســـت که این افراد کوچک‌ترین گرایشی به مجاهدین ندارند.
متن نامه‌ی تسلیم شده به سفارت امریکا در پاریس:

> کریگ‌روبرتس اسپلتون، سفیر دولت و نماینده‌ی ویژه و تام‌الاختیار
> ریاست جمهوری امریکا در فرانسه
> عالیجناب،
> قبل از هر چیز و به‌عنوان مقدمه تشکر خود از نیروهای ارتش امریکا در عراق را بخاطر خلع سلاح فرقه‌ی تروریستی مجاهدین خلق در ســـال ۲۰۰۳ که کمک مؤثری در نجات ما از چنگال این فرقه نمود

ابـــراز نمائیم. ما اذعان می کنیم که بـــدون آن، امکان نجات ما از
اسارت این گروه تروریستی میسر نبود.

ما این نامه را از طرف افرادی می‌نویسیم که هم‌چون خود ما به‌شدت
به‌دنبال راهی هســتند تا خود را از چنگال این گروه تروریستی در
عراق نجات دهند.

ما اکنون توانســته‌ایم پس از عبور از خطرات و سختی‌های فراوان
خود را به کشورهای اروپایی و نقاط امن برسانیم. ما بسیار متاسفیم
که به‌شما گزارش کنیم که نیروهای ارتش امریکا اگر چه به‌هیچ‌وجه
در این سال‌ها مزاحم ما و دوستان‌مان نبوده‌اند، ولی از طرف دیگر
هیچ اقدامی هم برای کمک به‌ما برای نجات از این فرقه‌ی تروریستی
و بازگشت به‌زندگی معمول و عادی نکرده‌اند. [1]

همین‌جـــا لازم می‌دانم یادآوری کنم که من هرگز رفتار ناشایست
مجاهدین با نیروهای ناراضی‌شـــان در عراق، در طول ســـال‌های
گذشته، به‌ویژه در دوران حاکمیت صدام حسین را تأیید نمی کنم

1-www.iran-ghalam.de/2Haupt/2836.rahayi.24.6.08

جعلیات جدید امیرفرشاد ابراهیمی
در نامه‌ی سرگشاده به مجتبی خامنه‌ای

با وقوع هر حادثه‌ای که توجه بین‌المللی را جلب می‌کند، امیرفرشاد ابراهیمی نیز دست به کار می‌شود و با سرهم کردن مشتی دروغ و جعل تلاش می‌کند از آب گل‌آلود ماهی گرفته و خود را مطرح کند. در این مواقع همسرش نسرین بصیری نیز مددکارش می‌شـود و با اسـتفاده از روابطی که دارد، کانال‌هایی را برای او فراهم می‌کند.

او دروغ‌های بسیاری نیز در مورد قتل‌های زنجیره‌ای و به‌ویژه زنده‌یاد پیروز دوانی و محل حبس وی انتشـار داد که با تکذیب و اعتراض خانواده‌ی محترم دوانی روبرو شد. اما مگر از رو می‌رود. امیرفرشاد ابراهیمی یکی از عوامل سعید امامی و عناصر جنایتکار انصار حزب‌الله بوده است که در خارج از کشور تلاش می‌کند با ســرهم کردن دروغ‌های شاخدار، خود را مطرح کند. البته زمینه‌ی لازم برای فعالیت چنین افرادی را بی‌در و دروازه بودن محافل ایرانی در خارج از کشور و رسانه‌های فارسی‌زبان فراهم کرده‌اند.
متاسفانه رسانه‌هایی چون رادیو فردا، صدای آمریکا، رادیو آلمان، بی بی سی و ...

سایت‌هایی هم‌چون گویانیوز و... که روابط را بر ضوابط ترجیح می‌دهند زمینه‌ی دروغ‌پردازی‌های وی به صورت گسترده را فراهم می‌کنند! می‌دانم وقت شما و من باارزش‌تر از آن‌ست که صرف یکی از عناصر سابق انصار حزب‌الله کنم اما از آن‌جایی که وی فضا را آلوده می‌کند و باعث فریب افکار عمومی می‌شـــود مجبورم توضیحاتی را برای تنویر افکار عمومی ارائه دهم.

امیرفرشاد ابراهیمی در روزهای گذشته با مطرح شدن نام مجتبی خامنه‌ای به‌عنوان یکی از دســـت‌اندرکاران کودتا، برای بالا بردن قیمتش، خود را یکی از دوستان نزدیک او جا زد و مثلاً نامه‌ی سرگشاده‌ای خطاب به‌دوست قدیمی‌اش مجتبی خامنه‌ای نوشت! اما از همان ابتدا دُم خروس دروغ‌گویی او مشخص شد.
وی پیش از آن‌که نامه‌اش را خطاب به مجتبی خامنه‌ای شروع کند زمینه‌ی آشنایی خود با او را توضیح می‌دهد. امیرفرشـــاد ابراهیمی احتمالاً نوشته‌ی فرماندهان ســـپاه علی فضلی و نورعلی شوشتری در سایت تابناک، یا مقاله‌ی اخیر سایت روزآنلاین در مورد حضور مجتبی خامنه‌ای در جبهه‌ی غرب را خوانده اســـت. او از این طریق متوجه شده است که مجتبی خامنه‌ای مدت کوتاهی در سال ۶۶ جمعی لشکر دَه سیدالشهدا بوده است.[1]

با خواندن این نوشته، استارت سناریو در ذهن امیرفرشاد ابراهیمی زده می‌شود و موضوع را برای مطرح کردن خود جالب می‌یابد. به‌این ترتیب داستان زیر را خلق می‌کند از قرار معلوم متاسفانه نامه‌ی جعلی امیرفرشاد ابراهیمی در نشریه‌ی «سیاست خارجی» واشنگتن نیز به‌چاپ رسیده است!

> «نامه‌ای به‌یک دوست سابق، برسد به‌دست مجتبی خامنه‌ای
> روز دوم عملیـــات والفجر ده در کنار جـــاده خرمال که محورهای عملیاتـــی را به یک‌دیگـــر وصل می‌کرد، رزمنده‌هـــای تازه نفس می‌رفتند تا خود را به‌خط برسانند و جای‌شان را رزمنده‌هایی که دو شبانه‌روز در خط مقدم بودند پر می‌کردند، آسمان را دود گرفته بود و همین مانع از آن می‌شد تا سوخوهای بعثی بچه‌های مارا به‌رگبار

1-http://mojadele.blogfa.com/post-141.aspx

ببندند، بسیجی‌ها همه، یا خود را سـیاه کرده بودند تا شب دیده
نشـوند و یا در میانه‌ی آن دود و باروت سـیاه شده بودند، اما آن
سیاهی مانع از آن نبود که یک‌دیگر را بشناسیم، من مثل خیلی دیگر
از نوجوانان هم‌سن و سالم زودتر از بقیه خسته شده بودیم و بعد از دو
روز بی‌خوابی همه در یک صف کنار جاده خوابیده بودیم و منتظر،
تا کامیونی بیاید و مارا به‌عقب ببرد، برگشتم و از رزمنده‌ی کناری‌ام
که جوانی هم‌سـن و سال خودم بود پرسـیدم آب داری؟ نگاهی
به‌من کرد و قمقمه‌اش را به‌مـن داد! آب را که گرفتم تازه لب‌های
پوست‌پوست شده‌اش را دیدم وگفتم خودت؟ که نگاه نکرد و گفت
تشنه‌ام نیست بگیر! پرسیدم اسمت چیه؟ بچه کجایی؟ همان‌جور که
خوابیده بود گفت مجتبی هستم از تهران. پرسیدم مال کجایی، گفت
لشکر ده! دیگر ندیدمش تا چند سال بعد از جنگ وقتی که به تهران
آمده بودیم، مگر می‌شد در آن روزها و با آن‌همه دوده و سیاهی کسی
را دید و فراموش کرد؟ و چه زود شـناختمش و فهمیدم او مجتبی
خامنه‌ای فرزند رئیس جمهوری بود که حالا رهبر است!»[1]

عملیات والفجر ده، در ۲۵ اسـفند ۱۳۶۶ با هدف آزادسازی بخش وسیعی از
استان سلیمانیه، (شمال غرب ایران) به‌مرحله‌ی اجراگذاشته شد.
امیرفرشاد ابراهیمی مدعی‌ست که در عملیات والفجر ده در اسفند ۶۶ با مجتبی
خامنه‌ای همراه و هم‌رزم بوده است و وی را هم‌سن و سال خود معرفی می‌کند!
توجه داشـته باشید در سال ۶۶ امیرفرشاد ابراهیمی دوازده ساله است و مجتبی
خامنه‌ای هیجده ساله که دیپلم‌اش را نیزگرفته. این دو، هرچه که بودند هم‌سن و
سال نبودند. تفاوت سنی بین یک بچه‌ی دوازده ساله و جوان هیجده ساله خیلی
زیاد است.

امیرفرشاد ابراهیمی که جعلیات بی‌سر و ته بالا را به‌هم بافته و نقش «ابوالفضل
العباس» را نیز سخاوتمندانه به مجتبی خامنه‌ای بخشیده، به‌خاطر حجم وسیع

1-http://www.goftaniha.org/2009/07/blog-post_5539.html

دروغ‌پردازی‌هایش فراموش کرده است که قبلاً مدعی بود در اسفند ۶۶ یعنی زمان عملیات والفجر ده در مدرسه بوده و امتحانات ثلث دوم را پشت سر می‌گذاشته و شب عید، یعنی فروردین ۶۷ در دوکوهه (نزدیک اندیمشک)، شاهد بازدید محسن رضایی یا خامنه‌ای از محل بوده است! توجه کنید:

«برای مسعود ده‌نمکی سال ۱۳۶۶ بود و اوج جنگ، جنگ به شهرها کشیده شده بود و این‌بار نه با بمباران هوایی، که موشک‌های روسی اهدایی به صدام بود که به تهران هم رسیده بود؛ اولینش فکر کنم در خیابان شیخ‌هادی تهران بر زمین نشست و بعدها جای‌جای تهران بی‌نصیب نماند؛ از شمال شهرگرفته تا جنوب و شرق. اسفندماه بود و آخرین روز مدرسه بود، ایام امتحانات ثلث دوم بود و همه زیر موشک‌باران آماده‌ی عید می‌شدند. به مدرسه که رفتم خشکم زد سردر مدرسه غرق در پلاکارد بود وگل و حجله، باور نمی کردم عکس داوود نظرحسین‌صابر و خبر شهادتش، داوود دو سال از من بزرگ‌تر بود دیگر پایم نمی‌آمد بروم مدرسه، با رضا باقرزاده بودم هم کلاسی دیگرم و هر دو تصمیم‌مان را گرفتیم، رضا سابقه‌دار بود دوبرادرش منصور و مسعود جبهه بودند و خودش هم دو سه باری رفته بود. به خودم که آمدم مقابل پایگاه مالک اشتر بودم و فرم اعزام به جبهه دستم، ... با رضا رفتیم راه‌آهن و شب سال تحویل پادگان دو کوهه بودیم! خیلی از بچه‌های بسیج محل بودند... ستاد لشگر ما را فرستاد گردان کمیل دسته‌ی شهید بهشتی، شب عید بود و بوی عید در جبهه هم بود، مسعود نعمتی با جوک‌هایش و ادا و اطوارهایش برای‌مان سال را تحویل کرد و ما چند روز بعد باید می‌رفتیم حلبچه برای بازسازی گردان بعد از عملیات والفجر ده. و بازسازی یعنی آن که همه‌ی آن بچه‌های گردان شهید شده‌اند، تو دوکوهه بود که برای اولین بار مسعود ده‌نمکی را دیدم، گردان ما نبود، ولی می دیدمش، یادم نمی‌آید محسن رضایی بود یا خامنه‌ای برای عید آمده بود پادگان و مسابقه‌ی تیراندازی بین بچه‌ها گذاشته بودند و مسعود هم بین بچه‌هایی بود که در مسابقه شرکت کرده بود،

بعد ما رفتیم حلبچه و دوکوهه نبودیم ...[1]

دروغ که خُناق نیست بیخ گلوی آدم را بگیرد. کسی که به‌ادعای خودش در پایان اسفند ۶۶ به‌فکر جبهه رفتن افتاده، و سال تحویل ۶۷ در دوکوهه بوده، در توضیح نامه به مجتبی خامنه‌ای مدعی می‌شود که در اسفندماه ۶۶ در شمال‌غرب کشور هم‌رزم او بوده است و در جبهه‌ی خرمال دو روز بدون آن‌که خواب به‌چشمش بیاید جنگیده بود! چنان‌چه ملاحظه می کنید در نوشته‌ی بالا او مدعی‌ست در بهــار ۶۷ قرار بود با همراهانش «بعد از عملیات والفجر ده» برای بازســازی گردانی که همه‌ی بچه‌هایش کشته شده بودند، به‌غرب فرستاده شوند.

به‌ادعای بعدی امیرفرشاد ابراهیمی که در تضاد با ادعای بالاست توجه کنید: در این نوشته مدعی‌ست که در خرداد ۶۷ از جبهه‌ی جنوب، عازم غرب کشور شده است:

خرداد ۱۳۶۷ کردستان — دره‌ی قاسم‌لو

«از جبهه‌ی جنوب عازم غرب شده بودیم؛ بعثی ها و تجزیه‌طلبان کُرد و گاهاً مجاهدین دست در دست هم اقدام به تک‌های جسته وگریخته کرده بودند به‌علت کمبود نیرو لشگر بیست و هفت یک گردان را برای کمک به لشکر بیست و یک امام رضا فرستاده بود و از قضا گردان ما نیز کمیل همانی بود که حالا باید از جنوب به‌غرب می‌آمد. همان‌روز اول اعزام‌مان سیدمهدی بوجانی دوست شانزده ساله‌ام، بچه‌ی خوب محله‌ی بلــوار ابوذر هدف تک‌تیراندازها قرارگرفت که از ارتفاعات مشرف به‌دره‌ی قاسم‌لو درست پیشانی‌اش را نشانه گرفته بودند و هنوز از گرد راه نرسیده در غم این شیربچه بودیم، صبح سومین روز اعزام‌مان من که پیک گردان بودم باید برای معرفی گردان به‌ســتاد شمال‌غرب می‌رفتم در راه با چهار رزمنده‌ی دیگر که پیاده از اردوگاه به سمت ستاد حرکت می کردیم که ناگاه صدای رگباری دل کوه را شکافت و ما را زمین گیر کرد؛ در یال جاده هر چهار نفر

1-www.goftaniha.org/2006/08/blog-post_25.html

خوابیده بودیم. نه تکانی می‌توانستیم بخوریم و نه می‌دانستیم دشمن در کجاست. جُم می‌خوردیم رگبار بود و خاک و تیر و ترکش شاید نیم ســاعتی در همان وضعیت زمین گیر بودیم تا به‌یک‌باره از دور جیپی را دیدیم با پرچم سبز رنگ یا ابوالفضل که با دیدنش جانی تازه گرفتیم و مردی که از پشت جیپ با تیربار کلاشینکف ارتفاعات مشرف را نشانه گرفته بود به‌ما رسید و فریاد زد که بپرید بالا. به‌سرعت سوار شدیم و به‌محضی که نشستیم و کمی از دره دور شدیم پرسید این‌جا چه می کنید؟ چرا تنها هستید؟ که گفتیم از جنوب آمده‌ایم و برگه‌ی معرفی گردان را دادم و به‌ستاد که رسیدیم فهمیدم ناجی ما همان حاج ســیدمهدی معروف و یل دره‌ی قاسم‌لو است؛ فرمانده ســتاد شمال‌غرب! تا آخرین روزهای حضورم در غرب، همیشه آن نگاه مهربانانه و پدرانه‌ی سید مرا جذب خودش کرده بود؛ نگاهش، رفتارش از جنس همت و باکری و بروجردی بود، بی‌آلایشی سید، ایمان زلالش ودوســتی نابش مرا جذب کــرده بود، هنوز آن نگاه آخرش یادم هست که در روز خداحافظی پرسیدم راستی آقا سید از کجا فهمیدی ما در کمین گیر افتاده‌ایم؟ که گفت صدای تیر در دل کوه را که شنیدم فهمیدم از بچه‌ها کسی گرفتار کمین شده و آمدم. گفتم حالا چرا خودتان؟ شــما چرا؟ که زد پشتم وگفت برو بچه! شما بسیجی‌ها هرکدام‌تان یک گنج هستید. من جانم را هم فدای‌تان می کنم، سید واقعاً هم جانش را به‌خطر انداخته بود...»[1]

طبق این روایت امیرفرشــاد ابراهیمی در خرداد ۶۷ یعنی ســه ماه بعد از پایان عملیات والفجر ده از جنوب به‌غرب کشور منتقل شده است.

گردان کمیل در اســفند ۶۶ در غرب کشور بود و در عملیات والفجر ده شرکت داشت و فرمانده‌اش محمد اصغری‌خواه در نهم فروردین سال ۱۳۶۷ در منطقه‌ی بانی‌بنوک عراق کشته شد.

نکته‌ی جالب آن‌که امیرفرشــاد ابراهیمی رفتار فرمانده ستاد شمال‌غرب را «از

1-http://www.goftaniha.org/2008/08/blog-post_28.html

جنس همت و باکری و بروجردی» معرفی می کند.
محمد بروجردی در خرداد ۶۲، حمید باکری و ابراهیم همت در اسفند ۶۲ و مهدی باکری در اسفند ۶۳ وقتی امیرفرشاد ابراهیمی هشت ساله و نه ساله بود، کشته شدند. او چگونه می‌توانست این افراد را در جبهه دیده باشد که رفتار کسی را به آن‌ها تشبیه کند. او از روی نوشته‌ها رونویسی می کند و خاطره جعل می کند.

در همین نوشته هم دروغ می گوید. مجاهدین و نیروهای عراقی و کردها که مرکب بودند از حزب دمکرات و کومله، در آن تاریخ عملیات مشترکی نداشتند؛ کردها اصولاً هیچ گاه با ارتش عراق عملیات مشترک نداشتند؛ کردها در سال ۶۷ عملیات مشترکی با مجاهدین نداشتند؛ مجاهدین در سال ۶۵ از منطقه‌ی سلیمانیه و ماووت و... عقب‌نشینی کردند و از آن به‌بعد هیچ حضوری در آن‌جا نداشتند که بخواهند عملیاتی داشته باشند.
در این‌جا امیرفرشاد مدعی‌ست که در خرداد ۶۷، تازه همراه با گردان کمیل از جنوب به‌غرب کشور منتقل شده بود.
دو سال پیش در سالگرد پذیرش قطع‌نامه مدعی بود به‌هنگام پذیرش قطع‌نامه، یعنی ۲۷ تیرماه ۱۳۶۷ در جبهه‌ی جنوب بوده است و نه در غرب کشور؛ توجه کنید:

> «همه‌چیز امروز تمام شد! دو کوهه آرام‌آرام خلوت می‌شد و این را تو از صف‌های نماز حسینیه‌ی حاج‌همت می‌توانستی بفهمی، ساختمان‌های گردان‌ها کم کم خالی و خالی‌تر می‌شوند؛ نگاهت که به‌ساختمان‌های خالی می‌افتاد، دلت می‌گرفت، هنوز نقاشی عکس مرتضی خانجانی فرمانده دلیر گردان کمیل بروی دیوار گردان تمام نشده و در دلم می گویم خوش به‌حالش! این روزهای آخر هرکس در عالم خودش هست و همه دارند آخرین چیزها را در ذهن‌شان می‌کنند چون دیگر کسی اتوبوس‌های گل‌آلود را نخواهد دید، دیگر چشمی آمدن بچه‌ها را بعد از عملیات نمی‌بیند، و هوای گرم دو کوهه چقدر دوست‌داشتنی می‌شود، دیگر گرما هیچ کس را اذیت نمی کند همه چیز دیگر تمام شد».[1]

1-http://www.goftaniha.org/2007_07_01_archive.html

دوکوهه پادگانی است در نزدیکی اندیمشک که در دوران جنگ، بسیجی‌ها را در خود جای می‌داد. در واقع دوکوهه «محلی بود که در یک پروســـه‌ی زمانی روی رزمنده‌ها کار فرهنگی انجام می‌شد و بعد به‌خط مقدم اعزام می‌شدند». این پادگان در جنوب کشور قرار دارد و نه در شمال‌غرب کشور. امیرفرشاد نمی‌توانست هم در امتحانات ثلث دوم مدرسه در پایان اسفند ۶۶ شرکت داشته باشد، هم شب عید ۶۷ در پادگان دوکوهه در جنوب باشـــد و هم در عملیات والفجر ده در ۲۵ اسفند ۶۶ در شمال‌غرب کشور حضور داشته باشد.
در سال ۶۶ و ۶۷ گردان کمیل در غرب کشور حضور داشت و نه در جنوب. این گردان یکی ازگردان‌هایی بود که در عملیات والفجر ده که در تاریخ ۲۵ اســـفند ۱۳۶۶ انجام شد، شرکت داشت.[۱]

امیرفرشـــاد ابراهیمی که مدعی بود در هنگام پذیرش قطع‌نامه (۲۷ تیر ۶۷) در دوکوهه جنوب حضور داشته، در جای دیگری مدعی‌ست که در جریان عملیات فروغ جاویدان مجاهدین (ســـوم مرداد ماه ۶۷) در شهرکرمانشاه یعنی در غرب کشور بوده و شاهد «جنایات» صورت گرفته از سوی مجاهدین بوده است:[۲]

به‌ادامه‌ی نامه‌ای که مثلاً به دوستش مجتبی خامنه‌ای نوشته توجه کنید:

«سلام مجتبی!
می‌دانم که تو نیز من را فراموش نکرده‌ای. ما دوســـتان صمیمی‌ای برای هم بودیم، هنوز خاطرات سفرهای‌مان را به یاد دارم، تو آن‌روزها خیلی ساده و صمیمی بودی و من هنوز هم این حرف‌ها را سخت باور می کنم که در پشـــت این‌همه جنایت و آدم کشی این روزها تو ایســـتاده‌ای، هنوز هم نمی‌توانم باور کنم که تویی که یک‌روز برای دفاع از آب و خاک و میهن از جانت مایه گذاشتی، در پشت فتنه و کودتایی باشی که خون ده‌ها هم‌وطن به خاطرش برکف خیابان‌ها

1-www.sabzavaran.org/main/default.asp?start=11&sd=hamsafar
۲- به صفحه‌ی ۱۷۹ همین کتاب مراجعه کنید و نیز به:
www.goftaniha.org/2007/07/blog-post.html

ریخته باشد.»[1]

امیرفرشــاد ابراهیمی یک روز مدعی بود که دوست و همراه و همکار علیرضا عسگری معاون وزیر دفاع بود که به غرب پناهنده شد. دروغ‌هایش در این مورد را قبلاً بر ملا کردم.[2] امروز مدعی‌ست رفیق گرمابه وگلستان پسر خامنه‌ای بوده است و سفرهای متعددی را با هم داشته‌اند؛ به کجا؟ خدا می‌داند. معلوم نیست فردا رفیق چه کسی خواهد بود.

ریاکاری‌های این فرد تمامی ندارد. بایستی دید چه دست‌هایی امیرفرشاد ابراهیمی را به مجله‌ی «سیاست خارجی» در واشنگتن وصل می‌کنند که جعلیاتی از این دست را در آن جا نشر می‌دهند. باید دید چه دست‌هایی افرادی نظیر او را مطرح می‌کنند. برای پرهیز از اطاله‌ی کلام از آوردن بقیه‌ی نامه خودداری می‌کنم.[3]

۵ تیر ۱۳۸۸

1-www.goftaniha.org/2009/07/blog-post_5539.html
۲- به صفحه‌ی ۱۵۴ همین کتاب مراجعه کنید.
3-www.goftaniha.org/2009/07/blog-post_5539.html

کشتار ۶۷،
سعید شاهسوندی و پروژه‌ی جعل تاریخ

جعل تاریخ در بیســـتمین سالگرد کشتار ۶۷ هم‌چنان ادامه دارد. تلاشی وافر در جریان است تا این فاجعه‌ی ملی وکشتار عظیم را در سایه‌ی جعلیاتی که به هم می‌بافند، قرار دهند.

من نیز به‌عنوان کســـی که از راهروهای مرگ جان به‌در برده‌ام و زندگی دوباره‌ام را مدیون مرگ شرافتمندانه‌ی عزیزانم می‌دانم، به‌سهم خود اجازه نمی‌دهم یاد و خاطره‌ی آن‌ها و حماسه‌ای که آفریدند، مخدوش شود و یا تاریخی جعلی به نسلی که نمی‌داند آن‌روزها چه گذشت، تحویل داده شود. در این راه هیچ چیز و هیچ کس نمی‌تواند خللی در اراده‌ام ایجادکند.[1]

۱-جهانگیر علی‌زاده از اعضای ســـازمان فداییان اکثریت و اتحاد جمهوری‌خواهان با نام مستعار «ج ـ بابک» نگران از افشـــاگری‌هایی که در ســـال‌های گذشـــته و در خاطراتـــم در مورد رژیم و جانیانش کرده‌ام، به‌تنگ آمده، در مقاله‌ای که کیانوش توکلی گرداننده‌ی سایت ایران گلوبال و عضو سابق سازمان فداییان اکثریت بخش مربوط به‌مرا در آن برجسته و به‌عنوان مقاله تبدیل کرده، با اشاره به‌من و کتاب «نه زیستن نه مرگ» می‌نویسد:
«برخی از افراد اطلاعاتی رژیم درخارج ازکشـــور چندین جلدکتاب می‌نویســـند و خودشـــان را درمحافل مربوط به این‌ها افشاگر جمهوری‌اسلامی جا زده و مدعی می‌شوندکه سابقاً مجاهد بوده ولی حالا مستقل می‌باشند!! درمجاهد بودن‌شان شکی نیست ولی درمستقل بودن‌شان؟؟ گزینشی و حساب‌شده درکتاب‌شان به‌انبوه اطلاعات و مطالبی اشاره می‌کنندکه همه برگرفته از آرشیوهای قطور وزارت اطلاعات می‌باشـــد. برگرفته شده از همان میلیون‌ها صفحات سیاه شده بازجویی‌ها

در ۱۸ مرداد ۸۷ سعید شاهسوندی در بحبوحه‌ی بیستمین سالگرد کشتار ۶۷ در اقدامی حساب‌شده در مصاحبه با حسین مُهری از رادیو صدای ایران (لس‌آنجلس) دست به‌کار تحریف تاریخ می‌شود و ماجرایی کاملاً جعلی و غیرواقعی را طرح می‌کنـد. می‌گویند یک عمر مواجب توپچی را می‌دهند تا در لحظه‌ای که نیاز است، شلیک کند.

سعید شاهسوندی که «زندگی» خود را مدیون خامنه‌ای می‌داند و در این مصاحبه تلاش می‌کند چهره‌ی این جنایتکار را بیآراید و او را فردی باسیاستِ ملایمت و مدارا، معرفی کند، در رابطه با انعکاس منفی کشتار زندانیان سیاسی در سال ۶۷ در درون رژیم می‌گوید:

> در دوران مشخص قتل‌عام زندانیان سیاسی من در زندان نیستم بلکه در بیمارستان بقیه‌الله [بستری] هستم. به‌همین دلیل من اطلاع دقیقی از آن ایـام و حادثه نـدارم. چرا که نه در اوین بودم و نه در جاهای دیگر و نه در گوهردشـت. ولی شنیده‌هایم این است: بعد از موج کشـتار زندانیان که راه می‌افتد توسط هیئت عفو، این‌را برای ثبت هم که شـده باید گفت؛ انعکاسات منفی گسترده‌ای در درون خود حکومت راه می‌افتد.

سـعید شاهسوندی در بیمارستان سپاه اسـت و از قتل‌عام چیزی نمی‌داند، اما به‌عنوان متولی رژیم و جناح‌های آن، برای «ثبت در تاریخ» از «انعکاسات منفی

از زندانیان سیاسـی سه دهه و ازسربرگ‌های معروف النجاة فی‌الصدق وزارت اطلاعات، برگرفته ازهمان اوراق تک‌نویسی‌های میلیونی وزارت اطلاعاتی، و دست مریزاد به‌نویسندگان ظاهری چنین کتبی که از آن‌چنان حافظه‌ای هم در یادآوری آن سال‌های دور از همه‌ی جزئیات رویدادهای انبوه آن روزگاران درد و رنج و عذاب برخوردارندکه جز در توانائی حافظه‌های الکترونیکی نمی‌تواند بگنجد وعلم نوین پزشکی باید برروی حافظه‌ی این نویسنده به‌کشفیات واختراعات جدید برسد. جل‌الخالق ازاین همه معجزه و عجایب!!!»
www.iranglobal.info/I-G.php?mid=2&news-id=47159&nid=haupt
در همین بین فردی به‌نام «حبیب تبریزیان» (از اعضای حزب توده) نیز فرصت را غنیمت شمرده و در نظری زیر مطلب مزبور می‌نویسد: ج ـ بابک گرام! من هم صد در صد با شما موافقم که:
«اگر می‌خواهیم این کارخانه‌ی واکسیناسیون جهنمی را به ورشکستگی بکشانیم و قربانی‌های آن‌را از چنگش برهانیم باید، از تکرار و ترویج ادبیات اطلاعاتی رژیم دسـت برداشته و با این مشکل مسئولانه برخوردکنیم!»
در پاسخ چه می‌توان گفت؟ جز این‌که انتشار چنین نوشته‌هایی نمی‌تواند مرا ازافشای جنایت‌کاران رژیم و انعکاس صدای واقعی قتل‌عام شدگان آن باز بدارد.

گسترده» درون رژیم می گوید!

با توجه به اسناد و شواهدگوناگون، او در مورد «انعکاسات منفی گسترده» در درون حکومت بدون تردید راست نمی گوید. تا این لحظه هیچ یک از وابستگان حکومت، چه در داخل کشور و چه در خارج ازکشور چنین ادعایی نکرده است.

در میان وابستگان رژیم، در مورد کشتار ۶۷ دو نحوه‌ی برخورد وجود دارد:

یک دسته کسانی که از آن دفاع می کنند و اطلاعات غیرواقعی پیرامون ابعاد کشتار، دلیل کشتار و فعالیت منجر به‌اعدام قربانیان کشتار انتشار می‌دهند.

دسته‌ی دیگر کسانی که خود را اصلاح‌طلب دوآتشه معرفی می کنند مانند افراد وابسته به‌سازمان مجاهدین انقلاب اسلامی که نقش اساسی درکشتارهای دهه ۶۰ داشتند، عطریان‌فر، مهاجرانی، حجاریان، عبدی، مزروعی، سازگارا، میردامادی و... خود را بی‌اطلاع از این کشتار معرفی می کنند اما در مورد دلایل کشتار و... همان سیاست رسمی رژیم را تبلیغ می کنند.

کسانی که تلاش می کنند دامن خود را از این کشتار مبرا کنند، خود را بی‌اطلاع از آن نشان می‌دهند؛ چگونه وجود «انعکاسات منفی گسترده‌ای» در رژیم، آن هم در دوران قتل‌عام متصور است؟

کسانی چون اکبر گنجی، محسن سازگارا، سیدابراهیم نبوی، عطاءالله مهاجرانی، فاطمه حقیقت‌جو که آن موقع در رژیم بودند و هم‌اکنون در خارج ازکشور به‌سر می‌برند نیز چنین ادعایی ندارند.

فاطمه حقیقت‌جو نماینده‌ی سابق مجلس از تهران در مصاحبه با رادیو دویچه‌وله، نوزده سال پس از قتل‌عام می گوید:

> «من بازتاب اعدام‌ها را در ساختار حکومتی آن زمان نمی‌دانم. آن سال‌ها من نوزده ساله بودم و اولین سال تدریسم در مدرسه بود. همسرِ یکی از همکارانم جزو لیست اعدام‌شدگان بود و من به‌یاد دارم که جز من کس دیگری حتی به‌او تسلیت هم نگفت. منظورم از گفتن موضوع این است که در آن‌زمان حتی بین مردم جو سنگینی حاکم بود.»

پرسشگر از او می‌پرسد:

«به‌عنوان نسل دوم حاکمیت، آیا هرگز اعدام‌های سال ۶۷ دغدغه‌ی شما و دیگر نیروهای اصلاح‌طلب آن زمان بود؟»

حقیقت جو پاسخ می‌دهد:

«حقیقت این است که نه به‌عنوان دغدغه‌ی اصلی. زیرا در آن‌زمان [پس از دوم خرداد] به‌قدری مســائل سیاسی روز پیچیده بود و ما محتاج ائتلاف و هم‌فکری در باره‌ی آن مسئله بودیم، که در مورد مسئله‌ی چالش برانگیزی چون اعدام‌های سال ۶۷ نمی‌شد سخنی گفت. دلیل عمده‌ی آن این بود که فرمان اصلی این اعدام‌ها توسط بنیان‌گذار جمهوری‌اسلامی صادر شده بود و بسیاری از گروه‌های اصلاح‌طلب از حامیان بنیان گذار بودند. آن‌ها می‌خواستند حداقل با سکوت از کنار این ماجرا رد شوند. زیرا فکر می کردند مطرح کردن این مسئله به‌بحث رهبری و بنیان گذار کشیده می‌شود.»[1]

برخلاف گفته‌ی سعید شاهسـوندی در دوران کشتار ۶۷ به‌جز شخص آیت‌الله منتظری آن‌هم به خاطر ویژگی‌های فردی‌ای که داشــت و چند حاکم شرعی که به‌او نزدیک بودند و مانند محمدحسین احمدی حاکم شرع خوزستان (که خود یکی از عوامل کشتار زندانیان سیاسی در تابستان ۶۷ خوزستان بود) و به نحوه‌ی صدور احکام اعدام و تشخیص افراد سر موضعی اعتراض داشتند، هیچ اعتراضی به نفس این کشتارها نشد. حتا آیت‌الله منتظری هم نه تنها اعدام دستگیر شدگان در عملیات فروغ جاویدان بلکه کسانی که به‌قول او در زندان «شیطنت می کنند و تبلیغ و فعالیت دارند» را نیز مجاز می‌شمرد.[2]

آیت‌الله منتظری که صداقت نسبی و غیر قابل قیاسش با دیگر عوامل درون رژیم، برهمگان روشن است، در باره‌ی جو درون رژیم هنگام کشتارهای ۶۷ می‌گوید:

«بالاخره من احسـاس کردم که این شیوه‌ی درستی نیست تصمیم گرفتم یک نامه به امام بنویسـم، اتفاقاً آقای آسیدهادی هاشمی و

1-http://www.dw-world.de/dw/article/0,2144,2750604,00.html

۲-متن کامل خاطرات آیت‌الله منتظری، صفحه‌ی ۳۴۷

آقای قاضی خرم‌آبادی این‌جا بودند با آن‌ها مشورت کردم، گفتند این کار را نکنید چون امام از دست منافقین پس از جریان مرصاد عصبانی هستند و اگر شما یک چیزی بنویسید ایشان ناراحت می‌شوند، آن‌ها بلند شدند رفتند ولی من همین طور ناراحت بودم و...»[1]

آیت‌الله منتظری می‌گوید:

«من به آیت‌الله موسوی‌اردبیلی که آن زمان رئیس شورای‌عالی قضایی بود پیغام دادم: «مگر قاضی‌های شما این‌ها را به پنج سال و ده‌سال زندان محکوم نکرده‌اند؟ مگر شما مسئول نبودی؟ آن وقت تلفنی به احمدآقا می گویی که این‌ها را مثلاً در کاشان اعدام کنند یا در اصفهان؟ شما خودت می‌رفتی با امام صحبت می کردی که کسی که مثلاً مدتی در زندان است و به پنج سال زندان محکوم شده و روحش هم از عملیات منافقین خبردار نبوده چطور ما او را اعدام کنیم؟»»[2]

چنان‌که ملاحظه می‌کنید فضا در درون رژیم و حتا نزدیک‌ترین افراد به آیت‌الله منتظری به گونه‌ای بود که او را از نوشتن نامه به خمینی هم نهی می‌کردند. از این‌ها گذشته حتا موسوی‌اردبیلی هم اظهار مخالفتی نمی‌کند بلکه تنها شبهاتی راجع به‌اجرای حکم دارد که مورد اعتراض آیت‌الله منتظری قرار می‌گیرد. این فضا کجا و فضای ادعایی سعید شاهسوندی مبنی بر «انعکاسات منفی گسترده» در درون رژیم کجا؟

آیت‌الله منتظری در مورد تلاش‌های عبدالله نوری که امروز از او به‌عنوان یکی از برجسته‌ترین چهره‌های به‌اصطلاح «اصلاح‌طلب» رژیم نام برده می‌شود، برای کشاندن ایشان به‌موضع توبه و ندامت، حتا پس ازکشتار ۶۷ و بیرون آمدن از آن جو می‌گوید:

۱-متن کامل خاطرات آیت‌الله منتظری، اتحاد ناشران ایرانی در اروپا، چاپ دوم دی‌ماه ۱۳۷۹، صفحه‌ی ۳۴۶

۲-پیشین، صفحه‌ی ۳۴۵

«آقای نوری با حالت گریه متنی را از جیب‌شان در آوردند و گفتند «من در ماشین این را نوشته‌ام که شما این مضمون را به امام بنویسید.» نامه‌ی مفصلی بود و در ضمن آن این جمله‌ها وجود داشت «رهبر عزیز، امروز من اعتراف می کنم که از ورطه‌ای هولناک که در آن قرار گرفته بودم توسط پتکی آهنین بیدار شدم، امروز می‌یابم که به‌خوابی عمیق فرو رفته و بسیاری از آن‌چه را باید می‌دیدم نمی‌دیدم... این جانب از تربیت‌یافتگان فقه و اصول و فلسفه و مبارزه‌ی آن‌جناب بودم نیز در دام این اهریمنان گرفتار آمدم و نتوانستم مسیر صحیح را بروم»...

در حقیقت یک چیزی متضمن اعتراف به گناه و همکاری با منافقین و توبه‌نامه بود و می‌خواستند از من امضا بگیرند. آقای دری[نجف‌آبادی] هم یک متنی مشابه این را آماده کرده بود، که البته متن آقای نوری خیلی تندتر بود ولی مشخص بود که هر دوی آن‌ها به‌یک هدف بود و به‌خیال خودشان می‌خواستند بیت امام را راضی کنند تا نامه‌ی ایشان در رسانه‌ها پخش نشود.»[1]

سعید شاهسوندی با این دور خیز می‌خواهد زمینه لازم برای ادعاهای جعلی بعدی خود را آماده کند. او می گوید:

«در ابتدا جریانی با تأیید آیت‌الله خمینی و با گرفتن نامه از آیت‌الله خمینی این موج را به‌حرکت می‌اندازد هم برای تسویه حساب با مجاهدین و هم در ادامه برای تسویه حساب‌های درونی... در چنین فضایی است که وقتی کلیت نظام و حاکمیت می‌بینه نتایج کشتارها را، اعتراضاتی به‌آقای خمینی می‌شود. آقای خمینی آقای خامنه‌ای را که در آن ایام رئیس جمهور است، مأمور رسیدگی به‌این ماجرا می‌کند. در خاطرات آیت‌الله منتظری است و من از کسانی که در زندان به‌دیدنم می‌آمدند هم با گوش‌های خودم شنیدم. آیت‌الله خامنه‌ای، بلافاصله بعد از تصدی این مأموریت، اولین کاری که

۱-پیشین، صفحه‌ی ۳۶۳

می کند جلــوی اعدام ها را می گیرد. البته اعدام‌هایی که تا آن ایام به‌چند هزار نفر رسیده بود و خود به‌اندازه‌ی کافی وسیع بود که بشود به‌آن عنوان کشتار را داد. ...»

چنان‌چه ملاحظه می کنید سعید شاهسوندی حرف‌های بی‌پایه‌ای را ردیف کرده و با قلب واقعیت برای تأیید آن‌ها از خاطرات آیت‌الله منتظری مایه می گذارد. با هم این قسمت از خاطرات آیت‌الله منتظری را مرور می کنیم:

«بعد از مدتی یک نامه‌ی دیگر از امام گرفتند برای افراد غیرمذهبی کــه در زندان بودنــد، در آن‌زمان حــدود پانصد نفر غیرمذهبی و کمونیست در زندان بودند. هدف آن‌ها این بود که با این نامه کلک آن‌ها را هم بکنند و به‌اصطلاح از شرشان راحت شوند. اتفاقاً این نامه به‌دست آقای خامنه‌ای رسیده بود، آن‌زمان ایشان رئیس جمهور بود، به‌دنبال مراجعه‌ی خانواده‌های آنان، ایشان با متصدیان صحبت کرده بود که این چه کاری اســت که می خواهید بکنید دست نگه دارید، بعد ایشان آمد قم پیش من با عصبانیت گفت: از امام یک چنین نامه‌ای گرفتند و می خواهند این ها را تند تند اعدام کنند. گفتم چطور شما الان برای کمونیست‌ها به‌این فکر افتاده‌اید؟ چرا راجع به‌نامه‌ی ایشان در رابطه با اعدام منافقین چیزی نگفتید؟ گفتند: مگر امام برای مذهبی‌ها هم چیزی نوشته؟

گفتم: پس شما کجای قضیه هستید، دو روز بعد از نوشتن آن، نامه به‌دست من رسید و این همه مسائل گذشته است. شما که رئیس جمهور مملکت هستید چطور خبر ندارید؟ حالا نمی دانم ایشان آیا واقعاً خبر نداشت یا پیش من این صحبت‌ها را می کرد...»[۱]

چنان‌چــه ملاحظه می کنیــد در خاطرات آیت‌الله منتظری که شاهســوندی با بی‌صداقتی به‌آن استناد می کند هیچ صحبتی از مأموریت خامنه‌ای برای توقف اعدام‌ها آن‌هم از سوی خمینی نیست؛ حتا اشاره‌ای مستقیم یا غیرمستقیم به‌نقش

۱-پیشین، صفحه‌های ۳۴۷ و ۳۴۸

خامنه‌ای در متوقف کردن این کشتارها نیست. بر عکس آیت‌الله منتظری با توجه به‌محدودیت‌هایی که دارد وقتی می گوید «حالا نمی‌دانم ایشـــان آیا واقعاً خبر نداشت یا پیش من این صحبت‌ها را می کرد»، با ظرافت، خامنه‌ای را متهم به سیاه‌بازی و حقه‌بازی نزد خود می کند.
مگر می‌شود خامنه‌ای در مورد توقف کشتار زندانیان غیرمذهبی با اعضای هیأت مرگ صحبت کند و خواهان توقف این اعدام‌ها بشود و آن‌ها هیچ حرفی از اعدام زندانیان مجاهد و حکم «امام» و...به میان نیاورند؟ آیا در دنیای واقعی چنین چیزی امکان دارد؟
آیت‌الله منتظری هم در بهترین حالت، با شناختی که از خامنه‌ای دارد او را دارای پتانسیل انجام چنین حقه‌بازی‌هایی معرفی می کند. در این خاطرات، خامنه‌ای نه‌بر اساس مأموریت از سوی خمینی بلکه به‌دنبال مراجعه‌ی خانواده‌های زندانیان متوجه کشتار می‌شود.
برخلاف استنتاج سعید شاهسوندی، گفته‌ی آیت‌الله منتظری از دو حال خارج نیست. یا خامنه‌ای اطلاعی از ماجرا نداشته و تازه با مراجعه‌ی خانواده‌ها بویی از قضایا برده، یا اطلاع داشته و نزد آیت‌الله منتظری حقه‌بازی می کرده. در هر دو حال بر اساس نوشته‌ی آیت‌الله منتظری که شاهسوندی به‌آن استناد کرده، خامنه‌ای نمی‌توانسته مأموریتی از سوی خمینی برای متوقف کردن اعدام‌ها داشته باشد.
در بیســـت سال گذشته حتا سینه‌چاکان خامنه‌ای هم چنین ادعاهایی نکرده‌اند. علیرغم انتشار چندین کتاب علیه آیت‌الله منتظری و خاطراتش ازکشتار۶۷ ، هیچ اشاره‌ای به‌نقش مثبت خامنه‌ای در متوقف کردن این کشتار نشده است. حتا به‌این شکل که مثلاً «آیت‌الله خامنه‌ای با درخواست از امام موجبات عفو بسیاری از منافقین و ملحدین از خدا بی‌خبر را فراهم کردند.»

پُرواضح اســـت با توجه بـــه نامه‌نگاری‌ها و تماس تلفنـــی آیت‌الله منتظری با شـــورای‌عالی قضایی و... که از یک ماه قبل یعنی ۸ مرداد ۶۷ آغاز شـــده بود لااقل سران نظام و از جمله خامنه‌ای نه تنها از کشتار وسیع زندانیان سیاسی مطلع بودند بلکه از نظرات ایشان نیز آگاه بودند و از آن‌جایی که او را قائم‌مقام رهبری و سکان‌دار بعدی کشور می‌دیدند، سعی می کردند در مقابل او مواضع بینابینی

اتخاذ کنند. از سوی دیگر می‌توان این گونه تصور کرد که شاید به توصیه‌ی خمینی و یــا جناح‌های قدرت درون رژیم، افراد مختلف و از جمله خامنه‌ای مأموریت می‌یافتند ترفندهایی برای ساکت کردن آیت‌الله منتظری بیابند، یا آبی روی آتش احساسات او بریزند.

چه بسا خامنه‌ای بعد از توسری‌ای که در دی‌ماه ۶۶ از خمینی خورده بود، و با توجه به‌نزدیک بودن اتمام دومین دوره‌ی ریاست جمهوری‌اش، آینده‌ی خود را تمام شده می‌دید و سعی می‌کرد پل‌های خود را با آیت‌الله منتظری حفظ کند و در مقابل او به‌طور علنی موضع‌گیری نکند. به‌همین دلیل وقتی به‌او می‌رسد، نقش بازی می‌کند و آیت‌الله منتظری هم روی آن دست می‌گذارد.

آیا هیچ عقل ســلیمی می‌پذیرد که خامنه‌ای مسئول متوقف کردن اعدام‌ها از سوی خمینی شــده باشــد و آیت‌الله منتظری خبر نداشته باشد؟ آیا امکان دارد خمینی چنین مأموریتی به خامنه‌ای داده باشــد و آیت‌الله منتظری در پاسخ به «رنج‌نامه»ی احمد خمینی روی این نکته دست نگذارد و نگوید اگر من اشتباه می‌کردم چرا «حضرت امام» آقای خامنه‌ای را مأمور رسیدگی به اعدام‌ها کرد و چرا ایشــان دستور متوقف کردن اعدام‌ها را داد؟ معلوم است که چنین چیزی نبوده و سعید شاهسوندی پاسخ «محبت» خامنه‌ای به‌خود را پس می‌دهد و حق «الطاف» خامنه‌ای را به جا می‌آورد.

از طرف دیگر خمینی چه نیازی به‌مأموریت دادن به خامنه‌ای داشــت؟ مگر نه این که قتل‌عام به‌فرمان و دست‌خط او آغاز شده بود؛ خوب می‌توانست با یک فرمان یا تلفن جلوی آن را بگیرد. چه کسی می‌توانست جلوی فرمان خمینی بایستد؟ مگر «عناصر خودسر» به کشتار زندانیان دست زده بودند که نیاز به‌هیأت و «مأمور رسیدگی» به این جریان باشد؟

وقتی موسوی‌اردبیلی و شورای‌عالی قضایی وجود داشتند، خمینی با چه محملی خامنــه‌ای را که رئیس‌جمهور بود برای یــک کار قضایی مأمور می‌کرد؟ در آن دوران قدرت خامنه‌ای در درون رژیم رو به‌افول بود و در مقابل نهادهای قدرت، او محلی از اعراب نداشت.

واقعیت به‌گونه‌ی دیگر است. توقف اعدام زندانیان مجاهد در زندان گوهردشت در اثر فعالیت‌های آیت‌الله منتظری ممکن شد و نه «مأموریت خامنه‌ای».
خامنه‌ای پس از صدور حکم اعدام زندانیان مارکسیست که بایستی پس از ۵ شهریور ۶۷ باشد به دیدار آیت‌الله منتظری شتافته و خود را بی‌خبر از همه جا نشان می‌دهد. در حالی که اعدام زندانیان مجاهد در روز دوم محرم که مصادف است با ۲۵ مرداد ۶۷ در زندان گوهردشت به‌یک‌باره و پس از یک مکالمه‌ی تلفنی متوقف شد. کشتار در شهرستان‌ها در ماه مرداد با سرعت شروع و در همان ماه به‌پایان رسید. در شهرستان‌ها در همین ماه همه تعیین تکلیف شده بودند و پروسه‌ی اعدام تمام شده بود و نیاز به‌مداخله‌ی کسی برای توقف آن نبود.

آیت‌الله منتظری در صفحه‌ی ۳۴۶ و ۳۴۷ خاطراتش می‌گویدکه در روز ۲۴ مرداد اعضای هیأت مرگ را به‌حضور پذیرفته و از آن‌ها خواسته‌که لااقل در ماه محرم دست نگاه دارند. آن‌چه که من خود از نزدیک شاهد آن بودم، صحت گفته‌های ایشان را می‌رساند. من در روز ۲۵ مرداد ۶۷ در راهروی مرگ زندان گوهردشت، شاهد متوقف شدن اعدام زندانیان مجاهد و پایان موقت کار هیأت بودم. در روزشمار کشتار ۶۷ که بر روی اینترنت نیز انتشار یافته به‌موضوع فوق اشاره کرده‌ام.
در واقع ماشین کشتار هنگامی ازکار ایستاد که به‌تمامی اهداف خود رسیده بود. پس از پایان کشتار، برنامه‌ریزان و مجریان کشتار مدعی بودند که ابعاد کشتار بیش از انتظارشان بوده است.
اما بیست سال پس از این کشتار وحشیانه، سعید شاهسوندی یکی از «محوشدگان» در ولایت، خامنه‌ای را «ناجی» زندانیان نجات‌یافته معرفی می‌کند و به‌این وسیله، تقرب خود به‌او را اثبات می‌کند.

از آن‌جایی که لاجوردی به‌سزای اعمال خود رسیده است و نقشی در رژیم ندارد، سعید شاهسوندی تلاش می‌کند همه‌ی تقصیرها را به‌گردن لاجوردی و اعوان و انصار او بیاندازد و دامان بقیه‌ی رژیم را پاک کند. در صورتی که در دوران کشتار ۶۷، لاجوردی محلی از اعراب نداشت و دارای هیچ پست قضایی نبود و در

سال ۶۸ هم وقتی به‌ریاست زندان‌ها رسید، تنها دارای اختیارات خدماتی بود و نه قضایی. در واقع در این دوران، او شبحی از لاجوردی سال‌های ۶۰ تا ۶۳ بود. رژیم تلاش کرده بود پس از دوران جنگ و پذیرش قطعنامه، از شهرت و بدنامی او برای ترساندن مردم به‌جان آمده استفاده کند.

سعید شاهسوندی می‌گوید:

«لاجوردی در ایام فروغ جاودان مصاحبه‌ای کرد و در آن مصاحبه که در مطبوعات هم منعکس شد، گفت کسانی که در این عملیات شرکت کرده‌اند، اکثراً زندانیان آزاد شده بودند که رفته‌اند، پیوسته‌اند به رجوی و دوباره این بار با اسلحه آمده‌اند. او با این گفته می‌خواست نشان دهد که سیاست آزادسازی زندانیان که سال‌ها قبل توسط آیت‌الله منتظری اعمال شده بود و در واقع به‌طور چشم‌گیری فضای زندان‌ها باز شده بود و زندانی‌ها از فشارهای آن چنانی نجات پیدا کرده بودند و لاجوردی و حاج‌داوودکنار رفته بودند، فرد دیگری به‌نام میثم که سیاست مدارا و ملایمت داشت به‌عنوان مسئول زندان شده بود. این در واقع لاجوردی امروزه می‌خواهد تسویه حساب کند با آنان، و بگوید که شما این کارها را کردید، زندانیان را آزاد کردید، این دفعه رفتند و با توپ و تانک آمدند. لاجوردی یک نکته‌ی مهم دیگری هم در مطبوعات گفت که فکر می‌کنم در کیهان چاپ شد که نه تنها این‌ها باید محاکمه شوند، بلکه کسانی که باعث آزادی این‌ها شده‌اند نیز بایستی محاکمه شوند. و این اشاره آشکار و صریح به آیت‌الله منتظری و دستیاران او بود که عامل و نظریه‌پرداز آزادی زندانیان بودند.»

چهره‌ای که سعید شاهسوندی از میثم می‌سازد نیز واقعیت ندارد. میثم برای مدتی خط جدید رژیم در زندان‌ها را با اتخاذ ترفندهای خاص خود پیش می‌برد. از نیمه‌ی سال ۶۳ به‌بعد بنا به دلایل گوناگون که در حوصله‌ی این نوشته نیست و در جلد دوم کتاب «نه زیستن نه مرگ» به‌طور مشروح تشریح کرده‌ام، رژیم خط خود

در زندان‌ها را تغییر می‌دهد و میثم اداره‌ی زندان قزل‌حصار را برعهده می‌گیرد. سابقه‌ی او در اداره‌ی زندان شیراز اگر بدتر از لاجوردی و حاج‌داوود رحمانی نبوده باشد به‌هیچ‌وجه بهتر نبود. برای روشن شدن حقیقت از شما می‌خواهم به خاطرات زندانی سیاسی سابق فریبا ثابت در مورد شرایط وحشتناک زندان شیراز مراجعه کنید تا با چهره‌ی اصلی میثم و خلق و خوی اوکه پیش‌تر اداره کننده‌ی زندان شیراز بود آشنا شوید.

میثم، زیر نظر مجید انصاری که بعداً به او خواهم پرداخت، فعالیت می‌کرد و مسئولیت اداره‌ی فرهنگی زندان و برخورد با زندانیان نیز با حسین شریعتمداری و حسن شایان‌فر و تیم اداره‌کننده‌ی امروز روزنامه‌ی کیهان بودکه یکی از فاشیستی‌ترین جناح‌های رژیم است.

گشایش‌های فرهنگی و... که سعید شاهسوندی از آن صحبت می‌کند، توسط حسین شریعتمداری و تیم همراه او ایجاد شده بود. بنابر این می‌توان به این نتیجه رسیدکه خط برخورد متفاوت زندان‌بانان و جناح‌های مختلف رژیم با مقوله‌ی زندان و زندانیان سیاسی نه از روی طینت و سرشت انسانی آن‌ها بلکه به‌خاطر منافع سیاسی و خطی که در موقعیت‌های مختلف داشتند، بود

سعید شاهسوندی در ادامه می‌گوید:

> «من این جا یک اشاره‌ای کنم. دو جریان بودند؛ جریانی که می‌گفت که ما منافق توبه‌کرده نداریم؛ منافق توبه‌کرده وجود نداره؛ منافق توبه کرده را ما اعدام می‌کنیم؛ اگر راست گفته باشه فی‌الواقع توبه کرده باشه و در پیشگاه خدا واقعاً توبه کرده باشه، با اعدام ما توبه کرده میره بهشت؛ پس ما به او خدمت کردیم. اگرهم دروغ گفته باشد و به‌ما کلک زده باشد و تظاهر بکند و باز هم منافق‌بازی درآورده باشد ما او را به سزای خودش رسانده‌ایم. این دیدگاه لاجوردی بود.
>
> اما دیدگاه دیگر، دیدگاه مثیم و دیدگاه آیت‌الله منتظری بود. این‌ها را بخشی از مردم ایران می‌دانستند و حتا در چارچوب قوانین خود جمهوری‌اسلامی هم محاکمه‌ی مجدد و اعدام آن‌ها را روا نمی‌دانستند. این‌ها کسانی بودند که داشتند دوران زندان و دوران

محکومیت خودشان را که با خود همین قوانین جمهوری اسلامی بر آن ها اعمال شده بود می گذراندند.»

هرچند این نگاه فقهی وجود داشت که توبه بعد از دستگیری برای آن دنیای قربانی مفید است و در این دنیا به‌جرائم او پرداخته و سزای اعمالش داده می‌شود؛ اما تقسیم بندی‌ای که سعید شاهسوندی سر نظر جناح‌های مختلف رژیم در این مورد می کند، نیز نادرست است.
تفاوت جناح‌های رژیم بر سر چگونگی پیش‌بُرد خط سرکوب بود نه موارد بی‌اهمیتی نظیر چگونگی برخورد با توابین. برخورد کینه‌توزانه و نگاه ضد بشری لاجوردی تنها منحصر به مجاهدین نبود، بلکه با نیروهای غیرمذهبی و حتا مذهبی غیرمجاهد هم به‌همین صورت برخورد می کرد.
درستش این‌ست که گفته شود لاجوردی و جناحش در زمان قدرت‌شان معتقد بودندکه دو تیپ زندانی داریم؛ یا سر موضع یا تواب. منفعل و بی‌خط و بریده و نادم و بینابینی نداریم. فرد بایستی توبه خود را اثبات می کرد. این هم مقدور نبود به‌جز از طریق همکاری اطلاعاتی، دادن گزارش از بند، شرکت در ضرب و شتم زندانیان، رفتن به‌گشت و مشارکت در دستگیری زندانیان و ایستادن در ایست بازرسی و حتا رفتن به‌جوخه‌ی اعدام و مشارکت در زدن تیر خلاص، شعار دادن علیه اعدام شدگان و...(در سال‌های اولیه‌ی دهه‌ی ۶۰)
درکشتار ۶۷ در تهران، تا آن‌جا که من می‌دانم حتا یک تواب همکار رژیم هم اعدام نشد. اساساً به توابین و همکاران رژیم کاری نداشتند و آن ها از حاشیه‌ی امنیت برخوردار بودند (ذکر این نکته لازم است که در میان اعدام‌شدگان بودندکسانی که در سال‌های قبل در اثر فشارهای رژیم و عوامل دیگر دست به‌همکاری مقطعی با رژیم زده بودند. اما در دوران کشتار وضعیت سابق را نداشتند.)

آیت‌الله منتظری یک فرد بود مستقل از جناح‌های رژیم و دارای ویژگی‌های خاص خود. او هرچند شاگردان و دوستدارانی داشت اما یک جریان نبود؛ بلکه عده‌ای با تمسک به او، خر خود را می‌راندند و بیش‌ترین ضربات را نیز همان‌ها

به‌او زدند و نه جناح مقابل. عاقبت هم خط امامی‌های مجمع روحانیون مبارز که روزی سنگ او را به‌سینه می‌زدند، زمینه‌ی برکناری او را فراهم کردند.[1]

۱-برنامه‌ریزی برکناری آیت‌الله منتظری در واقع از «بیت خمینی» و با رهبری احمد خمینی انجام می‌گرفت. احمد خمینی خواب ولایت می‌دید و مدت‌ها بود مشق آن را می‌کرد. زمینه‌سازی‌های مختلف را هم برای تصدی این مقام انجام داده بود. مانع اصلی، آیت‌الله منتظری بود که رسماً نیابت خمینی را به عهده داشت. برکناری او از این مقام،نیاز به زمینه‌سازی‌های گوناگون داشت که به‌وسیله‌ی دفتر خمینی انجام شد. نامه‌های آیت‌الله منتظری به خمینی در مورد کشتار ۶۷ از سوی گردانندگان دفتر خمینی که «اصلاح‌طلب»های بعدی باشند، به‌رادیو بی‌بی‌سی رسید و بلافاصله پخش شد که نتیجه‌ی آن خشم خمینی و دستور او برای برکناری آیت‌الله منتظری بود.
در ۹ اردیبهشت ۶۸، خمینی طی نامه‌ای به علی مشکینی رئیس هیأت بازنگری در قانون اساسی، به استفساری که از وی شده بود، پاسخ گفت. در واقع اظهار نظر وی می‌توانست تلاشی جهت باز کردن راه برای رهبری آینده‌ی فرزندش احمد نیز باشد. او مقرر داشت «مجتهد عادل» مورد تأیید «خبرگان محترم» سراسرکشور برای به‌عهده‌گرفتن مقام ولایت فقیه پس از وی، کفایت می‌کند.
۲۶ اردیبهشت احمد خمینی «رنج‌نامه»ی معروفش را که در واقع کیفرخواستی علیه آیت‌الله منتظری و تلاشی برای مطرح کردن خود بود، منتشرکرد. خمینی با کنار زدن آیت‌الله منتظری، در صدد جا انداختن احمد خمینی به‌عنوان جانشین خود بود و به‌همین منظور در اسفند ماه ۶۶ و به‌بهانه‌ی انتخابات سومین دوره‌ی مجلس شورای‌اسلامی با شقه شدن «جامعه‌ی روحانیت مبارز» موافقت کرد. او از دل «جامعه‌ی روحانیت مبارز» گروهی به‌نام «مجمع روحانیون مبارز» با عضویت کروبی، سیدمحمد موسوی‌خوئینی‌ها، محمدرضا توسلی، خاتمی، علی‌اکبر محتشمی، مجید انصاری، هادی خامنه‌ای، سیدمهدی امام‌جمارانی، اسداله بیات، رسول منتجب‌نیا، اسداله کیان‌ارثی، موسوی‌لاری وکلیه‌ی افراد شاغل در دفترش مانند سراج‌الدین موسوی، آشتیانی و... را با سزارین بیرون آورد. حیدرعلی جلالی‌خمینی نماینده‌ی ولی فقیه در شرق تهران، درخصوص تشکیل «مجمع روحانیون مبارز» و عضویت خود در آن گفت:
پیشنهاد تشکیل مجمع از سوی امام (ره) بود که سیداحمد خمینی درباره‌ی تشکیل این مجمع از روحانیون خواست تا در جماران گردهم آیند. بنده نیز به‌دعوت امام(ره)، عضو شورای مرکزی آن شدم ... سایت بازتاب، ۴ اسفند ۸۲.
این نهاد مذهبی در واقع می‌باید به‌عنوان بازوی مذهبی احمد خمینی در راستای تأیید و تثبیت او در پست جدید عمل می‌کرد و از قضا این افراد بعد ازکنار گذارده شدن منتظری، بزرگ‌ترین منتقدان وی و فعال‌ترین افراد در جلوی صحنه به‌شمار می‌رفتند. مجید انصاری که تا مدتی پیش تمام افتخارش این بود که از طرف شورای‌عالی قضایی و با تأیید آیت‌الله منتظری مأمور به‌خدمت در زندان‌ها و بررسی اوضاع شده است، به‌یک‌باره به‌یکی از بزرگ‌ترین دشمنان ولی‌نعمت خود تبدیل شده بود تا نشان دهد که برای حفظ قدرت تا چه حد فاقد اصول اخلاقی است. یک روز بعد از انتشار «رنج‌نامه»ی احمد خمینی، در ۲۷ اردیبهشت ماه سه تن از اعضای مجمع روحانیون مبارز مجید انصاری، هادی خامنه‌ای و حمید روحانی که قرار بود احمد خمینی را یاری رسانند، در میزگردی در دانشگاه تهران جهت کار توضیحی برای نیروهای رژیم در دانشگاه‌ها که در اثر عزل آیت‌الله منتظری مسئله‌دار شده بودند، شرکت کردند. آن‌ها ضمن شاخ و شانه کشیدن برای آیت‌الله منتظری، تلاش کردند چهره‌ی وی را خراب کرده و فشار لازم برای کشاندن وی به‌مصاحبه‌ی تلویزیونی را افزایش دهند.
آیت‌الله منتظری در باره‌ی توطئه‌های این گروه و دست‌های پشت پرده می‌گوید:
نکته‌ی دیگری را که من همین‌جا می‌خواهم عرض کنم این است که چه‌کسی باعث شد که این نامه‌ی من (نامه‌ی مورخه‌ی ۹ مرداد ۱۳۶۷ به‌دست رادیو بی‌بی‌سی برسد و حدوداً پس از هشت ماه ازگذشت قضیه، در ایام عید نوروز یعنی شب پنجم عید یک روز قبل از نامه‌ی ۶ فروردین ۶۸، از

میثم اساساً قدرتی نداشت و بیش‌تر مجری سیاست بود. او یک رئیس زندان ساده اما باهوش بود که پس از تخلیه‌ی قزل‌حصار به‌ریاست اوین رسید و یک سال پیش از قتل‌عام برکنار شد و سیدحسین مرتضوی‌آخوندی که خود را دوستدار آیت‌الله منتظری معرفی می‌کرد و ریاست گوهردشت را داشت جایگزین او در اوین شد. مرتضوی یکی از فعالان کشتار در اوین بود و پس از قتل‌عام ابتدا به‌سازمان تبلیغات‌اسلامی پیوست و سپس همراه با آخوند زم فرهنگ‌سراهای شهرداری تهران را اداره می‌کرد.

مجید انصاری که خود را شاگرد و نماینده و سینه‌چاک آیت‌الله منتظری معرفی می‌کرد، در یک موضع‌گیری سخیف پس از قتل‌عام زندانیان سیاسی گفت:

> «چند بار از خبرنگاران خواستیم تا بیایند و از زندان‌ها دیدن کنند و حتا برای مردم بازدید عمومی گذاشتیم... این همه خدمات انجام شد ولی هیچ کدام به آیت‌الله منتظری گزارش نمی‌شد. عده‌ای از زندانیان در زندان تشکیلات داشتند که پس از عملیات مرصادکشف شد و از اینان که **تعداد بسیار کمی** بودند پس از عملیات اعدام شدند.»[1]

بی‌بی‌سی پخش شود بدون این که هیچ توضیحی راجع به‌کل جریانات داده شود و جو احساسات را به‌عنوان دفاع فلانی از منافقین بالا ببرد و زمینه‌ی نوشتن نامه‌ی ۶ فروردین ۶۸ منسوب به امام را فراهم نماید، با این که من آن نامه را فقط برای امام و شورای‌عالی قضایی فرستاده بودم و در این مدت آن را به‌احدی نداده بودم، البته بعضی آن نامه را در همان زمان‌ها در دانشگاه تهران در دست آقای سیدحمید روحانی دیده بودند. من حدس می‌زنم دست‌هایی درکار بوده که زمینه را برای نتیجه‌گیری نهایی آماده می‌کرده است.

متن کامل خاطرات آیت‌الله منتظری، صفحه‌ی ۳۴۸

تردیدی نیست که تأکید آیت‌الله منتظری به دست‌های پشت پرده، بی‌بی‌سی و سیدحمید روحانی و اعضای دفتر «امام» اشاره به‌توطئه‌ی مشترک این‌ها برای برکناری خود از قائم‌مقامی در شرایطی که وضعیت جسمی خمینی مخاطره‌آمیز بود، است.

جریان مزبور برای کسب مقام ولایت فقیه توسط احمد خمینی تا آن‌جا پیش رفته بودند که کرباسچی استاندار وقت اصفهان، در جلسه‌ی فرمانداران استان موضوع جانشینی احمد خمینی را پیشنهاد کرده بود. اما مرگ خمینی زودتر از آنی که تصورش می‌رفت، اتفاق افتاد و احمد خمینی در میانه‌ی راه متوقف شد و پروژه‌ای را که با هدف تسخیر قدرت پی‌ریزی کرده بود، در ابتدای راه با شکست کامل مواجه شد و گوشه‌گیری و انزوای سیاسی را برای او به‌ارمغان آورد و در نهایت جان را نیز بر سر آن نهاد. البته یکی از عوامل مهم شکست پروژه‌ی احمد خمینی و مجمع روحانیون مبارز همراهی غیر منتظره هاشمی‌رفسنجانی با خامنه‌ای بود، چیزی که در محاسبات آن‌ها نیامده بود.

۱-روزنامه‌ی کیهان، ۲۸ اردیبهشت ۶۸

این دروغ‌گویی و فریب‌کاری از جانب کسی انجام می‌گیرد که در موضع مقابل لاجوردی و دار و دسته‌اش بود و سعید شاهسوندی او را از گروهی که خواهان اعدام زندانیان سیاسی نبودند، معرفی می‌کند.
تعداد «بسیار کمی» که انصاری از آن دم می‌زند، هزاران نفر هستند.

اتفاقاً برنامه‌ریزان و خط‌دهندگان اصلی کشتار زندانیان سیاسی در سال ۶۷، دل خوشـــی از لاجوردی و اعمال او در زندان و در سال‌های قبل نداشتند. اصولاً وزارت اطلاعات دل خوشـــی از لاجوردی نداشـــت. لاجوردی و آن‌هایی که بقایای دادستانی بودند نیز دل خوشی از وزارت اطلاعاتی‌ها نداشتند. رابطه‌ی این دو نهاد مانند شهربانی و ساواک دوران شاه بود. اگر چه هر دو جنایت‌کار بودند اما تضادهای عمده‌ای هم با هم داشتند. مأموران دادستانی و اطلاعات به‌طور علنی به‌یک‌دیگر فحش و ناسزا می‌دادند.

زمانـــی گرداننده‌ی بخش وزارت اطلاعات در اوین، که نام اصلی‌اش موســـی واعظی است و نقش تعیین‌کننده‌ای در برنامه‌ریزی و اداره‌ی پروسه‌ی کشتار اوین داشت، پس از کشتار ۶۷ بارها در مواجهه با زندانیانی که برای برخورد انتخاب می‌کرد روی اختلاف‌شان با لاجوردی انگشت می‌گذاشت. برای مثال هم‌بند سابق من غلامرضا شمیرانی که خاطراتش از کشتار ۶۷ در سایت‌های صدای ما و دیدگاه انتشار یافته از برخوردش با زمانی در مهرماه ۶۷ می‌گوید:
«زمانی، اول من را به‌داخل اتاقش صدا زد هنگامی که رفتم داخل گفت بنشین، سپس پرسید چه خبر؟ چکار می‌کنید؟ بعد از شنیدن جواب‌های معمولی و سربالا پرسید نظرت راجع به اعدام دوستانت چیه؟
پرسیدم امنیت دارم حرف بزنم؟
او در جواب گفت بله، بگو.
پرسیدم برای چی بچه‌ها را اعدام کردید؟ مگر گناه آن‌ها چی بود؟
طبق قوانین قضایی خود شما همه‌ی آن‌ها حکم داشتند و برخی مثل حسین محبوب در آستانه‌ی آزادی بودند.

او گفت: آن‌ها نظم زندان را به‌هم زده بودند، اعتصاب غذا می کردند، شورش راه انداخته بودند، شما در زندان و خانواده‌های‌تان در بیرون از زندان امنیت نظام را به‌خطر انداخته بودید. هر روز یک بلوایی بر پا می کردید و اگر ما جلویش را نمی گرفتیم شما مسلح هم می شدید.
گفتم بر فرض که شما راست می گویید اما در بین زندانیان، شما افرادی را اعدام کردیدکه سال‌های سال از بیماری روحی رنج می‌بردند، آیا آن‌ها هم شورش به‌پا کرده بودند؟
او گفت قبول دارم ما در این قضیه یک سری اشتباهات هم کردیم و جاهایی کنترل کار از دست‌مان در رفت اما خوب طبیعی است در هر حرکت بزرگی این احتمال وجود دارد که آدم اشتباهاتی هم بکند ولی ما آن را به‌حداقل رساندیم.
در ادامه گفتم چیزی که از آن به‌عنوان شورش نام می‌برید چیزی نبود جز اعتراض به‌وضع موجود و یک واکنش کاملاً طبیعی نسبت به‌آن‌چه که در زندان بر سر ما آورده بودند. گفتم وقتی یک بچه گربه را اذیت می کنیم بر می گردد و با چنگ زدن واکنش نشان می‌دهد آن‌وقت شما چطور انتظار داریدکه ما نسبت به آن‌چه که امثال لاجوردی و داوود رحمانی بر سر ما آوردند واکنش نشان ندهیم.
در جواب گفت بله شنیدم که آن‌ها چه کارها کرده‌اند. اما آن‌ها از ما نبودند. متاسفانه گاوهایی امثال حاج‌داوود رحمانی با آن اعمال احمقانه‌ای که انجام دادند در شما انگیزه ایجاد کردند و وضع شما را به‌این‌جا کشاندند. آن‌ها ضدانقلاب بودند و با این کارها به نظام ضربه زدند. اما الان دیگر نیستند و هیچ نقشی ندارند.
گفتم پس برای چی کسانی را که در مقابل این رفتارها اعتراض می کردند متهم به‌شورش می کنید و مستحق اعدام.
این جا بود که کم آورد و گفت این دیگه ربطی به‌تو ندارد و ما دستور امام را اجرا کردیم. الان هم برو تو بند و به‌دوستانت بگو از این به‌بعد ما حوصله‌ی زندان و زندانی را نداریم، نمی‌خواهیم تبلیغات ضد حقوق بشری علیه خودمان داشته باشیم تا حالاش هم کلی برای

نظام گران تمام شده است. ما قصد داریم همه‌ی شما را آزاد کنیم اما بیرون از زندان مثل سایه دنبال‌تان هستیم؛ اگر دست از پا خطا کنید و کوچک‌ترین اقدامی برای وصل شدن به سازمان انجام بدهید در جا اعدام می‌کنیم و از سر خودمان هم باز می‌کنیم.»[1]

چنان که ملاحظه می‌کنید مقام مهم امنیتی رژیم که از قضا برنامه‌ریز کشتار ۶۷ هم هست، ضدیت آشکاری با خط لاجوردی دارد. البته این به‌آن مفهوم نیست که لاجوردی موافق این کشتارها نبود. شاید لاجوردی بیش از هرکسی از این کشتارها حمایت می‌کرد و از شنیدن خبر آن‌ها شادمان و مشعوف می‌شد.

سعید شاهسوندی در ادامه می‌گوید:

«آیت‌الله خامنه‌ای موج اعدام‌ها را متوقف می‌کند. در واقع موجی که راه افتاده بود، جریانی راه انداخته بود با گرفتن فتوا از آیت‌الله خمینی، با حرکت آیت‌الله خامنه‌ای متوقف می‌شود و موج مجدداً برمی‌گردد به خود جریاناتی که خواستار از بین بردن زندانیان بودند.

...

این دو جریان را در نظر بگیرید. با اقدام آقای خامنه‌ای موج برگشت دوباره علیه اون جریان اول. به‌همین دلیل در این ایام و بعد از کشتارها و در حوالی بهمن ماه که معروف است به دهه‌ی فجر، بحث عفو عمومی و بحث عفو زندانیان سیاسی در میان است. به‌عنوان یک عکس‌العمل دلجویانه و ترمیم زخم‌هایی که پیش از این زده شده است.»

سعید شاهسوندی به‌دروغ از برگرداندن موج به خودِ جریاناتی که خواستار از بین بردن زندانیان بودند، می‌گوید و بحث «عکس‌العمل دلجویانه و ترمیم زخم‌هایی که پیش از این زده شده بود» را پیش می‌کشد.

در کشتار ۶۷، هزاران نفر به‌تأیید سعید شاهسوندی اعدام شده‌اند، اما او از «ترمیم

1-http://pezhvakeiran.com/page1.php?id=3969

زخم‌ها» و «عکس‌العمل دلجویانه» سخن به‌میان می‌آورد. آیا این اوج سقوط اخلاقی نیست که کســی فکر کند با آزادی خودش «زخمی» به‌بزرگی کشتار هزاران نفر «ترمیم» یافته و به‌این وسیله جانیان دلش را به‌دست آورند؟

«حرکت آیت‌الله خامنه‌ای» دروغی بیش نیست؛ «برگشت موج به‌خود جریاناتی که خواســتار از بین بردن زندانیان بودند» جعلیاتی است که سعید شاهسوندی به‌هم می‌بافد؛ حقیقت ماجرا این‌ست که تمامیت رژیم، همه‌ی جناح‌های رژیم به‌این نتیجه رسیده بودند که پس از پذیرش قطعنامه‌ی۵۹۸ و پایان جنگ به‌دلایل گوناگون که از حوصله‌ی این مقاله خارج است، امکان نگاه‌داری آن‌همه زندانی سیاسی را ندارند. خط‌شان پاک کردن صورت مسئله بود.

در همان بحبوحــه‌ی اعدام به‌ویژه از روز ۲۱ مرداد به‌بعد، اعضای هیئت مرگ در زندان گوهردشت به‌صراحت عنوان می‌کردند که ما دیگر نمی‌خواهیم زندانی سیاسی داشته باشیم. می‌خواهیم در زندان را ببندیم. نان‌خور اضافی نمی‌خواهیم. این هیئت، وضعیت همه را مشخص می‌کند یا اعدام یا آزادی.

همان جریانی که مشغول اعدام زندانیان سیاسی بود این حرف‌ها را می‌زد. این ســخنان را روزهای متوالی بارها در راهروهای مرگ در مرداد ۶۷ شنیده بودم. ســنگینی ماجرا هم همین بود که می‌دیدی بهــای آزادی احتمالی تو، قتل‌عام دوستانت است. نیری، رئیسی و اشراقی بارها سخنانی با این مضمون خطاب به‌دوستان من گفته بودند و از آن‌ها خواستار پذیرش شرایط دادگاه و همکاری اطلاعاتی شده بودند. بارها در راهروی مرگ و در سلول‌های‌مان در این باره با هم صحبت کرده بودیم.

برنامه‌ی اولیه‌ی رژیم پس از کشتار آزادی زندانیان سیاسی باقی‌مانده بود. اما با در نظرگرفتن منافع رژیم، از آزاد کردن بخشی از زندانیان سیاسی که غالباً زندانیان مذهبی و به‌ویژه مجاهد بودند، خودداری کردند.

لاجوردی در ســال ۶۹ در پاسخ به زندانیان هوادار فرقان که از او پرسیده بودند برای چه بقیه‌ی زندانیان را آزاد نکردید، گفته بود: «کاســب عاقل همیشه یک چیزی ته دخلش باقی نگه می‌دارد».

«عفو عمومی» که سعید شاهسوندی از آن دم می‌زند مشمول حداکثر چهارصد نفر شد (ارقام تقریبی است) که بیش از یک‌صد نفرشان در کارگاه و جهاد اوین

کار می‌کردند و با معیارهای رژیم اگر «عفو عمومی» خمینی هم که نبود دیر یا زود بر حسب روال موجود در زندان‌ها آزاد می‌شدند. دلجویی و «ترمیم زخمی» که شاهسوندی از آن صحبت می‌کند حتا مشمول زندانیانی که از بیماری روانی شدید رنج می‌بردند هم نشد. احکام کسانی که در سال‌های گذشته مشمول عفو و تقلیل حکم شده بودند نیز به‌حالت اول برگشت.

موضوع، اساساً ترمیم زخم یا دلجویی نبود. رژیم تلاش می‌کرد چهره‌ی کریه خود را که از قتل‌عامی وسیع بیرون آمده بود، بپوشاند. خمینی می‌کوشید دست‌های خونین‌اش را پنهان کند و از خود چهره‌ای بخشنده و باگذشت نشان دهد. هیاهوی عفو رژیم برای تحت‌الشعاع قرار دادن خبرکشتار وسیع زندانیان سیاسی بود. رژیم که خود از تعداد محدود آزاد شدگان مطلع بود، مزورانه مطرح می‌کرد که پس از «عفو» خمینی، تنها نهصد نفر در زندان‌ها باقی مانده‌اند. آن‌ها نمی‌گفتند که زندانیان قبلاً چند نفر بودند و یا چه تعداد از آن‌ها آزاد شده‌اند. چراکه مشخص می‌شد غالب زندانیان سیاسی درکشتارها از بین رفته‌اند و تعداد آزادشدگان ناچیز است.

برای نشان دادن این که خامنه‌ای به‌هنگام کشتار زندانیان در سال ۶۷ به‌لحاظ سیاسی درکجا ایستاده بود، به‌افرادی که از سوی او بعد از رسیدن به‌مقام «عظمای ولایت» برای دستگاه قضایی انتخاب شدند اشاره می‌کنم. او که ظاهراً می‌بایستی یکی از مخالفان اعدام زندانیان سیاسی را به‌مقام ریاست قوه‌ی قضاییه انتخاب می‌کرد، شیخ‌محمد یزدی را به‌این مقام برگمارد. یزدی، یعنی شخصیتی که در سال ۶۷ برای گرفتن حکم اعدام زندانیان سیاسی از خمینی تلاش زیادی به‌خرج داده بود. او از سال ۵۷ و درست پس از پیروزی انقلاب ضدسلطنتی خواهان سرکوب گروه‌های سیاسی و به‌ویژه مجاهدین بود. نگاهی به معاونین و نزدیکان یزدی به‌خوبی نشان‌گر سمت و سوی این انتخاب است. او اسدالله بادامچیان یکی از سردمداران خط شقاوت و بی‌رحمی را به معاونت سیاسی خود برگزید؛ زواره‌ای یکی از مسئولان دادستانی در سیاه‌ترین روزهای سال ۶۰ را به‌ریاست ثبت اسناد انتخاب کرد و اسدالله لاجوردی را که با تلاش آیت‌الله منتظری برکنار شده بود به‌ریاست سازمان زندان‌ها گماشت. هم‌چنین گیلانی رئیس حکام شرع

اوین در سیاه‌ترین روزهای رژیم را به‌ریاست دیوان‌عالی کشور منصوب کرد؛ نیری رئیس هیأت کشتار زندانیان در سال ۶۷ را در پست معاونت قضایی او گماشت. ابراهیم رئیسی یکی دیگر از اعضای هیأت قتل‌عام نیز ابتدا دادستان انقلاب و سپس رئیس بازرسی کل کشور شد.

دادستانی کل کشور نیز به محمدی‌ری‌شهری رسید که مسئولیت کشتار ۶۷ زیر نظر وزارت اطلاعاتی که او اداره می‌کرد، بود و آیت‌الله منتظری پیش‌تر در سال ۶۵ در نامه به خمینی آن را بدتر از ساواک شاه معرفی کرده بود.

با تأیید خامنه‌ای، علی فلاحیان پست وزارت اطلاعات را در اختیارگرفت و با دستور و تأیید و پشتیبانی خامنه‌ای خطِ قتلِ مخالفان در خارج ازکشور به‌سیاست روز رژیم تبدیل شد.

باید اضافه کنم در دوران خامنه‌ای، مرتضی اشراقی که نسبت به‌بقیه‌ی اعضای هیأت مرگ، آسان‌گیرتر بود، با تنزل رتبه و مقام مواجه شد، در حالی‌که بقیه‌ی اعضای هیأت مرگ ارتقای مقام یافتند.

در دوران «دلجویی» و «ترمیم زخم» خامنه‌ای بود که از سال ۶۸، سیاست دستگیری و قتل زندانیان مجاهد و عدم‌پذیرش مسئولیت آن توسط رژیم، آغاز شد. در همین دوران بود که رژیم حتا از دادن نشانی قبر زندانیان اعدام شده به بستگان‌شان خودداری کرد؛ و در همین دوران بود که احکام زندانیان سیاسی تازه دستگیر شده نسبت به‌قبل، به‌طور بی‌سابقه‌ای افزایش یافت.

چنان‌چه ملاحظه می‌کنید به‌سادگی مشخص است وقتی سعید شاهسوندی می‌گوید: «آیت‌الله خامنه‌ای موج اعدام‌ها را متوقف می‌کند. در واقع موجی که راه افتاده بود، جریانی راه انداخته بود با گرفتن فتوا از آیت‌الله خمینی، با حرکت آیت‌الله خامنه‌ای متوقف می‌شود و موج مجدداً بر می‌گردد به خود جریاناتی که خواستار از بین بردن زندانیان بودند.»، به‌سادگی دروغ می‌گوید و جعل تاریخ می‌کند. نه تنها موجی متوقف نمی‌شود بلکه همان‌هایی که خواستار از بین بردن زندانیان بودند، توسط او پست‌های بالای قضایی و امنیتی را تصاحب می‌کنند و اوضاع بدتر ازگذشته می‌شود.

برای درک اهداف نهفته در پشت این جعلیات، لازم است که با شخصیت

و تعهدات گوینده نیز آشــنا شد. سعید شاهسوندی در همین مصاحبه در مورد تعهدات سیاسی و اخلاقی خود در زندان جمهوری‌اسلامی می‌گوید:

«اکنــون [در دوران زندان و بازجویی] تعهد اصلی خودم‌رو به دو مقوله‌ی اصلی اســتقلال و آزادی ایران می‌دانم. این تعهدی است که بر من است و امیدوارم تا زمانی که جان در بدن دارم این تعهد را بتوانم بر دوش بگیرم. تعهد دیگرم تعهد به‌ارزش‌های انسانی و اخلاقی بود. اون موقع دیگه معتقد به‌ارزش‌های سازمان مجاهدین در زمانی که در زندان جمهوری‌اسلامی هستم نبودم. اما برای من اســتقلال و آزادی ایران مطرح بود. خواهم گفت حتا در جاهایی در برخورد با بعضی مقامات جمهوری‌اسلامی هم بر این پافشاری کردم. بعد از آن فحاشــی‌هایی که به‌من شــد و بعد از توهین‌ها و تهمت‌ها و ناســزایی‌هایی که درست در شــرایطی که در زندان زیر شــکنجه بودم مجاهدین بر من روا می‌داشتند دیگر من انگیزه‌ی کشته شدن در راه آرمان‌های آن‌ها را نداشتم. اما با همه این‌ها تصمیم گرفته بودم اگر بتوانم از این ســوراخ از این زندان خودم را نجات دهم. کشته شدن خودم را در راه آرمان رجوی و آرمان مجاهدین حتا بیهوده می‌دانستم. اما این یک اما بسیار بسیار بزرگ بود. من حاضر نبودم و نیســتم که آزادی خودم را رهایی خودم را از زندان به‌بهای رنج و اسارت دیگران به‌دست بیارم. بنابراین یک اصل مسلم علاوه بر دو اصل پیشــین که عرض کردم، اصل اســتقلال و آزادی، این بود که آزادی من به‌بهای رنج و اسارات دیگران تمام نشود. هرجا که با این مسئله برخورد می کردم طبعاً اون‌ها بر من اولویت داشتند. این در واقع پایه و اساس کاری بود که من بر اساس آن به‌مجموعه مانورهایی دست زدم که بسیاری اون‌ها از سر صداقت و درستی بود. با دوستی که هم‌زندان بودم در آن زندان، چندی پیش تماس تلفنی داشتم. این دوســت الان در یکی ازکشورهای اروپایی است. او سال‌ها بعد از زندان در طی یک مرخصی آمد بیرون و دیگه به‌زندان برنگشــت. او خیلی به درستی مطلبی را می گفت. ما دیگه حاضر نبودیم برای

آرمان رجوی کشـــته بشویم، ولی حاضر بودیم برای یک حرف زور و برای گفته‌ی زور بایستیم و حتا در این رابطه جان‌مان را از دست بدیم.»

به‌تأیید ســـعید شاهسوندی، او مدت‌ها بود که از مجاهدین جدا شده و در اروپا به‌زندگی شخصی خود مشغول بود و در محافل گوناگون علیه مجاهدین صحبت می‌کرد و به‌لحاظ سیاسی، تشکیلاتی و ایدئولوژیک الفتی به‌آن‌ها نداشت.
اما به‌هنگام عملیات فروغ جاویدان، برخلاف اصرار دوستانش به‌تصور این‌که ممکن اســـت اتفاقی بیافتد و او عقب بماند، دچار خطای محاســـباتی شده و تقاضای شرکت در عملیات را می‌کند.
در صحنه‌ی نبرد، اوضاع بر وفق مراد پیش نمی‌رود و نیروهای ارتش‌آزادیبخش در تنگه‌ی چارزبر در محاصره‌ی نیروهای رژیم گرفتار آمده و از زمین و هوا زیر آتش سنگین قرار می‌گیرند و عاقبت با تحمل تلفات سنگین اما با رشادت تمام که حتا رفسنجانی نیز تعجب خود را از این همه از خودگذشتگی کتمان نمی‌کند، شکست خورده و عقب‌نشینی می‌کنند.
در این راه نزدیک به یک‌هزار و سیصد مجاهد جان خود را از دست می‌دهند.
در چنین موقعیتی سعید شاهسوندی در بحبوحه‌ی نبرد، یک‌باره به‌یاد «استقلال و آزادی» ایران افتاده و تعهدش «به‌ارزش‌های انســـانی و اخلاقی» را به‌خاطر مـــی‌آورد و می‌فهمد که بایـــد زنده بماند و برای همین به‌ســـوی نیروهای رژیم می‌شتابد.
شاهســـوندی تأکید می‌کند بعـــد از آن‌که در زندان و در زیر شـــکنجه متوجه «فحاشی‌ها و توهین‌ها و تهمت‌های مجاهدین شدم دیگر انگیزه‌ی کشته شدن در راه آرمان‌های آن‌ها را نداشتم.»
اما قطعاً شاهسوندی در این زمینه راست نمی‌گوید. او در صحنه‌ی نبرد و قبل از این‌که دستگیر شود به‌این نتیجه رسیده بود و می‌خواست زنده بماند و برای همین خود را در حالی که زخمی بود به‌نیروهای رژیم تسلیم کرد.
کیهان هوایی ۹ مرداد ۶۷ به‌نقل از یکی از «رزمندگان» بدون اشاره به‌نام سعید شاهســـوندی می‌نویسد: «...یکی از آن‌ها به‌هنگام اســـارت فریاد می‌زد: «مرا

نکشید! من فلانی هستم و اطلاعات زیادی دارم که به‌درد شما می‌خورد.»
شاهسوندی در همان صحنه‌ی نبرد نمی‌خواست در راه آرمان‌های مجاهدین کشته
شـود و برای همین خود را به‌نیروهای رژیم معرفی و تسلیم کرد و وعده داد که
اطلاعات زیادی دارد. این‌که موضوع فحاشی‌های مجاهدین علیه خود را عامل
این مهم و چرخش معرفی می‌کند، واقعی نیست. «فحاشی»های مورد اشاره‌ی
شاهسوندی، ماه‌ها بعد صورت گرفت. «مانورها» و بقیه‌ی صحبت‌های او هم
داستان‌هایی است در این حال و هوا.

تخصص سـعید شاهسوندی در این اسـت که در خلال صحبت‌هایش، همراه
دروغ‌ها و وارونه‌گویی‌ها، دسـت روی واقعیت‌هـای زیادی هم می‌گذارد و با
گرفتن قیافه‌ی حق به‌جانب، شنونده را به‌خود جذب کرده و دچار تردید و دودلی
می‌کند. اما این، همه ماجرا نیست. بخش مهم این تخصص در جای دیگری
خـود را نشـان می‌دهد و آن هنگام نتیجه‌گیری از فاکت‌ها و مطالبی اسـت که
مطرح می‌کند.
در این‌جاست که سعید شاهسوندی به‌هنگام نتیجه‌گیری شنونده را به‌بی‌راهه برده
و نتایج موردپسند رژیم را می‌گیرد. با این شیوه او هم خود را منطقی، منصف و
راست‌گو جلوه می‌دهد و هم سربزنگاه به‌مدد رژیم می‌شتابد و منافع او را تأمین
می‌کند.
متأسفانه مجاهدین با پیش گرفتن یک شـیوه‌ی غیرقابل توجیه که به‌ضد خود
عمل می‌کند، با انتشار جعلیات کمال افخمی یکی از مأموران سابق زندان اوین
(به‌عنوان شـاهد عینی) در مورد سعید شاهسوندی و فعالیت‌هایش در اوین، و
بـا تکرارگفته‌های افخمی در مقالاتی که انتشـار می‌دهند و تأکید روی موارد
غیرواقعی وکلیشـه‌ای چون زدن «تیرخلاص» توسط شاهسوندی در دورانی
که افـراد را فقط «دار» می‌زدند و «تجاوز به‌زنـان زندانی»، که اگر مواردی
بود توسـط بازجویان و پاسداران و مقامات قضایی که در قدرت بودند، انجام
می‌گرفت و نه تواب بی‌مقداری که برای حفظ جانش زور می‌زد، بهانه‌ی لازم را
به سعید شاهسوندی داده‌اند تا با مظلوم‌نمایی و دست پیش گرفتن، چهره‌ی اصلی
خود را در نظر کسانی که او را نمی‌شناسند، مخفی کند.

شاهسوندی از قول رفیق‌اش می گوید هیچ‌یک از آن دو حاضر نبودند برای آرمان رجوی کشته شوند، اما در زندان و اسارت مقابل حرف زور می‌ایستادند و حاضر بودند جان‌شان را هم از دست بدهند و سر خم نکنند. البته بایستی توجه داشت که سعید شاهسوندی و رفیقش نه به‌اجبار و فشار بلکه با میل و رغبت به عملیات رفته بودند و وسط معرکه دریافتند که نمی‌خواهند برای «آرمان رجوی» کشته شوند.
برای این که صحت و سقم گفته‌های سعید شاهسوندی و تعهدات او به‌ارزش‌های اخلاقی مشخص شود اشاره‌ای می کنم به‌نامه‌ی سعید شاهسوندی به ژان گراس مسئول خاورمیانه‌ی روزنامه‌ی لوموند.
شاهسوندی در ۲۶ بهمن ۱۳۶۷ در تلاش برای شستن دست‌های خونین شکنجه‌گران در زندان‌های رژیم خطاب به ژان گراس می‌نویسد:

> «ما [سازمان مجاهدین] از جمله تبلیغ می کردیم که در زندان‌های جمهوری‌اسلامی ایران هفتاد و چهار نوع شکنجه از جمله تجاوز به زنان و دختران وجود دارد؛ خون محکومین به‌اعدام را قبل از اجرای حکم می کِشند. زندانیان را برای مدت‌های طولانی وگاه چندماه در قفس‌های کوچک آهنی قرار می‌دهند؛ به‌زندانیان مرفین و سایر مواد مخدر تزریق می کنند؛ به‌زندانیان شوک الکتریکی می‌دهند؛ قلاب‌های آهنی در گلوی زندانیان فرو و دست و پای آن‌ها را قطع و یا می‌شکنند و موارد دیگر... هفت ماه اقامت در بازداشتگاه جمهوری‌اسلامی ایران و مشاهده‌ی آن‌چه در مورد خود من و نیز تمامی کسانی که من از نزدیک آن‌ها را مشاهده کردم (اعم از زن و مرد) صد و هشتاد درجه خلاف گفته‌ها و پیش‌فرض‌های ذهنی من و سایر افراد است. این است آن ندای وجدان و شرف انسانی و حرفه‌ای که مرا به‌نوشتن این نامه واداشته است.»

چنان که ملاحظه می‌کنید در این جا نیز سعید شاهسوندی از «ندای وجدان و شرف انسانی» صحبت می‌کند. اما نه تنها شکنجه و تجاوز در زندان‌های جمهوری‌اسلامی در مورد زنان و مردان را نفی می‌کند و تشکیل قبر و قفس و... را منکر می‌شود بلکه صد و هشتاد درجه نقطه‌ی مقابل آن را می‌بیند!

به‌تاریخ این نامه توجه کنید. رژیم به‌تازگی از کشتار و قتل‌عام زندانیان سیاسی به‌در آمده بود؛ خبرکشتار، پخش شده بود؛ افشاگری وسیعی در سطح بین‌المللی از سوی مجاهدین و گروه‌های سیاسی در مورد این کشتارها صورت گرفته بود؛ افکار عمومی متوجه این کشتارها شده بود و سعید شاهسوندی به‌این وسیله تلاش می کند اعتبارگفته‌های مجاهدین و دیگر نیروهای سیاسی در مورد کشتار زندانیان سیاسی را زیر سوال ببرد.
این همه‌ی ماجرا نیست او در ملاقات با خبرنگاران خارجی، خط رژیم برای توجیه‌کشتار ۶۷ را ادامه داد و به‌دروغ مدعی شد:

> «سازمان [مجاهدین] با زندانیان هوادار خود در تماس بوده و برای‌شان خط فکری القا می کرده است».

شاهسوندی هم‌سو با تبلیغات رژیم گفت:

> «این ارتباط از طریق «پیام کتبی و رادیویی» بوده است.»[۱]

این همراهی و هم‌سویی با رژیم درحالی بود که مسئولان رژیم تمامی هم و غم خود را بر سر توجیه جنایتی که مرتکب شده بودند، قرار داده بودند و سعی می کردند به‌دروغ پیوندی بین قتل‌عام شدگان و نیروهای مجاهدین در عملیات فروغ جاویدان نشان دهند تا بلکه پوششی برای جنایت خود بیابند. سعید شاهسوندی برای جا انداختن این خط، موقعیت را مغتنم شمرده و این دروغ بزرگ را به‌خبرنگاران خارجی‌ای که به ایران آمده بودند، منتقل می کند. با هم نگاهی به تلاش سران رژیم می کنیم تا مسیر تلاش سعید شاهسوندی مشخص شود که «ندای وجدان و شرف انسانی» اوکجا کار می کرده است.

خامنه‌ای که سعید شاهسوندی او را فردی معرفی می کند که دستور توقف اعدام‌ها را داد، می گوید:

> «مگر ما مجازات اعدام را لغو کردیم؟ نه! ما در جمهوری‌اسلامی مجازات اعدام را داریم برای کسانی که مستحق اعدام‌اند... این آدمی که توی زندان، از داخل زندان با حرکات منافقین که حمله‌ی مسلحانه کردند به‌داخل مرزهای جمهوری‌اسلامی... ارتباط دارد،

۱-اطلاعات ۲۲ خرداد ۱۳۶۸

او را به‌نظر شما باید برایش نقل و نبات ببرند؟ اگر ارتباطش با آن دستگاه مشخص شده، باید چه کارش کرد؟ او محکوم به اعدام است و اعدامش هم می کنیم. با این مسئله شوخی که نمی کنیم.»[1]

رفسنجانی نیز به‌دروغ مدعی شد که زندانیان در بند و محصور می‌خواستند در سراسر کشور یک کار تخریبی انجام دهند و به گفته‌ی اسیرانی که گرفته بودند اشاره کرد:

«افرادی هستند که خیانت می کنند، مستحق مجازات‌اند خوب اعدام می‌شوند. مثلاً همین جریان اخیر عملیات مرصاد که اتفاق افتاد، مسئولان، با اسیرانی که از آن‌ها گرفتند، در آوردند... روشن شد که کسانی بودند در داخل کشور که معترف بودند با این جنایتی که مشترکاً عراق و منافقین بعد از اعلام آتش‌بس انجام دادند... بنا داشتند در کشور یک کار تخریبی وسیع را انجام دهند، خوب آن‌ها مجازات شدند.»[2]

عبدالکریم موسوی‌اردبیلی، رئیس شورای‌عالی قضایی وقت رژیم و مرجع تقلید «اصلاح‌طلب‌ها»ی کنونی در حالی که بنا به‌اسناد منتشر شده از سوی آیت‌الله منتظری فرمان اعدام کلیه‌ی زندانیان مجاهد را فارغ از این که در کدام مرحله از بازجویی، بازپرسی، دادرسی، منتظر محکومیت، دوران تحمل کیفر، پایان محکومیت و... قرار دارند دریافت کرده بود، به‌دروغ مدعی شد که تنها زندانیانی اعدام شده‌اند که از سال‌ها پیش حکم اعدام گرفته بودند:

«افراد زیادی از آن‌ها محاکمه شده بودند و حکم‌شان تأیید شده بود اما به‌خاطر روال عادی و این که تا آخرین مرحله فرصت توبه و بازگشت به آن‌ها داده می‌شود اجرای حکم به تعویق می‌افتاد. اما متأسفانه این افراد نه تنها اصلاح نشدند بلکه از طرق مختلف در زندان دست به‌تحریکاتی زدند که این تحریکات پس از عملیات مرصاد به‌اوج خود رسید و به‌این ترتیب عناد خود را با نظام به‌اثبات

۱-رادیو رژیم ۱۵ آذر و روزنامه‌ی رسالت ۱۶ آذرماه ۶۷
۲-رادیو رژیم، ۱۶ آذرماه ۶۷

رساندند و آدم محکومی که حکم محکومیتش تأیید شده و به‌او نیز فرصتی برای اصلاح شـــدن داده‌اند تازه در زندان مأمور زندان را کتک می‌زنند.»[1]

علی‌اکبر محتشمی مؤسس حزب‌الله لبنان، وزیر وقت کشور و از نزدیکان محمد خاتمی به‌دروغ ادعا کرد:

«جرائمی وجود دارد که مســـتحق اعدام می‌باشـــد و طبق قانون، هر گروهی که ســـلاح بردارد و آدم بکشد مستحق اعدام است و در نتیجه طبیعی اســـت که مجاهدین مجازات‌شان اعدام باشد. تمام شـــایعاتی که درست شده مربوط به کســـانی است که در عملیات مرصاد اعدام شده‌اند... برای فیصله دادن به‌این مسئله باید بگویم که تمام کسانی که دستگیر شده‌اند یا کسانی که به آن‌ها پیوستند اعدام شده‌اند.»[2]

مجید انصاری رئیس سابق سازمان زندان‌ها و نماینده‌ی مجلس و از همراهان و نزدیکان محمد خاتمی نیز دریک موضع گیری سخیف گفت:

«عده‌ای از زندانیان در زندان تشکیلات داشتند که پس از عملیات مرصاد کشـــف شد. لذا اینان که تعداد بســـیار کمی بودند پس از عملیات اعدام شدند.»[3]

علی‌اکبر ولایتی، وزیرخارجه‌ی وقت نیز در مصاحبه با روزنامه‌ی فرانسوی لوپوئن گفت:

«در این کشور کسانی که (اقدام به مبارزه‌ی مسلحانه می کنند) باید کشته شوند و این قانون اســـت... زندانیانی که در این ماه‌های اخیر اعدام شده‌اند مجاهدین خلق بوده‌اند که سعی داشتند به‌داخل ایران پیش‌روی کنند. سایر اعدام شدگان نیز به‌قتل شخصیت‌های سیاسی

۱-روزنامه‌ی کیهان، ۲۰ آذر ۶۷
۲- مصاحبه با هفته‌نامه‌ی لبنانی المستقبل چاپ پاریس فوریه ۸۹ برابر با ۶ اسفند ۶۷.
۳-کیهان ۲۸ اردیبهشت ۶۸.

اعتراف کرده بودند.»[1]

البته این تنها «ندای وجدان و شرف انسانی» شاهسوندی نبود. بایستی توجه کنیم که او معترف است که اگر به‌قیمت جانش هم بود در مقابل حرف زور می‌ایستاد. بنابراین او به‌گفته‌ی خودش با طیب خاطر دست به‌چنین اعمالی می‌زده است. شاهسوندی به‌صورت تور در دانشگاه‌های کشور شرکت کرده و در توجیه کشتار زندانیان، دفاع از رژیم و البته انتقاداتی که به مجاهدین داشت، صحبت می‌کرد. او علاوه بر مصاحبه‌ی تلویزیونی و سخنرانی در جلسه‌ی بیعت با امام در تالار رودکــی، مصاحبه‌هایی هم با روزنامه‌های رژیم داشــت. همه‌ی ما می‌دانیم با تجربه‌ای که رژیم داشــت با چند انتقاد آبکی و بدون نشــان دادن «صداقت» عملی، دست از سرکسی مانند سعید شاهسوندی بر نمی‌داشتند. شاهسوندی در کم‌تر از سه سال نه تنها آزاد شد بلکه در کنار خیارشور و سس مهرام به‌خارج از کشور صادر شد.

خود سعید شاهسوندی هم به‌این امر معترف بود و در پاسخ به‌پرسش روزنامه‌ی جمهوری‌اســلامی، مبنی بر ایــن که چطور می‌توانید توبه‌تــان را اثبات کنید؟ می‌گوید:

«من گفتم و تکرار می کنم که مردم حق دارند قبول نکنند. در مورد اثبــات توبه، مرحلــه‌ی اول وگام اول اعتراف و اذعان به خطاها و اشتباهات است و عذر تقصیر خواستن است و اگر عمری باقی بود و امکاناتی به‌افشای هر چه بیش‌تر سازمان و مجموعه روابط سازمان با قدرت‌ها و تلاش برای برگرداندن افراد سازمان خصوصاً دو دل‌ها و مرددها و بالاخره حل شــدن و محو شدن در مردم تحت رهبری امام، من هم محو خواهم شــد در این خط و تا حد توان در این راه گام برخواهم داشت.»[2]

و یا او خود اذعان می کند که برای جبران ضرباتی که زده و خیانت هایی که کرده باید اقدام عملی انجام دهد:

«البته جدا شدن از سازمان تا پیوستن به جمهوری‌اسلامی فاصله‌ای

۱-روزنامه‌ی فرانسوی لوپوئن ۶ فوریه ۱۹۸۹ (۱۷ بهمن ۱۳۶۷)

۲-روزنامه‌ی جمهوری اسلامی، ۶ خرداد ۱۳۶۸.

دارد. مــن امیدوارم که بتوانم ایــن فاصله را هم طی کنم و در واقع بتوانم با این کارم پاســخی به‌ناکرده‌هــا، به‌ضربات به‌خیانت‌ها و کارهایی راکه باید می کردم و نکردم و ضرباتی راکه نباید می‌زدم و زدم، جبران کرده باشم.»[۱]

بایســتی اذعان کنم که پس ازگذشــت هفت سال از ســرکوب خونین رژیم و تجربه‌های بزرگی که دســت‌اندرکاران جنایت وکشتار اندوخته بودند، به‌خوبی می‌دانستند با امثال سعید شاهسوندی چه کنند و چه استفاده‌ای از افرادی چون او می‌توانند ببرند. آن‌ها در ســال‌های اولیه‌ی دهه‌ی ۶۰ مهره‌های گرانبهایی را به‌خاطرکینه‌جویی کور لاجوردی و ناپختگی خودشــان از دست داده بودند و دیگر نمی‌خواستند اشتباهات گذشته را تکرارکنند. به‌همین دلیل و به تأیید سعید شاهســوندی، خامنه‌ای پا در میانی کرده و درکنار خبری که در بولتن‌هایی برای سران رژیم می‌رفت، می‌نویسد:

توجه کنند مقامات! یا خطاب به وزیر اطلاعات اســت یا کسی که من جزییاتش را اطلاع دقیقی ندارم. دقت کنید که اشتباه سعادتی در مورد شاهسوندی تکرار نشود.

به گفته‌ی سعید شاهسوندی نادر صدیقی یکی از معاونین حجاریان، فردی‌ست که این بولتن‌ها را تهیه می کند و برای سران رژیم می‌فرستد. سعید شاهسوندی که چانه‌ی گرمی در صحبت کردن دارد، آگاهانه از دادن توضیحات کافی در مورد نادر صدیقی خودداری می کند و می گوید:

«فردی بود به نام نادر صدیقی. از دوســتان و معاونین آقای سعید حجاریان[۲]. و این فرد دست اندر کار همان بولتنی بود که برای سران

۱-روزنامه‌ی جمهوری اسلامی، ۱۷ فروردین ۱۳۶۸.

۲- شکوفه منتظری از طرف رادیو دویچه وله می گوید: «با ارسال نمابری به آقای سعید حجاریان، که در بنیان گذاری دستگاه امنیتی حکومت نقش مهمی داشته است، پرسش‌هایی را در مورد اعدام‌های ۶۷ طرح کردیم و امید داشــتیم وی به‌آن‌ها پاسخ گفته و به‌صورت مستقیم به‌موضوع بپردازد. این پاسخ را از ایشان گرفتیم: «با این که آن موقع من معاون سیاسی استانداری اهواز (خوزستان) بودم، مع‌الوصف باید این پرونده باز باشــد و اصلاح‌طلبان روی آن موضع بگیرند. اما اکنون که شرایط در داخل کشور مساعد نیست و رسانه‌ها و احزاب و نهادهای جامعه‌ی مدنی قوی نیستند، امکان

سه قوه می‌رفت. نادر صدیقی در زندان با من ملاقات می‌کرد؛ هیچ گاه من را مورد ضرب و شتم قرار نداد، هیچ گاه من را شکنجه نکرد، یک روز به‌او گفتم اگر یک سیلی به‌من زده بودی کم‌ترین صحبت سیاسی با تو نمی‌کردم، و تنظیم رابطه‌ی من با تو تنظیم دیگری بود، تو می‌زدی و من می‌خوردم، چاره‌ای نبود. او می‌آمد با من صحبت می‌کرد و من با او صحبت می‌کردم. ماحصل گفته‌ها را در آن بولتن می‌نوشـــت. همون ماحصل بود که آقای خامنه‌ای با خواندن آن‌ها و هم‌چنان کنارش حملات ســازمان مجاهدین که به من می‌شد آن مطلب را اعلام کرد.»

چنان‌چه ملاحظه می‌کنید ازگفته‌های شاهسوندی این گونه می‌توان نتیجه گیری کرد که هرچه او در مصاحبه‌ها و... گفته، نه در اثرکتک و شـــکنجه و حتا یک سیلی، که در نتیجه‌ی اعتقادات سیاسی او بوده است. اما نکته‌ی مهمی که نباید از آن غافل ماند، نادر صدیقی است. او همان کسی است که هم‌زمان به‌همراهی منصور نجاتی از طرف رژیم با حمزه فراهتی و رهبران سازمان اکثریت در برلین تماس گرفته و دیدارهای متعددی در اروپا با یک‌دیگر می‌کنند که منجر به کشتار رستوران میکونوس در برلین می‌شـــود. اتفاقاً حمزه فراهتی در جلسات دادگاه

پرداختن به‌این موضوع وجود ندارد. سعید حجاریان»
http://www.dw-world.de/dw/article/0,2144,2750456,00.html
علیرغـــم تکذیب حجاریان در باره‌ی نقشـــش در وزارت اطلاعات به‌هنگام کشـــتار ۶۷ و دوران برنامه‌ریزی آن در ســـال ۶۶ هم خودش در جای دیگری، و هم سعید شاهسوندی اقرار می‌کنند که نادر صدیقی معاون او که به‌سلول شاهسوندی هم تردد داشته زمینه‌ی آزادی او را فراهم می‌کند.
حجاریـــان حتا در مصاحبه با عمادالدین باقی در مـــورد دوره‌ی حضور خود در وزارت اطلاعات می‌گویـــد: «مـــن از زمان دولت جدید، یعنی بعد از فوت امام و تشـــکیل دولت آقای هاشـــمی، دوباره به ریاســـت‌جمهوری برگشتم... آن‌جا توضیح می‌دهم. من در یک مقطعی در زمان تأسیس وزارت اطلاعات از ریاست‌جمهوری به‌آن‌جا رفتم و در مراحل تأسیسش بودم؛ و بعد هم دوباره به ریاست‌جمهوری برگشـــتم... در سال ۶۳ رفتم و در سال ۶۸ دوباره برگشتم.» «صفحه‌ی ۲۱ کتاب برای تاریخ، عمادالدین باقی، ۷۹»
البته قابل ذکر است که استاندار خوزستان در سال ۶۷، محسن میردامادی یکی از مسئولان امنیت و اطلاعات ســـپاه پاسداران و دبیرکل جبهه مشارکت کنونی بود. حجاریان می‌تواند به‌طور موقت به‌صورت مأمور برای پیش‌برد خط خاصی به‌آن‌جا رفته باشد. در ضمن اهواز و خوزستان نیز یکی از محل‌های کشتار زندانیان رژیم بود. حجاریان بارها در مصاحبه با عمادالدین باقی روی حضورش در وزارت اطلاعات تا سال ۶۸ تأکید می‌کند.

میکونوس و بعد درکتابش اعتراف می‌کندکه نادر صدیقی نقش پسر خوب و منصور نجاتی نقش پسـر بد را به عهده داشـتند. نقشی‌که در زندان نیز نادر صدیقی و ۳۴ که محمد توانا باشد در رابطه با سعید شاهسوندی اجرا می کردند. در زمینه‌ی ارتباطات نادر صدیقی با جریان اکثریت می‌توانید به مقاله‌ی دوست عزیزم مهدی اصلانی در نشریه‌ی آرش مراجعه کنید.[1]

البته سـعید شاهسوندی در بیست سال گذشـته علیرغم صدها سخنرانی راجع به‌چگونگی رهایی‌اش از اعدام و... سـخنی نگفته بود. اگر امروزه در این باره صحبت می‌کند چراغ سبزی است‌که خود دست‌اندرکاران رژیم داده‌اند؛ وگرنه چه ایرادی داشت همان موقع که به‌خارج آمد شرح دقیق ماجرا را مانند انتقاداتی که به مجاهدین داشت و صدها جلسه در مورد آن صحبت کرد، می‌داد. در رابطه با نحوه‌ی آزادی سعید شاهسوندی، پیش‌تر سعید حجاریان به‌صراحت اعلام کرده بودکه او مقدمات آزادی و رهایی سعید شاهسوندی را فراهم کرد و رضاگلپور از مسـئولان وزارت ارشاد نوشت: «علی ربیعی از طریق طیفش در وزارت اطلاعات مقدمات آزادی شاهسوندی را فراهم و صدها هزار دلار خرج خروج، اسکان و راه‌اندازی کتاب‌فروشی او در آلمان می کند.»[2]

در دوران زندان افراد زیادی را دیدم که در زیر فشـارهای خُردکننده و غیر قابل تصور رژیم کمر خم کردند و شکستند. همیشه برای‌شان احترام قائل بودم؛ چه در زندان، چه در خارج از زندان و چه امروز در خارج ازکشور. می‌دانستم بسیاری از آن‌ها خارج از توان و طاقت انسـانی مقاومت کردند و چنان‌چه من نیز جای آن‌ها بودم با سرنوشتی بسا اسفناک‌تر مواجه می‌شدم. آن‌ها برای زندگی حقیرانه و یا فرار از مرگ نبودکه تن به‌مصاحبه‌ی به‌اصطلاح افشاگرانه دادند، یا مطالبی بر خلاف میل‌شان به‌زبان آوردند. غالب آن‌ها برای رهایی از شکنجه و اجرای هرچه زودتر حکم اعدام بودکه تن به‌این کار می‌دادند. سـلامت نفس آنان بر هیچ کس پوشـیده نبود. این دسـته افراد با وجود تحمل و مقاومت بسیاری که

1- http://www.arashmag.com/content/view/655/50/1/3/
۲- کتاب آقای خاتمی هوشیار باش، (چشم‌های اطلاعاتی‌ات، جانیان بین‌المللی‌اند)، صفحه‌ی۱۴۸، چاپ اول

از خود نشـــان داده بودند، فروتنانه هرگاه دربـــاره‌ی خود صحبت می کردند از ضعف‌های انسانی خود می گفتند و از سبعیت رژیم و بی‌رحم بودن شکنجه‌گران و هولناکی شکنجه‌ها.

سعید شاهسوندی که «وجدان و شرف انسانی» خود را به‌رخ ما می‌کشد، اگر راست می گوید و وجود اعدام و شکنجه و قتل‌عام زندانیان سیاسی توسط رژیم را تأیید می کند، لیستی از اقدامات و فعالیت‌های خود علیه این جنایتکاران طی هفده سال گذشته که در خارج از کشور به سر برده و سایه‌ی رژیم و شکنجه‌گرانش بالای سرش نبوده را نشان دهد.
شاید مدعی شود من تحت فشـــار دست به‌اعمالی ناخواسته زدم، بسیار خوب وقتی به خارج ازکشور رسید آیا به آقای ژان گراس مسئول خاورمیانه‌ی روزنامه‌ی لوموند توضیح داد آن‌چه که به‌نام من و از ایران خطاب به‌شـــما نوشته شده بود، کذب محض اســـت و نه تنها من بلکه تمامی دستگیرشدگان اعم از زن و مرد تحت شکنجه‌های قرون وســـطایی قرار می‌گیرند؟ آیا او به ژان گراس توضیح داد که رژیم یکی از بزرگ‌ترین قتل‌عام‌های زندانیان سیاسی در دوران معاصر را انجام داده است و مجاهدین دروغ نمی گویند؟
آیا روشن کردن این مسائل که با جان و مال و خون و حیات ده‌ها و صدها هزار نفر رابطه‌ی مستقیم داشت مهم‌تر از مسائلی که شاهسوندی مطرح می کند، نبود؟
هرچه ایشان در مورد مجاهدین در بیست سال گذشته، چه در زندان‌های رژیم و چه درخارج ازکشور گفته و می گوید درست؛ من همه‌ی آن‌ها را دربست می‌پذیرم.
پرســـش من این‌ست، با رژیم جمهوری‌اسلامی و جنایت‌کارانش چه باید کرد؟ چگونه از شر آن خلاص شویم؟ مجاهدین که بر ایران حکومت نمی کنند.
یکی ازکوشـــش‌های سعید شاهسوندی در دوره‌ی اخیر، یک‌صد و هفتاد جلسه سخنرانی علیه مجاهدین در رادیو صدای ایران بوده است که هم‌چنان ادامه دارد؛ در حالی که از رژیمی که هست و نیستِ یک ملت را به‌غارت برده، ده‌ها هزار نفر را اعدام کرده و صدها هزار نفر دهشتِ زندان‌های سیاسی آن را تحمل کرده‌اند، ســـخنی نمی گوید. او یک کلمه در مورد رژیمی که لااقل میلیون‌ها نفر از افراد عادی و سیاســـی مزه‌ی شلاق و تحقیر و... آن‌را در سی سال گذشته چشیده‌اند،

سخنی نمی گوید.
سعید شاهسوندی بیست سال پیش گفته بود «جدا شدن از سازمان تا پیوستن به جمهوری اسلامی فاصله‌ای است». او در این مدت مشغول پرکردن این «فاصله» بــوده و هم‌چنان به‌تعهدش به رژیم پای‌بند و به‌قول و قراری که به جنایت‌کاران داده وفادار است! بیست سال پیش در مصاحبه با روزنامه‌ی جمهوری اسلامی گفت:

> «اگر عمری باقی بود و امکاناتی به‌افشای هر چه بیش‌تر سازمان و مجموعه روابط سازمان با قدرت‌ها و تلاش برای برگرداندن افراد سازمان خصوصاً دودل‌ها و مرددها و بالاخره حل شدن و محو شدن در مردم تحت رهبری امام، من هم محو خواهم شد در این خط، و تا حد توان در این راه گام برخواهم داشت.»[۱]

دعای سعید شاهسوندی در بیست سال گذشته مستجاب شده است، هم «عمری» باقی بوده است و هم «امکاناتی» مهیا تا او اسب خود را بتازد و در «مردم تحت رهبری امام» و سپس جانشین برحق‌اش «آیت‌الله خامنه‌ای»، «محو» شود.

۲۱ مرداد ۱۳۸۷

۱-روزنامه‌ی جمهوری اسلامی، ششم خرداد ۱۳۶۸

احسان نراقی
هم‌چنان در خدمت قدرت

در دادگاه مربوط به پرونده‌ی شکایت احسان نراقی[1]، منوچهر شلالی و جهانگیر

۱-احسان نراقی متولد ۱۳۰۵ از نوادگان ملااحمد نراقی است که تحصیلات خود را در تهران، سوئیس و فرانسه در رشته‌ی جامعه‌شناسی دنبال کرد. نراقی در دوران دانشجویی، هوادار حزب توده بود اما به‌تدریج از این حزب فاصله گرفت و در جریان ملی شدن صنعت نفت روابط خود را با آیت‌الله کاشانی گسترش داد و گاهی اوقات مترجم کاشانی در مصاحبه با خبرنگاران خارجی بود.
وی سال‌ها در اروپا و ایران به‌عنوان رابط و خبرچین ساواک فعالیت می‌کرد و بعدها به‌عنوان مشاور فرح دیبا به‌خدمت پرداخت. دکتر عباس میلانی در مورد او می‌نویسد: «...هویدا از احسان نراقی هم‌کمک خواست. نراقی تحصیلاتش را در رشته‌ی جامعه‌شناسی گذرانده بود... پس از بازگشت به ایران منادی همیشگی آشتی میان رژیم و مخالفان بود. اغلب به‌عنوان رابطی میان ساواک و برخی مخالفان عمل می‌کرد... نراقی بالاخره پس از تلاش‌های فراوان توانست یک مرکز تحقیقات علوم اجتماعی را در ایران تأسیس کند. سفارت آمریکا مرکز تحقیقات را کانونی پویا می‌دانست که در آن بحث‌های جالبی در جریان است و طرح‌های تحقیقاتی مهمی در زمینه‌ی طبقه‌ی متوسط در ایران، تحلیل نقش بازار، جنبه‌هایی از اصلاحات ارضی... و مطالعه‌ای برای ساواک در زمینه‌ی ریشه‌های اجتماعی شورش‌های ۱۵ خرداد در دست اجراست.» (معمای هویدا، دکتر عباس میلانی، نشر آتیه، چاپ چهارم، صص ۱۵۴و۱۵۳)
نراقی در روزهای آخر حکومت پهلوی در هشت جلسه با شاه، نظرات خود را با وی در میان گذاشت. پس از پیروزی انقلاب وی سه بار دستگیر شد. نراقی سپس به فرانسه عزیمت کرد و به‌خدمت جمهوری‌اسلامی درآمد. او به‌منظور انکار روابطش با رژیم جمهوری‌اسلامی به‌سابقه‌ی دو سال و نیمه زندانش اشاره می‌کند. در حالی که بسیاری از عوامل رژیم پس از دستگیری به‌خدمت دستگاه اطلاعاتی و امنیتی رژیم درآمدند. نراقی هم‌چنین در سال‌های گذشته به حمایت از حکم خمینی علیه سلمان رشدی و دفاع از شکنجه برای دست‌یابی به اطلاعات پرداخته است.

شادانلو علیه کتاب «واواک در خدمت آیت‌الله‌ها» که توسط «ایو بونه» استاندار و نماینده‌ی سابق مجلس ملی و ریاست سازمان ضدجاسوسی فرانسه در دوران ریاست‌جمهوری فرانسوا میتران، انتشار یافته از جمله به‌موارد مهمی بر می‌خوریم که حساسیت عمومی و به‌ویژه اپوزیسیون ایران را می‌طلبید که متأسفانه به‌خاطر درگیری‌های سیاسی مرسوم، مورد عنایت قرار نگرفت.
شکایت نراقی به‌نمایندگی از سوی جمهوری‌اسلامی، شکایت علیه «ایو بونه» و یک کتاب نبود، بلکه کل اپوزیسیون ایران را هدف قرار داده بود. موفقیت نراقی و شرکا در این دادگاه می‌توانست هدیه‌ی بزرگی به جمهوری‌اسلامی باشد و راه را برای فشار بیش‌تر بر نیروهای سیاسی در خارج از کشور باز کند.

*****

کلید سناریوی شکایت علیه «ایو بونه» نویسنده کتاب «واواک در خدمت آیت‌الله‌ها» در سفر سال جاری احسان نراقی به ایران و مطمئن شدن از حمایت احمدی‌نژاد و رژیم کلید می‌خورد.
در ارتباط با رابطه‌ی تنگاتنگ نراقی با رژیم، اسنادکافی به‌دادگاه پاریس ارائه شده است که اتفاقاً یکی از دلایل مهم شکست پروژه‌ی رژیم در دادگاه مزبور بود؛ اسنادی که صحت آن مورد تأیید احسان نراقی نیز قرارگرفت و وکیل مدافع «ایو بونه» با اشاره به‌اسناد مزبور خطاب به وکیل نراقی گفت: «شرم‌آور است که احمدی‌نژاد حق‌الوکاله شما را پرداخت می کند.»

احسان نراقی که در شش دهه‌ی گذشته در «خدمت» قدرت زیسته و برایش فرقی نمی‌کرده که چه کسی در کاخ شاهنشاهی یا بیت رهبری یا کاخ نخست‌وزیری و ریاست‌جمهوری نشسته، در «پیرانه سر» هم دست از عادت برنداشته و از فرصت به‌دست آمده برای نزدیکی و ایجاد رابطه با هرم قدرت و حاکمان جدید استفاده می‌کند.
امکان پدید آمده برای نزدیکی به احمدی‌نژاد چنان نراقی را ذوق زده می کند که نمی‌تواند «دلخوشی» خود را پنهان کند.
نراقی در ششم خردادماه ۱۳۸۸ در نامه‌ای خطاب به احمدی‌نژاد، «دلخوشی»

خود از سفر به ایران را چنین بیان می‌کند:

> «یکی از دلخوشی‌های من در این سفر، آشنایی‌ام با آقای حسنی بود که به‌زودی برای من به‌یک دوست واقعی مبدل شد. به‌طوری که هنگامی که ایشان از فعالیت‌های چند ساله‌ی من در شناساندن قیافه‌ی واقعی مجاهدین به‌مردم مغرب زمین مطلع شد خیلی صمیمانه از من خواستند که تجارب چند ساله را به‌اطلاع جناب‌عالی برسانم و من با کمال میل پذیرفتم.»[1]

نراقی در نامه‌ی خود به احمدی‌نژاد غبطه‌ی دوران «اصلاحات» را می‌خورد که به‌پیشنهاد خاتمی او به‌همراهی «استادان و نویسندگان معروف مغرب‌زمین» به «تدوین تحقیقات جدی» علیه مجاهدین می‌پردازد:

> «به‌این ترتیب توانستم با صرف وقت بسیار و کافی، هشت جلد کتاب [علیه مجاهدین] را با رعایت اصول علمی تنظیم و تألیف کنم. ... هدف ما، یعنی دوستان ایرانی و خارجی، که داوطلبانه زیر نظر من کار می کردند در درجه‌ی اول شناساندن واقعیت سازمان مجاهدین به‌اعضای پارلمان اروپا بود که برای اثبات بی طرفی خود، من توانستم میشل روکار، نخست‌وزیر خوش نام و خوش سابقه‌ی فرانسه که سال‌ها رئیس کمیسیون فرهنگی پارلمان اروپا بود را متقاعد نمایم که پس از انتشار هر جلد از این مجموعه هشت جلدی به‌زبان فرانسه یا انگلیسی، آن‌ها را بین اعضا و نمایندگان پارلمان توزیع نماید. چاپ و انتشار این مجموعه تأثیر بسیاری در اتحادیه‌ی اروپا و پارلمان اروپا بر جای گذاشت.»[2]

1-www.hambastegimeli.com/index.php?option=com_content&view=article&id=2570:2010-02-14-20-08-40&catid=16:2009-10-10-12-51-04&Itemid=57

۲- تلاش‌های نراقی به‌نمایندگی از سوی رژیم در پارلمان اروپا هنگامی شدت گرفت که این پارلمان برخلاف انتظار دولت خاتمی دو قطع‌نامه‌ی نقض حقوق بشر توسط دولت جمهوری‌اسلامی را در سال‌های ۹۸ و ۹۹ از تصویب گذراند. و در ابتکاری دیگر بیش از دویست و شصت نماینده‌ی پارلمان از جمله میشل روکار نخست‌وزیر سابق فرانسه با صدور بیانیه‌ای از سیاست تحریم اقتصادی رژیم حمایت به‌عمل آوردند. www.hambastegimeli.com/index.php?option=com_content&view=article&id=2570:2010-02-14-20-08-40&catid=16:2009-10-10-12-51-04&Itemid=57

نراقی گلایه‌های خود از احمدی‌نـژاد را در قالب توضیح رابطه‌ی نزدیکش با خاتمی و دولت او بیان کرده و آمادگی خود برای خدمت در رکاب رئیس جدید را به‌اطلاع احمدی‌نژاد می‌رساند.

پوشــیده نیســت که تغییر دولت خاتمی و اولویت‌های سیاست خارجی دولت احمدی‌نژاد باعث از رونق افتادن نراقی و پروژه‌هایش در فرانسه و اروپا شده بود.

نراقی پس از آگاه شدن از هزینه‌ی وکالت برای پرونده‌ای که قرار بود در پاریس گشـوده شـود، در نامه‌ی ششـم خرداد ماه ۱۳۸۸ خود خطاب به احمدی‌نژاد می‌نویسد:[1]

«اخیراً ســازمان مجاهدین با تطمیع یک افسـر سابق که ریاست اداره‌ی ضد جاسوسی فرانسه [را] در اختیار داشته و سال‌ها است که در بازنشستگی به‌سر می‌برد، موفق شدند کتابی را [زائد] تحت [عنوان] «واواک ـ وزارت اطلاعات ـ در خدمت آیت‌الله‌ها» را با عکس امام خمینی روی جلد به‌چاپ برسانند. ... البته مجاهدین به‌انتشار این کتاب بسنده نکرده و تبلیغات گسترده‌ای را پیرامون این کتاب انجام داده‌اند. به‌طوری که تنها در دو شب پیاپی بر اثر نفوذ مجاهدین در دو شبکه تلویزیونی و رادیویی بسیار معروف اروپایی و فرانسوی، این مؤلف ساختگی ظاهر شده و به‌مصاحبه و معرفی کتاب خود پرداخته و سراسر به ایران و ایرانیان حمله نموده است.»[2]

البتـه منظور نراقی از «ایران و ایرانیان»، دسـتگاه اطلاعاتی رژیم و عوامل آن در اروپا اسـت. او در ادامه به‌انتقاد از دولت احمدی‌نژاد، سـرویس امنیتی و نمایندگی‌های رژیم در اروپا و فرانسه پرداخته و می‌نویسد:

«موفقیت کنونی ســازمان مجاهدین، نتیجه‌ی چهارسال اهمال و

۱- توجه داشته باشید نامه‌ی نراقی به احمدی‌نژاد در روز ۶ خردادماه ۸۸ نوشته شده است یعنی دو روز پس از آن‌که وکیل مدافع‌اش در تاریخ ۲۵ ماه می ۲۰۰۹ مطابق با ۴ خرداد ۱۳۸۸ به‌او اطلاع داد که هزینه‌ی وکالت برای دادگاه مربوطه پنجاه و نه هزار و هشتصد یورو می‌شود.
2-http://www.hambastegimeli.com/index.php?option=com_conten t&view=article&id=2576:2010-02-14-21-19-31&catid=16:2009-10-10-12-51-04&Itemid=57

سستی دستگاه‌ها و مسئولان ایرانی در قبال فعالیت‌های مجاهدین در فرانسه و اروپا بوده است. گو این که سفیر فعلی در این دو سه ماهه سخت به‌فعالیت جدی پرداخته است. اما به‌نظر می‌آید که هنوز نهادها و مسئولان امنیتی بر اوضاع مجاهدین نه در اروپا و نه در فرانسه مسلط نیستند.»[1]

احسان نراقی اهمیت فعالیت‌های خود و خدماتش به دولت خاتمی را به احمدی‌نژاد یادآور شده و می‌نویسد:

«دوازده سال پیش به‌محض انتخاب آقای خاتمی، برای معرفی صحیحی از جمهوری‌اسلامی، من به‌عنوان مشاور و همکار نزدیک مدیرکل یونسکو، به‌او پیشنهاد نمودم که برای کنفرانس دوسالانه‌ی یونسکو ـ که از اندیشمندان و شخصیت‌های سیاسی فرهنگی جهان برای سخنرانی دعوت می‌شود ـ این بار از آقای خاتمی درخواست شود تا به‌عنوان روشنفکر مستقل اندیشه‌هایش را در مورد مسائل جهانی بیان کند.»[2]

نراقی که از سابقه‌ی مشاوره دادن به دبیرکل یونسکو برخوردار است در مقام مشاوره دادن به احمدی‌نژاد می‌نویسد:

«برای جلوگیری از پیشرفت و اجرای برنامه‌های آتی مجاهدین در فرانسه و حتی اروپا، به‌نظر من تنها راه این است که یک وکیل حقوقدان مبرز که به‌زبان فرانسه آشنایی کامل داشته باشد را برای تعقیب قانونی این مسئله استخدام نموده تا با همکاری و هماهنگی با سفیر ایران در فرانسه با جدیت این مسئله را مورد پیگرد حقوقی قرار دهد. من هم نخستین کسی هستم که با همکاری و مشاوره با

1-www.hambastegimeli.com/index.php?option=com_content&view=article&id=2570:2010-02-14-20-08-40&catid=16:2009-10-10-12-51-04&Itemid=57
2-www.hambastegimeli.com/index.php?option=com_content&view=article&id=2570:2010-02-14-20-08-40&catid=16:2009-10-10-12-51-04&Itemid=57

وکلا، مشغول تدوین شکایت حقوقی در نزد مراجع قانونی فرانسوی بر علیه نویسنده کتاب مزبور می‌باشم. ... طبیعتاً من در این مورد آماده همکاری و ارائه مشـــاوره می‌باشم تا این پرونده در مراجع قانونی فرانسه به‌بهترین نحو حقوقی و قانونی مطرح گشته و از انتشار کتبی از این دست و فعالیت‌های این‌چنینی جلوگیری شود.»

روشن اســـت که هدف اصلی نراقی و حمایت بعدی احمدی‌نژاد و سفیر رژیم در فرانسه از پروژه‌ی به‌دادگاه کشاندن «ایو بونه» تنها پیروز شدن در یک دادگاه حقوقی نبوده و رژیم زنجیره‌ای از دعاوی حقوقی را مدّ نظر داشته است. چرا‌که نراقی تأکید کرده بود که وی «نخستین کسی» است که دعوی حقوقی می‌کند و طبیعتاً افراد دیگر و پرونده‌های دیگر در نوبت بودندکه خوشبختانه با شکست رژیم و نراقی در ابتدای راه، بعید به‌نظر می‌رسد به‌ادامه‌ی راهی که جز بی‌آبرویی بیش‌تر نتیجه‌ای ندارد، تن دهند.
نراقی برای پیمودن این راه، از ابتدا روی «همت» و «پشتیبانی» احمدی‌نژاد و مسئولان رژیم حساب کرده و در پایان نامه‌ی مزبور نوشته بود:

«در خاتمه امیدوارم که با همت و پشـــتیبانی جناب‌عالی مسئولان ایرانی فعال‌تر گشـــته تا بتوانیم به‌اتفاق، لاطائلات و جعلیات این کتاب و تبلیغات دروغین مجاهدین را در نزد مراجع قانونی فرانسه، سیاســـت‌مداران، متفکران و اذهان عمومی اروپا آشـــکار و اثبات نماییم.»[1]

نراقی که پیشاپیش از مســـاعدت‌های دولت احمدی‌نژاد برخوردار شده بود بر اســـاس قول‌و قرار های داده شـــده از ســـوی رژیم، در تاریخ ۱۴ دسامبر ۲۰۰۹ با ارسال نامه‌ای به «ریاست محترم دبیرخانه ریاست‌جمهوری» از وی می‌خواهد که «مخارج قضایی و حق‌الزحمه وکیل و هزینه مالیاتی» را تأمین کند:

1-www.hambastegimeli.com/index.php?option=com_content&view=article&id=2570:2010-02-14-20-08-40&catid=16:2009-10-10-12-51-04&Itemid=57

«ریاست محترم دبیرخانه ریاست‌جمهوری – تهران
با تشکر فراوان از الطاف جنابعالی نسبت به‌پرونده مربوط به این جانب و آقای منوچهر شلالی که دادگاه کار خود را در این پرونده پنجشنبه ۱۷ دسامبر آغاز می کند اظهار می‌دارد که مخارج قضایی و حق‌الزحمه وکیل وهزینه مالیاتی مربوط به دو نفر، هفتاد و هشت میلیون تومان خواهد بود.

با درود و تشکر فراوان
۱۴ دسامبر ۲۰۰۹
احسان نراقی
نمره فاکس مربوط به بانک ضمیمه فاکس ارسال می گردد.»[۱]

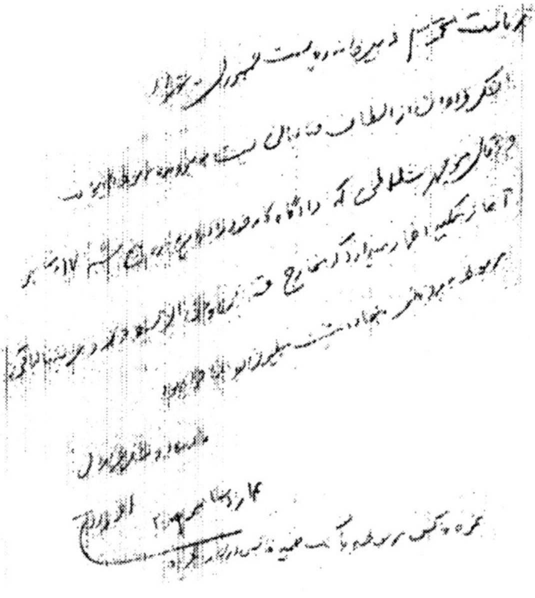

صرفنظر از این که مسائل مطروحه در دادگاه چه بود و به‌نفع و یا زیان چه کسی تمام شد این حقیقت نبایستی از نظر دور داشته می‌شد که یک طرف دادگاه

1-www.hambastegimeli.com/index.php?option=com_content&view=article&id=2578:lr&catid=16:2009-10-10-12-51-04&Itemid=57

یعنی احســـان نراقی و منوچهر شلالی به‌دســـتور احمدی‌نژاد مورد «الطاف» «ریاست محترم دبیرخانه‌ی ریاست‌جمهوری» قرار داشته و «مخارج قضایی و حق‌الزحمه‌ی وکیل و هزینه‌ی مالیاتی» که بالغ بر هفتاد و هشت میلیون تومان بود توسط نهاد مربوطه پرداخت شده بود.

نکته‌ی حائز اهمیت آن که درخواســـت این بذل و بخشش در تاریخ ۱۴ دسامبر ۲۰۰۹ یعنی ســـه روز قبل از برگزاری دادگاه پاریس بوده است. دادگاهی که رژیم به‌منظور محدودکردن نیروهای اپوزیســـیون و توســـعه‌ی جو خودسانســـوری و حضور پیروزمندانه در عرصه‌های حقوقی در خارج ازکشور، پیشاپیش روی آن سرمایه‌گذاری زیادی کرده بود.
این بذل و بخشش در حالی ازکیسه‌ی ملت صورت گرفت که در طول هشت ماه گذشته خانواده‌های بسیاری به‌روز سیاه نشسته‌اند و شعار اصلی احمدی‌نژاد برای ریاست‌جمهوری آن بود که دست «نااهلان» را از بیت‌المال کوتاه می‌کند.
بذل و بخشش کریمانه‌ی احمدی‌نژاد به احسان نراقی و منوچهر شلالی به‌خوبی نشـــان می‌دهد که آن‌ها جزو «خانواده» و «اهل» خانه‌ی احمدی‌نژاد هستند. خانه‌ای که پایه‌هایش بر خون و رنج یک ملت در بند، استوار است.

اگر اندکی شـــرافت و وجدان در نراقی و نراقی‌ها باقی مانده بود پس از دیدن جنایات حکومت کودتا و فریاد میلیون‌ها ایرانی در بند:
از پولی که به خون نداها و آرش‌ها و... آغشته است، بهره نمی‌برند؛ از امکاناتی که با درد و رنج و مصیبت هزاران نفر آمیخته اســـت، برخوردار نمی‌شدند؛ هزاران نفری که در ماه‌های گذشـــته زیر شدیدترین سرکوبی‌ها، در زندان‌ها و میدان‌ها و خیابان‌های شـــهر با تنی مجروح و خونین آزادی را فریاد زدند، از خدماتی سود نمی‌جستند که در آه و نفرین هزاران مادر و پدر و کودک و همسری تنیده شده که چشم در راه بازگشت عزیزان‌شان هستند.

اگر اندکی انصاف و مروت در این گونه افراد بود دست نیاز به سوی قاتلان مردم دراز نمی‌کردند و با افتخار در دادگاهی در خارج از مرزهای ایران، احمدی‌نژاد

را «ریاست جمهور کشورشان»[1] معرفی نمی کردند.

*****

روی سخنم در این مقاله با شمایی‌ست که خود را مخالف دولت کودتا معرفی می کنید و به‌خاطر رقابت و یا مجادله و اختلاف با یک جریان سیاسی بر روی تعرض رژیم چشم می‌پوشید و سکوت اختیار می کنید؛
روی سـخنم با شمایی‌ست که خود را دشمن دولت کودتا معرفی می کنید و از شکست آن در یک دادگاه که می‌توانست دادگاه‌های بعدی در خارج ازکشور را زمینه‌سازی کند خوشحال نمی‌شوید؛
روی سخنم با شمایی‌ست که اخبار سیاه‌کاری‌های رژیم در خارج ازکشور در این مورد را پوشش خبری نمی‌دهید؛
دوستان، این شـتر می‌تواند فردا درِ خانه‌ی شما بخوابد. در مقابل یورش رژیم کودتا و عواملش سکوت نکنید. اجازه ندهید مخالفت با یک گروه سیاسی شما را به‌جایی برساند که حضور رژیم در خانه‌تان را نبینید.

۲۹ بهمن ۱۳۸۸

۱- احسان نراقی در دادگاه پاریس در پاسخ به‌پرسش «تیری لوی» وکیل مدافع «ایو بونه» که او را در مورد صحت نامه‌ای که خطاب به «ریاست محترم دبیرخانه ریاست‌جمهوری» رژیم نوشته بود قرار داد، گفت: «احمدی‌نژاد رییس‌جمهور کشور من است و من باید به‌او نامه بنویسم».

سوءقصد به تواب نظام
یا سناریوی جدید کودتاچیان

ســاعاتی بعد از تشکیل دادگاهِ[1] روزنامه‌ی کیهان که در جریان آن «سگ درگاه ولایت»[2] حسین شریعتمداری حرف چندانی در برابر شاکیان این روزنامه نداشت و به‌جای دفاع حقوقی به‌آسمان و ریسمان بافتن پرداخت، ناگهان خبر رسیدکه

۱-دادگاه با شکایت مستدل و حقوقی وکلای شاکیان این پرونده از جمله عمادالدین باقی، شادی صدر، شــیرین عبادی و رحیم مشایی آغاز شد و شریعتمداری از ساعت ده تا دوازده و نیم به‌جای دفاع حقوقی از خود که گویا برای این کار آمادگی لازم را نداشت در یک سناریوی از پیش طراحی شده، به بازخوانی تاریخچه‌ی گروه جندالله و پیشینه‌ی هوشنگ امیراحمدی و مواردی از این دست پرداخت. هرچند وکلای شــاکیان بارها در طول دادگاه به‌خروج شــریعتمداری از مبحث اصلی اعتراض کردند، اما سیامک مدیرخراسانی قاضی دادگاه اجازه داد که شریعتمداری به‌بیان سخنان از پیش آماده شده‌ی خود بپردازد و روند دادگاه را مختل کند. سیاست طراحی شده از سوی قاضی و متهم تا بدان‌جا ادامه پیدا کرد که به‌دلیل خستگی قاضی و هیات منصفه از این سخنرانی، دادگاه به‌زمان دیگری موکول شد تا بلکه شریعتمداری در آن دادگاه به‌دفاع از اتهامات خود بپردازد.
دادگاهی که برگزار شد ابتدا قرار بود در روز چهارم مردادماه برگزار شود. اما همان روز شریعتمداری به‌علت بیماری خواســتار تعویق دادگاه شد. با وجود اعتراض شدید وکلای شاکیان، سیامک مدیرخراسانی قاضی پرونده با آن موافقت کرد. سپس قرار دادگاه برای ۸ شهریور ماه تعیین شد. اما این جلسه هم بنا به‌درخواست مدیر کیهان برگزار نشد. سرانجام ۱۹ مهر ماه حسین شریعتمداری برای اولین بار در دادگاه و مقابل چهل شاکی دولتی و خصوصی حاضر شد. اما جلسه‌ی دادگاه به‌علت طولانی شدن قرائت شکایت‌ها به‌دستور قاضی خاتمه یافت و رسیدگی به‌وقت دیگری موکول شد. ۱۰ آبان ماه جلسه‌ی دادگاه به‌علت آن‌که هیات منصفه از مفاد پرونده اطلاعی نداشتند برگزار نشد. وکلای عمادالدین باقی، شادی صدر و شیرین عبادی نسبت به‌وضعیت برگزاری این دادگاه اعتراض کردند.

۲- لقبی که خامنه‌ای به حسین شریعتمداری داده است.

تواب «دوآتشه»، پیام فضلی‌نژاد، نورچشمی مدیرمسئول کیهان مورد سوءقصد قرار گرفته است. اخبار مربوط به‌این سوءقصد در سایت‌های وابسته به دولت و کودتاچیان آب و تاب زیادی یافت اما دیگران آن را جدی نگرفتند. در این نوشته سعی می‌کنم از دو منظر به‌موضوع این سوءقصد بپردازم.

*****

به‌گزارش برنا، پیام فضلی‌نژاد در حالی که برای خرید کتاب، در حوالی خیابان فلسطین حضور یافته بود، مورد حمله‌ی هفت موتورسوار قرار گرفت و به بیمارستان فیروزگر تهران منتقل شد.[1]

روزنامه‌ی کیهان در تشریح سوءقصد و تعداد ضاربان نوشت:
«پیام فضلی‌نژاد نویسنده‌ی متعهد روزنامه‌ی کیهان یک‌شنبه شب هدف حمله‌ی افرادی ناشناس قرار گرفت و به‌شدت مجروح شد. به گزارش خبرنگار اعزامی کیهان به‌محل حادثه، فضلی‌نژاد ساعت هشــت و سی و پنج دقیقه‌ی یک‌شنبه شب در حالی که در خیابان فلســطین جنوبی در حال حرکت بود مورد هجوم دو موتورسـوار قرار گرفت و این افراد با کارد ســر و گردن وی را شدیداً مجروح کردند.»[2]

سناریونویسان به‌توافق نرسیدند که ســوءقصدکنندگان را چند نفر معرفی کنند. برنانیوز به‌خاطر اهمیت عدد «هفت» در فرهنگ فارسی، تعداد آن‌ها را هفت موتورسوار گزارش می‌کند. «فاش‌نیوز» از «چند موتورسوار» خبر می‌دهد و مدیر مسئول کیهان که تجربه‌ی بیش‌تری در این امور دارد متوجه‌ی حماقت برنانیوز شده و تعداد آن‌ها را به دو موتورسوار تقلیل می‌دهد.

حماقت به‌این دلیل که پیش از این مدعی بودند تعداد مردم معترض در تظاهرات خیابانی گاه از چند ده نفر هم تجاوز نمی‌کرده و حالا برای سوءقصد به‌جان یک عامل وامانده و مفلوک رژیم، هفت موتورسوار را در قلب تهران بسیج می‌کنند که

1-http://www.parcham.ir/vdcb.fbzurhb98iupr.html
2-http://khabarnamehiran.persianblog.ir/post/4567

اگر یکی از آن‌ها گیر افتاد پای بقیه را نیز به‌میان کشد!
مدیر مسئول کیهان که از سال ۶۰ در امر بازجویی و شکنجه و سرکوب فعال بوده به‌خوبی می‌داند با توجه به جو نظامی حاکم بر تهران آن‌هم در محدوده‌ی مرکزی شهر تنها پاسداران و بسیجی‌های وحشی هستند که می‌توانند بدون هراس از دستگیری، به‌صورت «گله‌ای» حرکت، و به‌افراد مورد نظر حمله کنند.

کیهان در گزارش خود خبر از زخم‌های عمیق می‌دهد:

> «در حالی که زخم‌های فضلی‌نژاد بسیار عمیق شده بود، مردم با مشاهده‌ی این صحنه به‌سمت ضاربان هجوم آوردند و آن‌ها با دیدن این صحنه بلافاصله متواری شدند. فضلی‌نژاد در حالی که خون زیادی از او رفته بود توسط مردم به‌بیمارستان رسانده شده و بلافاصله تحت مداوا قرار گرفت. پزشکانی که خبرنگار کیهان با آن‌ها سخن گفته عقیده دارند اگر وی فقط چند دقیقه دیرتر به بیمارستان رسیده بود، دیگر امکان مداوای او وجود نداشت. این پزشکان تاکید کردند فضلی‌نژاد در ساعات اولیه حس سمت چپ بدنش را از دست داده بود ولی به‌تدریج و با مداوای انجام شده توانست حالت طبیعی خود را بازیابد. هم‌چنین شدت ضربات وارده به‌حدی بوده که حدود بیست بخیه مورد استفاده قرار گرفته است.»[1]

درگزارش خبرگزاری فارس و عکس منتشرشده از فضلی‌نژاد، نشانی از «زخم‌های بسیار عمیق» دیده نمی‌شود:

> «یکی از نزدیکان پیام فضلی‌نژاد با اعلام این خبر به فارس گفت که این روزنامه‌نگار و عضو دفتر پژوهش‌های کیهان در این حمله از ناحیه سر مورد اصابت یک شئی تیز از سوی افراد ناشناس قرار گرفت. این حادثه ساعت بیست و یک شب گذشته در تقاطع بلوار کشاورز و خیابان فلسطین رخ داد و پس از حضور اورژانس در محل حادثه، فضلی‌نژاد به‌بیمارستان فیروزگر تهران انتقال یافت.»

۱- پیشین

سایت رجانیوز، خبر را از قول سایت «صراط» انتشار داد و مدعی شد فضلی‌نژاد که «شدیداً از ناحیه‌ی سر مصدوم شده بود، نهایتاً در نخستین ساعات امروز به بیمارستان بقیه‌الله تهران منتقل می‌شود تا عملیات تخصصی پزشکی بر روی وی انجام گیرد.»[۱]

انتقال وی به بیمارستان بقیه‌الله که تحت کنترل سپاه پاسداران است ـ آن‌هم در ساعت سه بامداد در حالی که خطر جانی رفع شده بود ـ کمی شک‌برانگیز است. کیهان مدعی‌ست فضلی‌نژاد توسط مردم به بیمارستان رسانده شد و خبرگزاری فارس از «حضور اورژانس» در محل خبر می‌دهد.

کیهان و فضلی‌نژاد از «کارد و قمه» سخن به‌میان می‌آورند و یکی از نزدیکان پیام فضلی‌نژاد از «اصابت یک شئی تیز» سخن می گوید.

با آن که اخبار و تنها عکس انتشار یافته از پیام فضلی‌نژاد حاکی از بی‌هوشی وی بود، خبرنگار کیهان غروب روز دوشنبه موفق شد با او گفت وگو کند. فضلی‌نژاد که به‌سختی سخن می گفت، در ابتدا اظهار داشت:

> «من در برابر خیل عظیم مردم مؤمن و متدین برای خود هیچ شأنی قایل نیستم و از خیل انبوه ابراز احساسات دوستان و پی گیری‌های آن‌ها تشکر می کنم.»[۲]

فضلی نژاد در ادامه مدعی شد:

«عرصه‌ای که من در آن می‌جنگم عرصه‌ی جنگ نرم است و بیش از سه سال و نیم است که انبوهی از تهمت‌ها و ترور شخصیت‌ها علیه من انجام شده است.»[۳]

وی در پایان نتیجه گیری کرد:

«تنها کاری که من کرده‌ام انتشار یک سری ستون و نوشته‌ها بوده و نمی‌دانم آیا پاسخ این اقدامات مضروب شدن با چاقو و قمه است؟»[۴]

وحید یامین‌پور[۵] گرداننده‌ی مصاحبه‌های تلویزیونی صدا و سیما که به‌دروغ از وی

1-http://www.seratnews.ir/fa/pages/?cid=2377

2-http://khabarnamehiran.persianblog.ir/post/4567

۳- پیشین

۴- پیشین

۵-وحید یامین‌پور از نزدیکان صفارهرندی و اسفندیار رحیم‌مشایی است. با آن که فوق‌لیسانس دانشگاه امام صادق است صدا و سیما از وی به‌عنوان دکتر یامین‌پور استاد و مدرس دانشگاه نام می‌برد. وی پیش از این سردبیری سایت خبری دولتی رجا نیوز را بر عهده داشت و در جریان

به‌عنوان دکتر یاد می‌شد در وبلاگ خود می‌نویسد:

«امروز صبح زود پیامکی آمد به‌این شـرح: «پیام فضلی‌نژاد ترور شد»! پیام کوتاه و بهت‌آور بود. تماس‌های من شروع شد. خدا رو شکر پیام زنده است... در بیمارستان است... خودم را با یک دسته گل به بیمارستان رساندم. چشـم‌اش که به‌من افتاد با اسم صدایم زد. این یعنی این که ذهن و زبان پیام روبه‌راه اسـت؛ پس پیام زنده است... به‌کوری چشم خشونت گرایان! پیام را با کارد زده بودند... بریده بریده اما با لبخند ماوقع خیابان فلسطین را در شامگاه یک‌شنبه برایم شـرح داد. یک ضربه‌ی کارد روی قسمت سر، کمی بالاتر از گردن، دیگری روی کتف و دست و... . او را چند متری روی زمین کشیده بودند؛ مردم نجاتش داده بودند از دست ...؟...»[1]

فضلی‌نژاد که بی‌هوش معرفی می‌شـد ظاهراً «به هوش» بـوده و به‌درد دل با دوستان نیز پرداخته است.

خبرگزاری فارس ارگان کودتاچیان تلویحاً «سران فتنه وگروه‌های مخالف نظام» را مسئول سوءقصد مزبور معرفی کرد:

«پیام فضلی‌نژاد روزنامه‌نگار و عضو دفتر پژوهش‌های کیهان است که با نگارش کتاب «شوالیه‌های ناتوی فرهنگی» به‌عنوان یکی از پرفروش‌ترین کتاب‌های سیاسی پرده از جریانات برانداز و عناصر وابسته به‌بیگانه در جبهه‌ی اصلاحات برداشت و در حوادث پس از انتخابات نیز اقدام به‌افشـاگری‌هایی در خصوص سران فتنه و گروه‌های مخالف نظام کرد.»[2]

با این حال سـایت‌های برنا نیوز، جهان نیوز، رجا نیوز، صراط، پرچم و... هنوز تصمیم نگرفته‌اند که چه‌کسی را مسئول نهایی این سوءقصد معرفی کنند به‌همین خاطر از هر دری سخن می گویند:

انتخابات و پس از آن مجری برنامه‌های «رو به‌فردا» و «دیروز امروز فردا» بوده است. وی در اثر خوش‌خدمتی‌هایش اخیراً ترفیع مقام یافته و مدیرکل صدا و سیمای اصفهان شده‌است.

1-http://kistiema.blogfa.com/post-62.aspx
2-http://www.farsnews.com/newstext.php?nn=8812030001

«مطابق آخرین برآوردهای انتظامی، ضاربین به‌قصدکشتن «پیام فضلی‌نژاد» وارد این عملیات تروریستی شده بودند؛ باخبری رژیم صهیونیستی از ماجرا، گمانه وابستگی تروریست‌ها به رژیم صهیونیستی را قوت بخشیده است.»[1]

یا

«... مطابق آخرین برآوردهای انتظامی، ضاربین به‌قصدکشتن فضلی‌نژاد وارد این عملیات تروریستی شده بودند و احتمالاً دارای وابستگی‌های سیاسی به‌جریانی هستندکه طی ماه‌های اخیر در اقدامات مشابهی دست به‌عملیات تروریستی علیه نظام زده‌اند.»[2]

سایت «فاش نیوز» مدعی شد:

«هنوز از ماهیت سوءقصدکنندگان خبری منتشر نشده است اما سایت‌های ضدانقلاب از ترور وی اظهارخوشنودی کرده‌اند و منوشه امیر صهیونیست معروف نیز از این اقدام ابراز خوشحالی کرده است.»[3]

بالاخره معلوم نیست «رژیم صهیونیستی» مبادرت به‌این تروکرده است یا «سران فتنه وگروه‌های مخالف نظام» یا جریان‌هایی که «طی ماه‌های اخیر در اقدامات مشابهی دست به‌عملیات تروریستی علیه نظام زده‌اند.»

محمدعلی رامین معاون مطبوعاتی وزرات ارشاد سراسیمه به‌دیدار از فضلی‌نژاد شتافته و «منافقان» را عامل سوءقصد معرفی کرد:

«این حادثه بیان‌گر این است که منافقان و دشمنان نظام از ترور فکری و شخصیتی نیروهای انقلابی ناامید شده و به‌ترور اشخاص روی آورده‌اند... افرادی که منادی شعار آزادی بیان بودند، اکنون با این عمل خود، چهره‌ی واقعی خویش را نشان دادند. ...منافقان امروز مجبور شدند، نقاب از چهره‌ی نفاق خود بردارند و به‌جان

1-http://jahannews.com/vdcbgwb9.rhbzwpiuur.html

۲- پیشین

3-fashnews.ir/archive/news/22nws/4051-2010-02-22-15-54-57.html

یک نویسنده و روشنفکر بیافتند و همین اقدام آن‌ها، بر پایان کار آنان حکایت دارد. ... این رفتار منافقان، حقانیت پیام‌های، نویسندگان و روشنفکران انقلابی مانند پیام فضلی‌نژاد را بر همگان آشکار کرد.»[1]

پارلمان نیوز، ارگان اقلیت مجلس شورای اسلامی که دست رقبا را خوانده در گزارش خود خواستار دخالت نیروهای امنیتی و مشخص کردن «زوایای پنهان» ماجرا شد:

«ورود فوری و قاطع دستگاه‌های امنیتی و اطلاعاتی به‌این قضیه و شناسایی ضارب یا ضاربان احتمالی قطعاً می‌تواند «زوایای پنهان» این سوءقصد که ساعاتی بعد از ناکامی کیهان در دادگاه صورت گرفت را آشکار کنند.»[2]

کیهان در واکنش به‌درخواست «پارلمان نیوز» تکلیف نهایی سوءقصدکنندگان را مشخص کرد:

«گزارش سایت پارلمان نیوز به‌وضوح نشان می‌دهد که اولاً: سران فتنه از دفاعیات کیهان در دادگاه به‌شدت عصبانی هستند و ثانیاً: سوءقصدکنندگان به‌جان نویسنده‌ی کیهان که به‌قول پارلمان نیوز در پی انتقام بوده‌اند، به‌احتمال بسیار زیاد وابسته به‌جریان سبز بوده‌اند.»[3]

*****

داستان سوءقصد به پیام فضلی‌نژاد سر دراز دارد. این موضوع اولین بار نیست که مطرح می‌شود. او پس از افشای همکاری‌اش با سعید مرتضوی در بازجویی و شکنجه‌ی وبلاگ‌نویسان (در دی‌ماه ۸۳) و اخراجش از قوه قضاییه به‌دستور هاشمی شاهرودی، مدعی شد که گروهی در مسیر منزل قصد داشته‌اند او را ترور کنند. ادعای مزبور و استفاده از عنوان معاون دادستان موجب دستگیری فضلی‌نژاد شد. تحقیقات بعدی نشان داد که داستان ترور ساخته و پرداخته‌ی خود

1-www2.irna.ir/fa/news/view/menu-273/8812034272114305.htm
2-http://www.parlemannews.ir/?n=8760
3-http://www.kayhannews.ir/881204/2.htm#other206

او بوده است. با این حال وی به‌دستور مقامات قضایی و دست‌های پشت‌پرده آزاد شد و اقدام به خودکشی نمایشی کرد که ظاهراً در یکی از بیمارستان‌های تهران از مرگ نجات یافت! چنان‌چه سوءقصد مزبور واقعیت داشته باشد و سناریوی جدیدی از سوی کودتاچیان نباشد، از نظر من فضلی‌نژاد خود زمینه‌ی این سوءقصد را فراهم کرد و می‌بایستی درس عبرتی برای او و دیگر توابان نظام و توجیه‌گران جنایات رژیم باشد.

او که نمایندگی سیاه‌ترین باندهای رژیم در زمینه‌ی فرهنگی را بر عهده داشت عاقبت به‌فرمان «پدرخوانده»ی همان باندها مورد هجوم قرارگرفت. از نظر «پدرخوانده»، مرگ یا زخمی شدن او بیش‌تر می‌توانست در خدمت باندهای سیاه باشد تا نفس کشیدن‌اش. به‌ویژه که او حرف‌های زیادی در مورد ترورهای اخیر زده بود و «پدرخوانده» می‌توانست او را نیز به‌عنوان قربانی جلوه دهد. با توجه به سرنوشت سعید امامی و همسرش، هیچ بعید نیست چنان‌چه لازم افتد حسین شریعتمداری ولی‌نعمت پیام فضلی‌نژاد نیز «واجبی‌خور» شود یا به بلای دیگری مبتلا گردد.

به‌اظهارات فضلی‌نژاد پس از ترور دکتر مسعود علی‌محمدی توجه کنید:

> «امکان تکرار این نمونه‌ها در ایران نیز وجود دارد و لذا بر اساس تجربه‌ی تاریخی باید هوشمندانه، مراقب اقدامات تروریستی روشنفکران لیبرال بود. وی با اشاره به‌سخنان مقام معظم رهبری در نماز جمعه ۲۹ خرداد ۱۳۸۸ گفت: تا امروز چند ترور مشکوک صورت گرفته است که یکی از آن‌ها ترور خواهرزاده موسوی بود که بالاخص شخص میرحسین موسوی مسئول آن بود و باید به‌این سبب تحت تعقیب کیفری قرار گیرد.
>
> فضلی‌نژاد ادامه داد: ترور مشکوک دیگر، قتل ندا آقاسلطان بود که باز هم موسوی، محمد خاتمی و مهدی کروبی مسئول آن بودند و باید محاکمه شوند. سران فتنه مسئول خون تمامی جان‌باختگان و آسیب‌دیدگان حوادث پس از انتخابات هستند.»[1]

1-http://goftemanedaneshgah.blogfa.com/post-111.aspx

وی سپس با آوردن کُد از خامنه‌ای، تسهیلات لازم برای قربانی شدن خود را فراهم کرد:

«برای نفوذیِ تروریست... چه چیزی بهتر از پنهان شدن در میان این مردم؛ مردمی که می‌خواهند راهپیمایی کنند یا تجمع کنند. اگر این تجمعات پوششی برای او درست کند، آن‌وقت مسئولیتش با کیست؟... تو خیابان از شلوغی استفاده کنند، بسیج را ترور کنند، عضو نیروی انتظامی را ترور کنند و... محاسبه‌ی این واکنش‌ها با کیست؟... دل انسان خون می‌شود از این حوادث... من از همه می‌خواهم به‌این روش خاتمه بدهند. این روش، روش درستی نیست. اگر خاتمه ندهند، آن‌وقت مسئولیت تبعات آن، هرج و مرج آن، به‌عهده‌ی آن‌هاست.»[1]

فضلی‌نژاد در ادامه مدعی شد:

«چون ترورهای آکادمیک نیز از حیث مبنایی، از همان جنس ترورهای حین اغتشاشات هستند. یک هدف گذاری استراتژیک امنیتی را دنبال می کنند، اما در روش با یک‌دیگر متفاوت هستند. ترکیبات و آثار صوری آن‌ها فرق می کند، اما در غایت با هم اشتراک دارند.»[2]

فضلی‌نژاد هم‌چنین در پژوهش خود تحت عنوان «ترور برای دموکراتیزاسیون» مدعی شد که وزارت کشور دولت خاتمی برای ترورهای سیاه نظریه‌پردازی کرده است. وی در مصاحبه با ایرنا در تاریخ ۳۰ دی‌ماه ۱۳۸۸ ادعاهای خود را تکرار کرد و گفت:

«بستر را برای تئوریزه کردن خشونت و ترور فراهم کردن، جرم بزرگی است. شایسته است که قوه قضائیه بر همین اساس عمل کرد وزیر و معاونان وقت وزارت کشور در دولت اصلاحات را به‌اتهام تدوین نقشه‌ی عملیاتی کودتای مخملی مورد رسیدگی قضایی قرار دهد،

۱- پیشین
2-http://goftemanedaneshgah.blogfa.com/post-111.aspx

باید به‌ریشه‌ها پرداخت و به‌علت‌ها توجه کرد.»[1]

جنایت‌کاران با تکیه بر ادعاهای فضلی‌نژاد که به‌منظور پاک کردن دست‌های خونین عاملان قتل‌ها صورت می‌گرفت، نقشه‌ی سوءقصد به‌خود او را ریختند تا مزد همکاری‌اش را کف دستش بگذارند. برای همین سایت «صراط» به‌نیابت از سوی سوءقصدکنندگان و برای فریب افکار عمومی مدعی شد:

«این پژوهشگر ارشد موسسه‌ی کیهان تاکنون سلسله مقالات موثری در نقد ترورهای آکادمیک به‌رشته‌ی تحریر درآورده بود که با واکنش خشمگینانه‌ی مخالفین خشونت مواجه شده بود.»[2]

معلوم نیست مقالات مزبور با «واکنش خشمگینانه‌ی مخالفین خشونت» مواجه شده بود یا موافقین آن!؟ در ادعاهای کودتاچیان مانند دروغ‌های‌شان هیچ منطقی نیست.

به‌علاوه، فضلی‌نژاد یکی از متهمان پرونده‌ی شکایت از حسین شریعتمداری هم هست. او که از حمایت باند کیهان و بخش قدرتمند دستگاه قضایی برخوردار است اتهامات زشتی را در این روزنامه علیه خانم شیرین عبادی مطرح کرده بود که باعث شکایت او از شریعتمداری و فضلی‌نژاد شد. فضلی‌نژاد در آبان ماه ۸۸ در مورد برگزاری دادگاه مربوط به شکایت خانم عبادی گفت:

«شخصاً مشتاق برگزاری این دادگاه هستم، چون روزی که در محضر قانون اسناد ارتباط عبادی با اروپا و آمریکا را فاش کنم و نشان دهم که وی در مظان اتهام ارتداد است، آن روز برای شیرین عبادی روز عزاست. این ما هستیم که نباید از حق‌مان بگذریم. این که زنی مثل شیرین عبادی بیاید علیه احکام مسلّم اسلام و نصوص قطعی دین تبلیغ کند، بیاید و در مشروعیت یک نظام مردمی تردید نماید و پروژه کودتای انتخاباتی را پیش ببرد یا این که با راه‌انداختن کمپین‌های زنانه، جوانان و دختران ایرانی را ترغیب به‌فحشا کند، این‌ها جرائمی نیست که نادیده گرفته شود. دیگر دوران مسامحه با ضدانقلاب

1-http://www.irna.ir/View/FullStory/?NewsId=909066
2-http://www.seratnews.ir/fa/pages/?cid=2377

گذشته است... من عبادی را متهم به جان‌بازی برای شاه خائن، مبارزه با اسلام، ارتباط با نهادهای ضدانقلاب و محافل برانداز در اروپا و آمریکا، همکاری با سلطنت‌طلبان از جمله بنیاد اشرف پهلوی و ارتباط با فواحش و... کرده‌ام و پای حرف‌هایم ایستاده‌ام.»[1]

پیام فضلی‌نژاد که در بازجویی از متهمان وبلاگ‌نویسی و فعالان عرصه‌ی مطبوعات ایران، آن‌ها را به «سرانجامی مشابه مقتولان پرونده‌ی قتل‌های زنجیره‌ای تهدید می‌کرد»، عاقبت خود به‌دام قاتلان و آمران قتل‌های زنجیره‌ای افتاد و موقتاً جان به‌در برد. تا کی دوباره نوبتش فرا رسد.
فضلی‌نژاد از سرنوشت صدها توابی که پیش از او قربانی ددمنشی این نظام شدند درس عبرت نگرفت و مانند بسیاری دیگر نخواهدگرفت. در بخش بعدی این نوشته به‌سرنوشت تعدادی از آن‌ها که می‌شناسم می‌پردازم.

*****

فضلی نژاد کیست و چه کرده است؟

پیام فضلی‌نژاد متولد ۱۳۵۹، محله‌ی سالاریه‌ی شهر قم است. وی تازه هیجده ساله شده بود که به مصاحبه با آیت‌الله صانعی و در نوزده‌سالگی به گفتگو با موسوی‌تبریزی پرداخت و در بیست و یک سالگی مصاحبه‌ای طولانی با علی فلاحیان وزیر اطلاعات دوران «سازندگی» داشت که بخش‌هایی از آن در گویانیوز هم درج شد.
وی از سال ۱۳۷۶ روزنامه‌نگاری را با نوشتن در هفته‌نامه‌ی «سینماویدیو» آغاز کرد و سپس به هفته‌نامه‌ی «سینما» رفت و در سال ۱۳۸۰ به‌عضویت شورای سردبیری هفته‌نامه‌ی «سینما جهان» درآمد و تا توقیف این نشریه در بهمن همان‌سال، و زندانی شدن فضلی‌نژاد، کامبیزکاهه و سعید مستغاثی این همکاری ادامه یافت. دستگیری این عده، پس‌لرزه‌های دستگیری سیامک پورزند بود که در آبان‌ماه همان سال دستگیر شده بود.

1-http://www.irna.ir/View/FullStory/?NewsId=765706

فضلی‌نژاد در دوران بازداشت کوتاه خود به‌خدمت دستگاه اطلاعاتی و امنیتی رژیم درآمد و کثیف‌ترین پروژه‌های رژیم در امر سرکوب آزادی بیان و مطبوعات را هدایت کرد. او پس از آزادی از زندان یک ماهه، دفتری با عنوان «مؤسسه‌ی مطالعات و پژوهش‌های کاربردی سینمای سوم» در میدان فاطمی گشود و برخی از روزنامه‌نگاران آزاد شـده از جمله سعید مسـتغاثی، کامبیز راهی و منتقدین سینمایی از جمله علی علایی و ... به‌فرمان نیروهای قضایی و امنیتی راهی این دفتر شـدند. بودجه‌ی این دفتر و حقوق نویسندگانش از سوی دستگاه امنیتی پرداخت می‌شد. برنامه‌ی این دفتر تولید مطلب، راه‌اندازی سایت و مجله و جذب سایر نویسندگان و آلوده کردن آن‌ها بود.

پـس از احضار فریـدون جیرانی به اداره‌ی اماکـن، فضلی‌نژاد و همکارانش توانستند مجله «رویداد هفته» را در اختیار بگیرند و سپس اداره‌ی هفته‌نامه‌ی سینما را عهده‌دار شـدند. هدف اصلی فضلی‌نژاد در «رویداد هفته» نفوذ در شبکه‌ی وبلاگ‌های ایران بود. مطالب این مجله غالباً از وبلاگ‌های ایرانی و بدون اجازه‌ی آن‌ها برداشته می‌شد. سعید مطلبی یکی از فعالان عرصه‌ی اینترنت پس از خروج از کشور گفت:

«کاهه که زیر فشار شدید بازجویان برای همکاری قرار داشت، پس از مدتی تهران را ترک کرد و به مشهد رفت. اما مستغاثی، حتی به شهادت فضلی‌نژاد کاسه‌ی داغ‌تر از آش شده است.»

فضلی‌نژاد پس از آن که به‌خدمت دستگاه امنیتی درآمد از اسفند ۱۳۸۰ به‌یکی از ستون‌نویس‌های سایت گویا تبدیل شد و تا سال ۱۳۸۲ به‌فعالیت در این سایت ادامه داد. وی در همین سـایت بود که به‌حمایت از سعید مستغاثی دیگر عضو «مؤسسه»ی مزبور پرداخت و تلاش کرد برای وی حمایت جلب کند.[1] در اسفند ۸۲ در حالی که پیام فضلی‌نژاد در کنار سعید مرتضوی پروژه‌ی سرکوب فعالین عرصه‌ی مطبوعات را طراحی می‌کرد جنایت‌کاران با انتشار اخبار جعلی سعی در سفید کردن وی داشتند:

1- http://news.gooya.com/culture/archives/000246.php

«پیام فضلی‌نژاد عصر یک‌شنبه بازداشت شد.
این نویسنده و وبلاگ‌ر فرهنگی که آبان‌ماه سال گذشته پس از یک‌ماه بازداشـــت توسط اداره‌ی اماکن نیروی انتظامی (اطلاعات نیروی انتظامی) با وثیقه‌ی یک‌صد و پنجاه میلیون تومانی آزاد شده بود، عصر روز یک‌شنبه مجدداً بازداشت و به‌مکان نامعلومی منتقل شد. هنوز نیروی انتظامی مسئولیت بازداشت فضلی‌نژاد را نپذیرفته است و از دلایل بازداشت وی نیز اطلاعی در دست نیست.
نزدیکان فضلی‌نژاد اعتقاد دارند که بازداشت او به‌سبب رویارویی‌ای است که او با بازجویانش داشته است. از دو ماه پیش وی محل کار اجباری‌ای که اطلاعات نیروی انتظامی برای نویسندگان و منتقدان سینمایی بازداشت شده در میدان فاطمی تهران فراهم کرده بود را ترک کرد و مواضعی منتقدانه و معترضانه در قبال سیاست ستاد ضد اصلاحات اتخاذ کرد. نیروی انتظامی برخی از منتقدان سینمایی و روزنامه‌نگاران فرهنگی بازداشت شده را پس از آزادی مجبور به کار در محلی مشخص کرده بود و فضلی‌نژاد در هفته‌های گذشته قصد داشت افشاگری وسیعی پیرامون آن‌چه که پشت پرده‌ی دستگیری سیامک پورزند و دیگر فعالان فرهنگی و مطبوعاتی می‌نامید، به‌راه اندازد. فضلی‌نژاد به نزدیکانش گفته بود که اطلاعات مستند و دقیق این افشاگری بخشی از بساط محفل اطلاعات موازی را برخواهد چید و منجر به‌شـــفاف شـــدن چگونگی تضییقاتی می‌شود که در دو سال گذشته از ســـوی اطلاعات نیروی انتظامی بر هنرمندان و فرهنگ‌مردان و روزنامه‌نگاران رفته است.
پیام فضلی‌نژاد در حالی بازداشـــت شد که در نامه‌های خصوصی به‌برخی روشـــنفکران و نویســـندگان توضیـــح داده بود که محفل اطلاعات موازی چگونه با شـــکنجه‌ها و آزارهای روحی و روانی و جســـمی توانســـت عده‌ای را مجبور به‌همکاری با خود کند. در این نامه‌ها مشخصات کامل گردانندگان محفل اطلاعات موازی، روش‌های جذب همکاری آنان، کیفیت همکاری‌های انجام شده

تا به‌امروز و نام کامل نویسندگان، روزنامه‌نگاران و خبرنگارانی که تحت شرایط مستمر دشوار روحی مجبور به‌همکاری با اطلاعات موازی شده‌اند، آمده است.»[1]

سینا مطلبی یکی از نویسندگان حوزه‌ی اینترنت پس از خروج ازکشور، ادعا کرد در زمان بازداشتش در ایران، خانواده‌اش از سوی فضلی‌نژاد مورد فشار قرارگرفته‌اند تا در مورد او مصاحبه‌ای انجام ندهند. اعلام این مطلب باعث دستگیری سعید مطلبی پدر این نویسنده در ایران شد.

فضلی‌نژادکه پیش از دستگیری فعالیت‌هایش صرفاً سینمایی بود، بعد از دستگیری به‌فعالیت‌های سیاسی روی آورده و به «جریان‌شناسی فرهنگی و سیاسی» پرداخت.

با شروع دور دوم دستگیری وبلاگ‌نویسان در ایران در سال ۸۳، پیام فضلی‌نژاد به‌عنوان مشاور سعید مرتضوی جلاد مطبوعات ایران مطرح، و تصاویر او بیرون دادگاه و در حال توجیه سوژه‌ها در خبرگزاری‌ها منتشر شد.

سایت امروز، ارگان جبهه‌ی مشارکت و اصلاح‌طلبان درون حاکمیت درگزارشی مراحل و جزئیات یورش قوه قضائیه به‌فعالین سایت‌های اینترنتی را افشاکرد؛ در افشاگری مزبور از جمله آمده بود:

«در آن‌جا شخصی که خود را نماینده‌ی ویژه‌ی قاضی مرتضوی می‌نامد به‌عنوان بازجوی فنی پرونده متهمان را بازجویی می‌کند. این شخص که از متهمان بعدی پرونده نیز بازجویی کرد (آقای پیام فضلی‌نژاد) متهمان را به سرانجامی مشابه مقتولان پرونده‌ی قتل‌های زنجیره‌ای تهدید می‌کرد تا با ایجاد ارعاب در متهمان، همکاری بازداشت‌شدگان را جلب کند.»[2]

وبلاگ‌نویسان بازداشت شده در این پروژه، پس از آزادی از زندان در مورد فشارها و شکنجه‌هایی‌که از طرف شخص فضلی‌نژاد با عنوان معاون دادستان در مورد آنان اعمال شده بود، صحبت کردند.

1-www.chebayadkard.org/chebayadkardsokh an/20040224/20040224-b
2-http://sibestaan.malakut.org/archives/002708print.html

فضلی‌نژاد از نیمه‌ی سال ۸۱ درکلاس‌های درس علیرضا پناهیان از رهبران انصار حزب‌الله و عامل حمله به‌مردم و اجتماعات و حسن رحیم‌پورازغدی، از بازجویان اوین شرکت کرد.

پیام فضلی‌نژاد در آبان ۱۳۸۵، توسط حسن شایان‌فر از مسئولان سابق بخش فرهنگی زندان قزل‌حصار و مسئول «نیمه‌ی پنهان» کیهان کشف، و به‌عنوان پژوهشگر به «مرکز پژوهش‌های موسسه‌ی کیهان» برده شد و تحت آموزش احمد اللهیاری قرارگرفت. اللهیاری یکی از نویسندگان قدیمی کیهان بود که به‌خاطر اعتیاد شدید به‌خدمت حسین شریعتمداری درآمده بود. مقالات فضلی‌نژاد تا نیمه‌ی سال ۱۳۸۶ با نام مستعار «پدرام ملک‌بهار» منتشر می‌شد تا آن که در اثر افشاگری‌هایی که صورت گرفت شریعتمداری خود مجبور شد به‌صحنه بیاید و هویت نویسنده را فاش کند.

«آقای پیام فضلی‌نژاد نویسنده‌ی کتاب [شوالیه‌های ناتوی فرهنگی] از یک‌سال و چند ماه قبل به‌جمع ما در کیهان پیوست. پیش از آن در جبهه‌ی دیگری بود و نامش آشنا... وقتی به کیهان آمد، خسته بود و چند سالی را که در آن‌سو بوده است، بر باد رفته می‌دید و در این آرزو که با واگویه‌ی ماجراهای آن‌سو، تابلوی عبرتی پیش روی جوانان کشور بگشاید و هویت واقعی افراد و گروه‌هایی را که نقاب فریب بر چهره زده‌اند بنمایاند تا در پی آب به‌سوی سراب نروند و تشنه در برهوت بی‌هویتی غرب سرگردان نشوند، پیام جوانی است پرنشاط، سخت‌کوش، فداکار و باهوش... از این که در زلال معرفت امام (ره) چشم‌ها شسته و خود را به‌چشمه‌ی حیات‌آفرین آقا رسانده است پیشانی شکر بر خاک می‌ساید و... خدایش در این راه یاری فرماید.»

در پایان بهمن ۱۳۸۶ کتاب «شوالیه‌های ناتوی فرهنگی» نوشته‌ی فضلی‌نژاد که پیش‌تر به‌عنوان پاورقی در کیهان انتشار یافته بود در سیصد و شصت و هشت صفحه از سوی انتشارات کیهان روانه‌ی بازار کتاب شد.

وی از ســال ۱۳۸۶ تا ســال ۱۳۸۸ بیش از هفتاد سخن‌رانی ایرادکرده است که عنوان بخشی از سخنرانی‌های وی به شرح زیر است.

«مرگ گفتمان اصلاحات در ایران» هشــت جلســه؛ «کودتای ایدئولوژیک اصلاح‌طلبان» ده جلســه؛ «ارتجاع روشــنفکری در عصر پهلوی و عصر اصلاحات» هفت جلسه؛ «فاشیسم سکولار، علم سکولار» پنج جلسه؛ «معنا و مبنای کودتای مخملی» ده جلسه؛ «چه کسانی کثیف‌تر از جاسوس هستند؟» سه جلسه و...

فضلی‌نژاد هم‌چنین به‌همکاری با مرکز پژوهش‌های استراتژیک سپاه پرداخت و بر روی شناسایی و جاسوسی در عرصه‌ی اینترنت و رسانه‌ها که مورد توجه سپاه است کار می‌کند. طبق اخبار انتشار یافته وی به همراه حسین درخشان که او نیز از داخل زندان به‌خدمت مقامات امنیتی درآمده، به «ارتش سایبری» سپاه پیوستند. هدف «ارتش ســایبری» ایجاد و توسعه‌ی وحشت در فضای اینترنت است تا افراد به خودسانسوری و هراس از پی‌گرد حقوقی دچار شوند.

نفوذ او در دســتگاه ســرکوب چنان بودکه در اردیبهشت سال ۸۷ مدعی شد امیرفرشاد ابراهیمی، مهرانگیزکار، هوشنگ اسدی و نوشابه امیری با وی تماس گرفته و خواهان مشخص شدن وضعیت‌شان شده‌اند:

«امیر فرشاد ابراهیمی، مهرانگیزکار و... تماس گرفتند و تمایل نشان دادند که راه‌کاری اجرایی، همراه مصونیت نسبی تدوین گردد. من هم استقبال کردم. حتی پیش از این هوشنگ اسدی (سردبیر سابق گزارش فیلم و همکار کنونی بی‌بی‌سی) که عضو شورای سردبیری ســایت روز آنلاین اســت، ایمیلی به‌من زد که من و نوشابه امیری (همســرش) مایلیم به ایران برگردیم و می‌خواهیم بدانیم مشــکل نهادهای قضایی و امنیتی با ما چیست؟»[1]

در هر صورت موضوع ســوءقصد به‌جان پیام فضلی‌نژاد و هیاهوی بعد از آن، تلاشی است از سوی سیاه‌ترین باندهای رژیم برای «مظلوم‌نمایی» و متهم کردن رقیبان‌شان در حاکمیت.

۴ اسفند ۱۳۸۸

1-http://fazlinejad.ir/PictureDetail.aspx?id=7

اعدام توابان، تراژدی مضاعف

در نظام شاهنشـــاهی تنها وحید افراخته[1] به‌عنوان یک زندانی بریده و همکار ساواک اعدام شد. ساواک علیرغم میل باطنی‌اش چاره‌ای جز اعدام او نداشت چراکه به‌هنگام دستگیری، از وی به‌عنوان عامل اصلی ترور آمریکایی‌ها نام برده بود و به‌خاطر روابط دولت ایران و آمریکا امکان عفو و یا تخفیف مجازات وی نبود.

در دوران شـــاه، زندانیان نادم و بریده، از امکانات ویژه‌ای برخوردار می‌شدند و بسیاری از آن‌ها بعد از انجام مصاحبه‌های تلویزیونی علیرغم پرونده‌های سنگینی که داشتند آزاد می‌شدند و گاه به پست‌های بالای حکومتی نیز می‌رسیدند. کورش لاشایی، سیاوش پارسانژاد، پرویز نیکخواه، محمود جعفریان و... تنها نمونه‌هایی از سیاست رژیم شاه بودند و البته تعدادی نیز هم‌چون عباس‌علی شهریاری‌نژاد، شاه‌مراد دلفانی، امیرحسین فطانت، احمدرضا کریمی و... به مهره‌های ساواک

۱- وحید افراخته یکی از مسئولان بخش مارکسیستی مجاهدین و یکی از عوامل به‌قتل‌رساندن مجید شـــریف‌واقفی و مجروح‌کردن صمدیه لباف دو عضو مؤثر این سازمان بود. وی پس از دستگیری در مرداد ۵۴ به‌همکاری گســترده با ســاواک پرداخت و ضمن لو دادن تعداد زیادی از مبارزان و مجاهدان، خود به امید زنده ماندن، در بازجویی و شکنجه‌ی آنان شرکت کرد. اقدامات او ضربات سهمگین و جبران‌ناپذیری به مجاهدین و جنبش انقلابی وارد کرد. اما سرانجام در بهمن ۵۴ به‌همراه مرتضی صمدیه‌لباف، ساسان صمیمی، عبدالرضا منیری‌جاوید، مرتضی لبافی‌نژاد، طاهر رحیمی، سیدمحسن خاموشی و منیژه اشرف زاده کرمانی، مقابل جوخه‌ی اعدام ایستاد.

برای نفوذ در جریان‌های سیاســی تبدیل و باعث دســتگیری، شکنجه و مرگ بســیاری از انقلابیون و نیروهای مترقی ایرانی شدند. (برای روشن‌تر شدن این نکته، به یادآوری پایان همین مقاله در صفحه‌ی ۳۰۶ رجوع کنید.)
ساواک بعد از سال ۵۴، هنگامی که اطمینان می یافت یک زندانی حاضر است به‌مقابله با سازمان متبوع خود بپردازد حتا بدون ارسال پرونده‌ی وی به‌دادگاه، موجبــات آزادی‌اش را فراهم می‌کرد. برای مثال احمد احمد یکی از اعضای ســابق مجاهدین که در ســال ۵۵ در درگیری با نیروهای ســاواک و شهربانی به‌سختی زخمی شده بود علیرغم پرونده‌ی سنگینی که داشت به‌خاطر برخورداری از شــرایط ذکر شــده، به‌دستور ساواک از زندان آزاد شــد. وی بعد از پیروزی انقلاب یکی از صاحب‌منصبان دادستانی بود و جنایت زیادی را مرتکب شد.
علی‌محمد بشارتی که در سال ۵۳ دستگیر شده بود در سال ۵۵ با گرفتن کُد ویژه از ساواک، به‌منظور نفوذ در گروه‌های سیاسی آزاد شد. وی پس از انقلاب در تشکیل واحد اطلاعات و عملیات سپاه پاسداران شرکت کرد. بشارتی در سال ۶۰ از عوامل تشــکیل دهنده‌ی «گروه قنات» در جهرم بود. این گروه، زندانیان و فعالین سیاســی را ربوده و پس از شــکنجه‌های وحشیانه به‌قتل می‌رساندند و اجسادشــان را در قنات‌های متروک شــهر رها می‌کردند. بشارتی سال‌ها در پست‌هایی هم‌چون وزارت کشور، قائم‌مقامی وزارت خارجه و نمایندگی مجلس به رژیم خدمت کرد.

*****

در سال‌های اولیه‌ی دهه‌ی ۶۰ برخلاف دوران شاه، مرگ تنها سهم زندانیان مقاوم و مبارز نبود. لاجوردی شــاخص سیر و سلوک خمینی در زندان‌ها و دادستان تام‌الاختیار او، به‌صراحت عنوان می‌کرد که افراد، چنان‌چه همکاری کنند برای آن دنیای‌شان است و تخفیفی در مجازات این دنیای‌شان داده نخواهد شد!
دادستانی رژیم ابایی نداشت که این پیام را در جامعه نیز نهادینه کند. در میزگردی که در بهار ۶۲ در زندان اوین برگزار شد و در مطبوعات و تلویزیون نیز انعکاس یافت بالای سر شرکت کنندگان که غالباً در زمره‌ی کمک‌بازجویان و توابان بودند پرده‌ای زده بودندکه روی آن نوشته شده بود:
«یا أَیهَا النَّبِی جَاهِدِ الْکفَّارَ وَالْمُنَافِقِینَ وَاغْلُظْ عَلَیهِمْ وَمَأْوَاهُمْ جَهَنَّمُ

وَبِئْسَ الْمَصِیرُ

ای پیغمبر جهاد کن با کافران و منافقان و سخت گیر بر ایشان، جایگاه
ایشان‌ست دوزخ و چه زشت است آن جایگاه.»

البته در عمل همیشــه این گونه نبود و وجود یــک روزنه‌ی کوچک گاه افراد را
به‌انجام‌کثیف‌ترین کارها وا می‌داشت.

در واقع بسیاری از کسانی که دست از مقاومت کشیده و به‌خدمت درآمده بودند
نیز قربانی خوی ددمنشانه‌ی رژیم جمهوری‌اسلامی شدند.

سرنوشت این دسته افرادگاه دردناک‌تــر از افراد «جوخه‌هــای تخلیه» در
اردوگاه‌های مرگ هیتلری بود. آن‌ها چون افراد «جوخه‌ی تخلیه» مجبور بودند
پســت‌ترین و حقیرترین کارهــای زندان را انجام دهند وگاه هم‌چون آن‌ها از
ســایر زندانیان و دنیای خارج شدیداً جدا نگه‌داشته می‌شدند. چون هم اسرار
وحشتناکی را با خود داشتند و هم می‌توانستند در مجاورت زندانیان مقاوم، تحت
تأثیر قرار بگیرند.

اگــر افراد «جوخه‌های تخلیه» مجبور به‌تخلیه‌ی اتاق‌های گاز، درآوردن طلای
دندان‌ها، قیچی کردن موها و سپس سوزاندن اجساد در کوره‌ها یا گودال‌ها بودند،
توابین زندان ـ به‌ویژه کسانی که در شعبه‌های بازجویی، با جنایت کاران همکاری
داشتند ـ جدا از شرکت در بازجویی و شکنجه‌ی دوستان وگاه اقوام‌شان، مجبور
بودند در جوخه‌های اعدام شرکت کنند، دوستان و رفقای‌شان را به‌رگبار ببندند،
تیر خلاص به‌مغز قربانیان بزنند و در حمل و نقل اجساد به پاسداران کمک کنند.
این دسته توابان هم‌چون اسلاف‌شان در اردوگاه‌های مرگ، برای عقب انداختن
نوبت کشته شدن خود از انجام هیچ جنایتی فروگذار نمی‌کردند.

توابان نظام جمهوری‌اسلامی علاوه بر وظایف افــراد «جوخه‌های تخلیه» و
«کاپوها»[1] مجبور بودند در دستگیری و به‌دام انداختن قربانیان نیز همکاری کنند.

۱- «کاپُو» که ریشه‌ی ایتالیایی دارد به‌زندانیانی اطلاق می‌شدکه در اردوگاه‌های کار اجباری از سوی
نیروهای اس‌اس انتخاب می‌شدند تا برکار اجباری زندانیان نظارت‌کنند.
آن‌هــا در قبال خدماتی که به اس‌اس‌ها می‌کردند از تســهیلات و مزایــای ویژه‌ای (ازجمله مواد
خوراکی، سیگار، الکل و ...) بهره‌مند می‌شدند. از طریق این مزایا «کاپُوها» شانس بیش‌تری برای

اگـــر افـــراد «جوخه‌ی تخلیه» با فریـــب، قربانیان را آماده‌ی رفـــتن به‌اتاق گاز می‌کردند، توابان زندان در دســـتگیری و به‌بندکشیدن فعالان سیاسی و سپس اعزام‌شان به‌جوخه‌های مرگ مشارکت داشتند. با این حال بسیاری از آن‌ها برای همیشه از تسهیلاتی که «کاپوها» از آن برخوردار بودند، بهره‌مند نشدند.

بر اساس طینت و خوی ضدبشری جانیان، توابانی که در حمله به‌خانه‌های تیمی و محل زندگی مبارزان و دســـتگیری آن‌ها از هیچ کوششی فروگذار نکردند نیز قربانی شقاوت شدند. بسیاری ازکسانی که درگشت‌های دادستانی اوین شرکت کرده و بعضاً فرماندهی این گشت‌ها را به‌عهده داشتند نیز عاقبت پس از پایان مأموریت به‌جوخه‌ی اعدام سپرده شدند.

کم نبودند کســـانی که در شعبه‌های بازجویی برای شکستن همراهان دیروزشان از هیچ تلاشـــی فروگذار نکردند، اما آن‌ها نیز به‌همراه دوستان مبارزشان مقابل جوخه‌ی آتش ایستادند تا عدالت جمهوری‌اسلامی خدشه دار نشود.

بسیاری را می‌شناسم که در شکنجه و بازجویی و زدن تیرخلاص گاه از بازجویان نیزگوی سبقت می‌ربودند، اما عاقبت آن‌ها نیز به کام مرگ رفتند تا فردا نتوانند در مورد جنایات رژیم «شـــهادت» دهند. درهم‌شکســـته‌گانی که با به‌کارگیری تمامی توش و توان خود، به‌کشیدن چارت و نمودار تشکیلاتی گروه‌های سیاسی مبادرت، و تلاش می‌کردند کســـانی را که هنوز دستگیر و یا کشته نشده بودند به‌دام بیاندازند، بعد از اتمام مأموریت به جوخه‌ی اعدام سپرده شدند.

به‌ندرت می‌توان توابی را نام برد که برخلاف دوران شاه پس از آزادی به جاه و مقامی در نظام دست یافته باشد.[1]

زنده ماندن داشتند. کاپوها گاه از بی‌رحمی و شقاوت بیش‌تری نسبت به‌نیروهای اس‌اس برخوردار بودند.

۱- عبدالله شهبازی یکی از نادر توابانی است که در نظام جمهوری‌اسلامی به‌موقعیتی بالا رسید. اما او نیز نباید به‌موقعیت خود خیلی امیدوار باشد. هرگاه که منافع‌شان اقتضا کنند او را از نیز سر راه برخواهند داشت. وی که متولد ۱۳۳۴ است از اعضای حزب توده بود، پس از دستگیری محمد پورهرمزان مسئولیت انتشارات این حزب را بر عهده گرفت. وی پس از دستگیری اعضای حزب توده، به خدمت رژیم درآمد و بعدها به‌عنوان یکی از محققان رژیم با راه‌اندازی مؤسسه‌ی مطالعات و پژوهش‌های سیاسی وزارت اطلاعات خدمات زیادی در اختیار دستگاه اطلاعاتی و امنیتی رژیم گذاشت. وی هم‌چنین سال‌ها با مأموران اطلاعاتی، امنیتی و حفاظت اطلاعات سپاه پاسداران حشر و نشر داشت و مسئولیت آموزش نیروهای امنیتی را بر عهده داشت.

امیدوارم نوشته‌ی حاضر و توضیح سرنوشت فاجعه‌بار تعدادی از توابین، کسانی را که به‌هر دلیل، به‌همکاری با رژیم می‌پردازند سر عقل بیاورد.[1] چنان‌چه فرصتی برای‌شان هست به‌هر طریق که می‌توانند رشته‌ی ارتباط خود با نظام را بگسلند.
جا دارد این دســته افراد، سرنوشت حزب توده و سازمان فدائیان خلق اکثریت و برخورد جمهوری‌اسلامی با آن‌ها را آئینه‌ی عبرت خود بدانند. این رژیم، تنها دولتی در جهان است که رهبران گروه‌های سیاسی هوادار و متحد خود را که هیچ اقدامی بر علیه آن انجام نداده بودند دستگیر، شکنجه و اعدام کرد. این جنایت پس از آن صورت گرفت که از همراهی این گروه‌ها در سرکوب نیروهای سیاسی و جلب حمایت کشورهای شرقی و کمونیستی برخوردار شد.

*****

توابینی که سرگذشت تنی چند از آنان را در این مقاله می‌آورم هرگز فکر نمی‌کردند وقتی در زیر بار شــکنجه کمر خم می‌کنند، می‌شکنند و به‌خدمت بازجویان در می‌آیند چه سرنوشت دردآوری در انتظارشان است و جانیان حاکم بر میهن‌مان آن‌ها را به‌چه لجن‌زاری می‌کشـــانند و دست‌شـــان را به‌چه جنایت‌هایی آلوده می‌کنند
مسئولان دادستانی انقلاب‌اســلامی برای برانگیختن آنان به‌همکاری، به‌آن‌ها حکم اعدام تعلیقی داده و میان خوف و رجا نگاه‌شان می‌داشتند و آن‌ها برای نجات جان خود از هیچ کاری فروگذار نمی‌کردند تا رحم و شـــفقت مسئولان نظام را نسبت به‌خود جلب کنند. سیاستی که کارساز نشد و تأثیری در دل سنگ و سیاه مقامات رژیم نکرد.

- ابوالقاسم اثنی‌عشری فرزند علی‌اکبر[2]، فعالیت سیاسی خود را قبل از ســـال ۵۰ آغازکرد و در زندان شاه به مجاهدین پیوست. بعد از پیروزی

۲- سرنوشت دردناک آرش رحمانی‌پور و علی‌رضا محمدزمانی را باید مد نظر قرار داد. این دو پس از تحمل شکنجه و آزار و اذیت خود و خانواده‌شان فریب وعده و وعیدهای بازجویان را خوردند و به‌امید عفو و تخفیف مجازات طبق سناریوی از قبل تهیه شده که نمایش‌اش را چند بار در حضور دادستان تمرین کرده بودند به‌انجام اعمالی اقرارکردندکه روح‌شان هم از آن خبر نداشت و بر اساس همان اعترافات غیرواقعی سرانجام به اعدام محکوم شدند و جان خود را از دست دادند.
۲- اطلاعات مربوط به نام پدر و تاریخ دقیق اعدام افراد یاد شـــده را از روی ســـایت بهشت زهرا برداشته‌ام. متأسفانه مسئولان امر پی به‌اشتباه خود برده و فایل مربوطه را از روی سایت برداشتند.

انقلاب و آزادی از زندان، مسئول تبلیغات و انتشارات مجاهدین در آذربایجان بود. آخرین مسئولیت او رابط سیاسی استان خراسان بود که در بهمن ۱۳۶۰ به دستگیری‌اش توسط کمیته‌ی انقلاب اسلامی انجامید. اثنی‌عشری بالاترین عضو مجاهدین بود که پس از دستگیری به همکاری گسترده با رژیم پرداخت. وی از جمله گرداننده‌ی میزگردی بود که در بهار ۶۲ در حسینیه‌ی اوین برگزار شد. در این میزگرد مسئولان دادستانی اوین توابانی چون فرهاد نیری، حمید مهدی‌شیرازی، شعبان‌علی اردکانی، حسین شیخ‌الحکما، ولی‌الله صفوی، محسن منشی، هاله ناصرحجتی، زهرا بخارایی و ... راکه به شکنجه‌گری و بازجویی مشغول بودند در کنار زندانیان مقاومی هم‌چون طاهر احمدزاده، عبدالکریم معزز، محمدرضا جمالو، کورش خاوریان، عباس صحرایی، اصغر ناظم، راضیه آیت‌الله‌زاده‌شیرازی، منیره رجوی و ...[۱] قرار داده بودند، تا این گونه جلوه داده شود که حرف و سخن همه‌ی شرکت کنندگان یک‌سان است. این در حالی بود که افراد یاد شده بعد از تحمل شکنجه‌های غیرقابل تصور به‌منظور بازارگرمی مجبور به‌شرکت در این نمایشات شده بودند. شرط اجرای حکم اعدام تعدادی از زندانیان هم‌چون عباس صحرایی، کورش خاوریان و ... و راحت شدن از عذاب و شکنجه‌ی بیش‌تر، شرکت در این مصاحبه‌ها و میزگردها بود.

اثنی‌عشری در زمره‌ی کمک‌بازجوهای شعبه هفت اوین بود و شخصاً در بازجویی و شکنجه‌ی زندانیان شرکت می کرد. وی عاقبت در ۴ بهمن ۱۳۶۳ اعدام شد و در قطعه‌ی ۹۹ بهشت‌زهرا به‌خاک سپرده شد.

- هادی جمالی، فرزند اسدالله، اهل زنجان، دانشجوی پلی‌تکنیک، در بهار ۶۰ به‌عضویت سازمان مجاهدین درآمد. او پیش‌تر از مسئولان دانشجویی مجاهدین بود.

هادی جمالی در ۴ مهرماه ۶۰ دستگیر شد. در اطلاعیه‌ی دادستانی رژیم که از رادیو پخش شد اعلام گردید که وی در درگیری با نیروهای رژیم

۱- در ادامه‌ی این مقاله به‌معرفی افراد شرکت کننده در میزگرد و سرنوشت آنان اشاره خواهم کرد.

کشـــته شده است؛ در حالی که او زنده و در زیر شکنجه بود. همسرش قبل از او دســـتگیر شده بود. هادی جمالی قرار بود یکی از فرماندهان صحنه‌ی تظاهرات ۵ مهر باشد. او در زیر شکنجه شکست و به‌همکاری گســترده با بازجویان و شکنجه‌گران پرداخت. هادی جمالی از جمله گرداننده‌ی میزگردی بود که سپاه پاسداران در شهریور ۱۳۶۱ برگزار کرد.

علی توتونچی دانشـــجوی مکانیک دانشگاه علم و صنعت که از قضا وی نیز اهل زنجان بود و در ســـه آبان ۱۳۶۱ جاودانه شد برایم تعریف کرد که هادی را مسلح در بند ۲۰۹ اوین دیده بود. هادی جمالی شخصاً از وی بازجویی به‌عمل آورده بود. میزان اعتماد به‌وی به حدی بود که می‌توانست به‌بیرون از زندان تردد کند. گفته می‌شد یک‌بار که لاجوردی حکم اعدام را به‌آن‌ها ابلاغ کرده بود، هادی جمالی واکنش نشان داده و گفته بود مگر تو به‌ســـر امام سوگند نخوردی که ما را اعدام نخواهید کرد؟ لاجوردی در پاسخ به‌او خونسردانه گفته بود: «مگر شما به تنازع بقا اعتقاد ندارید؟»
همکاری گسترده‌ی هادی جمالی با رژیم جانش را نجات نداد، بلکه در تاریخ ۵ اردیبهشت ۱۳۶۴ به‌همراه سیف‌الله کاظمیان و تعدادی دیگر به‌جوخه‌ی اعدام سپرده شد.

- رضا کیوان‌زاد فرزند ابوالقاســـم با نام‌های مســـتعار مقداد، شعبان ... فعالیت سیاسی خود را قبل از سال ۵۰ شروع کرد. او در سال ۵۴ دستگیر شد. پس از آزادی از زندان از مسئولان بخش حفاظت مجاهدین بود و سپس به‌بخش اجتماعی این سازمان پیوست.
وی در آذر ســـال ۶۰ مجدداً دســـتگیر و به‌زیر شکنجه برده شد. در زیر شکنجه حاضر شد پاسداران را به‌سر قرار ببرد، اما با استفاده از فرصت اقدام به‌فرار کرد که با شـــلیک پاسداران دستش هدف قرارگرفت و از رفتن بازماند. او به‌همان شکل به‌زیر شکنجه برده شد و عاقبت شکست و اگر اشتباه نکنم آدرس یک رنگ‌فروشی در شرق تهران را داد که در

حمله پاسداران به‌آن محل، تعدادی از مجاهدین کشته شدند.

در ابتدا، وی در حالی که دستش هنوز درگچ بود در شعبه هفت و شعبه‌های دیگر به‌همکاری می‌پرداخت. ارزیابی خودش این بود که نمی‌گذارند دستش خوب شود و او را به‌زودی اعدام خواهندکرد. اما این‌گونه نشد و او سه سال و نیم دیگر زنده ماند. توابینی که در شعبه کار می‌کردند از مواجهه‌ی او با همسرش در بهداری اوین می‌گفتند. همسرش در بهار ۶۱ به‌تازگی دستگیر و تحت شدیدترین شکنجه‌ها قرار گرفته بود.

یکی دو شب مانده به عید ۶۱ او را به همراه حمید مهدی‌شیرازی، مسعود اکبری، ولی‌الله صفوی و محسن منشی از سالن یک آموزشگاه اوین بردند. تصور عمومی این بود که آن‌ها را برای اعدام می‌برند. خودشان هم چنین برداشتی داشتند، رنگ به‌چهره نداشتند. گویا صورت‌های‌شان کوچک شده بود. کسی با آن‌ها خداحافظی نکرد. در آن میان تنها کسی که آرام ایستاده بود و خود را گم نکرده بود، رضاکیوان‌زاد بود. هم‌اتاقی‌هایش با او که لبخند تلخی به‌لب داشت خداحافظی کردند. آن‌ها را به‌سلولی در بخش ۳۲۵ اوین منتقل کردند تا از زندانیان مقاوم جدا باشند و تحت تأثیر آن‌ها قرار نگیرند. رضاکیوان‌زاد عاقبت در ۱۹ خرداد ۱۳۶۴ اعدام شد.

• حسین شیخ‌الحکما فرزند لقمان هوادار سازمان مجاهدین بود. وی پس از اشغال سفارت آمریکا به‌هواداری فعال از این سازمان پرداخت ولی به‌واسطه‌ی خصوصیاتی که داشت به‌سرعت در تشکیلات رشدکرد و به‌مسئولیت دانش‌آموزی مرکز و شرق تهران رسید. پس از سی خرداد وی فرماندهی تیم‌های نظامی دانش‌آموزی و سپس بخشی از تیم‌های نظامی تهران را به‌عهده گرفت. تا آن‌جاکه می‌دانم وی خود در عملیاتی شرکت نداشت.

شیخ‌الحکما در خرداد سال ۶۱ دستگیر شد و بدون کوچک‌ترین فشاری به‌خدمت بازجویان در آمد و تعدادی از اعضای تیم‌های عملیاتی

مجاهدین را در خواب دستگیر کرد و تحویل رژیم داد و علاوه بر آن، خود در اِعمال شکنجه و آزارشان نیز شرکت کرد.
وی در چند مصاحبه و میزگرد تلویزیونی حضور یافت، و برای زنده ماندن از انجام هیچ خیانت و جنایتی فروگذار نکرد. شیخ‌الحکما یکی از گردانندگان اصلی میزگرد بهار۶۲ در حسینیه‌ی اوین بود. از آن‌جایی که تعدادی از شرکت‌کنندگان بعد از تحمل شکنجه‌های طاقت‌فرسا صرفاً حاضر شده بودند به‌ذکر فعالیت‌های نظامی‌شان بپردازند، وی در جریان میزگرد یک به‌یک از آن‌ها شرح عملیات‌شان را می‌خواست و سپس خود طبق دستورالعمل‌های دادستانی به‌تحلیل آن‌چه بیان شده بود، می‌پرداخت. شیخ‌الحکما با وجود خدمات بسیاری که به دادستانی کرد در۲۴ دی‌ماه ۱۳۶۳ همراه با مهران اصدقی فرزند علی که متهم به «شکنجه» و قتل پاسداران و ضربه زدن به‌شبکه‌ی تعقیب و مراقبت رژیم بود اعدام شد.

- قاسم عابدینی فرزند حسن، از اعضای سازمان مجاهدین پیش از انقلاب بود که تغییر ایدئولوژی داد و به‌بخش مارکسیستی و منشعب این سازمان پیوست. وی در جریان ترور سه آمریکایی در میدان وثوق تهران در سال ۵۵ راننده‌ی ماشین ترور بود اما دستگیر نشد. بعد از انقلاب به‌همکاری با سازمان پیکار ادامه داد و عاقبت همراه با همسرش مهری حیدرزاده دستگیر شد و هر دو به‌خدمت رژیم درآمدند. وی جزو پنج عضو کمیته‌ی مرکزی اولیه‌ی پیکار پس از انقلاب بود. عابدینی برای زنده ماندن از انجام هیچ جنایتی فروگذار نکرد. وی مقالاتی در رابطه با حقانیت اسلام نوشت که هنوز انتشار نیافته است.

عابدینی و هم‌سانان او، با برخورداری از تجربه‌های فراوانی که در طول سال‌ها به‌دست آورده بودند، خطوط اصلی سرکوب گروه‌های سیاسی را طراحی می‌کردند. وی عاقبت در ۹ آبان ۱۳۶۳ به‌جوخه‌ی اعدام سپرده شد. اما همسرش که کاندیدای سازمان پیکار از تهران بود حکم زندان گرفت و در سال ۶۵ پس از همکاری‌های گسترده با جنایت‌کاران

از زندان آزاد شد. حجت جباریان یکی از زندانیان مقاوم دوران شاه و خمینی که در اردیبهشت ۶۰ در ارتباط با مجاهدین دستگیر شده بود در همین روز به‌همراه عابدینی اعدام شد.

- فتحعلی قناعت‌پیشه فرزند بزرگ، معروف به علی «خیانت‌پیشه»، دانشجو و اهل جهرم بود. او پس از پیروزی انقلاب از بنیان‌گذاران انجمن‌های دانشجویی هوادار مجاهدین در دانشگاه‌ها و انجمن هواداران مجاهدین در جهرم بود.
وی که پس از دستگیری به‌خدمت رژیم درآمد و در شعبه‌ی بازجویی به‌همکاری با جنایت‌کاران پرداخت، به‌ندرت در انظار دیده می‌شد و نامش در مصاحبه‌ها و... برده نمی‌شد اما از فعال‌ترین توابان و همکاران شعبه‌های بازجویی بود.
او در به اعدام دادن صمیمی‌ترین دوستانش نیز درنگ نکرد. علی‌محمد محجوب همشهری و یکی از دوستان صمیمی قناعت‌پیشه که توسط او شناسایی شد می‌گفت حاضر بودم صدبار به‌جای او اعدام شوم. این دو در پایه‌گذاری انجمن هوادران مجاهدین در جهرم با هم همکاری داشتند، بعدها در فعالیت‌های دانشجویی هم همراه و هم‌قدم شدند.
علی‌محمد محجوب پرونده‌ی سبکی داشت و احتمال آزادی‌اش می‌رفت. روزی بازجو به‌وی گفت ما همه‌ی مسائل تو را می‌دانیم و نیاز به گفتن تو نیست اما برای نشان دادن صداقتت بایستی خودت بی‌کم وکاست فعالیت‌هایت را تشریح کنی و مواظب باشی چیزی را از قلم نیاندازی. علی در ابتدا تصور می‌کرد که بازجویش بلوف می‌زند و هم‌چنان خود را هیچ‌کاره معرفی می‌کرد. بازجو به‌او فرصت داد که یک هفته‌ای فکر کند. این بار نیز علی همه چیز را تکذیب کرد. بازجویش گفت دویست ضربه شلاق می‌زنم و روی ضربه‌ی دویست، خودم همه چیز را به تو خواهم گفت.
علی بعد از تحمل دویست ضربه کابل، دوستش علی قناعت‌پیشه را می‌بیند که از چیزی در مورد او فروگذار نکرده بود. علی می‌گفت اگر

خودم می‌خواستم بنویسم به‌این کاملی نمی‌توانستم موضوعات را با جزئیات بنویسم. قناعت‌پیشه حتی مسائل خانوادگی وی را نیز عنوان کرده بود. علی از شدت غم و اندوه تا مدت‌ها از زیر پتو بیرون نمی‌آمد. فتح‌علی قناعت‌پیشه در ۱۲ دی‌ماه ۱۳۶۳ اعدام شد.

دو ســال و نیم پیش از این تاریـــخ در روز ۲۸ تیرماه ۱۳۶۱ علی‌محمد محجوب همراه با اکبر مصباح، احمد هشت و چهار، جلال روحانی و سینا کارگر و ... اعدام شده بودند.

- سیدولی‌الله صفوی فرزند سیدمصطفی، پس از سی خرداد مدتی مسئول چنـد واحد نظامی بخش دانش‌آموزی مجاهدین در غرب تهران بود. وی در آذر ۱۳۶۰ توسـط نیروهای بسیجی و پاسـدار دستگیر و به‌زیر شکنجه‌های شدیدی برده شد که آثار آن روی پایش مشهود بود. ولی‌الله در زیر شکنجه‌ها درهم شکست و به‌خدمت بازجویان درآمد و به‌همکاری در شــعبه‌های بازجویی، زدن تیرخلاص و شکنجه دوستان سابق‌اش پرداخت و درگشت‌های دادستانی برای دستگیری هواداران مجاهدین حضور یافت. وی در زندان به «ولی ۵۰۰» (یعنی عامل دستگیری ۵۰۰ نفر که البته مبالغه‌آمیز است) معروف بود.

  در اسفند ۱۳۶۰ او را در پاگرد سالن یک آموزشگاه اوین در حالی دیدم که در پرتو آفتاب به‌دیوار تکیه زده و زانوی غم بغل گرفته بود و زیر لب یکی از ســرودهای مجاهدین را زمزمه می‌کرد. مرا که دید سرش را از روی زانو بلند کرد؛ چشـــمانش غرق در اشک بود. هنوز چهره‌ی زرد، چشـــمان سرخ و قطرات اشک روی صورت او از یادم نرفته است. ماه قبل او را در نیمه‌های شب دیده بودم که تلاش می‌کرد زندانی شکنجه شده‌ای را که برای فرار از زیر بار شکنجه‌های طاقت‌فرسا سیانور خورده بود، همراه با محسن منشی به‌بهداری منتقل کند. ولی‌الله در ۲۸ مرداد ۱۳۶۴ به‌جوخه‌ی اعدام سپرده شد.

- احمد عطاءاللهی فرزند تقی، اهل خرم‌آباد مسئول چاپخانه‌ی سازمان

اقلیت بود و پس از دستگیری در اسفند ماه ۶۰ در زیر شکنجه دوام نیاورد و به‌همکاری با بازجویان و شکنجه‌گران پرداخت. وی مأموران رژیم را به سر قرار یدالله گل‌مژده (نظام)، احمد غلامیان‌لنگرودی (هادی) و محمدرَضا بَه‌کیش (کاظم) از رهبران اقلیت برد و موجب کشته شدن آن‌ها در ۲۴ و ۲۵ اسفند ۶۰ شد. وی مدت‌ها در شعبه‌های بازجویی به‌همکاری با بازجویان می‌پرداخت و عاقبت ۲۹ آذر ۱۳۶۳ به جوخه‌ی اعدام سپرده شد.

- محسن منشی فرزند سرلشگر یا سرتیپ بازنشسته علی‌اصغر منشی بود. وی پس از پیروزی انقلاب به‌هواداری از مجاهدین روی آورد و در بخش دانش‌آموزی شمال و شمال‌غرب تهران سازمان‌دهی شد. پیش از دستگیری او پدر پیرش دستگیر و چندماهی در اوین زندانی بود. وی یکی از زندانیانی بود که بدون کوچک‌ترین فشاری به‌همکاری با رژیم پرداخت و از انجام هیچ جنایتی فروگذار نکرد. فردی بود به‌غایت مسخ شده که به‌سادگی از تلاش خود برای زنده‌ماندن به‌هر قیمت می‌گفت. خودش می‌گفت «من وحید افراخته دوم هستم و خدمات زیادی به نظام کرده‌ام اگر مرا اعدام کنند خیلی نامردی است.» وی در شکنجه و زدن تیرخلاص شرکت داشت و درگشت‌های دادستانی حضور می‌یافت. یکی از دوستان صمیمی دوران تحصیل و فعالیت سیاسی او «احمد هشت و چهار» نام داشت که فعالیت‌هایش لو نرفته بود. شاید او تنها کسی بود که مورد لطف محسن قرارگرفت. محسن به‌او توصیه کرد که خودش به بازجویش نامه نوشته و به‌همه‌ی فعالیت‌هایش اعتراف کند وگرنه او این کار را خواهدکرد. احمد بعد از اعتراف شدیداً مورد شکنجه قرارگرفت و در ۲۸ تیرماه ۱۳۶۱ اعدام شد. محسن هم سه سال بعد در ۲۲ اردیبهشت ۶۴ به‌اتهام محاربه با خدا و مفسد فی‌الارض به جوخه‌ی اعدام سپرده شد.

- وحید سریع‌القلم فرزند حبیب‌الله دانشجوی کامپیوتر آمریکا و از رهبران

کنفدراسیون (احیاء) بود که بعد از بازگشــت به ایــران به‌اتحادیه‌ی کمونیست‌ها پیوست. وی پس از دستگیری به‌خدمت بازجویان درآمد. و جدا از شــرکت در بازجویی و شکنجه‌ی زندانیان، طرح کامپیوتری کردن اســناد دادســتانی را نیز اجرا کرد. ترجمه‌ی اولیه‌ی کتاب‌های دادستانی به‌زبان انگلیسی توسط او انجام می‌گرفت. او هم‌چنین نقش مهمی در تهیه‌ی چارت و نمودار تشــکیلاتی گروه‌های چپ داشت. شنیده‌ام همسرش سهیلا (اگر اشتباه نکنم کدخدایان) از توابین بسیار فعال ۲۰۹ بود و حتا شیری را که بازجویان و شکنجه‌گران به‌او می‌دادند تا در اختیار کودکان شــیرخواره قرار دهد وسیله‌ای برای آزار و اذیت مادران‌شان می‌کرد. برادر وی فرید سریع‌القلم (احسان) هم جزو اعضای رهبری اتحادیه‌ی کمونیست‌ها بود که پس از دستگیری به‌خدمت رژیم درآمد و با این‌حال اعدام شد. وحید سریع‌القلم با همه‌ی خدماتی که در اختیار دادستانی انقلاب گذاشت عاقبت در تاریخ ۳۱ مرداد ۱۳۶۴ جزو آخرین ســری توابینی بود که پس از حضور رازینی در سمت دادستان انقلاب‌اسلامی مرکز اعدام شد.

- سیف‌الله کاظمیان فرزند مختار، بازاری، زندانی زمان شاه و کاندیدای مــورد حمایت مجاهدیــن در اولین دوره‌ی مجلس شورای‌اســلامی در بهار ۶۱ دستگیر شــد. وی در چندین مصاحبه و میزگرد تلویزیونی شرکت کرد. «ف ـ ک» یکی از رفقایم زندانی‌ام که در دوران شاه نیز سابقه‌ی زندان داشت، تعریف می‌کرد هنگام سفر با اتوبوس به‌شمال در یک ایست بازرسی، سیف‌الله با لباس سپاه پاسداران وارد اتوبوس شده و به‌بازرسی مسافران پرداخته بود. خوشبختانه وی متوجه «ف ـ ک» نشــده بود. ســیف‌الله کاظمیان پس از آن کــه از یک مرخصی یک‌ماهه به‌زندان بازگشت در تاریخ ۵ اردیبهشت ۱۳۶۴ به جوخه‌ی اعدام سپرده شد. دعاگو که هم‌اکنون امام جمعه‌ی شمیرانات و عضو شورای سیاست‌گذاری ائمه‌ی جمعه و شورای‌مرکزی روحانیت مبارز است، با نام مستعار محمدجواد سلامتی بازجویی و شکنجه‌ی او را در

شعبه‌ی ۱۲ اوین بر عهده داشت. وی در خاطراتش که توسط مرکز اسناد انقلاب‌اسلامی انتشار یافته می‌نویسد: «من پرونده‌ی او را به‌طور ویژه خواستم، چون در جریان فعالیت‌های سیف‌الله کاظمیان بودم. خودم مراحل بازجویی، تکمیل پرونده و محاکمه‌ی او را انجام دادم.»

- حسین احمدی‌روحانی معروف به «شیخ‌حسین» در سال ۱۳۲۰ در مشهد متولد شد. وی به گفته‌ی خودش هم‌مدرسه‌ای خامنه‌ای بود. پس از اخد دیپلم به دانشگاه کشاورزی کرج رفت و در همان‌جا با حنیف‌نژاد بنیان‌گذار سازمان مجاهدین آشنا شد. وی از اولین کسانی بود که به مجاهدین پیوست و به‌مرکزیت این گروه راه یافت. روحانی که مسئول عضوگیری مسعود رجوی بود، به‌هنگام ضربه‌ی ساواک به سازمان مجاهدین ـ در سال ۵۰ -در خارج ازکشور به‌سر می‌برد و دستگیر نشد. وی در سال ۵۵ به‌بخش مارکسیستی این سازمان پیوست و در سال ۵۷ همراه با منشعبین این سازمان، «سازمان پیکار در راه آزادی طبقه کارگر» را تاسیس کرد. روحانی پس از علیرضا سپاسی‌آشتیانی نفر دوم پیکار و ایدئولوگ این سازمان به‌شمار می‌رفت.
روحانی در نیمه‌ی بهمن‌ماه ۶۰ دستگیر شد و به‌همکاری گسترده با بازجویان و شکنجه‌گران پرداخت. طرح مالک و مستاجر که از وی به‌عنوان یکی از بانیان و طراحان آن نام برده می‌شود، باعث آوارگی، دستگیری و کشته شدن بسیاری ازانقلابیون شد. روحانی درمصاحبه‌های تلویزیونی شرکت داشت و در زندان نیز ضمن ایراد سخنرانی‌های متعدد در راستای اهداف دادستانی، کلاس‌های آموزشی مختلفی را برگزار کرد. کتاب سازمان مجاهدین خلق ایران یکی از نوشته‌های اوست که در سال ۶۲ در زندان اوین به‌رشته‌ی تحریر در آمد و توسط مرکز اسناد انقلاب‌اسلامی در سال ۸۴ انتشار یافت. روحانی به‌همراه عابدینی در آذرماه ۶۳ اعدام شد. پیش از آن علیرضا سپاسی‌آشتیانی در زمستان سال ۶۰ در زیر شکنجه جان داده بود و در آبان ۱۳۶۱، مسعود جیگاره‌ای، منیژه هدایی، فریدون اعظمی و... اعدام شده بودند.

- محمد مزیدی، روحانی و اهل علی‌آبادکتول در استان مازندران بود. پیش از انقلاب به‌زندان افتاد و با مجاهدین آشنا شد. مزیدی که پس از پیروزی انقلاب در اولین دوره‌ی انتخابات مجلس شورای‌ملی کاندیدای مجاهدین از علی‌آبادکتول بود، در پاییز ۶۰ دستگیر شد و به‌سرعت به‌خدمت دادستانی انقلاب درآمد و در شعبه‌ی هفت به‌بازجویی و شکنجه‌ی زندانیان پرداخت. او نه تنها خود در جوخه‌های اعدام شرکت می‌کرد بلکه برای نوجوانان نیز موعظه می‌کرد که در جوخه‌ی اعدام شرکت کرده و حکم حاکم شرع و اسلام در مورد محاربان و مفسدان را اجرا کنند و از آن‌جایی که فعالیت چندانی در ارتباط با هواداری از مجاهدین انجام نداده بود و پس از سی خرداد ۶۰ نیز اساساً فعالیتی نکرده بود، انتظار داشت بعد از نشان دادن صداقت خود در همکاری با رژیم و مشارکت در شکنجه وکشتار زندانیان سیاسی، به‌سرعت از زندان آزاد شود.

  در فروردین ۱۳۶۱ مزیدی در جریان مصاحبه‌ی حسین روحانی در حسینیه‌ی اوین با حسرت در حالی که به‌پیشانی‌اش می‌زد می‌گفت: «من پفیوز، من... اگر دنبال این‌ها نرفته بودم، الان یا فرماندار بودم یا استاندار». او لحظه‌ای هم به‌مرگ خود نمی‌اندیشید، با این حال در اردیبهشت ۶۱ به‌شمال برده شد و برای ایجاد رعب و وحشت در منطقه، همراه با یک زناکار اعدام شد. اعدام او ولوله‌ای در میان توابان اوین به‌راه انداخت اما درس عبرتی برای آنان نشد و به‌زودی به فراموشی سپرده شد.

البته توابینی هم مثل مهران سلطانی فرزند محمدکرم و مهرداد خسروانی فرزند نورالله هم بودند که پس از انجام مصاحبه در جمع زندانیان قزل‌حصار به اوین منتقل شدند و به‌ترتیب در ۱۵ تیر ۱۳۶۳ و ۵ مرداد ۱۳۶۳ اعدام شدند. مهرداد خسروانی با آن که سن کمی داشت همراه با بهزاد نظامی یکی از توابان جنایت‌کار زندان که عاقبت در سال ۸۵ به‌بیماری مهلک و دردناکی دچار شد و فوت کرد، در سال ۶۰ به‌دستور لاجوردی جنایات زیادی را علیه زندانیان در

زندان قزل‌حصار مرتکب شده بود. وی پیش‌تر یک بار هم در اوین مصاحبه کرده بود. با این‌حال همکاری با رژیم مانع از اعدامش نشد.

درنده‌خویی رژیم تنها کسانی را که روزی با رژیم از سر جنگ برخاسته بودند شامل نمی‌شد. کسانی که نظام اسلامی به‌نوعی وام‌دارشان بود نیز قربانی بی‌رحمی این رژیم شدند.

- ارتشبد حسین فردوست متولد ۱۲۹۶ از نزدیکان شاه و از دوستان دوران کودکی او بود. فردوست که دوره‌های جاسوسی و ضدجاسوسی را در انگلستان دیده بود، متجاوز از دو دهه مشاغل مهمی چون سرپرستی دفتر اطلاعات ویژه‌ی شاه، قائم‌مقام ساواک و ریاست سازمان بازرسی کل کشور را بر عهده داشت.

فردوست دارای نقشی تعیین‌کننده در صدور اعلامیه‌ی بی‌طرفی ارتش شاهنشاهی در صبح ۲۲ بهمن ۱۳۵۷ بود. اعلامیه‌ای که در نهایت به‌پیروزی نهایی انقلاب منجر شد. وی پس از پیروزی انقلاب در راه‌اندازی دستگاه اطلاعاتی و کمک به‌ایجاد ساختار امنیتی برای حاکمان جدید، خدمات مهم و حساسی را در اختیار رژیم قرار داد. با این‌حال پس از آن‌که تاریخ مصرف‌اش تمام شد توسط نیروهای رژیم دستگیر و از صحنه حذف شد. فردوست سال‌ها پس از انتشار همکاری‌اش با رژیم، در تلویزیون ظاهر شد و دستگاه اطلاعاتی رژیم مدت کوتاهی پس از پخش گفت‌گوهای تلویزیونی وی در سال ۶۵، با صدور اطلاعیه‌ای در تاریخ ۲۸ اردیبهشت ۱۳۶۶ خبر از مرگ وی بر اثر سکته‌ی قلبی در زندان داد. مقامات امنیتی رژیم هیچ‌گاه از تاریخ، محل و نحوه‌ی دستگیری او سخنی به‌میان نیاوردند.

- دکتر مظفر بقایی کرمانی متولد سال ۱۲۹۰ در کرمان بود. وی با آن‌که از بنیان‌گذاران جبهه‌ی ملی بود، از سال ۱۳۳۱ به مخالفت با دکتر مصدق پرداخت و تا کودتای ۲۸ مرداد از سرسخت‌ترین مخالفان او بود. در ماجرای کودتای ۲۸ مرداد نیروهای مظفر بقایی از افرادی بودند

که به‌خانه‌ی مصدق حمله بردند. او در تیرماه ۵۸ به‌مدت کوتاهی دستگیر شد.
بقایی در سال ۵۸ در یک سخنرانی (در محل دفتر حزب زحمتکشان) که به‌وصیت‌نامه‌ی سیاسی او معروف است، در رابطه با قانون اساسی مطالبی مطرح کرد که با توجه به عضویت حسن آیت (که از او به‌عنوان «سکرتر نر» مظفر بقایی یاد می‌شد) در هیئت رئیسه‌ی مجلس خبرگان قانون اساسی، اهمیتی به‌سزا در تاریخ سیاسی ایران پیدا کرد.
حسن آیت به‌نمایندگی از تفکرات بقایی یکی از پی گیران پیشنهاد و تصویب اصل ولایت فقیه در مجلس خبرگان قانون اساسی بود. لازم به‌یادآوری‌ست که حزب زحمتکشان بقایی، چهل صفحه اصلاحیه برای پیش‌نویس قانون اساسی تهیه دیده بود که بخش اعظم آن در قانون اساسی مصوب مجلس خبرگان مورد نظر قرارگرفت. با این حال مظفر بقایی در پاییز ۶۶ دستگیر و بلافاصله در آبان ۶۶ خبر مرگ او در زندان انتشار یافت. مرگی که بیش از هرچیز ردپای رژیم در آن دیده می‌شد. مقامات اطلاعاتی و قضایی رژیم علت مرگ وی را ابتلا به‌بیماری سفلیس اعلام کردند.

هم‌چنین بودند توابین جنایت‌کاری چون ناصر یاراحمدی عضو سازمان راه کارگر، شعبان‌علی اردکانی، مسعود اکبری، حمید مهدی‌شیرازی از اعضای مجاهدین، حسن گسگری هوادار اقلیت، مهدی پرتوی مسئول بخش نظامی و مخفی حزب توده و ... که علیرغم خیانت‌های بی‌شماری که مرتکب شدند و مسئولیت مستقیمی که در دستگیری، شکنجه و آزار و اذیت زندانیان داشتند، جان سالم به‌در برده و از زندان آزاد شدند.
بسیاری از توابینی که در زندان‌های جمهوری اسلامی مرتکب جنایات بی‌شماری شدند پس از آزادی از زندان زندگی رقت‌باری داشتند.

افراد یاد شده تنها توابینی نیستند که پس از همکاری به‌جوخه‌ی اعدام سپرده شدند، به‌این لیست می‌توان اسامی زیادی را افزود. مطمئناً کسی نمی‌داند آن‌ها

پس از این همه همکاری، وقتی در مقابل جوخه‌ی اعدام قرارگرفتند چه احساسی داشتند.

این دسته تواب‌ها که قبل از دستگیری و در زمانی که آزادانه حق انتخاب داشتند، حرکت در مسیر مردم و تلاش برای احقاق حقوق آنان را برگزیده بودند، در دوران زندان به‌خاطر فشارهایی که بر آنان وارد شد به‌خدمت رژیم درآمدندکه متأسفانه در بیست و هشت سال گذشته غالباً زشتی و پلیدی اعمال این گونه افراد مورد توجه قرارگرفته است؛ در حالی که در همان دوران افراد و جریان‌هایی هم‌چون رهبران سازمان فدائیان خلق اکثریت و حزب توده آگاهانه و آزادانه و بدون آن‌که شکنجه شده باشند و یا تحت فشار قرارگرفته باشند، در خدمت جمهوری‌اسلامی و اهداف آن قرارگرفتند و بعضاً با جانیان حاکم برکشورمان همکاری کردند و هنگام دستگیری، شکنجه، اعدام و نمایش شوهای تلویزیونی با ابراز خوشحالی، موفقیت دشمنان مردم را جشن گرفتند و اقدام به‌ارسال تبریک به‌مقامات نظام کردند.

یادآوری: افرادی که نام برده شدند سابقاً عناصر مبارزی بودندکه پس از دستگیری به‌خدمت ساواک درآمده و از زندان آزاد شدند. آن‌ها با حفظ پرستیژ سابق و در قالب مبارزه با نظام شروع به‌شناسایی افراد مخالف نظام کردند.

غالب گروه‌های سیاسی در دهه ۴۰ و ۵۰ از طریق چنین افرادی لو رفتند. گروه جزنی و پاک‌نژاد از طریق عباس‌علی شهریاری نژاد لو رفتند. هر دو برای خروج ازکشور به وی رجوع کرده‌اند.

گروه مجاهدین از طریق شاه‌مراد دلفانی لو رفتند. مجاهدین برای تهیه اسلحه به او مراجعه کرده بودند. شهریاری‌نژاد و دلفانی از عناصر سابق حزب توده بودندکه هم‌چنان خود را ضد شاه نشان می‌دادند. شهریاری‌نژاد هم‌زمان باکار در ساواک، مسئول تشکیلات تهران حزب توده هم بود.

گروه دانشیان وگلسرخی و... از طریق فتانت لو رفت.

شرفیابی
و درخواست عفو و انابه در حضور رهبری

در خبرها آمده است که کودتاچیان در صدد اجرای نمایش تازه‌ای تحت عنوان «شرفیابی و درخواست عفو و انابه در حضور رهبری» هستند. گفته می‌شود:

> «قرار است که کلیه‌ی زندانیان بازداشت شده‌ی بعد از انتخابات که تحت فشار بازجویان تن به‌مصاحبه داده بودند، به‌دفتر رهبری رفته و دو نفر از آنان با تشکر از رهبری و برائت از «فتنه‌ی سبز» رسماً در محضر رهبری توبه کرده و ایشان نیز توابین را مشمول عفو قرار دهند.»[1]

ظاهراً قرار است جوانان بازداشت‌شده در وقایع بعد از انتخابات که ارتباط خود را با بازجوهای‌شان حفظ کرده‌اند نیز به‌عنوان سیاهی لشکر در این نمایشنامه شرکت کنند. در همین راستا محسنی‌اژه‌ای یکی ازگردانندگان دستگاه‌های بی‌رحم و شقاوت‌پیشه‌ی امنیتی و قضایی جمهوری‌اسلامی در سی سال گذشته و آمران

۱- سیاست نظام جمهوری‌اسلامی این‌ست که با لطایف‌الحیل تعداد شرکت‌کنندگان را هرچه بیش‌تر نشان دهد و با دادن نقش سخنگویی به چند نفر، بقیه را هم‌راه و هم‌رأی و هم‌اندیشه‌ی آنان معرفی کند.
www.rahesabz.net/story/11035

قتل‌های زنجیره‌ای مدعی شده است:

«اگر کسانی که در اغتشاشات اخیر دستگیر شده‌اند و پرونده دارند واقعاً توبه کرده و خساراتی که وارد کرده‌اند را جبران کرده هم‌چنین مسیر گذشـــته خود را اصلاح کنند حتماً در دادگاه تجدیدنظر مورد کمک قرار خواهند گرفت.»[1]

در حـــالی که هـــزاران نفر در ماه‌های گذشـــته دســـتگیر و مـــورد آزار و اذیت قرار گرفته‌اند و رژیم، حداقل پذیرفته است که چهار نفر در کهریزک در اثر شکنجه به قتل رسیده‌اند، دکتر ملکی از بستر بیماری و در حالی که تحت شیمی‌درمانی بود به‌زندان منتقل شده است، ابراهیم یزدی و بهزاد نبوی از زندان به‌بیمارستان قلب برده شده و تحت عمل جراحی قرارگرفته‌اند و علی‌رضا بهشتی به‌حمله‌ی قلبی دچار شده است، محسنی‌اژه‌ای در مقام دادستان کل کشور می گوید:

«عفوهای جمهوری‌اســلامی این‌قدر افزایش یافته که حتی مورد اعتراض مردم قرارگرفته است.»[2]

صحنه‌گردانان این نمایش برای اجرای نقش اصلی، محمد عطریان‌فر از رهبران کارگزاران، ســیدمحمدعلی ابطحی از مشــاورین کروبی و رئیس دفتر خاتمی و محمدرضا تاجیک از مشاوران موســوی و معاونان سابق وزارت اطلاعات را برگزیده‌اندکــه دو نفــر اول در مقابــل تهدید بازجویان به‌افشــای «موارد غیراخلاقی»شان، به‌سرعت سرتسلیم فرود آوردند و به‌ایراد اتهام و دروغ‌پردازی علیه دوســتان خود پرداختند. از قرار معلوم این افراد بارها نقشی را که به آن‌ها سپرده شده، تمرین کرده‌اند.

هم‌چنین در خبرها آمده است بازجویان با زندانیانی که حکم‌شان توسط دادگاه بدوی صادر شده و یا منتظر صدور حکم هستند تماس گرفته و آن‌ها را به‌انجام مصاحبه‌هایی که متن آن از پیش در اختیارشان گذاشته می‌شود وادار می کنند.[3]

1-www.rahesabz.net/story/11034/

۲- پیشین

3-www.rahesabz.net/story/11192/

مراسم «سپاس گویان» و عجز و لابه در محضر «رهبری» در کشور ما سابقه‌ی طولانی دارد. از عفونامه نویسی‌های سران حزب توده پس ازکودتای ۲۸ مرداد که بگذریم، اولین بار شکل عمومی مراسمی از این قبیل، در۱۵ بهمن ۱۳۵۵ به‌میمنت بیست و هشتمین سالگرد جان به‌در بردن شاه از سوءقصد ناصر میرفخرایی در صحن دانشگاه تهران، با حضور شصت و شش نفر از زندانیان سیاسی/ مذهبی و مارکسیست‌های بریده و نادم برگزار شد.

شرکت کنندگان در این مراسم بدون کوچک‌ترین فشاری از سوی ساواک تنها به‌خاطر عدم تحمل شرایط زندان و نفی مبارزه به‌چنین کاری تن دادند. در مراسم «شاهنشاها سپاس» از جمله، گردانندگان مؤتلفه‌ی اسلامی که بعد از انقلاب، دادستانی اوین و شکنجه‌گاه‌های آن را اداره می‌کردند حضور داشتند. حبیب‌الله عسگراولادی، ابوالفضل حاج‌حیدری (رئیس بی‌رحم اوین در سال ۶۰)، آیت‌الله انواری نماینده‌ی خمینی و خامنه‌ای، مهدی کروبی، قدرت‌الله علی‌خانی، حاج‌مهدی عراقی و... جزو زندانیانی بودندکه با حضور در مقابل دوربین‌های تلویزیونی با فریادهای «شاهنشاها سپاس» از «عفو ملوکانه» تشکرکردند و از زندان آزاد شدند. بادامچیان، لاجوردی وکچویی به‌مناسبت ۲۸ مرداد ۵۶ و مهدوی‌کنی پیش از برگزاری مراسم «شاهنشاها سپاس» آزاد شده بودند.[۱] بعد از این مراسم نیز برخی دیگر از چهره‌های مؤتلفه وکسانی‌که بعدها در جنایات رژیم سهیم شدند، با نوشتن توبه‌نامه و درخواست عفو از زندان آزاد شدند.

یادم هست عسگراولادی در حالی‌که بلوز یقه اسکی روشنی در زیرکت به‌تن داشت، آرم پنجاهمین سالگرد شاهنشاهی پهلوی را به‌سینه زده بود. وی پیش‌تر در نامه‌ای به شاه از وی خواسته بودکه «کریمانه» وی را عفوکند و اجازه دهد به‌سر خانه و زندگی خود بازگردد. وی هم‌چنین تأکیدکرده بودکه اساس مذهب شیعه بر پایه‌ی اعتقاد به«سلطنت» شکل گرفته است. این افراد بعدها با عقده‌هایی‌که از دوران شاه داشتند برای پوشاندن ضعف‌های خود، شدیدترین شکنجه‌ها را برای واداشتن زندانیان به‌مصاحبه‌های تلویزیونی اعمال‌کردند.

۱-برای اطلاعات بیش‌تر رجوع‌کنید به مقاله‌ی تحقیقی همنشین بهار در این مورد:
www.didgah.net/maghalehMatnKamel.php?id=10269

هرچند در دوره‌ی اخیر میزان فشار وارده به‌افراد برای انجام مصاحبه و تن دادن به‌شرایط رژیم قابل قیاس با دوره‌ی سیاه دهه‌ی ۶۰ نیست اما در هر حال خیمه‌شب بازی برنامه‌ریزی شده از سوی دستگاه قضایی و امنیتی ولی فقیه، مرا به یاد دو واقعه می‌اندازد. وقایعی که در دهه‌ی ۶۰ یکی از سیاست‌های اصلی نظام بود و ظاهراً در این زمینه نیز تلاش می‌شود نوآوری صورت گیرد و فجایع، به‌روز شود.

خیمه شب‌بازی‌های پس از کشتار ۶۷

روز ۳ اسفند ماه ۶۷ در حالی که رژیم به‌تازگی پروژه‌ی قتل‌عام زندانیان سیاسی را به‌اتمام رسانده و خبر این جنایت را به‌اطلاع خانواده‌هایی که هفت سال چشم در راه بازگشت فرزندان‌شان بودند رسانده بود، صدها زندانی سیاسی از گروه‌های مختلف را به‌سمیناری تحت عنوان «بیعت اعضای گروهک‌های مشمول عفو عمومی با حضرت امام» در تالار رودکی بردند. می‌خواستند «عطوفت» و «مهربانی» امامی را نشان دهند که به‌تازگی با بی‌رحمی و شقاوت فرمان قتل هزاران زندانی بی‌گناه را صادر کرده بود.

کارگزاران این سمینار ــ جدا از دستگاه اطلاعاتی و امنیتی جمهوری‌اسلامی ــ احمد جنتی عضو شورای‌نگهبان و مسئول «سازمان تبلیغات‌اسلامی» و علی‌محمد بشارتی قائم‌مقام وزارت خارجه بردند. در این سمینار نورالدین کیانوری دبیر اول حزب توده، محمدمهدی پرتوی عضو هیئت سیاسی حزب توده، سعید شاهسوندی عضو سابق کمیته‌ی مرکزی مجاهدین، ایرج کایدپور عضو کومله، بیژن شیروانی، مشاور مرکزیت فداییان اکثریت (کنگره ۱۶ آذر)، اصغر نیکویی از نهضت مقاومت‌ملی وابسته به شاپور بختیار، علی‌اکبر اکباتانی عضو دفتر سیاسی حزب رنجبران ایران، پروین پرتوی و راضیه طلوع‌شریفی هوادار سازمان مجاهدین در حالی که تیغ اعدام را بالای سرشان نگه‌داشته و فضای خوفناکی در اطراف‌شان ایجاد کرده بودند، به سخنرانی پرداختند.

روز ۴ اسفند، ابتدا زندانیان مزبور را با اتوبوس از اوین، جلوی دفتر سازمان ملل در میدان آرژانتین بردند تا وانمود کنند که زندانیان سیاسیِ رسته از کشتار ۶۷، انزجار خودشان را از سازمان‌های بین‌المللی حقوق بشری و ارگان‌های ذیربط

سازمان ملل به‌خاطر محکومیت کشتار ۶۷ اعلام می کنند. سپس آن‌ها را به مقابل ساختمان مجلس شورای‌اسلامی منتقل کردند تا تشکر خودشان را از نمایندگان «مردم» اعلام کنند. مراسم مربوطه از سیمای جمهوری‌اسلامی پخش شد و به‌این ترتیب جانیان که به‌تازگی ازکشتار ۶۷ بیرون آمده بودند تلاش کردند خود و امام بی‌رحم و سیاه‌دل‌شان را مظهر «عطوفت» و «مهربانی» و «گذشت» معرفی کنند.

ظاهراً این بار نیز «شتر ولایت» در خانه‌ی پاره‌ای از «خودی‌ها» نشسته و قربانیان خود را از میان کسانی می گیرد که سابقاً این گونه اعمال را نشانه‌ی اقتدار خود و «نظام» ارزیابی می کردند.
انتخاب ابطحی، عطریانفر و محمدرضا تاجیک چنان‌که در بالا توضیح داده شد دور از انتظار نبوده و نیست، همان‌طور که در موارد قبلی هم انتخاب سخنرانان اصلی بی‌دلیل نبود.

میزگردها و مصاحبه‌های مطبوعاتی سال‌های دهه‌ی ۶۰

در این نوشته قصد ندارم به‌سیاست مصاحبه گیری در نظام جمهوری‌اسلامی بپردازم بلکه تنها به میزگردهایی که در سال ۶۲ از سیمای جمهوری‌اسلامی پخش شد و سرنوشت شرکت کنندگان در این میزگردها اشاره می کنم تا صحت و سقم ادعاهای رژیم و حامیانش مشخص شود. البته هستند بسیاری که در این مواقع چشم بر روی جنایت رژیم می‌بندند و به‌خاطر منافع سیاسی، گروهی و یا شخصی خود با دست گذاشتن بر روی ضعف‌های قربانیان، حقانیت رژیم و جانیان را نتیجه می گیرند.[1]

۱- در سیاه‌ترین روزهای دهه‌ی ۶۰ سازمان فدائیان خلق اکثریت و حزب توده با تبلیغات خود تلاش می‌کردند مصاحبه و ندامت‌نامه‌های تلویزیونی را که بعضاً در اثر شکنجه‌های غیرقابل وصف اخذ می‌شد نشانه‌ی به بن‌بست رسیدن گروه‌ها و حقانیت نظام‌جمهوری‌اسلامی معرفی کنند. آن‌ها در این راه هیچ ابایی نداشتندکه دروغ‌های بزرگی هم تولیدکنند و آن‌ها را به کسانی که اطلاعی از شرایط زندان‌ها نداشتند ارائه دهند.
«موج تزلزل و بی‌ایمانی در میان اعضای گروهک‌ها
پدیده‌ی بسیار قابل ملاحظه‌ای که هم‌زمان با گسترش ضربات بر پیکر مجاهدین و سایر گروهک‌ها مشاهده می‌شود موج «ارتداد» و بازگشتی است که از صدر تا ذیل رده‌های تشکیلات آنان را در بر گرفته است. زمانی که در مردادماه وصیت‌نامه‌ی سعادتی منتشر می‌شد رهبران خائن مجاهدین شایع کردند وصیت‌نامه ساختگی است. آن‌ها در مورد حرف‌های افرادی چون «جان‌فشان وظیفه» چنین

سابقه‌ی میزگرد و مصاحبه‌ی دسته‌جمعی

در سال‌های ۶۰ و ۶۱ آن‌چه برای مقامات قضایی و سیاسی اهمیت داشت، اعتراف زندانیان دستگیر شده و دشمنان قسم خورده‌ی رژیم به حقانیت، ماندگاری، ثبات و... رژیم و هم‌چنین بیان انحراف، خیانت، عدم صداقت و... گروه‌های سیاسی بـــود. تمامی تلاش کارگزاران رژیم بر این پایه قرارگرفته بود که افراد را در برابر دوربین بنشـــانند. در این دوران محتـــوای مصاحبه‌ها چندان مهم نبود. حتا گاه

داستان‌هایی ســر هم کردند تا این‌طور وانمود کنند و یا چون حرف‌ها و وعده‌های مجاهدین صد درصد صحیح و اصولی است تمام انقلابیون «واقعی» بدان وفادار می‌مانند. لاکن طولی نکشید که شـــمار افرادگروهک‌ها که راه‌گذشـــته خود را نفی می کردند و راه انقلاب را تأییدِ می کردند چنان بالا گرفت که دیگر هیچ جای انکار و توجیه باقی نماند. ســرانجام امروز تقریباً تمام افراد مجاهدکه دســـتگیر می‌شوند دیگرِ حاضر نیستند از راهی که رفته‌اند دفاع کنند و اسرار گروه خود را برملا نکنند. چنین پدیده‌ای کاملا قابل تعمق اســـت. ضِدانقلاب، مذبوحانه می کوشد این‌طور وانمود کندکه فشـــار در زندان‌ها چنان بالاســـت که تقریباً هیچ کس را یارای مقاومت نیست. این حرف یک یاوه ابلهانه است. مگر نه این که تشدید فشار ساواک در زمان شاه خود ناشی از اعتلای روحی بیش‌تری در میان زندانیان می گردید؟ چگونه است که امروز همین پدیده (اگر وجود داشته باشـــد) این چنین توانسته است موج عظیمی از «ارتداد» و سرخوردگی و یاس و از همه مهم‌تر و برجسته‌تر بازگشت آگاهانه و مصممانه به اردوی انقلاب پدید آورد و راهیان کج‌راه دیروز را به‌مبارزه علیه جریانی بکشـــاندکه تا دیروز خود را وابســـته به‌آن می‌دانستند. توسلِ به‌بهانه‌ی «فشار» فقط برای فرار از پاسخ گویی جدی علمی به‌مسئله است. راست این است که اگر اعضای گروهک‌ها با همان اطمینانی که فدائیان خلق و یا مجاهدین خلق و دیگر انقلابیونِ در سال‌های قبل از انقلاب به‌حقاینت راه خود داشتند، به‌میدان آمده بودند، هیچ فشاری و مطلقاً هیچ فشاری قادر نبود صف آنان را هم درهم شـــکند و یکایک آنان را به‌راه مقابله آشـــکار با هم‌راهان دیروز خود سوق دهد. به‌جرأت می‌توان گفت که محمدرضا سعادتی و مهدی بخارایی‌ها امکان نداشت زیر فشاری صدها بار مرگ‌بارتر از آن‌چه که ساواک به‌روز آن‌ها آورد همان حرف‌هایی را بزنندکه این بار پس از صدور حکم اعدام در واقع در وصیت‌نامه خود گفتند. به‌راستی چرا این موج «ارتداد» و بازگشت این‌قدر وسیع است و از افرادکادر مرکزی تا پایین‌ترین سطوح هواداران را در بر می گیرد؟ اخباری که از افراد آزادشده از زندان می‌رسد ابعاد بازگشت را بسیار وسیعِ‌تر از آن‌چه در خارج انعکاس می‌یابد ترسیم می کند. آن‌ها می گویند در زندان‌ها بدون اغراق تقریباً افراد وابســـته به گروهک‌ها از سازمان خود بریده‌اند. اگر درگذشـــته کسی در زندان در برابرِ رژیم شاه سر فرود می‌آورد به‌سرعت منفرد می‌شد و شـــدیداً مورد نفرت مردم و زندانیان قرار می گرفت. امروز عکس این پدیده در زندان به‌چشـــم می‌خورد به‌راستی... گسترش این پدیده چیست؟

...چنین افرادی آرزو دارندکه ای کاش فرصت می‌یافتند تا همه‌ی هســـتی خود را در رهی نهندکه انقلاب از آنان می‌طلبد. ...آن‌ها مهم‌ترین رسالت خود را نجات یاران سابق خود وگشودن راه برای بازگشت آنان می‌بینند. آنان آماده‌اند تا خود را فدا کنند تا نادرستی راه یاران سابق خود را به آن‌ها نشان دهند. برای این دسته امروز هیچ خبری لذت‌بخش تر از آن نیست که ببینند و بشنوندکه یخ‌های کینه و سوءظن میان نیروهایی که اهداف انقلابی را دنبال می کنند شکسته می‌شود و جای خود را به‌اتحاد و دوستی می‌دهد. انبوه افراد این دسته آماده‌اند تا نهادهای انقلابی و همه‌ی نیروهای مدافع انقلاب را با تمام وجود در راه شکستن این یخ‌ها یاری دهند.

نشریه‌ی کار اکثریت، شماره‌ی ۱۴۹ -۲۸ بهمن ۱۳۶۰- صفحات ۱۷ – ۱۸

راضی بودند افراد در تلویزیون حاضر شوند و سازمان متبوع خود در شکلی محدود و کوتاه محکوم کنند. اما کم‌کم به‌اثرات زیان‌بار، یا بی‌حاصل برخی از این مصاحبه‌ها پی بردند.

در تابستان ۶۱ یکی از مصاحبه‌های مهم که از طریق تلویزیون سراسری پخش شد، تغییر عمده‌ای در سیاست رژیم پدید آورد. مصاحبه‌گر که شخص اسدالله لاجوردی بود، با اعمال شکنجه‌های بسیار، چند تن از اعضای تیم‌های عملیاتی مجاهدین را به‌پای میز مصاحبه کشانده بود. در مصاحبه‌ی مزبور، کورش خاوریان، عباس صحرایی، برادران نصیری، محمد نوزادحاتمیان، حسین شیخ‌الحکما، محمدرضا جمال‌لو، ذات‌الله و جبار شرکت داشتند. کورش خاوریان را از روی تخت بهداری اوین در حالی که دستگاه همودیالیز را از بدنش جدا کرده بودند، با تهدیدِ «یا تخت شکنجه و یا مصاحبه» برای مصاحبه آورده بودند. محمد نوزادحاتمیان[1] پیش از آن‌که در هم شکسته شود، شکنجه‌های هولناکی را تحمل کرده بود.
عباس صحرایی، ذات‌الله و جبار در شعبه‌ی هفت که قصاب‌خانه‌ی اوین بود شدیدترین شکنجه‌ها را متحمل شده بودند. مصاحبه، شرط اعدام‌شان بود. دو نفر آخر تنها به‌معرفی خود و دلیل دستگیری‌شان پرداختند.[2]
برادران نصیری، آن‌که به‌گمانم پانزده ساله و کوچک‌تر بود، فریب لاجوردی را خورد و به‌خیال آن‌که عفو می‌شود در مصاحبه شرکت کرده بود و حمید برادر بزرگ‌تر در زیر فشار شکنجه حاضر به‌شرکت در نمایش رژیم شده بود. لاجوردی هر دو را در کمال خونسردی و قساوت اعدام کرد.

۱- محمد نوزادحاتمیان، یکی از هواداران بخش دانش‌آموزی مجاهدین بود که در یک درگیری پس از مجروح شدن و بلعیدن قرص سیانور دستگیر و پس از مداوای ابتدایی به‌زیر شدیدترین شکنجه‌ها برده شد. وی چندین بار اقدام به خودکشی ناموفق کرد. جنایت‌کاران برای شکستن وی از هیچ کوششی حتی شکنجه‌ی خواهرش در حضور او خودداری نکردند. محمد عاقبت در زیربار فشارها شکست و به‌مصاحبه تن داد و در شعبه بازجویی و گشت دادستانی به‌همکاری با بازجویان و پاسداران پرداخت. در سال ۶۱ در مأموریتی که همراه با چندین پاسدار و بازجو به تبریز می‌رفت، در میانه‌ی راه با هجوم خود به‌راننده، ماشین را به دره انداخت و همگی کشته شدند.
۲- ذات‌الله و جبار به‌سرعت اعدام شدند. جبار کاندیدای انجام عملیات انتحاری روی غلامرضا حسنی امام جمعه‌ی ارومیه بود که حتی پسر خود رشید را که از اعضای فدائیان خلق اقلیت بود تحویل رژیم داده بود. رشید پس از تحمل شکنجه‌های سخت اعدام شد.

محمدرضا جمال‌لو نیز شکنجه‌های غیرقابل توصیفی را تحمل کرده بود. از آن جمع تنها حسین شیخ‌الحکما بدون فشار و اجبار تن به‌مصاحبه داد و به خودشیرینی پرداخت.

لاجوردی از آنان در مورد عملیات سازمانی گوناگونی که در آن‌ها دست داشتند، سؤال می‌کرد و آن‌ها هم با تشریح نحوه‌ی عملیات و با ذکر جمله‌ی «متأسفانه سوژه شهید شد»، از موردی به‌موردی دیگر می‌پرداختند. این مصاحبه‌ی دسته‌جمعی در حالی ضبط می‌شد که بازجویان در پشت دوربین حضور داشتند و از همان‌جا قربانیان‌شان را تهدید می‌کردند. از جمله موضوعاتی که مورد اعتراض اطلاعات سپاه قرارگرفته بود، تعریف آن‌ها از تلاش ناموفق‌شان برای ترور سعید حجاریان بود که آن موقع از او با نام سعید مظفری نام می‌بردند. طبق روایت پخش شده از سیمای جمهوری‌اسلامی، وقتی حجاریان متوجه تیم عملیاتی و قصد آن‌ها می‌شود، فرزند کوچکش را به‌عنوان سپر جلوی خود می‌گیرد و تیم عملیاتی به خاطر آن‌که جان بچه به‌خطر نیفتد از شلیک خودداری می‌کند.

اطلاعات سپاه و بازجویان ۲۰۹ به توصیه‌ی تواب‌های بلند مرتبه‌ای که در خدمت داشتند به‌منظور زدودن آثار چنین مصاحبه‌هایی، بلافاصله دست به کار شدند و یک مصاحبه‌ی جمعی بیست ونه نفره را که به‌یک سمینار و گردهمایی از گروه‌های مختلف شبیه بود، ترتیب دادند. مصاحبه شوندگان طی سخنانی که در این سمینار ایراد کردند، از جنبه‌های مختلف به‌نقد گذشته و جریان سیاسی مورد حمایت خود پرداختند. کسانی که با اتهام مجاهدین در این جلسه حضور داشتند تا جایی که به‌خاطر دارم، عبارت بودند از ابوالقاسم اثنی‌عشری، هادی جمالی، محمد مقدم، سیف‌الله کاظمیان، اصغر فقیهی، سیروس لطیفی که حرف چندانی نزدند و بیش‌تر اثنی‌عشری و جمالی به تجزیه و تحلیل مسائل پرداختند. از نزدیکان بنی‌صدر، سواد به سدیفی، احمد غضنفرپور، محمد جعفری، ناصر تکمیل‌همایون، مصطفی انتظاریون و رضا بنی‌صدر؛ از جبهه‌ی ملی، دکتر پرویز ورجاوند و سعید حجازی به‌عنوان سیاهی لشکر؛ و از پیکار، قاسم عابدینی، مهری حیدرزاده، حسین روحانی و اگر اشتباه نکنم عطا نوریان؛ و احمد عطاءاللهی از سازمان چریک‌های فدایی خلق اقلیت نیز در این سمینار شرکت کرده بودند.

محمد جعفری مسئول روزنامه‌ی انقلاب اسلامی و از نزدیکان بنی‌صدرکه خود از شرکت‌کنندگان و سخنرانان این سمینار بود در مورد چگونگی راه‌اندازی آن می‌نویسد:

> ... از گفتگوهـــا و بحـث‌ها فهمیدم که قرار اسـت یک مصاحبه‌ی تلویزیونی دسته‌جمعی از گروه‌های مختلف ترتیب دهند که در آن افراد شرکت‌کننده سیاست و روش گروه‌های خود را نفی و انتقاد کنند. از خــلال بحـث‌ها معلوم بود که همه چیز از قبل وسـیله‌ی عده‌ای برنامه‌ریزی شده و قرار گذاشته‌اند که چه کسانی، چه کاری بکنند، صحبت‌ها را نیز آماده و بررسی کرده بودند و مورد تصویب قرارگرفته بود. ... این برنامه و بعضی دیگر را آقای حســن واعظی [یکی از بازجویان بی‌رحم] به احمد [غضنفرپور] و حسین روحانی خط داده بود و احمد و حسین نیز آن‌را پخته و پیشنهاد کرده بودند. ... چنان کـه تعریف کردند، مصاحبه را بازدیدکرده و به جماران هم برده بودند و از مصاحبـه راضـی بودنـد. با وجود این، روز بعد باز حسن واعظی برگشت و گفت: «به دو علت این مصاحبه باید تکرار شود و از نو فیلم‌برداری گردد: یکی این که وقتی فیلم‌برداران مشغول برداشتن فیلم بوده‌اند آقای ورجاوند و یک نفر دیگر سرشان را پایین انداخته‌اند و فیلم خوب نشده است و دوم این که متنی را که جعفری قرائت کرده در آن از خودش نامی نبرده و نگفته که من هم بوده‌ام.»[1]

فیلم این گردهمایی که در سالن سینمای ستاد مرکزی سپاه پاسداران در سلطنت‌آباد برگزار شده بود، در شهریورماه از طریق سیمای داخلی اوین برای زندانیان نمایش داده شد و نمایش عمومی آن در تلویزیون رژیم با یک کار حساب‌شده از اواخر مهرماه شروع شد و به‌صورت هفتگی تا اواخر آبان‌ماه ۶۱ ادامه یافت. از آنجایی که مخاطب این گردهمایی جوانان بودند، پاییز را برای نمایش انتخاب کرده بودند که روزها کوتاه‌تر هستند و به‌علت درس و تحصیل مطمئناً جوانان بیش‌تری

۱- اوین، گاهنامه‌ی پنج سال و اندی، خاطرات محمد جعفری، انتشارات برزاوند، ۱۳۸۰، جلد اول صفحه‌های ۲۱۴ و ۲۱۵.

در منزل بودند و می‌توانستند مصاحبه‌ها را تماشا کنند.

این سمینار در واقع سنگ‌بنای سیاست جدیدی بود که از سوی رژیم پایه‌ریزی شد. مقام‌های رژیم با تشکیل مصاحبه‌های جمعی و تحلیل مواضع و سیاست‌های گروه‌های سیاسی، به‌شکل عمیق‌تر و مؤثرتری علیه آنان توطئه می‌کردند. مسئولان رژیم مطمئن بودند کسانی که در زیر فشارهای شدید تن به مصاحبه داده‌اند، آن‌چه را که آنان می‌خواهند، تمام و کمال بر زبان نخواهند آورد. برای همین سعی‌شان بر این بود که با ترکیب مجموعه‌ای از افرادی که بر اثر شکنجه و فشارهای شدید تن به مصاحبه داده بودند با کسانی که به‌خدمت رژیم درآمده بودند و خود از نزدیک در جنایت‌های رژیم مشارکت داشتند، به مصاحبه‌ها «اعتبار» بیش‌تری بخشند. در ضمن تلاش می‌کردند با توسل به‌شیوه‌های مختلف، این‌گونه عنوان کنند که موارد مطرح شده در مناظره و گردهمایی‌ها مورد تأیید همه‌ی شرکت‌کنندگان است.

میزگرد رهبران حزب توده

جدا از مصاحبه‌هایی که کیانوری، احسان طبری، محمود اعتمادزاده (به‌آذین)، کیومرث زرشناس[1] و... داشتند، در ۱۱ مهرماه۶۲ مصاحبه‌ی دسته‌جمعی رهبران حزب توده که در ۱۵ شهریور۱۳۶۲ به‌کارگردانی علی عمویی برگزار شده بود، پخش شد. در این مصاحبه‌ی تلویزیونی، اعضای حزب توده، به‌ویژه عده‌ای از آنان که دوران کهن‌سالی را می‌گذراندند، پس از تحمل شکنجه‌های طاقت‌فرسا مقابل دوربین آورده شدند تا سناریوی مورد علاقه‌ی بازجویان را اجرا کنند. نکته‌ی حائز اهمیت آن که خود این افراد در دوران آزادی‌شان، منکر فشار و شکنجه‌ی بازجویان برای انجام مصاحبه‌های تلویزیونی بودند و این مصاحبه‌ها را یکی از دلایل حقانیت رژیم معرفی می‌کردند.

در این برنامه نورالدین کیانوری، دبیرکل حزب توده؛ فرج‌الله میزانی (ف. جوان‌شیر) مسئول کل تشکیلات؛ منوچهر بهزادی، مسئول روزنامه‌ی مردم و عضو هیئت سیاسی و هیئت دبیران حزب؛ علی عمویی، مسئول روابط عمومی حزب؛ عباس حجری، مسئول کمیته‌ی ایالتی تهران؛ انوشیروان ابراهیمی، مسئول آذربایجان؛ علی

۱- کیومرث زرشناس در تیرماه ۱۳۶۷ اعدام شد.

گلاویژ، مسئول کردستان؛ محمدمهدی پرتوی، مسئول سازمان مخفی؛ احمدعلی رصدی، عضو کمیسیون بازرسی؛ مهدی کیهان، مسئول شعبه‌ی کارگری؛ حسین جودت، عضو هیأت سیاسی وکمیته‌ی مرکزی؛ آصف رزم‌دیده، عضوکمیته‌ی مرکزی؛ گاگیگ آوانسیان، مسئول تدارکات حزب؛ محمد پورهرمزان، مسئول انتشارات؛ فریدون فم‌تفرشی، مسئول تشکیلات تهران؛ شاهرخ جهانگیری، از مسئولان سازمان نظامی؛ غلام‌حسن قائم‌پناه، عضوکمیته‌ی مرکزی؛ و رضا شلتوکی، عضو هیأت سیاسی و هیأت دبیران حزب توده به افشاگری در مورد حزب توده‌ی ایران و سوابق آن پرداختند.

علی عمویی در نقش گرداننده‌ی میزگرد، در زمینه‌های مختلف از افراد سئوال می‌کرد. وی هم‌چنین برای ایراد سخنرانی به اصفهان نیز فرستاده شده بود. درکتاب «اعترافات سران حزب توده ایران» در معرفی میزگرد و شرکت‌کنندگان آن آمده است:

> «در این‌جا کسی آن‌ها را اجبار نمی‌کند، زیرا که مصاحبه‌گر و مصاحبه‌شونده خودشان هستند. ... هم اینک اینان به‌میل خود تنبور عقده‌های چندین و چند ساله‌ی خویش را در پناه رفاقت و یک‌رنگی می‌نوازند تا حقیقت خویش را در جایگاه تاریخ معاصر این آب و خاک بازیابند. به‌راستی که یافته‌های‌شان ارزان نیست و باورهای‌شان پندی است آویزه‌ی هرگوش. زیرا که مصاحبه‌گر این مجلس بی‌ریا و یکرنگی محمدعلی عمویی است و مصاحبه‌شوندگان خواستار ادای دین!»[1]

تنها تنی چند از شرکت‌کنندگان در چنین میزگردها و مصاحبه‌هایی توانستند بعدها درباره‌ی ماهیت این گونه میزگردها توضیح دهند. متأسفانه غالب کسانی که در چنین میزگردها و مصاحبه‌هایی شرکت کردند فرصت نیافتند تا در مورد رنج و مصیبتی که برای شرکت در این گونه نمایش‌ها متحمل شدند توضیح دهند.

علی عمویی که در دوران شاه، بیست وپنج سال از عمر خود را در زندان گذرانده

۱-اعترافات سران حزب توده‌ی ایران، جلد اول، زمستان ۱۳۷۵، موسسه انتشاراتی فرهنگی نگره، صفحه‌ی ۱۲.

بود. پس از آزادی از زندان خمینی و یافتن دوباره‌ی خود، درباره‌ی این دست از مصاحبه‌ها در گفتگویی با نشریه شهروند کانادا، مورخ ۲۸ فروردین ۱۳۸۳ می‌گوید:

«اما بخشی از ما که ۱۷ بهمن [۶۱] دستگیر شده بودیم در این دوره شاهد فشارهای بی‌حد و مرزی بودیم. هدف این فشارها آن بود که ما را به پذیرش اتهامات بی‌پایه و اساس بازجویان وادارند. نتیجه‌ی سه ماه اعمال فشارهای جسمی و روانی، شوهای تلویزیونی بودند که شاید شاهدان آن‌ها به این امر واقف نباشند که این شوها تحت چه شرایطی تولید شده بودند. این‌ها حتا شامل قسمت‌هایی بودند که خود آقایان نیز از نمایش آن‌ها خودداری کردند. شاید روزی نظیر آن‌چه امروز توسط سازمان اسناد ملی چاپ و منتشر شده و مربوط به زندان‌های رژیم گذشته است، منتشر شود که وضعیت دوران زندان ما بعد از انقلاب را نشان دهد. این اسناد نشان خواهند داد که چه فشارهایی بر ما وارد شد تا به جرم‌هایی که مرتکب نشده بودیم اعتراف کنیم. آن‌چه به رخدادهای درون زندان بازمی‌گردد شامل سه ماه ضرب و جرح و انواع و اقسام فشار فیزیکی و روانی می‌شود که به ما وارد شد.»

کیانوری که هنگام برگزاری میزگرد مزبور شصت و هشت ساله بود نیز در نامه‌ی مورخ ۱۰ خرداد ۱۳۷۸ خود که به خارج از کشور ارسال داشت می‌نویسد:

«...آخرین مطلبی را که در این یادواره شرح می‌دهم جریان «تدارک» میزگرد کذایی است که شکنجه‌گران آن را ترتیب دادند. همان گونه که در پیش یادآور شدم چند روز پیش از تشکیل «میزگرد کذایی» اداره کننده‌ی آن که خود را «موسی» می‌نامید من و رفیق عمویی را خواست و گفت: «خیال داریم یک چنین میزگردی از بخشی از افراد کمیته‌ی مرکزی تشکیل دهیم و در آن درباره‌ی عملکرد حزب گفتگو کنیم.» و از ما دو نفر خواست در باره‌ی آن فکر کنیم و ترتیب کار را بدهیم. من گفتم که باید درباره‌ی این پیشنهاد

فکر کنم و بعداً نظرم را خواهم داد. در دیدار بعدی که موسی با من داشت به‌او گفتم که با تشکیل چنین میزگردی موافق نیستم. بهتر است اعضای هیات دبیران حزب با هم بنشینند و درباره‌ی این پیشنهاد و یا شکل دیگری نظر بدهند. دیگر با من تماس گرفته نشد. پس از چند روزی به‌من ابلاغ شد که لباس منظم بپوشم و برای گفتگویی همراه بازجویم بیایم.

مرا به‌سالن بزرگی بردند که مسلماً در زندان ۳۰۰۰ نبود و شکل سالن نمایش و یا آمفی‌تئاتر را داشت. در آن‌جا دیدم شمار قابل توجهی از رفقای عضو کمیته‌ی مرکزی هستند ولی به‌ما اجازه ندادند با هیچ کدام از آنان حتی سلام علیک کنیم. مرا در گوشه‌ای از سالن نشاندند و دو بازجویم به‌نام «رحیم» که به‌راستی یک «جلاد بود» و مجتبی مواظب من بودند. پس از اندکی به‌ما دستور دادند که پشت یک میز دراز جا بگیریم و به‌من در وسط میز جا دادند و به‌ما گفته شد حق یک کلمه گفت وگو با افرادی که نشسته بودند نداریم. دوربین عکاسی و دستگاه فیلم‌برداری هم روبروی ما در چند قدمی قرار داده شده بود.

نه‌تنها رفقا و دوستان، بلکه همه‌ی بینندگان تلویزیونی این صحنه‌سازی را دیده‌اند. تنها به سه نکته که توجه نکرده‌اند می پردازم.

۱- به رفیق عمویی دستور داده بودند، به‌عنوان فرد اول برای اظهارنظر «قائم‌پناه» را برگزینند و آن خائن هر تهمت رذیلانه‌ای که از او خواسته بودند به‌سراسر تاریخ حزب وارد ساخت.

۲- سه بار پس ازگفتارهای من فیلم‌برداری را قطع کردند و از من خواستند (البته با تهدید «رحیم‌جلاد» به‌بردن من زیر شکنجه) که هنگام پاسخگویی به پرسش‌ها که بیش‌تر شبیه بازجویی‌ها بود با قیافه‌ی عبوس وگرفته پاسخ ندهم.

۳- من همان گونه که در نامه به آقای خامنه‌ای نوشته‌ام، پس از هیجده شب شکنجه، دست چپم به صورت نیمه‌فلج در آمده بود که هنوز هم به‌همان صورت باقی مانده است. هنگامی که پس از یکی

از گفتارها خواستم بلندگوی ضبط گفته‌ها را که در برابر ما روی میز بود و پس از هر گفتار به‌فرد بعدی که مورد پرسش قرار می گرفت رد می شد، با دست چپم رد کنم نتوانستم آن را بلندکنم و سرنگون شد و شکست و مجبور شدند آن را عوض کنند.»[1]

وی هم‌چنین در مورد شکنجه‌ی همسرش مریم فیروزکه در آن هنگام هفتاد سال داشت، می گوید:

«یک نفر خبر داد که وضع پای مریم در نتیجه‌ی شلاق به‌مرحله‌ی خطرناکی رسیده است. یک پایش تا نزدیک زانو سیاه شده و پزشک زندان اعلام خطر کرده است که اگر شلاق زدن را ادامه دهید خطر مرگ مریم حتمی است. خوانندگان گرامی می‌توانند تصور کنند که ایـن خبر در من چه تاثیری کرد. دژخیمان در مورد گفتار تلویزیونی اول مرا تهدید کردند که مریم را شلاق خواهند زد.»[2]

سرنوشت کسانی که جنایتکاران مدعی بودند «حقیقت خویش را» باز می‌یابند و «مجلس بی‌ریا و یکرنگی» تشکیل داده‌اند و به «ادای دین» مشغول‌اند به‌شرح زیر است:

- فرج‌الله میزانی (جوانشیر): متولد۱۳۰۵، تبریز، مهندس و دکتر تاریخ. وی در دوران زندان مدتی برای طلبه‌های حوزه‌ی علمیه‌ی قم کلاس درس گذاشته بود. درکشتار ۶۷ اعدام شد.
- منوچهـر بهزادی: متولـد ۱۳۰۶، تهران، روزنامه‌نـگار، دکتر اقتصاد و کارشناس حقوق سیاسی. درکشتار ۶۷ به‌دار آویخته شد.
- عباس حجری‌بجستانی: متولد ۱۳۰۱ ، مشهد، نظامی، در جریان کشتار ۶۷ به‌دار آویخته شد.
- احمدعلی‌رصدی: متولد ۱۲۹۶، نظامی، دکترای اقتصاد سیاسـی، در کشتار ۶۷ اعدام شد.

1-http://rahetudeh.com/rahetude/kianoori/kia101.html
2-http://rahetudeh.com/rahetude/kianoori/kia101.html

- مهدی کیهان: متولد ۱۳۰۲، تربت‌حیدریه: دکتر اقتصاد سیاسی و روابط بین‌المللی، درکشتار ۶۷ به‌دار آویخته شد.
- حسین جودت: متولد ۱۲۸۹، تبریز، دکتر، استاد فیزیک، در جریان کشتار ۶۷ به‌دار آویخته شد.
- محمد پورهرمزان: متولد ۱۳۰۰، تهران، مترجم و کارشناس مارکسیسم، در جریان کشتار ۶۷ اعدام شد.
- رفعت محمدزاده: متولد ۱۳۰۴، متخصص اقتصاد سیاسی، درکشتار ۶۷ به‌دار آویخته شد.
- آصف رزم‌دیده: متولد دهه‌ی ۲۰، کارگر، در سال ۴۶ دستگیر و به شش سال زندان محکوم شد اما تا سال ۵۷ در زندان ماند. درکشتار ۶۷ به‌دار آویخته شد.
- شاهرخ جهانگیری: متولد ۱۳۲۸، رشت، از مسئولان شاخه‌ی نظامی حزب در اسفند ۶۲ در اوین اعدام شد.
- انوشیروان ابراهیمی: متولد۱۳۰۵، تبریز، لیسانس انگلیسی، دکترای علوم تاریخ. در ۲۲ شهریور ۶۶ اعدام شد. اجرای حکم اعدام او به منظور ایجاد ترس در سایر رهبران حزب توده بود که در نشست‌های رهبران گروه‌های چپ در زندان اوین در سال ۶۶ که در بیست و هفت و به قولی سی و سه جلسه سه ساعته برگزار شد شرکت کنند.
- رضا شلتوکی: متولد ۱۳۰۵، کرمانشاه، یکی از زندانیان خوش‌نام دوران شاه که بیست و پنج سال از عمر خود را در زندان گذراند. او که به‌شدت شکنجه شده بود و از آثار آن رنج می‌برد یک ماه پس از پخش این مصاحبه‌ها در تاریخ ۲۹ آبان ۱۳۶۲ در حالی که وزن زیادی را از دست داده بود در اثر بیماری سرطان پیشرفته بدورد حیات گفت.
- علی گلاویژ: متولد ۱۳۰۱، کردستان، دکترای علوم اقتصادی، در سال ۶۴ در زندان بدرود حیات گفت.
- گاگیگ آوانسیان: متولد ۱۳۰۵، قزوین، در دوران شاه بیش از یک دهه زندان بود. وی در میزگرد مزبور ادعاهای «راه توده» مبنی بر کشته شدنش زیر شکنجه را رد کرد! اما دو سال بعد در سال ۶۴ در اثر بیماری‌های

ناشی از شکنجه و فشار، در زندان بدرود حیات گفت.

- فریدون فم‌تفرشی: احتمالاً متولد حوالی سال ۱۳۰۰ بود. بسیار سالخورده به‌نظر می‌رسید. در اثر ضربه‌ی کابل به کف‌پایش نمی‌توانست درست راه برود. به‌شدت لاغر بود، گویا پوستی به روی اسکلتی کشیده‌اند. پس ازکشتار ۶۷ از پله افتاده و فکش شکسته بود. به‌سختی می‌توانست غذا بخورد. همان موقع آزاد شد.

کیانوری، عمویی، پرتوی، طبری و غلامحسین قائم‌پناه در جریان کشتار ۶۷ به دادگاه برده نشدند.[1] جمهوری اسلامی به‌این ترتیب می‌خواست نگاه خود به شرق را حفظ کند. به‌همین دلیل برای به‌دست آوردن دل مقامات شوروی، کیانوری دبیراول حزب، طبری نماد ایدئولوژیک، عمویی چهره‌ی مردمی وکاریسماتیک حزب را اعدام نکردند. آن‌ها هم‌چنین پرتوی مسئول بخش نظامی و مخفی حزب و غلامحسین قائم‌پناه را که همکاری بسیارگسترده‌ای با بازجویان و شکنجه‌گران داشتند، زنده نگاه داشتند.

پرتوی در دادگاه نظامیان حزب حاضر شد و علیه آنان شهادت داد. وی در جریان دادگاه اعضای رهبری حزب توده به‌ویژه کیانوری و ...، با ارائه‌ی سؤال نیری را در محاکمه‌ی آنان کمک و هدایت می‌کرد. این دو بعد ازکشتار از زندان آزاد شدند. کیانوری در مورد قائم‌پناه می‌نویسد:

> «من از خیانت قائم‌پناه در همان روزهای اول گرفتاری آگاه شدم. مرا در اتاقی روی صندلی نشانده بودند با چشم باز، و بازجویی نه با خشونت، از من پرسش می کرد. ناگهان «قائم‌پناه» به‌درون اتاق آمد، یک سیلی به گوش من زد وگفت «مادر قحبه، خیانت‌هایت را بگو» بعداً هم در شلاق‌هایی که به مریم و افسانه و دخترشان می‌زد و مرا برای شنیدن ناله‌ی آنان و اعتراف به این که حزب تصمیم به کودتا

۱-علاوه بر افراد فوق در میان اعضا و مشاوران کمیته‌ی مرکزی حزب توده، جواد ارتشیار، محمود روغنی، ناظر، فریبرز بقایی و هوشنگ اسدی ازکشتار ۶۷ جان به سالم به در بردند. بقایی مسلمان شده بود و نماز می‌خواند و در بهداری زندان کار می‌کرد؛ هوشنگ اسدی یکی از توابان شناخته‌شده‌ی زندان بود که در دوران بازجویی در کمیته‌ی مشترک همکاری گسترده‌ای با بازجویان کرد و بعدها نیز در بخش فرهنگی زندان در خدمت حسین شریعتمداری و حسن شایان‌فر بود.

داشته است به تماشای این صحنه‌های دردناک می‌بردند پستی او را به‌چشم دیدم.»[1]

میزگرد اعضای تیم‌های عملیاتی مجاهدین

یکی دیگر از مناظره‌های مهم، به مجاهدین تعلق داشت. این میزگرد در شش جلسه در بهار ۶۲ در اوین برگزار و در نیمه‌ی شهریور ماه ۶۲ از تلویزیون سراسری پخش شد. لاجوردی این مناظره را در رقابت با سمینار بیست و نُه نفره‌ی اطلاعات سپاه و ۲۰۹ اوین برگزارکرد. مباحث مطرح شده در این مناظره‌ها بعدها به‌صورت کتاب از سوی دادستانی انقلاب و سازمان تبلیغات اسلامی به‌فارسی و انگلیسی منتشر شد.

در جریان برگزاریِ میزگرد افراد زیر شرکت داشتند:
ابوالقاسم اثنی‌عشری، رضا کیوان‌زاد، ولی‌الله صفوی، حسین شیخ‌الحکما، فرهاد نیری، حمید مهدی‌شیرازی، شعبانعلی اردکانی، محسن منشی، مهران اصدقی، طاهر احمدزاده، محمدرضا یزدی‌زاده، جعفر حسنی، افشین برادران‌قاسمی، اصغر ناظم، محمدرضا نادری، محمدکلانتری، عباس صحرایی، خسرو زندی، محمد طوری، عبدالکریم معزز، محمدطاهر تیموری، محمدرضا جمال‌لو، کورش خاوریان، سهراب سهرابی، مجید شوکتی، منیره رجوی، راضیه آیت‌الله‌زاده‌شیرازی، زهرا بخارایی، هاله ناصرحجتی‌رودسری، عطیه اسبقی، مریم میرزایی، زهرا بهبودی، راضیه طلوع‌شریفی و پروین پرتوی.

در میان شرکت‌کننده‌های مرد، فرهاد نیری، حمید مهدی‌شیرازی، شعبان‌علی اردکانی که تواب‌های بسیار خطرناکی بودند و پرونده‌ی بالنسبه‌ی سبک‌تری داشتند به‌همراه طاهر احمدزاده جان به‌در بردند و بقیه مقابل جوخه‌ی اعدام ایستادند. در میان زنان شرکت‌کننده که به‌جز پروین پرتوی هیچ‌یک مسلح نبودند و در عملیات نظامی شرکت نداشتند، منیره رجوی و راضیه آیت‌الله‌زاده‌شیرازی در جریان کشتار ۶۷ به جوخه‌ی اعدام سپرده شدند. پروین پرتوی و راضیه

1-http://rahetudeh.com/rahetude/kianoori/kia101.html

طلوع شــریفی در ســال ۶۹ آزاد شــدند و بقیه به‌خاطر آن که تــواب بودند و همکاری‌های گسترده‌ای داشتند پیش از ۶۵ از زندان آزاد شدند.
در قسمت قبلی مقاله به‌سرنوشت ابوالقاسم اثنی‌عشری، رضا کیوان‌زاد، ولی‌الله صفوی، حسین شیخ‌الحکما و محسن منشی، توابینی که در شعبه‌ی بازجویی کار می‌کردند اشــاره کردم. در این قسمت به سرنوشت بقیه‌ی افرادی که در نشست مزبور شــرکت داشــتند و از قضا تعدادی از آن‌ها انسان‌های شریف و زندانیان مقاومی هم بودند اشاره می‌کنم.

در این‌جا لازم‌ست بر این واقعیت پافشاری کنم از آن‌جایی که مزه‌ی شکنجه را چشیده‌ام و با توجه به توانایی‌ام و شناختی که از خود دارم، چنان‌چه من به‌اندازه‌ی افرادی چون، نوزاد حاتمیان، خاوریان، صحرایی، جمال‌لو، معزز و... شــکنجه شده بودم بدون شک واکنشی بهتر از آن‌ها نشان نمی‌دادم.

- محمدرضا یزدی‌زاده، در آذرماه ۶۰ در حالی که مسلح به رولور و سیانور بود دستگیر و به زیر شدیدترین شکنجه‌ها برده شد. او عاقبت در سال ۶۴ اعدام شد. ملیحه مقدم یک زندانیِ مقاومِ مجاهد که از نزدیک در شعبه‌ی بازجویی با او روبرو شده در خاطِراتشَ می‌نویسد:
«یزدی‌فر [یزدی‌زاده] سرش را پایین انداخت و گفت: من که نمی گویم این‌هــا حق‌اند. مرا ببین! تا حد مرگ کتکــم زدند. هنوز بعد از عمل نمی‌توانم پایم را زمین بگذارم. گوشت پاهایم ریخته. دستم را شکستند و برایم اعدام مصنوعی ترتیب دادند و بعد به‌انفرادی بردند. آن‌جا بود که به‌این نتایج رسیدم! الان هم دلم برای تو می‌سوزد نمی‌خواهم بی‌خود اعدام شوی.»[1]
- مهران اصدقی، فرزند علی، متولد ۱۳۳۹، دانشجو و یکی از فرماندهان تیم‌های عملیات ویژه‌ی مجاهدین بود. اوکه از تور رژیم گریخته بود در اســفند ۶۱ در حمامی در شــهر تبریز به‌محاصره درآمد و دستگیر و از همان‌جا به‌زیر شدیدترین شکنجه‌ها برده شد. بازجوی مستقیم او اسلامی

۱- کرانه‌ی حقیقی یک رویا، ملیحه مقدم، صفحه‌ی ۱۰۶

(مصطفی رمضانی) یکی از بی‌رحم‌ترین بازجویان اوین بود. وی پس از شرکت در این میزگرد نیز مدت‌ها در شعبه‌ی ۷ زیر فشار شکنجه بود. مهران اصدقی ماه‌ها در شعبه‌ها یا خود شکنجه می‌شد، یا شاهد شکنجه‌ی بقیه‌ی زندانیان بود. به‌این ترتیب او شکست و در تاریخ ۲۴ دی‌ماه ۱۳۶۳ اعدام شد.

در خاطرات ری‌شهری به‌دروغ وی از عوامل انفجار دادستانی وکشته شدن علی قدوسی معرفی شده است. ری‌شهری هم‌چنین تاریخ اعدام وی را ۶۲ ذکرکرده که نادرست است. چراکه طبق اسناد انتشار یافته‌ی رژیم، متن بازجویی‌های سال ۶۳ مهران اصدقی نیز موجود است.

- افشین برادران‌قاسمی، به‌هنگام دستگیری در مهرماه ۶۰، پانزده ساله بود. وی در جریان یک درگیری نظامی زخمی و دستگیر شده بود. پس از دستگیری تا مدت‌ها از مجاهدین و آرمان‌های آن‌ها دفاع می‌کرد و مدتی را نیز در انفرادی به‌سر برده بود. سه سال زیر حکم اعدام بود و عاقبت در ۱۷ مهرماه ۶۳ در سن هیجده سالگی اعدام شد. رژیم جمهوری‌اسلامی برای اولین بار با اعدام او مدعی شد برای اجرای حکم اعدام زندانیان زیر هیجده سال منتظر می‌ماند تا به‌سن قانونی برسند. این در حالی بودکه تا آن موقع تعداد زیادی زندانی قبل از آن‌که به‌سن قانونی برسند اعدام شده بودند. در میان اعدام شدگان کودکان سیزده ساله‌ای چون فاطمه مصباح نیز به‌چشم می‌خوردند.

- جعفر حسنی، فرزند علی پیش از انقلاب مدتی زندانی بود و در زندان با مجاهدین آشنا شد. وی در زمستان سال ۶۰ دستگیر و به زیر شکنجه‌های هولناکی برده شد و سرانجام در ۵ مرداد ۶۳ اعدام شد.

- اصغر ناظم، در تیرماه ۱۳۶۱ به‌همراه همسر و دوکودک خردسالش دستگیر شد. وی دارای شغل آزاد (لولافروشی در میدان حسن‌آباد) بود. او به‌خاطر آن‌که شوهر خواهر مسعود رجوی بود، فشار زیادی برای شرکت در این میزگرد متحمل شد. جانیان وی را واداشته بودندکه شکنجه‌های اعمال شده بر خود و همسرش را منکر شود وکمیسیون حقوق بشر و ارگان‌های سازمان ملل راکه خواهان مراعات حال آن‌ها

شده بودند محکوم کند. وی هم‌چنین حضور خود و همسرش در مصاحبه را داوطلبانه! اعلام کرد. اصغر جزو زندانیان مقاوم بود و عاقبت در ۲۰ اسفند سال ۶۳ به‌جوخه‌ی اعدام سپرده شد.

- محمدرضا جمال‌لو، فرزند محمـود، وی از جمله هـواداران آرمان مستضعفین بودکه بعد از سی خرداد به هواداری از مجاهدین روی آورد و در بهار ۶۱ دستگیر شـد. اوکه به‌شدت شکنجه شده بود و هم‌چنان از آثار آن رنج می‌برد، در ۱۴ مهر ۶۳ اعدام شـد. سه روز بعد از او بود که افشین برادران اعدام شد. از آن‌جایی که اعدام‌ها دسته‌جمعی انجام می‌گرفت، نزدیکی تاریخ اعدام آن دو نشـان می‌دهدکه در سـال ۶۳ هم‌چنان جوخه‌های اعدام تا هفته‌ای دو بار فعال بودند.

- خسرو زندی، فرزند علی، وی در شهریور۶۱ دستگیر شد. اتهام او دفن اجساد پاسدارانی بودکه گفته می‌شد توسط مجاهدین شکنجه شده‌اند. با این حال به گفتـه‌ی بچه‌هایی که با او بودند، وی قبل از تاریخ فوق دسـتگیر شده بود و در اوین به‌سر می‌برد. او را در حالی در محل دفن پاسداران نشان دادندکه پاهایش در اثر شکنجه‌ی شدید باندپیچی شده بود. وی در ۱۶ اسفند ۱۳۶۳ اعدام شد.

- مجید شـوکتی، فرزند یدالله در دی‌ماه ۶۰ دستگیر شده بود. وی عضو یک تیم عملیاتی مجاهدین بودکه در درگیری با نیروهای رژیم دستگیر و به‌زیر شکنجه برده شد. وی در ۴ بهمن ۱۳۶۳ اعدام شد.

- عبدالکریم معزز، متولد مشهد، در مرداد ۶۱ دستگیر و به زیر شدیدترین شکنجه‌ها برده شد. به‌خاطر وخامت وضعیت پاهایش مجبور به‌عمل جراحی پیوند پوست روی پاهایش شدند. وی در حالی که مسلح دستگیر شده بود با عادی‌سـازی که کرده بود، بعد از ۶ ماه بازجویی مداوم و تحمل شکنجه‌های طاقت‌فرسا بازجویان شعبه‌ی ۷ را متقاعدکرده بودکه هیچ‌کاره است، سر از سیاست در نمی‌آورد، وکلت مورد بحث را یک افغانی به او داده بودکه در راه‌آهن به‌فرد دیگری تحویل دهد و مبلغی بگیرد. اوکه مراحل آزادی را می‌گذراند توسط توابین شناسایی و دوباره به‌زیر شکنجه‌های طاقت‌فرسا برده شد و عاقبت در سال ۶۳ اعدام شد.

- کورش خاوریان، در اوایل خرداد ۱۳۶۱ دستگیر شد. او پیشتر در سال ۶۰ دستگیر شده بود. اما با فریب لاجوردی نیروهای دادستانی را سر قرار برده وگریخته بود. گزارش او از اوین، تحت عنوان «در اوین چه میگذرد» در سال ۶۰ از «بیبیسی» پخش شد. وی در اولین مصاحبهی خود در شهریور۶۱ با لباس بهداری اوین ظاهر شد. بازجویان او راکه آش و لاش شده بود از روی تخت دیالیز بلندکرده و بهاوگفته بودند انتخاب کند: تخت شکنجه یا دوربین تلویزیونی. وی نیز در ششماه دوم سال ۶۳ اعدام شد.

- محمدرضا نادری، در شهریور۶۱ دستگیر شد و در نیمهی دوم سال ۶۳ اعدام شد.

- محمدکلانتری در مهرماه۶۱ بههنگام ورود بهیک خانهی تیمی، مسلح به رولور و سیانور دستگیر شده بود. او در سال ۶۳ اعدام شد.

- عباس صحرایی، اهل آبادان بود. برادر وی قبلاً اعدام شده بود. عباس یکی از اعضای تیمهای عملیات ویژهی مجاهدین بودکه در عملیات متعدد موفقآمیزی زیادی شرکت داشت. وی در بهار۶۱ دستگیر و بهزیر شکنجههای طاقتفرسایی برده شد. در نیمهی دوم سال ۶۳ اعدام شد.

- محمد طوری، در خرداد۶۱ در جریان یک درگیری در نازیآباد دستگیر و در نیمهی دوم سال ۶۳ اعدام شد.

- محمدطاهر تیموری، در آذرماه۶۱ هنگام تلاش برای خروج ازکشور دستگیر و در نیمهی دوم سال ۶۳ اعدام شد.

- طاهر احمدزاده، متولد ۱۳۰۰، اولین استاندار خراسان پس از پیروزی انقلاب و از زندانیان سیاسی و چهرههای خوشنام دوران شاه. دو فرزند او مسعود احمدزاده و مجید احمدزاده از رهبران سازمان چریکهای فداییخلق پیش از انقلاب بودندکه توسط رژیم شاه به جوخهی اعدام سپرده شدند و مجتبی دیگر فرزند او توسط رژیم جمهوریاسلامی اعدام شد. وی در تابستان۶۱ در تهران و در منزل دستگیر و بهزیر شدیدترین شکنجهها برده شد. برای انجام مصاحبهی تلویزیونی با او، برایش جیرهی کابل تعیین کرده بودند. او را وادارکردند اعتراف کندکه

سر مرز دستگیر شده است و برای این کار دو بار مصاحبه را فیلم‌برداری کردند. وی به‌خاطر مصاحبه‌ی اجباری که کرده بود به‌شدت تحت فشار روحی قرار داشت. برای بازارگرمی مناظره‌ی وی را نیز به‌مجموعه‌ی فوق اضافه کرده بودند. در صورتی که نه اتهام او و نه فعالیت‌هایش ربطی به‌بحث مناظره نداشت. وی عاقبت در سال ۶۳ به مشهد انتقال یسافت و در اوایل سال ۶۵ از زندان آزاد شد.

- فرهاد نیری، از فعالان بخش کارگری مجاهدین بود و در دی‌ماه ۶۰ دستگیر و به‌سرعت به‌همکاری با رژیم پرداخت و در شعبه‌های بازجویی به‌شکنجه و آزار و اذیت زندانیان پرداخت. وی یکی از نادر کمک‌بازجوهای تواب بود که از زندان آزاد شد. گفته می‌شد وی از نزدیکان نیری حاکم شرع اوین است. نمی‌دانم این موضوع تا چه حد صحت دارد.
- حمید مهدی‌شیرازی، یکی از اعضای مجاهدین و رابط استان خراسان این سازمان بود که در پاییز ۶۰ دستگیر شد و در شعبه‌های بازجویی به‌همکاری گسترده با رژیم پرداخت.

در پاییز ۶۰ وی معرکه‌گردان مصاحبه‌ی سه نفره با مهدی بخارایی و حبیب مکرم‌دوست بود. مهدی بخارایی کف پایش در اثر شکنجه سوراخ شده بود. با آن که جانیان می‌دانستند به‌هنگام دستگیری ارتباطی با مجاهدین نداشته، او را همراه با حبیب مکرم‌دوست که در اثر شکنجه‌های شدید در بهداری زندان بستری بود در ۷ دی‌ماه ۶۰ به جوخه‌ی اعدام سپردند. مهدی بخارایی بعد از مصاحبه‌ی کذایی، از گیلانی به‌خاطر برآورده نکردن انتظارات بازجویان با نعلین کتک خورده بود. آخرین مسئولیت حمید مهدی‌شیرازی اداره‌ی فروشگاه زندان در سال ۶۷ بود. وی عاقبت در اسفند ماه ۶۷ از زندان آزاد شد.

- شعبان‌علی اردکانی، در سال ۶۰ دستگیر و به‌همکاری گسترده با بازجویان و شکنجه‌گران پرداخت. میزان همکاری او با مقامات دادستانی به‌حدی بود که همراه با لاجوردی برای بازدید به‌زندان قزل‌حصار رفت.

وی با آن که از اعضای مجاهدین بود به‌سرعت آزاد شد. برادر او جعفر

در کشتار ۶۷ به‌جوخه‌ی اعدام سپرده شد.

- سهراب سهرابی، احتمالاً متولد ۱۳۴۴، در اردیبهشت ۶۱ دستگیر شد. وی در حالی که روانه‌ی جوخه‌ی اعدام بود توسط لاجوردی از صف بیرون کشیده شد و از اعدام نجات یافت. وی بعدها آزاد شد و در حال حاضر ساکن آمریکا است.
- منیره رجوی، در تیرماه ۱۳۶۱ به‌همراه همسر و دو کودک خردسالش مریم و مرجان (سه ساله و دو ساله) در تهران دستگیر شد. اتهام اصلی او این بود که چرا پس از سی خرداد مخفی شده است. وی به‌خاطر برادرش مسعود رجوی شدیداً تحت فشار بود. وی را مجبور کردند در میزگرد مزبور ضمن تأیید گفته‌های همسرش، کمیسیون حقوق بشر سازمان ملل را به خاطر نام بردن از وی و همسرش محکوم کند.

منیره ابتدا به‌سه سال زندان محکوم شد، ولی رژیم از آزادی او سر باز زد و حکم جدیدی به او داده شد. وی ارتباط تشکیلاتی چندانی با مجاهدین نداشت و صرفاً بخاطرکینه‌جویی از مجاهدین و مسعود رجوی وی را مورد آزار و اذیت قرار می‌دادند. عاقبت او را که یکی از چهره‌های دوست‌داشتنی زندان بود در جریان کشتار ۶۷ به‌دار آویختند.

- راضیه آیت‌الله‌زاده‌شیرازی، هواداری خود از مجاهدین را در سال ۵۶ آغازکرده بود و پس از انقلاب در بخش‌های دانش‌آموزی، انتظامات خواهران و اصناف فعالیت کرده بود.

وی در تیرماه ۱۳۶۰ در حالی که باردار بود دستگیر و در زندان وضع حمل کرد. از وی خواسته بودند در میزگرد مزبور، شکنجه‌ی زنان باردار را تکذیب کند. وی یکی از زندانیان مقاومی بود که در جریان کشتار ۶۷ اعدام شد.

- عطیه اسبقی، بهمن ۶۰ خود را به دادستانی معرفی کرده و از همان ابتدا به‌همکاری در شعبه‌های بازجویی مشغول بود. وی فعالیت خود را در بخش دانش‌آموزی مجاهدین شروع کرده و سپس به‌بخش محلات منتقل شد. آخرین مسئولیت او شرکت در اداره‌ی انجمن زنان جنوب تهران بود. او تعدادی از مادران فعال هوادار مجاهدین را که می‌شناخت

لو داده و به‌زندان کشانده بود. وی در زندان نیز در زمره‌ی توابین شناخته شده بود و عاقبت از زندان آزاد شد.

- زهـــرا بخارایـــی، متولـــد ۱۳۳۹، پس از دســـتگیری در شـــهریورماه ۱۳۶۰ به‌ســـرعت به‌همکاری گسترده با بازجویان دســـت زد و از انجام هیچ کاری فروگذار نمی کرد. از جمله با حیله و نیرنگ توانست به‌محل اختفای برادرش مهدی ـ که از زندانیان مقاوم دوران شاه بود ـ دست یابد و بازجویان را در دســـتگیری او هدایت کند. مهدی در دی‌ماه ۶۰ پس از تحمل شکنجه‌های بسیار اعدام شد. برادر دیگر او به‌اتهام ترور حسنعلی‌منصور در دوران شاه اعدام شد.
وی که پیش از دستگیری به‌شدت اصرار داشت او و دیگر زنان مجاهد در تیم‌های نظامی سازماندهی شوند، در مصاحبه‌اش مدعی شد در یک تیم ترور شرکت داشته، که درست نبود؛ اما ادعای دیگر او مبنی بر این که مدتی مسلح بوده می‌تواند درست باشد. زهرا بخارایی به‌خاطر فعالیت در شعبه‌های بازجویی، دوران زندان خود را در اوین گذراند. وی پس از آزادی از زنـــدان به زندگی عـــادی روی آورد. خواهران وی منظر و مخصوص نیز سال‌ها زندانی بودند.
- هاله ناصرحجتی‌رودسری، دانشجوی پزشکی و از مسئولا ن دانشجویی مجاهدین، پس از دســـتگیری به‌سرعت به همکاری با بازجویان و کار در شعبه پرداخت. او به‌خاطر اطلاعات وسیع و موقعیت خاصی که در انجمن دانشجویان مسلمان داشت خدمات زیادی به بازجویان کرد.
بازجویان به‌خاطر تجربه و دیدی که داشتند، از زنان بریده و توابی چون او، زهرا بخارایی، عطیه اســـبقی و ...[۱] در شکنجه‌ی جسمی زندانیان اســـتفاده نمی کردند، بلکه از آن‌ها در هدایت بازجویی‌ها، ایجاد فشار روی زندانی و... کمک می گرفتند.
او به‌خاطر همکاری در شـــعبه‌های بازجویی، دوران زندان خود را در اوین گذراند و پس از آزادی از زندان به تحصیلات خود ادامه داد. وی

۱- این افراد تنها توابینی نیســـتندکه در شعبه‌های بازجویی کار می کردند. به‌خاطر پرهیز از طولا نی شدن موضوع و دور نیافتادن از مطلب، از ذکر نام و سرگذشت بقیه‌ی افرادی که می‌شناسم خودداری می کنم.

هم‌اکنون پزشك جراح و متخصص کلیه و مجاری ادرار (اورولوژیست) است.

- زهرا بهبودی، در بخش کارگری مجاهدین فعال بود و مدتی نیز به‌عنوان محمل خانه‌ی تیمی از او استفاده می‌شد. وی زمانی که در زندان قزل‌حصار دوران محکومیت خود را می‌گذراند، برای انجام مصاحبه به اوین بازگردانده شد. او در زندان در جرگه‌ی تواب‌ها بود.
- مریم میرزایی، دانشجوی تربیت معلم بود و در آبان ۶۰ دستگیر شد. آخرین مسئولیت وی در نشریه‌ی کارگری «بازوی انقلاب» مجاهدین بود. بازجویی از وی را محسن دعاگو، امام جمعه‌ی فعلی شمیرانات و عضو شورای سیاست‌گذاری ائمه‌ی جمعه و روحانیت مبارز برعهده داشت. او پس از مدتی به همکاری با توابان پرداخت و عاقبت از زندان آزاد شد.
- پروین پرتوی، پنجم مهرماه ۱۳۶۰ در حالی که مسلح بود دستگیر و به‌زیر شکنجه‌های طاقت‌فرسا برده شد. وقتی زیر بازجویی و فشار بود مجاهدین در تبلیغات خود، به‌اشتباه، از او به‌عنوان کسی که در زیر شکنجه کشته، یا اعدام شده (تردید از من است) نام بردند و این بر میزان فشار روی او افزود. وی عاقبت در اثر شکنجه‌های طاقت‌فرسا تن به مصاحبه داد. با آن که به‌شدت ضربه‌ی روحی خورده بود و علیرغم فشارهای زیادی که تحمل کرد، در زندان به‌جرگه‌ی توابان نپیوست و عاقبت در سال ۶۹ از زندان آزاد شد.
- راضیه طلوع‌شریفی، دانشجوی پزشکی، همسر مهدی بخارایی، از ابتدای انقلاب در مراکز امداد پزشکی مجاهدین فعالیت می‌کرد.

وی در مهر ۱۳۶۰ در حالی که باردار بود دستگیر شد. هدف رژیم از فشار روی او و راضیه آیت‌الله‌زاده‌شیرازی برای انجام مصاحبه این بود که شکنجه و اعدام زنان باردار را از زبان آن‌ها تکذیب کند. وی در سال ۶۹ از زندان آزاد شد. برادر او محمدرضا از اعضای مجاهدین در روزهای اول پیروزی انقلاب در مقابل ساختمان رادیو تلویزیون کشته شد. خواهرش مرضیه که فوق لیسانس روانشناسی بود در عملیات

فروغ‌جاودان در تنگه‌ی چارزبر کشـته شد. عباس، برادر کوچکش ده سال در زندان بود.

۱۰ اسفند ۱۳۸۸

بعد از انتشار:

به‌خاطر افشـاگری‌های به‌موقعی که در ارتباط با برنامه‌ی مزبور شد کودتاچیان از برگزاری این مراسم منصرف شدند. بدون شک آن‌ها دسیسه‌های خود را در شکل دیگری دنبال خواهند‌کرد.

نمایه

به قلم این نویسنده:

*** نه زیستن نه مرگ**

تلفیقی از خاطرات و گزارش از زندان‌های جمهوری اسلامی، در چهار جلد:

غروب سپیده

اندوه ققنوس‌ها

تمشک‌های ناآرام

تا طلوع انگور

در سال ۲۰۰۴ میلادی در سوئد توسط آلفابت ماگزیما منتشر شد و در سال ۲۰۰۶ همراه با نقشه‌های زندان به‌چاپ دوم رسید.

*** بر ساقه‌ی تابیده‌ی کنف**

مجموعه‌ی سروده‌های زندان، حاوی اشعاری که توسط زندانیان اوین و گوهردشت در ارتباط با کشتار ۶۷ سروده شد و نویسنده آن‌ها را به کمک حافظه، به بیرون از زندان آورد و در سال ۲۰۰۶ توسط آلفابت ماگزیما منتشر کرد.

*** دوزخ روی زمین**

کاری تحقیقی در مورد شکنجه‌گاه‌های «قیامت»، «قبر» و «واحد مسکونی» در زندان قزل‌حصار. در این کتاب که در سال ۲۰۰۸ توسط آلفابت ماگزیما انتشار یافت، نویسنده ضمن تشریح ویژگی‌های شکنجه‌گاه‌های دهشتناک زندان‌ها، به‌ریشه‌های ایدئولوژیک شکنجه در نظام جمهوری اسلامی و پشتوانه‌ی تئوریک آن پرداخته است.

*** نگاهی به سازمان بین‌المللی کار**
و نقض حقوق بنیادین کار در جمهوری اسلامی

در آغاز سال ۲۰۱۰ میلادی توسط آلفابت ماگزیما در سوئد انتشار یافت.

*** نگاهی با چشم جان**
انتخابات ۸۸ و پی‌آمدهای آن
گزیده‌ی مقالات

چاپ ۲۰۱۰ میلادی، شرکت